高职高专"十二五"规划教材

 高职高专公共基础课精品教材

现代企业管理理论与实务

王 丹
王 娟　主　编

电子工业出版社
Publishing House of Electronics Industry
北京·BEIJING

内 容 简 介

本书以企业的申请、运作、管理全过程为脉络，以应知、应会的现代企业管理理论与技能为重点，在讲述基本理论的基础上，突出管理技能的训练，注重学生能力的培养。本书在章节的设置和取舍上，充分考虑高职高专学生可参加"全国经营师执业资格证书"考试和高职高专层次的特点，并遵照全国经营师执业资格认证培训教材和高职高专学生可操作性的要求。

本书共九章，主要内容包括现代企业管理概论、现代企业管理制度、现代企业战略管理、现代企业市场营销管理、现代企业生产与运作管理、现代企业物流管理、现代企业质量管理、现代企业财务管理、现代企业人力资源管理。每章均有开篇引导案例、章节中课堂讨论案例和章末经典案例，并配有启发式的思考题，具有较好的互动性和实用性。章末设计有工作导向标，它是以该章中涉及的某个基础岗位或针对某一内容作为背景详细陈述工作流程，能帮助读者对这一章最基本的管理流程有一定的感性认识。文中穿插内容丰富、形式活泼的小贴士，增强了知识的趣味性和通俗性。

本书适合作为高职高专工商、管理、经济等专业的教学用书与教学参考书，也可作为非管理类专业选修、辅修教学用书与教师参考书，还可以作为创业者与企业管理者的指导用书。

图书在版编目（CIP）数据

现代企业管理理论与实务/王丹，王娟主编 . —北京：电子工业出版社，2013.7

高职高专公共基础课精品教材

ISBN 978-7-121-20728-0

Ⅰ. ①现…　Ⅱ. ①王…　②王…　Ⅲ. ①企业管理－高等职业教育－教材　Ⅳ. ①F270

中国版本图书馆 CIP 数据核字（2013）第 133068 号

策划编辑：束传政
责任编辑：贺志洪
特约编辑：徐　堃　王　纲
印　　刷：三河市鑫金马印装有限公司
装　　订：三河市鑫金马印装有限公司
出版发行：电子工业出版社
　　　　　北京市海淀区万寿路 173 信箱　邮编 100036
开　　本：787×1092　1/16　印张：24.75　字数：627 千字
印　　次：2013 年 7 月第 1 次印刷
印　　数：3000 册　定价：49.80 元

凡所购买电子工业出版社图书有缺损问题，请向购买书店调换。若书店售缺，请与本社发行部联系，联系及邮购电话：（010）88254888。

质量投诉请发邮件至 zlts@phei.com.cn，盗版侵权举报请发邮件至 dbqq@phei.com.cn。

服务热线：（010）88258888。

前　言

教育部要求，在高职教学中，须全面渗透岗位技术教育的相关技能，压缩过多、过深的理论知识，将相关知识集成，形成独具高职特色的教材。《现代企业管理理论与实务》作为高职教材，严格遵照其要求，适用于高职高专院校各类专业，同时对高校教师企业管理知识的普及和企业管理者管理知识的补充及脉络梳理有一定的帮助。

好的管理首先需要科学的理念，进而选择恰当的方式实现。现代企业是随着社会环境的发展变化的，管理理念应与时俱进。因此，现代企业管理方式应随之变化而变化。为更好地服务市场，本书在知识结构、知识内容、编写形式等方面都力争适应其变化。

本书打破了传统的以管理学理论为基本体系的陈旧的编写形式，以现代企业管理理论与技能为切入点，重点突出管理各环节技能的掌握，兼顾基本理论的学习。同时充分考虑高职高专学生可参加"全国经营师执业资格证书"考试和高职高专层次的特点，按照全国经营师执业资格认证培训教材和高职高专学生可操作性的要求，对章节进行设置和取舍。全书共设计九章，包括现代企业管理概论、现代企业管理制度、现代企业战略管理、现代企业市场营销管理、现代企业生产与运作管理、现代企业物流管理、现代企业质量管理、现代企业财务管理、现代企业人力资源管理。

编者试图用轻松的方式，辅以管理的思维，来解构企业管理的原理，避免教条式的讲解；力求通过简洁、通俗的文字及生动有趣的小贴士，诠释烦琐、生涩的企业管理知识。通过本书的学习，力图使学生掌握企业管理必备的实用知识与创办、管理企业的基本能力；使管理者对于如何申请、管理企业有一个清晰的思路，掌握管理企业的基本知识与必备技能；并为一线教师提供鲜活的案例和耐人寻味的思考题，丰富教学素材。

每章开篇都由教学引导案例切入，中间插入案例分析与讨论，结尾附有练习。每章末还设计了"工作导向标"，编者认为企业各部门的管理工作都有规律可循，设计一个背景对工作流程做出引导，旨在帮助读者对本章最基本的管理流程有一定的感性认识。

本书还独具匠心地设计有小贴士。其形式不拘一格，有轻松活泼的小故事，有平易的叙事，有激昂的评论，有深刻的教诲……目的只有一个，就是帮助大家更好地理解生涩、枯燥的专业知识。本书的思考题避开传统的知识记忆形式，以启发学生思考为主要特色，适合对复合型人才的培养，符合时代潮流。

本书编写组由多年从事高职管理教学的一线教师和具有企业管理实际经验的人员组成，王丹、王娟担任主编。王丹负责第一章、第四章、第六章、第八章、第九章编排体例的设计、经典案例的筛选、小贴士的收集与改编、工作导向标的设计、前言的撰写以及全书统稿工作，王娟负责第二章、第三章、第五章、第七章编排体例的设计、经典案例的筛选、工作导向标的设计。编写具体分工：王丹编写第三章和第九章，刘季佳编写第一章，王娟编写第二章和第七章，苏平编写第四章，苏鸿鹄编写第五章，侯梅编写第六章，胡曼编写第八章。本书电子课件请登录电子工业出版社网站（www.phei.com.cn）免费下载。

本书在编写过程中以当今企业较典型和热点的管理事件、国内外企业的成功经验为采集对象，参考了国内外许多学者的研究成果和案例，并从中借鉴和吸收了许多有价值的理论和观点，力求做到国外先进经验与中国实际相结合。在此，我们对所有作者一并表示衷心的感谢。同时，我们还要特别感谢电子工业出版社的领导和编辑人员，由于他们的关心和鼎力支持，才使本教材得以出版。如书中有疏漏和不足之处，敬请广大读者指正。

王　丹

2013 年 4 月

目　　录

案 例 目 录

第一章　现代企业管理概论

> 做企业的意义和目的要回归到做人的本质。不论你多么富有，多么有权势，当生命结束之时，所有的一切都只能留在世界上，唯有灵魂跟着你走下一段旅程。人生不是一场物质的盛宴，而是一次灵魂的修炼，使它在谢幕之时比开幕之初高尚一点点。
>
> ——稻盛和夫

【引导语】

汽车复杂且精密，它由发动机、底盘、车身和电气设备四大部分组成，每个大部分又包括若干小部件，它们缺一不可，相互作用；否则车辆就无法正常行驶。

现代企业机构的复杂程度如同一部汽车。它包含人力资源部、财务部、市场营销部、生产运作部、物流部等，每个部门都有其不同的职能，它们相互配合，相互支持，企业才得以生存和发展。

【学习要点】

1. 掌握管理及管理学的基本概念及其应用范围；理解管理的性质，它既是一门科学，也是一门艺术。
2. 明确管理学在不同历史阶段的重要理论及经典观点。
3. 掌握组织设计的原则与类型。
4. 了解建立企业的基本程序及企业年检的相关信息。

 引导案例

我们还出不了大企业家

《财富》杂志评选出影响人类生活的 12 位最伟大企业家。毫无疑问，这样的名单，与中国人没有关系。因为，只有健全的市场经济和不断拓展的开放社会，才会催生出伟大的企业家。历史作证，是企业家将市场经济和开放社会的细节呈现出来，是企业家将人类的自由演变成一种具体的生活。

乔布斯的价值就在于他不知疲倦地创新，他是一个能够给大多数人创造新生活方式的人。比尔·盖茨把人们的生活带进了一个崭新的时代，他的窗口、他的模式，让人们的思想与知识最大化。史密斯和他的联邦快递，靠精细的管理取胜。他们的市场行为，让地球变小了。贝索斯的亚马逊、佩奇和布林的谷歌、扎克伯克的 facebook、印度人穆尔萨和他的印孚瑟斯，都是典型的新经济、新产业，虽然他们都在美国，但与遥远的我们紧密相关，我们是他们的客户，甚至是他们忠诚的粉丝。

大企业家做出来的传统产业同样令人叹为观止，麦基和他的全食超市、沃尔顿和他的沃尔玛、凯勒尔和他的西南航空，还有尤努斯和他的格莱珉银行，无一例外地为人类的生活提供了一种崭新的、确定性的方式。

最近几年，一些有思想、有影响力的中国企业家开始进入人们的视野，这是一个不争的市场现象。比如冯仑、任志强、王石、柳传志，而且有意思的是，我们关注他们，不是因为他们令人羡慕的财富，而是他们在财富背后不倦的思考。

有些现象马上就可以总结。比如，冯仑看上去插科打诨，其实他一直在呼唤企业家阶层的独立，呼唤一个可以展开的自由竞争秩序。比如任志强，虽然口无遮拦，大话连篇，但他的趣味在于法治的市场经济，在于尊重那一只看不见的手。而素有"企业家教父"之称的柳传志，可以说他一辈子思考的，就是一家真正的国有企业如何在市场经济的条件下实现真正意义上的产权改革。

按照常态，企业家应该仅仅是新技术和新方法的思想者，他们不应该与制度有关，更不应该与意识形态有关。但是遗憾得很，中国的大多数企业家会认真思考他拥有哪些看上去不错的政府资源，而一个制造业的企业家会思考他的产业结构是否与政府利益冲突，一个做网络门户的企业家会思考怎么绕开那些敏感的信息。政府关系似乎从来就是中国企业家思考的首要主题。

这就是西方企业家和中国企业家之间的差别！如果说西方企业家最核心的工作是创新，那么中国企业家最核心的工作，则是应对不确定性。

站在这样的历史河流里，我们很遗憾地得出结论，中国暂时不可能出现类似于巴菲特或者比尔·盖茨这样的大企业家。

资料来源：摘自苏小和．南都周刊，2012，（15）

思考题：
1. 西方企业家和中国企业家之间的差别是什么？
2. 这种差别是中国出不了像比尔·盖茨这样的大企业家的原因吗？

一个伟大的企业家，要思考企业生存环境、企业战略目标等问题，但热爱自己的员工是管理者之本。一个备受企业管理者热爱的员工，他会被管理者的真诚感动，而以实际行动去爱企业。

法国企业界有一句名言："爱你的员工吧，他会百倍地爱你的企业。"这一管理学的新观念已深入人心，被越来越多的企业管理者所接受。实践使他们懂得，没有什么比关心员工、热爱员工更能调动他们的积极性、提高工作效率了。一个懂得关爱自己员工的管理者，他的企业才会真正走向成功。

第一节　现代企业管理的内涵

一、现代企业及其特征

（一）企业的含义

企业管理研究的对象是企业，企业的发展演变是与人类社会发展演变紧密相关的，是社会生产力水平提高和商品经济发展的必然产物。企业作为社会的重要组成部分，在其发展过程中发挥着越来越重要的作用，对人类社会的发展和进步起着巨大的推动作用。现代企业更加重视管理，尊重人才，在追求利润的同时，也承担着更多的社会责任。

企业是指依法设立的、以盈利为目的的、从事生产经营活动的独立核算的经济组织。

企业是市场上资本、土地、劳动力、技术等生产要素的提供者或购买者，又是各种消费品的生产者和销售者，因而是非常重要的市场经营主体。

（二）企业的基本特征

企业作为经济组织，具有以下特征。

1. 依法设立

企业只有得到法律的认可，才能取得独立的法律地位，成为合法的经济组织，才能依法享有权利、承担义务。

2. 是经济组织

企业是经济组织，它是由一定人员和财产结合而成的社会群体，它有自己的名称和组织机构，它实现了劳动者、生产资料、劳动对象的有机结合。它必须依据法律和按法定程序成立；必须有自己经营的财产；必须有明确的组织机构、名称和场所；必须能够独立承担民事、经济责任。

3. 以盈利为目的

企业从事生产经营活动的目的在于为社会创造价值，取得盈利，实现价值增长。企业经营的最终目的是盈利。在市场经济体制下，企业是一个自负盈亏的经济实体，企业不能盈利，就不能生存。

4. 实行独立核算

企业在生产经营活动中实行独立核算，自主经营，自负盈亏。企业面对市场环境，拥有自主经营和发展的各种权利。企业可以根据市场的需求状况和可能发生的变化，以及自身的情况来组织生产。它可以自主确定自身的积累比例，并通过增加投入、扩大积累来提高在市场上的竞争能力，从而增强自身的发展后劲，使企业经久不衰。

5. 具有风险性

市场竞争，优胜劣汰，适者生存。市场瞬息万变，不可控因素很多，企业经营者稍有不慎，就有可能使企业陷入困境，甚至濒临破产或倒闭。这种高风险给企业的经营者带来的不仅是压力，也是机遇和挑战，使他们不断努力进取，改善经营管理，改进技术，降低成本，提高企业竞争能力。

小贴士

塞 翁 失 马

有一个老头住在边塞，人们叫他塞翁。塞翁善于推测人的命运。有一天，塞翁家的马忽然跑到塞外去了。邻居们为他丢失了马而替他惋惜，都来安慰他，但塞翁并不感到悲伤，说："怎么知道这不会成为一件好事呢？"

过了一段时间，那匹马自己跑了回来，还带回来几匹匈奴的骏马。人们都来向他表示祝贺。

塞翁并不感到高兴，说："谁知道这会不会带来灾祸呢？"

塞翁家里的好马多了，儿子非常喜欢骑马，有一次不小心从马上跌下来，把胯骨摔折了。人们都来向他表示慰问。塞翁说："说不定这会变成福呢。"

过了一年，匈奴大举向边塞发起进攻，青壮年男子都上前方打仗去了，边塞的人十之八九都死在了战场上，而塞翁的儿子因为腿跛，得以保全。

资料来源：翟文明．影响人一生的 100 个财富寓言．光明日报出版社

在企业经营过程中，我们要向塞翁学习，学习他善于在机会中看到危险，在危险中发现机会的能力和处变不惊的心态。

（三）现代企业的特点

现代企业除了具有企业的基本特征以外，还应该具有以下特点。

1. 运用高新技术知识组织大规模的机器体系进行生产

在手工业条件下，劳动者使用的主要是手工工具。生产的效率和质量主要取决于劳动者的体力、经验和技艺。而现代企业拥有先进的生产设备，劳动者广泛地运用机器体系进行生产。虽然劳动者的体力、经验和技艺仍然对生产起着重要的作用，但更重要的是取决于机器体系的完善程度。随着科学技术的进步，新的科学技术被企业广泛而系统地应用，将使企业在生产技术上产生质的飞跃。

2. 现代企业是一个严密分工、高度协作的统一体

企业在整个生产过程中，会有许多不同的生产阶段，划分为很多道工序。尽管不同专业、不同工种、不同工程技术人员和不同管理人员在一起从事生产劳动，但生产任何一种产品，都与企业内部的各个部门有着千丝万缕的联系。在这种大规模的社会化生产中，需要进行合理的、精细的劳动分工和组织紧密的劳动协作，使企业生产过程的各个阶段、各道工序以至每个人的活动，都能协调一致，以保证企业生产顺利进行，保证企业取得更好的经济效益。

 小贴士

在鱼与鱼竿中选择

从前，有两个饥饿的人得到了一位长者的恩赐：一根鱼竿和一篓鲜活硕大的鱼。其中一个人要了一篓鱼，另一个人要了一根鱼竿，于是，他们分道扬镳了。得到鱼的人原地就用干柴搭起篝火煮起了鱼，他狼吞虎咽，还没有品出鲜鱼的肉香，转瞬间，连鱼带汤就被他吃了个精光。不久，他便饿死在空空的鱼篓旁。另一个人则提着鱼竿继续忍饥挨饿，一步步艰难地向海边走去，可当他已经看到不远处那片蔚蓝色的海洋时，他浑身的最后一点力气也使完了，他也只能眼巴巴地带着无尽的遗憾撒手人间。

又有两个饥饿的人，他们同样得到了长者恩赐的一根鱼竿和一篓鱼。只是他们并没有各奔东西，而是商定共同去找寻大海。他俩每次只煮一条鱼，经过遥远的跋涉，他们来到了海边。

从此，两人开始了捕鱼为生的日子。几年后，他们盖起了房子，有了各自的家庭、子女，有了自己建造的渔船，过上了幸福安康的生活。

这个故事说明的一个重要道理就是协同和合作产生力量。

资料来源：翟文明．影响人一生的 100 个财富寓言．光明日报出版社

3. 生产过程具有高度的比例性和连续性

在现代企业里，生产过程各个环节之间主要表现为各种机器设备之间的联系，它们在生产能力上相互协调，保持严格的比例性和高度的连续性。随着机械化和自动化程度的日益提高以及先进生产组织形式的广泛采用，生产过程的比例性和连续性的要求越来越高。

4. 与外部联系更加广泛

由于企业内部的分工越来越精细，促进了企业之间的分工协作，使工业、农业、商业、交通运输业等各经济部门发生多种多样的联系。任何一个企业发生问题，都会影响其他企业的正常运行。企业如果离开了同其他行业的经济协作，都不可能生存与发展。同时，由于市场竞争日益激烈，必然促使各个企业灵活经营，不断地满足复杂多变的社会需求。这也从客观上要求企业应更加广泛地加强与外部的联系。

二、现代企业管理

（一）现代企业管理的含义

现代企业管理就是对企业的经济活动过程进行计划、组织、领导、控制，以提高经济效益，实现盈利这一目的的活动的总称。

现代企业的生产经营活动既包括企业内部的生产活动，也包括企业外部的经营活动。因此，企业的管理活动分为生产管理和经营管理。企业内部的生产活动，是指以生产为中心的基本生产过程、辅助生产过程以及生产前的技术准备过程和生产后的服务过程。企业外部的活动，包括物资供应、产品销售、市场预测与市场调查、用户服务等，它是生产管理的延伸。随着经济的发展，企业管理以由生产为中心的生产型管理逐渐发展为以生产经营为中心的生产经营型管理。

（二）现代企业管理的任务

1. 合理地组织生产力

生产力是人们运用各种资源，获取物质财富的能力。合理地组织生产力就是要把企业现有的劳动资料、劳动对象、劳动者和科学技术等生产要素合理地组织在一起，采用先进的劳动资料，不断地改进生产技术、改造生产工艺和流程，引进优秀科技人员与管理人员，使企业生产组织合理化，完成分散个人无法完成的生产作业，从而实现物尽其用，人尽其才。

2. 追求经济效益与社会效益

追求经济效益是企业管理的首要任务，只有当企业管理取得了经济效益，才能体现管理价值。企业管理若未能达到预定经济目标，则该企业的管理就是失败的。因此，管理上的每一项决策的制定、每一个行动方案的编制都要充分考虑经济效益。

企业在追求自身利益的同时，作为社会成员，也应该考虑社会整体利益并承担相应的社会义务。对环境保护、公益事业等也要关注，在发挥经济效益的同时不断地树立企业社会形象，取得社会的支持，企业才能长盛不衰。

三、企业管理的基本理论及其发展

（一）早期的管理思想

管理活动源远流长，自从有了人类社会就有了管理。埃及金字塔、巴比伦古城和中国都江堰、长城等，这些宏伟的工程都体现了古人高超的组织才能和卓越的管理技巧。在埃及、中国、意大利等国的史籍和宗教文献里记载了有关管理的许多思想，例如《周礼》、《孙子兵法》等。《圣经》中也记载了关于管理活动的建议。

总体上讲，古代管理思想的发展较为缓慢，长期以来，管理被认为是一种技能而不是一门科学，因而被忽视了。这种情况一直延续到 18 世纪的工业革命以后才得以改变，20世纪初，管理思想进入到传统思想发展阶段。

（二）传统管理理论阶段

20 世纪初，随着生产力的提高，劳资矛盾日益激化，这些问题引起了许多学者对企业管理的深入研究，逐渐形成了古典管理理论。在管理理论形成的过程中，出现了一批有重要影响的人物。古典管理理论主要代表人物有美国的泰勒、梅奥，法国的法约尔和德国的韦伯。

1. 泰勒的科学管理理论

 小贴士

科学管理之父泰勒

弗雷德里克·温斯洛·泰勒（1856—1915）出生于美国费城的律师家庭，曾不负众望考入哈佛大学法律系，后因眼疾而辍学。他的一生做过钢铁厂的工人、总工程师，担任过公司的总经理，出任过美国工程师协会主席，也做过只宣传管理思想而不取报酬的顾问。他的主要著作有《计件工资制》（1895）、《车间管理》（1895）和《科学管理原理》（1911）。泰勒在管理理论形成的历史上是一位具有划时代意义的人物，人们尊称他为"科学管理之父"。

泰勒科学管理理论的核心是利用科学的标准化管理手段使组织绩效最大化，换句话说，就是提高生产效率。他对科学管理的研究为现代管理理论奠定了基础。泰勒管理的最大特点是将细节标准化，即对人的每一个动作都进行精确计算，在找到最大化的效益后将这一动作作为标准确定下来，让员工按此标准执行。科学管理理论的主要内容包括以下几个方面。

（1）工作定额原理

泰勒认为，提高生产效率是科学管理的中心问题。通过对工时和动作的研究，制定出有科学依据的工作定额。他选择合适的、技术熟练的工人，把他们的每一项动作、每一道工序花费的时间记录下来，分析工人干活时动作的合理性，去掉一些不合理的动作，并且考虑到工人休息和一些不可避免的耽误时间，制定出科学的操作步骤和作业时间，并以此为标准确定工人的劳动定额。

（2）标准化原理

泰勒认为，必须用科学的方法对工人的操作方法、工具、劳动、机器、材料和休息时间进行搭配，对机器的安排和作业环境的布置进行分析，消除各种不合理的因素，把合理的因素结合起来，目的是为了提高生产率。泰勒在劳动中发现，铲子上的荷载 21 磅时生产效率最高，于是他根据不同的物料设计不同的铲子，结果，日工作量由 16 吨提高到 59 吨，人工由 500 人左右降至 140 人。

 小贴士

轮人与匠人

做车轮的人拿了工具，准备度量天下的东西，看它们圆还是不圆。他说："符合我的工具的，就是圆的；不符合我的工具的，就是不圆的。这样，圆和不圆都可以明确区分。"这是为什么呢？因为圆的定义明确了。

木匠也拿了工具，准备度量天下的东西，看它们方还是不方。他说："符合我的工具的，就是方的；不符合我的工具的，就是不方的。这样，方和不方，都可以明确区分了。"这是为什么呢？是因为方的定义明确了。

俗话说得好："不以规矩无以成方圆"，在企业管理中也不例外，也要对自己的方与圆进行具体化，就是要进行标准化的管理。

资料来源：许进，陈宇峰. 诸子寓言 经营智慧. 中国纺织出版社

（3）刺激性的报酬制度

泰勒认为，工人不愿意更多劳动的一个重要原因是分配制度不合理。于是他提出根据工人完成定额的不同，采用"差别计件制"的刺激性付酬制度，按完成定额的程度而浮动。

（4）能力与工作相适应

为了提高工作效率，首先根据工作的要求来挑选工人，挑选的工人必须具备一定条件。首先，工人要具有从事某种工作所需要的能力，而且愿意担当该项工作；其次，要根据标准的作业方法对员工进行培训。

（5）计划和执行相分离

泰勒主张实行职能管理，即把管理的工作细分，计划职能从工长的职责中分离出来，专门设立计划部门，由计划部门负责制订计划，由工长负责执行。工长之间按职能分工，每一个工长只负责某一方面的工作，在其职能范围内，可以直接向工人发出命令。

泰勒在管理理论方面做了许多重要的开拓性的工作，为管理理论的系统形成奠定了基础。

2. 梅奥的人际关系理论

梅奥的人际关系理论强调人的因素对于生产效率有着至关重要的影响。根据霍桑实验，梅奥等人总结出，人们的生产效率不仅受到物质条件和环境的影响，更会受社会因素和心理因素等方面的影响。进而提出了与科学管理不同的观点，形成了人群关系论，主要有以下几个要点。

（1）职工是"社会人"

梅奥等人通过霍桑实验表明，职工是"社会人"，不是单纯追求金钱的"经济人"。影响劳动效率的因素，除了物质需求外，还有社会和心理方面的需求。

（2）企业中存在着"非正式组织"

非正式组织是由人们在共同工作中建立起来的感情所形成的非正式团体。科学管理重视的是正式组织的作用。只注重正式组织的作用是不行的，实际上，非正式组织的存在是

一种客观现象，而且同正式组织相互依存，对企业的发展有利有弊，应正确对待，积极引导，为实现企业的目标服务。

（3）生产效率的提高主要取决于职工满足的程度

员工的满足程度即他的工作是否被上级、同事和社会所认可。所以，管理者不仅要具备技术能力，还要具备人际能力，善于倾听下属职工的意见，创造良好的人际关系，提高职工的满足度，不断地提高效率。

梅奥的人际关系论为管理思想开辟了新领域，为管理方法变革指明了方向，为现代行为科学的发展奠定了基础。

3. 法约尔的一般管理理论

 小贴士

法约尔生平

亨利·法约尔（1841—1925）出生于法国中部一个的富裕家庭，1860年毕业于圣艾蒂安国立矿业学院，被一家大型的矿业公司录用，在那里度过了整个职业生涯，先后担任过工程师、矿长、经理、董事长兼总经理。在此期间，他曾采用一套科学的管理方法，将公司从破产的危机中解救出来。至其退休时，公司财力在法国已达到不可动摇的地位，在法国的产业史上传为美谈。1918年退休后，法约尔专心于管理研究工作，创立并领导了一个管理研究中心，宣传普及其管理理论。其主要代表作有《工业管理和一般管理》（1916）、《国家在管理上的无能》（1921）、《公共精神的觉醒》（1927）、《管理的一般原则》（1908）、《国家的行政管理理论》（1923）等。他是一位伟大的管理教育家，后人称他的理论为一般管理理论或管理过程理论，并尊称他为"管理过程之父"和"科学管理之父"。

法约尔的一般管理理论主要包括以下三个部分。

（1）经营与管理

法约尔认为，经营与管理是两个不同的概念。企业的经营有六项活动；管理只是经营的一部分，还包括技术、商业、财务、会计、安全等基本活动，这些活动在任何组织的任何层次中都会以不同的方式不同程度地存在着，如图1-1所示。

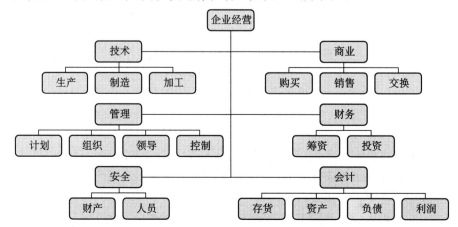

图 1-1　企业经营与管理的关系

（2）管理的一般原则

法约尔在总结经验的基础上，提出在管理实践中需要遵循的14条原则，即劳动分工、权力和责任、纪律、命令的统一性、领导的统一性、个人利益服从集体利益、合理的报酬、集权、等级系列、秩序、公平、人员的稳定、首创精神、集体精神。他同时指出，要灵活地运用这些原则，注意各种可变因素的影响。他还强调，人的管理能力可以通过教育来获得。

（3）管理的要素

法约尔首次将管理活动划分为五大要素：计划、组织、指挥、协调、控制。这些要素为后来管理职能的研究奠定了基础。

 小贴士

火烧出来的奇迹

1993年，一场经济危机对美国造成了巨大冲击，全国上下一片萧条。

此时，位于美国加利福尼亚州的哈理逊纺织公司同样遭受到这种冲击。更为不幸的是，这时候公司遇到了火灾。公司的绝大部分财产被这场无名大火化为灰烬。为此，公司雇佣的3000名员工被迫回家，悲观地等待公司破产的消息和失业风暴的来临。

谁知，员工们在经历了无望而又漫长的等待之后，意外地接到了公司董事长亚伦·博斯发给每个员工的一封信，宣布向公司员工继续支付一个月的薪金。在这种情况下，能有这样的消息传来，令员工们深感意外。在万分惊喜之余，员工们纷纷打电话给董事长亚伦·博斯，向他表示感谢。

一个月后，正当员工们陷入下个月的生活困难时，他们又接到了公司董事长发来的第二封信，公司再向全体员工支付一个月的薪金。员工们接到信后，已不光是感到意外和惊喜，而是热泪盈眶。

许多人不理解，亚伦·博斯的一位朋友打电话给他，建议他别感情用事，批评他缺乏商业头脑。

此时，失业大潮席卷全国，人们普遍为生计发愁。作为霉运当头的哈理逊纺织公司员工，能得到如此照顾，无不满心感激。第二天，这些员工怀着"给我滴水之恩，定当涌泉相报"的心情，自发地组织起来，涌向公司义务清理废墟，擦拭机器，有些员工还主动去联络一度中断的货源。员工们纷纷使出浑身解数，昼夜不停地卖力工作，拿自己当公司的主人，恨不得一天干两天的活儿。

三个月后，奇迹出现了，公司重新运转起来。就这样，这家纺织公司很快起死回生。如今，哈理逊纺织公司已名列全美纺织企业榜首，成为美国最大的纺织品公司，分支机构遍布世界各地60多个国家和地区。

资料来源：吕国荣．小故事大管理．中国经济出版社

热爱自己的员工是管理者之本。没有什么比关心员工、热爱员工更能调动他们的积极性、提高工作效率了。一个懂得关爱自己员工的管理者，他的企业才会真正走向成功。

（三）现代管理理论阶段

第二次世界大战以后，随着科学技术的进步，生产社会化的程度日益提高，以前的管

理理论已不能适应形势发展的需要。人们从各个方面对现代管理的问题进行研究，管理思想迅猛发展，出现了许多新的管理理论和管理学说，并形成了众多学派。概括起来，现代西方管理理论学派主要有系统管理学派、决策理论学派和权变理论学派等，出现了"百花齐放，百家争鸣"的局面，形成了"管理的理论丛林"。下面将主要介绍几种有代表性的流派。

1. 系统管理学派

系统管理学派是在系统论和控制论的理论基础上发展起来的。其代表人物是美国的卡斯特和罗森茨韦克，其代表作是 1973 年两人合著出版的《组织与管理：系统与权变的方法》，其主要观点是：组织是一个人造的开放式系统，与环境之间存在着交互作用，它由各个相互联系的子系统组成。

2. 决策理论学派

决策理论学派的主要代表人物是曾获得 1978 年诺贝尔经济学奖的美国经济学家和管理学家赫伯特·西蒙。他的代表作是《管理决策新科学》，其主要观点如下。

（1）管理就是决策。决策贯穿于管理的全过程，决策是管理人员的主要任务。

（2）决策是一个复杂的过程，包括四个阶段，即收集信息情报、拟订可行方案、对方案进行选择和评价等。

（3）决策的程序化和非程序化。程序化决策是指那些经常反复出现的或例行的决策，非程序化决策是指突发的或相当复杂的决策。对于不同的决策问题，要采用不同的程序和方法。

（4）决策应该以比较符合实际的"令人满意"准则代替传统的"最优"准则。

3. 权变理论学派

权变理论的创始人是美国的劳伦斯，其代表作为《组织与环境》；主要代表人物是英国的伍德沃德，其代表作为《工业组织：理论和实践》和美国的卢桑斯，其代表作为《管理导论：权变学派》。权变理论强调在管理中要根据组织所处环境的变化而变化，针对不同的情况采取适宜的管理模式与方法。

（四）企业管理的新发展

进入 20 世纪 80 年代以来，西方管理界出现了一些管理思潮，这些新的管理趋势从各个方面反映了对当今企业管理问题的新见解，丰富和发展了现代管理理论。

1. 流程再造

流程再造以 20 世纪 90 年代美国管理专家詹姆斯·钱比和迈克尔·哈默为代表，他们于 1993 年出版了《企业再造》一书。由此，在管理学界引起广泛的震动，许多企业开始采用流程再造的思想，对业务流程进行再造。它成为当今企业管理创新的一个主要方面。

流程再造是指对企业的业务流程进行根本性再思考和彻底性再设计，以期在成本、质量、服务和工作速度等绩效标准上取得戏剧性的改善，使得企业能最大限度地适应现代企业经营环境。

流程再造的目的是为顾客提供更多的价值，提高企业的竞争力。流程再造的方法是运用先进的管理方法和信息技术手段，最大限度地减少对产品增值无实质作用的环节和过程，建立起科学的组织结构和业务流程，提高产品质量，降低经营成本，缩短供货时间。

成功的企业流程再造应具有以下特点。

（1）坚持以业务流程为导向

哈默和钱比认为，目前大多数企业只注重结构、任务和人，不注重业务流程。再造要以流程为中心设计和优化流程中的各项活动，从根本上进行改变，尽可能实现增值最大化，建立全新的过程型组织结构。

（2）要树立以人为本的管理观念

管理的核心对象是人，人们的观念不转变，很难取得突破性的进展。作为管理者，要把组织内人际关系的处理放在首要位置，运用艺术手段激励组织成员，发挥他们的主动性和创造性，使其充满热情地为实现组织目标而努力工作。

（3）确立客户第一的服务理念

企业的竞争已不再是企业与企业之间的竞争，而是企业供应链之间的竞争。企业员工不仅要以优质高效的工作为用户提供满意的服务，还要考虑企业内部流程的设计对客户、供应商之间所形成的供应链的影响。

 小贴士

奔驰不衰的秘诀
——满足顾客需求

一个年轻人来到奔驰公司。"我想买一辆小轿车。"他说。销售员领他看了100多种，他都不满意。他又问："还有其他颜色的车吗？"

销售员吃惊地问："这几十种颜色都没有您中意的吗？"年轻人失望地说："我想要一辆灰底黑边的轿车。"老板知道后，让年轻人两天后来取车。

年轻人再次来到奔驰公司时，看到了他想要的颜色的车。但他并不满意！"这辆车不是我想要的规格。"

公司销售部主任耐心地说："先生，我们一定满足您的要求，三天后来取车。"年轻人又一次来到公司，看到了自己想要的车，很高兴。他试跑了一圈，然后对销售部主任说："要是能安个收音机就好了。"销售部主任随即答应，并请他下午来取车。

奔驰不衰的秘诀——满足顾客一切需求。

资料来源：王海民．十大管理哲理故事经典．海潮出版社

（4）重视信息技术在流程再造中的作用

任何一个企业都会设立信息管理部门，但它们的工作只是收集、处理其他部门产生的信息。随着IT行业的发展，员工素质的提高，充分发挥信息技术的作用和潜力，将会极大地提高流程效率。

 小贴士

MBL的流程再造

MBL是美国著名的人寿保险公司之一。在以前，从顾客填写保单到承保，要经过一系列过程，包括30个步骤，跨越5个部门，经过19位员工，正常需用5~25天。有人推

算，真正用于创造价值的时间只有 17 分钟，还不到 0.05%，99.95% 的时间都在从事不创造价值的无用工作。这种僵化的处理程序将大部分时间都耗费在部门间的信息传递上，使本应简单的工作变得复杂。MBL 的总裁提出了将效率提高 60% 的目标。这一目标是不可能通过修补现有流程达到的，唯一方案就是实施流程再造。

MBL 的新做法是设立一个新职位——专案经理，对从接收保单到签发保单的全部过程负有全部责任，同时具有全部权力。由于有共享数据库、计算机网络以及专家系统的支持，专案经理对日常工作处理起来游刃有余。这种由专案经理处理整个流程的做法，不仅压缩了线形序列的工作，而且消除了中间管理层，取得了惊的人成效。MBL 在削减 100 个原有职位的同时，每天工作量增加了 1 倍，处理 1 份保单只需要 4 小时。

2. 虚拟企业

威廉姆·戴维陶和迈克尔·马隆在 1992 年合著了《虚拟公司》一书，提出了由于信息技术的普遍应用，促使虚拟企业出现。虚拟企业是当市场出现新机遇时，具有不同资源与优势的企业为了共同开拓市场，共同对付其他的竞争者而组织的、建立在信息网络基础之上的组织形态。其特点包括以下几方面。

(1) 跨越空间限制的企业模式

依靠因特网，可以与世界上任何地方的供应商或客户进行贸易，实现统一的经营。

(2) 超越工作时间的限制

24 小时不间断地工作，以最快的速度为用户提供高质量、低成本的产品。

(3) 开放式的组织结构

企业间共享技术与信息，分担费用，是联合开发的、互利的联盟体。

(4) 集成各自独特的优势

对不同的外部资源整合利用，从而以极强的整体优势和灵活性完成单个企业无法实现的市场功能。

(5) 组织界限变得模糊

虚拟企业淡化了传统的组织界限，不具备法律意义上的法人资格。这些企业可能是供应商、顾客，也可能是同业中的竞争对手。

(6) 实施网络化管理

虚拟企业的信息技术是虚拟企业经营运作的基础和关键，没有信息技术的快速发展，也就没有实现虚拟经营的可能。

(7) 具有灵活性

组织出于共同的需要、共同的目标走到一起，一旦合作目的达到，这种联盟便可能宣告结束。虚拟企业之间既可迅速地联合，也可迅速退出，以适应迅速变化的市场。

(8) 实行精细化管理

企业要根据用户的需要及时生产产品，这样不仅消除了大量的库存积压，而且能够保证产销对路。

虚拟组织的这些特点集中了多方优势资源，由此决定了它具有较强的市场竞争力。但虚拟企业有一些自身的局限性，组织协调复杂，不稳定的合作关系，会带来一定的风险。

3. 学习型组织

麻省理工学院斯隆管理学院的彼得·圣吉博士提出：只有那些具备学习能力的学习型

组织，才能够在竞争中处于不败之地。

学习型组织是指通过培养整个组织浓厚的学习气氛，使员工的创造性思维能力和行为能力得到充分发挥的组织。这种组织具有持续学习的能力。学习型组织的灵魂是圣吉博士提出的"五项修炼"。它是圣吉博士经过 10 年对 4000 家企业的培训总结出的一套完整的具有很强的操作性、理论与实践相结合的新型企业管理方法，被企业界誉为"走向 21 世纪的管理圣经"。五项修炼指自我超越、改善心智、共同愿景、团队学习、系统思考。

（1）自我超越

自我超越就是高层管理者必须允许组织中的每一个人进行自我超越。管理者必须赋予员工权利，允许他们根据自己的想法进行实验、创造和研究，鼓励所有的成员自我发展，实现自己选择的目标和愿景。

（2）改善心智

改善心智是指由于过去的经历、习惯、知识素养、价值观等已形成的、固有的思维方式和行为习惯，使人自觉或不自觉地从某个固定的角度去认识和思考发生的问题，并用习惯的方式予以解决。组织需要鼓励员工寻找新的、更好的完成任务的方式。心智改变了，工作的方式就会相应改变。人的心智决定人的命运，企业管理者、员工的心智决定了企业的命运。

（3）共同愿景

共同愿景就是被组织成员共同认可、向往、渴望的愿望和远景，体现了组织未来发展的远大目标。

（4）团队学习

团队学习是发展团队成员整体搭配与实现共同目标的过程。在不断壮大的组织学习中，团队学习比个人学习更为重要。它要求成员充分沟通，相互信任。每一个人的素质提高一小步，整个企业的素质将提高一人步。

（5）系统思考

系统思考是以系统的观点来看待组织内部、外部环境的联系，管理者必须认识到学习过程中各层级之间的相互影响，必须鼓励系统思考，提高组织的创造能力和团队的协调运作能力。

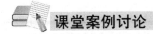 课堂案例讨论

根据每个人的长处充分授权

本田株式会社第二任社长河岛决定进入美国办厂时，企业预先设立了筹备委员会，聚集了来自人事、生产、资本三个专门委员会中最有才干的人员。作出决策的是河岛，而制订具体方案的是员工组织，河岛不参加，他认为员工会比自己做得更好。比如，位于美国的厂房基地，河岛一次也没有去看过，这足以证明他充分授权给下属。当有人问河岛为何不赴美实地考察时，他说："我对美国不是很熟悉。既然熟悉它的人觉得这块地最好，难道不该相信他的眼光吗？我又不是房地产商，也不是账房先生。"

财务和销售方面的工作，河岛全权托付给副社长，这种做法继承了本田宗一郎的做事风格。1985 年 9 月，在东京青山，一栋充满现代感的大楼落成。当时赴日访问的英国查尔

斯王子和戴安娜王妃参观了这栋大楼，传播媒体也竞相报道，本田技术研究工业公司的本田青山大楼从此扬名世界。实际上，规划这栋总社大楼，提出各种方案并将它实现的是一些年轻的员工们，本田宗一郎本人并没有插手此事。成为国际性大企业的本田公司在新建总社大楼时，这位开山元老竟没有发表任何意见，实在难以想象。

第三任社长久米在"城市"车开发中也充分显现了对下属的授权原则。"城市"车开发小组的成员大多是二十多岁的年轻人。有些董事担心地说："都交给这帮年轻人，没问题吧？会不会弄出稀奇古怪的车来呢？"久米对此根本不理会。年轻的技术人员则平静地对董事们说："开这车的不是你们，而是我们这一代人。"

久米根本不理会那些思想僵化的董事们在说些什么。他说："这些年轻人如果说可以那么做，那就让他们去做好了。"

就这样，这些年轻技术员开发出的新车——"城市"车型高挑，打破了汽车必须呈流线型的常规。那些故步自封的董事又说："这车型太丑了，这样的汽车能卖得出去吗？"但年轻人坚信，如今年轻的技术员就是想要这样的车。果然，"城市"车一上市，很快就在年轻人中风靡一时。久米正是根据每个人的长处充分授权，并大胆使用年轻人，培养他们强烈的工作使命感，造就了本田公司辉煌的业绩。

高明的管理者之所以高明，平庸的管理者之所以平庸，其区别很简单，就在于高明者懂得放手管理，充分授权于下属，而平庸者事无巨细，全部包揽。

授权并不难，每个人都有自己擅长的领域，也有不熟悉的方面，所以在授权的时候若能够人尽其才，大胆起用精通某一行业或岗位的人并授予其充分的权力，使其具有独立做主的自由，能自己作出决定，并能激发他们工作的使命感，这是管理人实现成功管理的简单原则，也是适应公司发展潮流的必然要求。

资料来源：吕国荣. 小故事大管理. 中国经济出版社

讨论题：
1. 企业管理理论发展经历了哪几个阶段？
2. 此案例符合哪种企业管理理论？

第二节　现代企业管理方法

现代企业管理方法是指适应现代企业经营管理的需要，综合利用现代管理思想、组织和手段，反映现代管理科学和实践中最新的、最成熟、最有效的措施和方法。它对现代企业管理起到了促进作用，具有综合性、成熟性、系统性、择优性和量化性等特征。

一、企业管理的一般方法

企业管理的一般方法是指为了适应企业管理的需要，运用管理的原理所采用的具有综合性、通用性的管理活动的一般手段和方法，包括行政命令法、物质激励法、情感激励法等。

1. 行政命令法

行政命令法是任何管理活动中都普遍使用的一种方法，它是按照行政组织系统，依靠行政组织权威，通过命令、法规、规章、制度等一系列行政手段直接对被管理者下达任务的一种方法。

2. 物质激励法

物质激励法是指按照客观经济规律的要求，通过物质利益的手段，充分调动企业职工的工作热情和劳动积极性的一种方法。它具有客观性、多样性、灵活性和激励性等特点。

 小贴士

财主的奖励

财主的放羊人赶着羊群到村外很远的地方去放牧。狼来了，他大声向村里人呼救，村里人急忙跑来。狼看到这么多人拿着武器赶来，就匆忙地跑了。

放羊人领着村民到财主那里为他们请功。谁知财主冷冷地听了他的报告之后，挥挥手说："我以为什么大不了的事，不就是赶走了几只狼吗？这种小事情也跑来请功领赏！"村里人没有受到奖赏，反而被嘲讽，便气愤地走了。

后来，狼又来了，窜入羊群，大肆咬杀。牧羊人对着村里人拼命呼喊救命，但是大家一想到财主的嘲讽，就没人愿意来帮忙了。结果，财主的羊全被狼吃掉了。当财主得到消息赶来时，看到的只是满地残骸。

不懂得给予村民激励的财主，最后收获的是满地残骸。对企业来说，激励是企业提高员工工作效率的重要手段之一。它包括口头的表扬，也包括物质的奖励。

资料来源：段珩.影响人一生的100个管理寓言.光明日报出版社

3. 情感激励法

人是有思想、有情感的高级动物，是管理活动中最积极的因素。在人员管理的问题上，我们应该用什么样的管理模式，哪种更有效？

情感激励法是管理者通过语言和行动上的关心、尊重、信任，使人的思想和行为发生转变的方法，即在坚持原则的基础上，运用感化艺术去帮助他人转变态度和做法。因此，具有随机性、感化性和弹性。

情感激励法与行政命令法相辅相成。行政方法发挥的是职务影响力，可以使部下对管理者产生敬畏感；而感情方法发挥的是管理者的自然影响力，可以使部下产生敬爱感、敬佩感、敬重感、信赖感和亲密感。在现代企业管理中，对于人员的管理甚至比生产管理还重要。作为管理者，既要懂技术，还要懂经济，同时应掌握社会学、心理学、法律、政治、人际关系学的知识。

 小贴士

关爱赢得员工的真诚回报

香港企业家李贵辉仅用了短短的十几年时间，便在香港和海外拥有了庞大的企业，同时赢得了众多荣誉。他能如此迅速致富，与其注重人情味的管理方式有着直接的关系。

李贵辉用人之道的首要一点便是为员工排忧解难，让他们没有后顾之忧地将精力全部投入工作中。

　　比如，他曾这样规定：职工一律只取 50％的工资，余下的 50％由公司负责寄往家中。这条措施的制定意在防止某些员工乱花钱，影响家庭和睦。如此全面的考虑，充满人情味的规定，受到了员工及其家属的欢迎。一次，他在内地雇佣的一个工人的母亲病重，他知道后，立即给当地医院的院长打了一个长途电话，要求千方百计组织抢救。李贵辉从生活上、经济上对员工无微不至地照顾与体贴，使员工工作起来尽心尽责，任劳任怨，为企业的发展奠定了基础。

资料来源：樊丽丽．趣味管理案例集锦．中国经济出版社

二、企业管理的具体方法

　　自从有了企业和企业管理以来，人们为了实现既定的管理目标，创造出上千种管理的方法。这些方法从简单到复杂，多种多样。

　　1. 按管理的性质不同划分

　　（1）定性分析法

　　定性分析法是指通过收集有关资料并结合以往的经验进行综合分析、判断，从而找到解决问题的方法。定性分析法简便易行，不需要具有高深的专业知识，适用性广泛。

　　（2）定量分析法

　　定量分析法是指在收集数字资料的基础上，运用数学模型，以数学结论来说明事物现象的一种方法。定量分析法准确性较高，科学性较强，但管理者需要具备较好的数学基础，

　　2. 按管理的职能不同划分

　　（1）决策方法

　　决策方法是指组织或个人为了实现某种目标而对未来一定时期内有关活动的方向、内容及方式的选择和调整的方法。

　　（2）计划方法

　　企业借助一定的计划方法，才能把各种计划任务转化为指导实际行动的具体计划指标的方法。科学的计划方法是提高计划水平的重要保证。计划的方法旨在帮助企业的有关人员编制并实施计划。

　　（3）组织方法

　　组织方法是指企业为实现方针目标，提高管理人员的组织能力，使管理组织精干、高效的方法。

　　（4）控制方法

　　控制是企业管理的重要职能。不仅是企业高层领导，中级和基层管理人员也需要通过运用一些控制的方法，有效地实施控制职能。

　　（5）分析方法

　　分析是管理者的一项经常性工作，在决策、计划之前，在发现问题之后都离不开分析活动。掌握必要的分析方法，可使管理者思路清晰，事半功倍。

课堂案例讨论

信任是最好的激励

保罗·盖蒂是美国的一位石油开发商，他曾经买下一片土地的开发使用权，这块地富含石油，可惜这片土地正好处在一片森林里。很多石油公司嫌这块地面积不大，且道路不易铺设而放弃它。保罗·盖蒂及其下属到现场看了这块地，发现这里是可以采出石油的。但保罗·盖蒂经过分析，认为这块地没有太大的开发前途，因为它的面积比一间房子还小，而且只有一条 4 尺宽的小路通到这里。这么窄的路，卡车是没办法开进去的。另外，这块地面积太小，用一般的方法开采是行不通的。

因此，保罗·盖蒂准备放弃此地，员工们当时都没有提出什么反对意见。但是保罗·盖蒂还是有些舍不得，最后他决定让员工们讨论一下，各抒己见，看看是否有办法克服这些缺点。起初员工们还有些犹豫，保罗一再鼓励大家，他还许诺对有贡献和有好主意的员工视贡献大小给予奖励，见老板如此信任，大家都毫不拘束地议论起来，你一言我一语，不少主意被提出来。

"我想我们可以使用小一号的工具挖掘，这样或许可以节省一定的空间。"一位职工思考了良久才说道。

听到职工这么一说，保罗·盖蒂心中顿时豁然开朗，他一直认为交通是这块狭小油田的死结，现在这位员工想出使用小一号工具挖井，那么也可以考虑使用小一号的铁路作为通向油田的交通轨道。于是，他接着说："如果大家能找到人设计和制造出小一号的工具，我们公司就能下手在这块地上开采石油。当然，还有一个问题，就是怎么使用小一号的交通工具把石油运出来，请大家再好好想想。我们的员工真的是很优秀，刚才那位员工竟然帮我们解决了大问题！"

保罗·盖蒂如此一讲，更是鼓励了员工们开动脑筋想办法。大家都是与油田打交道的工作人员，既知道挖井采油的方法和难处，又有解决问题的实际经验和体会，每个人都无所约束地畅所欲言，把自己的想法、看法都毫无保留地讲了出来。

员工们由小一号挖井工具谈到小一号铁路和火车，进而谈到找谁设计和制造这些挖掘工具和交通工具的具体实施方案。

众人拾柴火焰高。经过保罗·盖蒂的一番激励和鼓动，员工们为开发森林里那块含油丰富的小油田找到了一个恰当的解决方案。大家确定用小型铁路和小型器材进入那块油田。

1927 年 2 月 21 日，盖蒂石油公司终于在那块土地上挖出了第一口井，后来接二连三地挖出数口井，每口都产出大量的原油，每天共产油 1.7 万桶。

从 1927 年至 1939 年不到 10 年的时间，这块油田为保罗·盖蒂赚了数百万美元。

资料来源：陈书凯．小故事妙管理．中国纺织出版社

讨论题：

1. 企业管理的一般方法有哪几种？保罗·盖蒂使用的是哪种方法？
2. 如果你是员工，希望领导对员工采取何种方法进行管理？为什么？

第三节　管理职能与组织设计

管理的职能是指管理的基本功能。在管理学的发展史上，管理的职能有不用的划分方

法，目前比较流行的观点是将其简化为四个基本职能：计划、组织、领导、控制。组织结构设计是指根据组织的总目标，将工作任务分类，并按照这些工作任务与责任的划分确定组织的具体部门的过程。

一、现代企业管理的职能

1. 计划职能

"计划"一词有着不同的词性，可以是名词性词语，也可以是动词性词语。从名词性看，计划是指实现组织目标的行动方案。从动词性看，计划是拟定实现组织目标的行动方案的过程。组织的存在是为了实现某些目的，因此就需要有人来规定组织要实现的目的和实现目的的方案。通常实现组织目标的途径不会只有一条，因而有多种行动方案可供选择。这就是管理计划职能应做的工作。

计划是管理的首要职能，管理活动从计划工作开始。计划工作的具体程序和内容包括：估量机会、确定目标、制定业务决策、编制行动计划。

 小贴士

屎壳郎和蚂蚁

炎炎夏日，屎壳郎在高声地歌唱。一只蚂蚁提醒他说，冬天不远了，他应该开始为冬天做些考虑了。屎壳郎根本不理会蚂蚁的提醒，继续歌唱，享受着眼前的快乐。蚂蚁则不然，他把所有的时间都用来收集小麦和大麦，为自己储存冬季吃的食物。冬天是个很奇怪的季节，说来就来了。这时，饥饿的屎壳郎只能跑到蚂蚁那里乞食。

蚂蚁反问他："喂，伙计，夏天我忙着收集粮食时，你在做什么呢？"

屎壳郎回答说："我也很忙呀。我整天都忙着唱歌呢。"

蚂蚁无动于衷地回答："正因为你整个夏天都在唱歌，所以你整个冬天就只好跳舞了。"

资料来源：［美］大为·鲁南. 伊索寓言与CEO. 学林出版社

2. 组织职能

组织是管理的一项基本职能，是指为了达到某一目标而协调群体活动的一切工作的总称。计划方案制定好了以后，就要落实到行动中，要有组织工作。组织工作决定组织要完成哪些工作，由谁去完成，怎么去完成，何时何地去完成等，使得组织系统内的全部资源充分、合理地加以运用。组织工作的具体程序和内容包括确定组织目标、业务内容；设计组织结构；配备人员；确定职责。

3. 领导职能

从个体来讲，领导指的是领导者，是能够影响他人行为的一个人；从群众层面来讲，领导者是指领导集体；从行为的角度来讲，领导可以指管理者利用组织赋予的职权指导和协调组织中的成员，并激励部下为实现组织目标而努力工作的活动过程。

作为领导者，要帮助部下认清形势，指明活动的目标，选择有效的沟通渠道，协调组织成员间的关系，为他们排忧解难，以高超的领导艺术，过硬的思想素质、专业技能和个人魅力把大家团结起来，引导和激励组织成员以高昂的士气、饱满的热情去实现既定的组织目标。

 小贴士

老狮子与狐狸族长

有一头年老的狮子，它年轻的时候是声威显赫的森林之王，年老体衰之后，只能用智取的办法才能获得更多的食物。于是，它钻进一个山洞里，躺在地上假装生病，等臣民们前来探病的时候就把它们抓住吃掉。这样，不少动物都被狮子吃掉了，从孱弱的山羊到矫健的野狼，都不能幸免。

狐狸家族得知狮子病了，便在族长的带领下前来探望。走到洞口附近，狐狸族长突然停下来，用假装出来的、关心的腔调问狮子身体现在如何。狮子装腔作势地回答说："很不好。狐狸啊，大家都进洞里来看望我了，为什么你和你的家族站得远远的呢？你害怕我把病传染给你们吗？"

狐狸族长沉稳地说道："如果我没发现只有进去的脚印，没有一个出来的脚印，我们也许会进洞去。可是，我现在不是害怕你把病传染给我，而是害怕我把我和家人的小命送给了你。"

寓言中，狐狸族长的敏锐洞察力保住了整个家族的生命。同样，在现代企业中，领导职能在于预测和把握方向，尤其是在情况不明朗的时候，能够看清形势，倡导并形成行动，或者观察、解决危机，调整并防止偏颇。

资料来源：翟文明 . 影响人一生的 100 个财富寓言 . 光明日报出版社

4. 控制职能

控制是促使组织的活动按照计划目标的要求顺利实施的过程。控制职能意味着管理必须监控组织的绩效，必须将实际情况与预先设定的目标进行比较。当组织活动偏离计划时，给予纠正，防止偏差继续发生，以保证组织目标的实现；或者组织的内、外环境发生变化，原来制订的计划已不适用时，需要重新修订，甚至制订新的计划。

控制的过程包括建立标准、衡量工作绩效、发现偏差和采取矫正措施四个基本环节。控制不仅是对以前组织活动情况的检查和总结，更是对未来组织活动进行的调整。所以，控制职能是使组织的一切职能活动按计划进行，并实现组织目标的重要保证。

计划、组织、领导、控制是管理的最基本职能，这四种职能是一个相互关联、互相渗透、不可分割的整体，其中某一职能的完成情况会受其他职能完成情况的影响。没有计划便无法控制，没有控制也就无法积累制订计划的经验。人们往往在进行控制的同时，需要根据实际变化不断地拟定新计划或修改原计划。若没有组织架构，便无法实施领导；而在实施领导的过程中，又可能对组织结构进行调整。控制是对计划、组织、领导加以全面检查，纠正偏差，以保证组织目标的实现。因此，管理的过程实际上是使各职能活动周而复始的循环过程。

二、企业组织结构设计的原则

（一）建立组织机构的基本要求

组织是人类社会生产、生活中最常见、最普通的社会现象，如学校、企业、机关、医院、各级政府、各党派和政治团体等都属于组织。企业组织机构由人设立，并在运行中不断完善，使之成为一个好的机构，因此，现代企业组织机构的设计要遵循以下基本要求。

1. 目标明确，组织规范

组织机构设置的出发点是为了完成企业战略任务和经营目标。为了保证组织的正常运转，必须制定组织规范，要求企业从实际需求出发，按目标设置机构，确定工作范围，按岗位配备人员，确定有效的管理指挥监督系统。

 小贴士

土拨鼠哪儿去了？

有一天，老师给学生们讲了一个故事：有三只猎狗追一只土拨鼠，土拨鼠钻进了一个树洞。这个树洞只有一个出口，可不一会儿，从树洞里钻出一只兔子。兔子飞快地向前跑，并爬上一棵大树。兔子在树上，仓皇中没站稳，掉了下来，砸晕了正仰头看的三只猎狗，最后，兔子终于逃脱了。

故事讲完后，老师问："这个故事有什么问题吗？"

学生们说："兔子不会爬树。"

"一只兔子不可能同时砸晕三只猎狗。"

"还有呢？"老师继续问。

直到学生们再也找不出问题了，老师才说："土拨鼠才是我们的目标。你们都没有提到，土拨鼠哪儿去了？"

资料来源：刘松. 管理智慧168. 机械工业出版社

企业组织设计中不要忘了时刻提醒：目标是什么？

2. 讲究效率，追求利润

企业的建立是以追求利润为最终目标的，因此在建立组织时必须要减少浪费，降低运营成本，提高企业组织效率，充分体现以人为本的人性化管理，建立良好的激励机制，增强组织的凝聚力，确保企业管理的有效进行。

3. 处理好管理层次与管理幅度间的关系

管理层次是指从企业最高管理层到员工之间领导隶属关系的数量界限。在每一个管理层次中，不同的管理层次要考虑到相应的管理幅度。管理幅度是指一个管理人员能够有效地管理其下级的数量界限。

管理幅度与管理层次成反比例关系。管理幅度越宽，管理层次越少；管理幅度越窄，管理层次越多。管理幅度应根据组织特点、管理层次的多少、人员的组成等具体情况来设定。上层管理人员，也称决策层，主要负责战略性决策，其管理层次多，管辖的人数少。下层管理人员，也称执行层，负责执行日常性管理，其管理层次少，管辖的人数多。中层管理人员，也称实施层，主要负责日常业务决策。因此，设计组织结构时，管理层次应与管理幅度相适应。

4. 稳定性与适应性相统一

组织结构的设计首先要考虑其稳定性。企业内、外部环境不断变化，要求组织结构的设计应增强适应性。若企业内、外环境发生变化，可以对组织结构的职能和任务做相应的调整。只有这样，组织才能自如地应对经营环境的变化，不断进行自我变革，保持自身的优势。

（二）组织机构设计原则

由于组织所处的环境不同，企业发展的规模不同，生产的产品不同，所需的职务和设计的部门不同，对于某些特定的组织所采用的组织结构也就不同。但无论采用哪种形式，在设计组织结构时都应遵循共同的原则。

1. 追求效益的原则

企业是以盈利为目的的经济组织，追求利润最大化是它的最终目标。追求效益是指企业通过加强管理，努力降低消耗，以最少的劳动耗费和资金占用生产出尽可能多的社会所需产品，满足人民不断增长的物质和文化生活的需求，不断提高企业经济效益和社会效益。因此，要建立合理的组织结构，促使企业形成良好的运行机制，为社会提供优质产品，在保证社会效益的前提下，最大限度地追求经济效益。

2. 统一指挥、分工协作原则

组织要想有序、高效地运转，必须有一个统一的指挥。组织在设计时必须形成一个统一的有机体，使各个部门协调一致地工作，在统一领导下使各管理层次具有一定管理权限，下级服从上级，局部服从整体，保证指挥系统对整体组织活动进行有效控制。同时，在现代化企业中还要提倡在工作中精益求精，进行专业化的分工与协作，在分工的基础上，加强各部门之间的协作，以保证组织高效运转。

3. 集权与分权的原则

在组织结构设置过程中，权力的集中与分散应该适度。集权是指决策权在很大程度上集中在较高管理层次中，分权是指决策权在很大程度上分散在较低管理层次的职位上。权力是否集中或分散，取决于组织自身的规模。若组织自身的规模较小，就会显现出集权化的倾向；若组织自身的规模较大，就会出现权力分化的倾向，形成分权。集权与分权应控制在合适的水平上，这样既能保证组织总体政策的统一，又能提高企业的经营效率。

4. 机构精简的原则

机构精简就是要在满足经营需求，完成企业目标的前提下，因事设职，力求减少组织中的层次与过剩人员，避免层次重叠，机构臃肿，人浮于事。要使组织结构的规模与所承担的任务匹配，使信息沟通渠道更加通畅，以确保组织能高效运转。

5. 责权对等的原则

责权一致的原则要求组织结构设计时应该将职务、职责与职权相对等，既要明确规定每个管理层次和各个部门的职责范围，也要赋予其相应的管理权限。职责与职权必须协调一致，否则，就会出现"有职无权，无从尽职；有权无职，滥用职权；职高于权，难以尽职；权高于职，干涉他人"。因此，只有责权对等，才能避免这些倾向。

（三）影响组织设计的因素

任何一个组织要想在社会中生存与发展，都必须适应环境的变化。组织结构的设计，一方面要考虑企业自身的条件；另一方面，还要考虑其他因素对组织结构设计的影响，例如企业所处的环境、组织规模、经营战略、文化和技术等。

1. 环境的影响

环境包括内部环境和外部环境，包括国家的法律、法规、政策的变动；竞争对手的出现；供应商、顾客的变化，甚至消费者年龄、价值观、受教育的程度；汇率的波动等，这些都会使得企业外部环境发生改变。

例如，一家化工企业在 1989 年以前没有设立污水处理部门。1989 年 12 月 26 日我国颁布了《中华人民共和国环境保护法》，该化工厂就必须设立相应的污水处理部门。

组织内部环境包括组织战略的调整、技术的革新、人员的变动。

2. 组织规模的影响

组织规模的大小直接影响组织结构中管理幅度与管理层次的设立。规模扩大，组织结构、组织控制、经营范围、部门之间的协调等变得更加复杂。组织内部专业化程度越高，越应建立标准化操作程序，这会增加组织机构、组织层次，促使组织结构更为规范，组织关系更具有指导性。

3. 经营战略的影响

企业组织结构的设定取决于企业的经营战略，不同的组织目标和经营战略需要有与其相适应的组织模式。一个组织的结构通常能反映出组织的战略思想。当企业的内、外部环境发生变化时，组织的模式随之做出相应的调整，导致组织结构变化。为保持经营战略在市场中处于优势竞争地位，管理者要不断地修改、设计组织的结构，来实现组织的目标。

4. 文化和技术的影响

技术、设备是现代化企业进行生产经营活动的物质基础，是形成企业物质文化的保证，是企业劳动资料中最积极的因素。文化和技术与组织结构有着密切的关系，技术越复杂，自动化程度越高，所涉及的相关部门、有关人员越多，相互间的沟通关系更加复杂，由此推进企业组织结构的变革。

三、企业组织结构的类型

组织结构是指构成组织各要素之间的关系，描述了组织的框架体系，它直接影响组织内部的活动。为了确保组织目标的顺利实现，要对组织结构进行科学、合理的设计。企业组织结构类型主要有直线型、职能型、直线职能混合型、事业部制、矩阵型和立体多维结构等。

1. 直线型组织结构

对于直线型组织结构的企业，各级行政单位从上到下实行垂直领导，没有职能机构，一切管理职能基本上都由行政主管自己负责、执行。其特点是结构简单、责任分明、命令统一。

直线型是最早且最简单的一种组织形式，也称军队组织形式，如图 1-2 所示。

直线型组织结构要求行政负责人通晓多种知识与技能，事必躬亲，亲自处理各种业务。在业务比较复杂、企业规模比较大的情况下，把所有的管理职能都集中到最高主管一人的身上，是难以胜任的。因此，这种组织形式只适用于规模较小、工艺简单的小型企业。

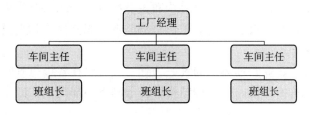

图 1-2　直线型组织结构示意图

2. 职能型组织结构

对于职能型组织结构的企业，各级行政单位除主管负责人外，还相应地设立一些职能机构，各职能机构在自己的业务范围内有权向下级发布命令和指挥。各级领导人除了服从上级指挥外，还要服从各职能机构的指挥，实行的是多头领导的上下级关系，如图 1-3 所示。

职能型组织结构的特点是：能适应现代化生产技术的复杂性，管理分工较细，充分发挥各专业机构的作用。但这种结构容易形成多头领导，造成管理混乱，影响工作的正常进行，各职能部门之间的协作、配合较差，办事效率低。由于这种组织结构形式存在明显的缺陷，一般企业不采用这种形式。

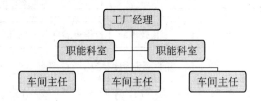

图 1-3　职能型组织结构示意图

3. 直线职能混合型组织结构

单纯的直线型与职能型都不能很好地贯彻组织的方针，完成组织的目标，所以多数企业采取直线职能混合型形式，如图 1-4 所示。其中，实线部分代表直线关系，虚线部分代表职能关系。

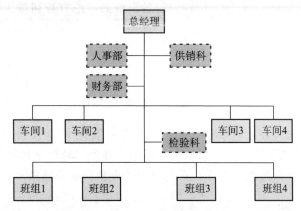

图 1-4　直线职能混合型组织结构示意图

直线职能混合型也称为直线参谋制，它是在直线型和职能型的基础上发展起来的。这种组织结构形式是把企业管理机构和人员分成两大类：一类是直线领导机构和人员，按命令统一原则对组织各级行使指挥权；另一类是职能机构和人员，按专业化原则，从事组织的各项职能管理的指挥工作。直线领导机构和人员在自己的职责范围内有一定的决定权和对所属下级的指挥权，并对自己部门的工作全部负责。职能机构和人员不能对部门发号施令，只能进行业务指导。

其特点是既保证了企业管理体系的统一领导，又可以在各级行政负责人的领导下，充分发挥各专业管理机构的作用。但这种结构容易限制下级部门工作的主动性和积极性，各部门自成体系。

4. 事业部制组织结构

事业部制是分级管理、分级核算、自负盈亏的一种形式。在总公司下面按产品或地区分成若干个事业部，从产品的设计、原材料的采购、成本的核算、产品的制造到销售全部都实行单独核算，独立经营。事业部下属若干个工厂和研究单位，负责生产和研制工作，它是一种分权型的组织形式，如图1-5所示。通常，作为总公司或集团公司的分支机构或公司，多采用事业部制的组织结构形式。

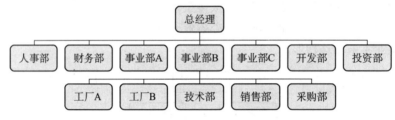

图1-5　事业部制组织结构示意图

这种组织形式的突出特点是"集中决策，分散经营"。公司总部只保留人事决策、预算控制和监督的权力，并通过利润等指标对事业部进行控制。总公司领导可以摆脱日常事务，集中精力考虑全局问题；事业部实行独立核算，更能发挥经营管理的积极性，更利于组织专业化生产和实现企业的内部协作；各事业部之间有比较、有竞争，有利于企业的发展；事业部内部的供、产、销之间容易协调；事业部经理要从事业部整体来考虑问题，这有利于培养和训练管理人才。

但由于机构重复，造成了管理人员浪费；各事业部考虑自身利益，相互之间沟通困难，往往只考虑本部门的利益，可能会发生内耗，会出现架空领导的现象，减弱总公司的控制。

 小贴士

斯 隆 模 型

事业部制组织结构是由美国通用汽车公司总裁斯隆在1924年提出的，又称"斯隆模型"。它是一种高度集权下的分权管理体制，因此又称为"联邦分权化"。它适用于规模庞大、品种繁多、技术复杂的大型企业，是目前国外大型企业普遍采用的一种形式。

5. 矩阵型组织结构

矩阵型是把按职能划分的部门和按产品划分的部门结合起来组成一个矩阵，它是由纵、横两套管理系统组成的组织结构。例如某医院的组织结构图如图 1-6 所示。

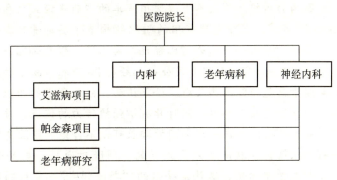

图 1-6 矩阵型组织结构示意图

按管理职能设置纵向组织系统，按产品、项目等划分横向组织系统。纵向排列的是若干项工作任务，组织系统一个部门中的一个人是项目负责人，其他参与者可能来自其他部门，一旦任务完成，项目成员就回到原来的部门。

例如，在某医院要抢救一名危重病人，需要内科、呼吸科、心血管科、护理科等科室的人员共同参与抢救。一旦抢救任务完成，各科室的人员就回到原有所属部门，其中，抢救工作视为一个项目。内科、呼吸科、心血管科、护理科是医院组织结构中的各个部门。

矩阵型组织结构的特点是机动、灵活、弹性大，可随项目的开发与结束进行组织或解散，克服职能部门各自为政的现象，充分发挥专业人员的特长，有助于激发人们的积极性和创造性，便于企业人才的培养，实现集权与分权优势的结合。

但由于人员是临时组成的，不固定，责任心较差；项目组受到双重领导，易产生管理上的困难和矛盾，造成职责不清、管理混乱、成本增加。因此，采用这种结构，只有当事双方的管理人员密切配合，才能顺利地完成工作。

6. 立体多维组织结构

立体多维组织结构是在矩阵型组织结构的基础上发展起来的，主要包括三类管理机构：按产品划分的事业部，形成产品利润中心；按职能划分的参谋职能部，形成专业成本中心；按地区划分的管理机构，形成地区利润中心。

在这种立体多维组织结构下，每一个系统都不能单独做出决策，必须由三方共同协商才能采取行动。因此，这种结构促使每一个部门都能从组织的整体出发考虑问题，减少各部门之间的矛盾。这种类型的组织结构适用于跨国公司。

 课堂案例讨论

提高管理效率取决于组织结构

英国管理学家谢尔登长期致力于组织结构的研究，"谢尔登定理"是他对组织效率的一项研究成果。

一个总裁最大的苦恼也许就是：总裁室与财务室或者其他部室只有一墙之隔，另一个屋子着火了，自己却是最后一个知道，等整个企业大厦倒掉的那一刻，他不知道该裁谁了。总裁的工作不是总是裁人，或许应该是裁掉那个多余的玻璃天花板。送一封信给一墙之隔的总裁要用一年时间，有时并不是什么笑话。

到目前为止，最著名的组织结构改革当以通用汽车的"斯隆模式"和松下电器的分层结构为典型。20世纪30年代，松下电器采用的组织结构是分层负责制，而推行这种制度的原因是松下先生可能对于掌握一个大公司已经无能为力了，想要简化企业。

其实，当时松下公司只有1600人，今天公司已经有20万人。松下的成功首先是有创新精神。第二个重要因素就是组织结构改观。松下认为，分层负责的组织可以使事情简化及企业化，增加组织的清晰度及控制力，同时具有增强执行力的优点。每一个部门都可以独立作业，发挥本身最大的功能。每一个部门的部长可以不停地严密注意市场上的发展。

当然，没有一种组织结构可以说是完美无瑕的。斯隆对通用公司的管理体制全面改组，建立反集权的分部式管理体制，这就是著名的"斯隆模式"。集权制组织虽然权力相对集中，更利于集中资源，但是灵活性和创造力不足。

资料来源：吕嵘，侯章良．人力资源管理法则．海天出版社

讨论题：

1. 设计组织结构时，应遵循哪些原则？
2. 为什么此案例在组织结构设计时以"斯隆模式"为依据？

第四节　创办企业的基本程序

科学技术不断进步，生产力水平不断发展，市场需求的多样性，促使社会分工越来越精细。作为基本经济单位的企业有很多类型。不同类型的企业在创办时有着不同的要求，但每个企业的创办都需要经过以下几个环节：申办、登记审批、年检等。

一、申办企业的基本要求

1. 注册资本、出资形式与出资额

为了加强对公司注册及实收资本的登记管理，规范公司登记行为，《中华人民共和国公司法》（简称《公司法》）和《公司登记管理条例》对注册资本、出资形式与出资额做了相关规定。

（1）注册资本的规定

有限责任公司的注册资本为在公司登记机关依法登记的全体股东认缴的出资额。

股份有限公司采取发起方式设立的，注册资本为在公司登记机关依法登记的全体发起人认购的股本总额；股份有限公司采取募集方式设立的，注册资本为在公司登记机关依法登记的实收资本总额。公司的实收资本是指全体股东或者发起人实际交付并经公司登记机关依法登记的出资额或者股本总额。

（2）出资形式

作为股东或者发起人，可以用货币出资，也可以用实物、知识产权、土地使用权等可用货币估价并可依法转让的非货币财产作价出资，但不得以劳务、信用、自然人姓名、商誉、特许经营权或者设定担保的财产等作价出资。

（3）出资额的认定

有限责任公司注册资本的最低限额为人民币3万元，一人有限责任公司注册资本的最

低限额为人民币 10 万元。有限责任公司全体股东的首次出资额不得低于公司注册资本的 20%，也不得低于法定的注册资本最低限额，其余部分由股东自公司成立起 2 年内缴足；其中，投资公司可以在 5 年内缴足。

股份有限公司注册资本的最低限额为人民币 500 万元。公司全体股东或发起人的货币出资额不得低于公司注册资本的 30%，募集设立的股份有限公司发起人认股的股份不得少于公司股份总额的 35%；发起设立的股份有限公司全体发起人的首次出资额不得低于公司注册资本的 20%，其余部分由发起人自公司成立起 2 年内缴足。其中，投资公司可以在 5 年内缴足。

2. 法人及其特点

根据《民法通则》第 36 条第 1 款规定："法人是具有民事权利能力和民事行为能力，依法独立享有民事权利和承担民事义务的组织。"法人具有独立性，即独立的组织、独立的财产、独立的责任。

3. 法人的分类

（1）根据法人设立的宗旨和活动性质的不同划分

①企业法人是从事生产、经营活动，以盈利为目的的法人。企业法人又依其所有制不同，分为全民所有制企业法人、集体所有制企业法人、私营企业法人、中外合资经营企业法人、中外合作经营企业法人、外资企业法人等。

②非企业法人是非生产性、非营利性的法人，它又分为国家机关法人、事业单位法人和社会团体法人。

（2）根据企业组织形式的不同划分

①公司法人，是指依据《公司法》规定的条件和程序而设立的企业法人。《公司法》对有限责任公司和股份有限公司做了全面的规定，并确认它们是企业法人。

②非公司企业法人，是指不是依据《公司法》设立的企业法人，如依据《全民所有制工业企业法》设立的国有工、商企业法人等。

（3）根据法人设立是否以社员的存在为基础划分

①社团法人，由自然人的集合体而组成为法人。它可以是公益性的，也可以是营利性的，如工会、妇联、学术组织、宗教团体或者生产合作社、供销社等。

②财团法人，一般是根据财产捐献者的意志，以捐献的财产为基础，依法设立的一种公益法人，如各种基金会组织、慈善机构、寺庙等法人的设立。

4. 法人设立程序

（1）法人设立的方式

在我国，法人设立主要有以下几种方式：

①命令设立——主要适用于国家机关、国有企事业单位的设立。

②发起设立——主要适用于一般企业的设立。

③募集设立——主要适用于股份有限公司的设立。

④捐助设立——主要适用于各种基金会法人的设立。

（2）法人资格的取得

法人设立后取得法人资格，法人才能成立。依照《民法通则》的规定：

①以命令方式设立的机关法人于设立时即取得法人资格，不需登记。

②公司法人经公司登记机关依法登记，领取《企业法人营业执照》，依法办理登记，

才能取得法人资格，才能以法人的名义开展活动。

③企业法人经企业法人登记主管机关审核，准予登记注册的，领取《企业法人营业执照》，取得法人资格，其合法权益受到国家法律保护。依法需要办理企业法人登记的，未经企业法人登记主管机关核准登记注册，不得从事经营活动。

除法律有特别规定外，非企业法人不得从事企业经营活动。非企业法人附属的以盈利为目的的企业，应当按照企业法人的规定，经申请，核准登记为企业法人方能营业。

5. 申请贷款及筹资

随着企业生产规模的不断扩大，生产设备的更新改造，企业资金在使用过程中会出现短缺的现象。为融通资金，凡是具有完全民事行为能力且有稳定经济收入的自然人可申请银行贷款。

（1）贷款的种类

银行贷款是银行以债权人身份安排使用资金的主要形式。根据不同的划分标准，银行贷款具有不同的类型。

①按偿还期不同可分为：

● 短期贷款——贷款期限在一年以内（含一年）的贷款

● 中期贷款——贷款期限在一年以上（不含一年）五年以下（含五年）的贷款

● 长期贷款——贷款期限在五年（不含五年）以上的贷款

②按偿还方式不同可分为：

● 活期贷款

● 定期贷款

● 透支

③按贷款担保条件不同可分为：

● 票据贴现贷款

● 票据抵押贷款

● 商品抵押贷款

● 信用贷款

④按贷款金额大小不同可分为：

● 批发贷款

● 零售贷款

⑤按利率约定方式不同可分为：

● 固定利率贷款

● 浮动利率贷款

⑥按贷款对象不同可分为：

● 工商业贷款

● 农业贷款

● 消费者贷款

● 有价证券经纪人贷款

（2）申请银行贷款的条件

首先，到工商行政管理部门依法登记，持有营业执照，具有法人资格。

其次，要有一定数量的自有资金，在银行开有基本结算账户。按时向银行报送财务报表等资料，遵守国家政策法令和银行信贷制度，能提供有效贷款担保或抵押，不改变贷款用途，接受贷款银行的贷后监督检查，经济效益良好，并能按期归还贷款本息。

（3）申请银行贷款的程序

①对申请人提交的书面贷款申请书及购销合同、有关的财务报表进行审查，对其提交的贷款担保书或贷款抵押物的资料进行审查鉴证，并开展一定的贷前实地调查，然后做出是否同意贷款的决定。

②同意贷款的，申请人还需到当地县（市）人民银行的金融管理部门办理一份《贷款证》，并在该家发放贷款的银行开立一个基本或辅助结算账户。

③贷款银行将贷款资金转入所开立的账户内，由申请人按照其所申请的贷款用途自主支配使用。

 小贴士

中小企业融资贷款技巧

目前，我国中小企业贷款难已是一个不争的事实，即使是一个好的投资项目，银行也不一定会予以照顾，在机会均等和其他条件相同的情况下，大中型企业会优先借到款项。所以，投融资专家认为，借款技巧在中小企业融资中显得日益重要。

借款技巧主要有以下几种。

1. 建立良好的银企关系

（1）企业要讲究信誉。企业在与银行的交往中，要使银行对贷款的安全性绝对放心。如何使银行对企业放心呢？

首先，企业要注意抓好资金的日常管理。因为银行在对企业进行考察时，往往是从企业资金的使用、周转和财务核算等方面入手。

其次，企业应经常主动地向银行汇报公司的经营情况，使银行在与企业经常性的沟通中加强对企业的信任度。

最后，企业应苦练内功，真正提高企业的经营管理水平，用实际行动建立良好的信誉。

（2）企业要有耐心。在争取贷款时要有耐心，充分理解和体谅银行的难处，避免一时冲动伤和气，以致得不偿失。

（3）要主动、热情地配合银行开展各项工作。例如，积极配合银行开展各种调查，认真填写和报送企业财务报表；贷款到期后，主动按时履行还款或展期手续，以取得银行对中小企业的信任等。

2. 写好投资项目可行性研究报告

投资项目可行性研究报告对于争取项目贷款的规模大小，以及银行贷款的优先支持，具有十分重要的作用。因此，中小企业在撰写报告时，要注意解决好以下几个问题。

（1）报告的项目要符合国家的有关政策，重点论证在技术上的先进性、经济上的合理性以及实际上的可行性等问题。

（2）要把重大问题讲清楚，对有关问题做出有力的论证。如在论证产品销路时，必须对市场对该产品的需求、当前社会的生产能力及将来的趋势等做出分析和论证。

（3）把经济效益作为可行性的出发点和落脚点。

3. 突出项目的特点

不同的项目都有各自内在的特性，根据这些特性，银行贷款有相应的要求。

4. 选择合适的贷款时机

要注意既有利于保证中小企业所需资金及时到位，又便于银行调剂安排信贷资金，调度信贷规模。一般来说，中小企业如要申请较大金额的贷款，不宜安排在年末或每季季末。

5. 争取中小企业担保机构的支持

中小企业由于自身资金少，经营规模小，很难提供银行需要的抵押、质押物，也难以取得第三方的信用担保，要取得银行的贷款非常困难。这些固然是不利条件，但如果能和各方面搞好关系，融资工作提前做到位，得到中小企业担保机构的支持，向商业银行贷款就容易得多。

资料来源：张雪奎. 中小企业获得银行贷款的技巧
http：//blog. sina. comcn/s/blog _ 68f609380100uvp3. html（张雪奎讲师的博客）

6. 企业筹资方式

企业要进行生产经营活动或者扩大再生产，就要筹集资金。企业资金的来源称为筹资渠道。它既可以是企业的自有资金，又可以是企业借入的资金。

企业的筹资渠道有国家财政、银行、非银行金融机构、企事业单位、居民、外商和本企业。

筹资方式包括通过吸收直接投资、发行股票、内部积累形成企业的自有资金，又称主权资金；通过银行借款、发行债券、融资租赁和商业信用构成企业的借入资金，又称负债资金。企业的自有资金反映了所有者的权益，其出资人是企业的所有者，拥有对企业的所有权，形成企业所有者权益。所有者按权益额的大小分享权益和承担风险。借入资金的出资人是企业的债权人，对企业拥有债权，有权要求企业按期还本付息。自有资金和借入资金共同构成了企业的全部资产。

二、企业登记审批的程序

企业创办者在提交登记申请后，登记主管机关审核登记注册的程序是审查、受理、告知、核准、发照、公告，如图 1-7 所示。

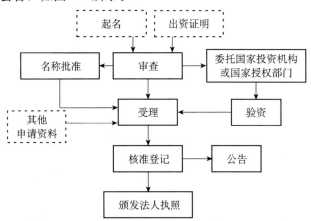

说明：虚线组成的文字框代表申请人提交的申请资料。实线组成的文字框代表审批程序中所涉及的内容。

图 1-7　企业登记审批程序

（一）登记申请

按照 2004 年 6 月 23 日公布，2004 年 7 月 1 日起实施的国家工商行政管理总局令第 9 号《企业登记程序规定》："企业登记机关应当设立企业登记场所，统一办理企业登记事宜。"随着科技的发展，网络技术的应用，为提高工作效率，增强服务意识，方便广大申请人，有条件的企业登记机关应建立企业登记网站，受理企业登记申请。

申请人按照国家工商行政管理总局制定的申请书格式文本提交申请，并按照企业登记法律、行政法规和国家工商行政管理总局规章的规定提交有关材料。

 小贴士

申请企业登记的方法

申请人或者委托的代理人可以直接到企业登记场所登记，也可以通过邮寄、传真、电子数据交换、电子邮件的方式提交申请。通过邮寄、传真、电子数据交换、电子邮件的，申请人或代理人应提供联络方式及通信地址。对于企业登记机关予以受理的申请，申请人应当在收到《受理通知书》15 日内，提交与传真、电子数据交换、电子邮件内容一致并符合法定形式的申请材料原件。

1. 企业法人申请登记

企业法人申请登记注册，应提供企业法人名称、住所、经营场所、法定代表人、经济性质、经营范围、经营方式、注册资金、从业人数、经营期限等。

2. 申请设立有限责任公司

申请设立有限责任公司，应当向企业登记机关提交以下资料。

①公司法定代表人签署的设立登记申请书和全体股东指定代表或者共同委托代理人的证明。

②公司章程。

③依法设立的验资机构出具的验资证明（法律、行政法规另有规定的除外）。

④股东首次出资是非货币财产的，应当在公司设立登记时提交已办理其财产权转移手续的证明文件。

⑤股东的主体资格证明或者自然人身份证明；载明公司董事、监事、经理的姓名、住所的文件，以及有关委派、选举或者聘用的证明；公司法定代表人任职文件和身份证明。

⑥企业名称预先核准通知书。

⑦公司住所证明。

⑧国家工商行政管理总局规定要求提交的其他文件。

3. 申请设立合伙企业

申请设立合伙企业向企业登记机关提交以下资料。

①全体合伙人签署的设立登记申请书。

②全体合伙人的身份证明。

③全体合伙人指定的代表或者共同委托的代理人的委托书。

④合伙协议。

⑤出资权属证明。

⑥经营场所证明。

⑦国务院工商行政管理部门规定提交的其他文件。

4. 个人独资企业的登记

个人独资企业的登记事项应当包括企业名称、企业住所、投资人姓名和居所、出资额和出资方式、经营范围及方式。

申请登记时，应向登记机关提交以下资料。

①投资人签署的个人独资企业设立申请书。

②投资人身份证明；企业住所证明。

③国家工商行政管理局规定提交的其他文件。

从事法律、行政法规规定须报经有关部门审批的业务的，应当提交有关部门的批准文件。委托代理人申请设立登记的，应当提交投资人的委托书和代理人的身份证明或者资格证明。

5. 申请个体工商户设立登记

申请个体工商户设立登记提交以下资料。

①申请人签署的个体工商户设立登记申请书。

②申请人身份证明；经营场所证明。

③国家法律、法规规定提交的其他文件。

(二) 审查、受理与告知

1. 审查

企业登记机关收到登记申请后，审查申请材料是否齐全、是否符合法定形式。例如，申请机构的名称是否与他人重复、是否违法等。同时，还应委托国家投资机构或国家授权部门，如会计师事务所，对出资情况进行审查。

小贴士

企业审查时限

合伙企业自提交文件之日起 30 日内，做出核准登记或者不予登记的决定。合伙企业的营业执照签发之日，为合伙企业的成立日期。独资企业自提交文件之日起 15 日内，做出核准登记或者不予登记的决定。予以核准的发给营业执照；不予核准的，发给企业登记驳回通知书。个体工商户除当场登记的外，登记机关应当自受理登记申请之日起 15 日内做出是否准予登记的决定。

2. 受理

当申请材料核实后，符合法定形式，予以受理，出具《受理通知书》，同时书面告知申请人需要核实的事项、理由及时间。

3. 告知

申请材料若存在错误，但可以当场更正的，应当允许有权更正人当场予以更正。由更正人在更正处签名或者盖章，注明更正日期。更正后，经确认申请材料齐全，符合法定形式的，予以受理。

申请材料不齐全或者不符合法定形式的，应当当场或者在 5 日内一次告知申请人需要补正的全部内容。

告知时，将申请材料退回申请人并决定不予受理，同时出具《不予受理通知书》。属于 5 日内告知的，应当收取材料并出具收到材料凭据。不属于企业登记范畴不能受理的，企业登记机关做出不予登记决定的，应当出具《登记驳回通知书》，要注明不予登记的理由，并告知申请人享有依法申请行政复议或者提起诉讼的权利。

 小贴士

有权更正人

有权更正人是指申请人或者经申请人明确授权，可以对申请材料的相关事项及文字内容加以更改的经办人员。

(三) 核准、发照与公告

经过审查和核实后，做出核准登记或者不予以登记的决定，并及时通知申请登记的单位。对核准登记的申请单位，颁发证照，并办理法定代表人签字备案手续。对核准登记注册的企业法人，由登记主管机关发布公告。

(四) 注销登记

企业登记机关或者其上级机关根据利害关系人的请求或者依据职权，对滥用职权、玩忽职守，超越法定职权，不具备申请资格或者不符合法定条件的申请人做出准予登记决定的；采用欺骗、贿赂等不正当手段取得登记的，可以撤销登记。对公共利益未造成重大损害的，不予撤销，但应当责令改正或者予以纠正。

企业被依法撤销设立登记或者吊销营业执照的，应当停止经营活动，依法组织清算。自清算结束之日起 30 日内，由清算组织依法申请注销登记。

三、企业年检

为了加强对企业的监督管理，维护市场经济秩序，依据《公司登记管理条例》、《企业法人登记管理条例》、《合伙企业登记管理办法》等有关规定，对有关企业进行年检。

企业年检是企业登记机关依法按年度根据企业提交的年检材料，对与企业登记事项有关的情况进行定期检查的监督管理制度，简称年检。它适用于领取营业执照的有限责任公司、股份有限公司、非公司企业法人、合伙企业、个人独资企业及其分支机构、来华从事经营活动的外国（地区）企业，以及其他经营单位。

(一) 企业年检内容

不同类型的企业，年检内容有所不同。

1. 企业年检报告书包括的内容

企业年检报告书的内容主要包括：①登记事项情况；②备案事项情况；③对外投资情况；④设立、撤销分支机构情况；⑤经营情况。

企业非法人分支机构、来华从事经营活动的外国（或地区）企业、其他经营单位的年检报告书只包括登记事项情况的内容。

企业提交的年检材料齐全、内容完整的，企业登记机关应当受理，并出具《受理通知书》。经审查符合规定的，在营业执照副本上加盖年检戳记，并发还营业执照副本；不符合规定的，责令其限期改正，符合规定后，在营业执照副本上加盖年检戳记，并发还营业执照副本。其中，属于应当依法办理变更登记并涉及营业执照记载事项改变的，经变更登记后，在新的营业执照副本上加盖年检戳记。

提交的年检材料不齐全或者内容不完整的，企业登记机关不予受理，并出具载明不予受理理由的《不予受理通知书》。

企业登记机关应当自受理之日起 5 个工作日之内完成对企业提交的年检材料中涉及登记事项、备案事项的有关内容的书式审查，需要对实质内容进行核实的，应当指派两名以上工作人员进行核查。

2. 不同类型企业的年度检验内容

（1）对公司的年检材料主要审查的内容

①公司是否按照规定使用公司名称；改变名称，是否按照规定办理变更登记。

②公司改变住所，是否按照规定办理变更登记。

③公司变更法定代表人，是否按照规定办理变更登记。

④公司有无虚报注册资本行为。

⑤股东、发起人是否按照规定缴纳出资，以及有无抽逃出资行为。

⑥经营范围中属于企业登记前置行政许可的经营项目的许可证件、批准文件是否被撤销、吊销或者有效期届满。

⑦公司经营活动是否在登记的经营范围之内。

⑧股东、发起人转让股权是否按照规定办理变更登记。

⑨营业期限是否到期。

⑩公司修改章程，变更董事、监事、经理，是否按照规定办理备案手续。

⑪设立分公司是否按照规定办理备案手续，是否有分公司被撤销、依法责令关闭、吊销营业执照的情况。

⑫公司进入清算程序后，清算组是否按照规定办理备案手续。

⑬一个自然人是否投资设立多个一人有限责任公司。

（2）对非公司企业法人的年检材料主要审查的内容

①企业是否按照规定使用企业名称；改变名称，是否按照规定办理变更登记。

②企业改变住所、经营场所，是否按照规定办理变更登记。

③企业变更法定代表人，是否按照规定办理变更登记。

④企业改变经济性质，是否按照规定办理变更登记。

⑤经营范围中属于企业登记前置行政许可的经营项目的许可证件、批准文件是否被撤销、吊销或者有效期届满。

⑥企业经营活动是否在登记的经营范围之内。

⑦有无抽逃、转移注册资金行为。

⑧经营期限是否到期。

⑨设立、撤销分支机构，是否按照规定办理变更登记。

⑩主管部门变更，是否按照规定办理备案手续。

⑪企业章程有无修改。

（3）对合伙企业的年检材料主要审查的内容

①企业是否按照规定使用企业名称；改变名称，是否按照规定办理变更登记。

②企业改变经营场所，是否按照规定办理变更登记。

③企业变更执行合伙事务的合伙人，是否按照规定办理变更登记。

④经营范围中属于企业登记前置行政许可的经营项目的许可证件、批准文件是否被撤销、吊销或者有效期届满。

⑤企业经营活动是否在登记的经营范围之内。

⑥企业的经营方式是否在登记的经营方式之内。

⑦合伙人的姓名及住所改变，是否按照规定办理变更登记。

⑧合伙人的出资额及出资方式改变，是否按照规定办理变更登记。

⑨设立、撤销分支机构，是否按照规定办理变更登记。

（4）对个人独资企业的年检材料主要审查的内容

①企业是否按照规定使用企业名称；改变名称，是否按照规定办理变更登记。

②企业改变住所，是否按照规定办理变更登记。

③投资人的姓名和居所改变，是否按照规定办理变更登记。

④经营范围中属于企业登记前置行政许可的经营项目的许可证件、批准文件是否被撤销、吊销或者有效期届满。

⑤企业经营活动是否在登记的经营范围之内。

⑥企业的经营方式是否在登记的经营方式之内。

⑦投资人的出资额及出资方式改变，是否按照规定办理变更登记。

（5）对企业非法人分支机构、来华从事经营活动的外国（地区）企业、其他经营单位的年检材料主要审查的内容

①是否按照规定使用名称；改变名称，是否按照规定办理变更登记。

②营业（经营）场所改变，是否按照规定办理变更登记。

③负责人变更，是否按照规定办理变更登记。

④经营范围中属于企业登记前置行政许可的经营项目的许可证件、批准文件是否被撤销、吊销或者有效期届满。

⑤企业经营活动是否在登记的经营范围之内。

⑥其他经营单位的隶属机构变更，是否按照规定办理变更登记。

接受委托对企业进行年检的企业登记机关和工商行政管理所，应当在每年 7 月 31 日前将企业年检情况报送委托的企业登记机关。企业登记机关应当在 7 月 31 日前将企业的年检情况告知企业所在地工商行政管理所，工商行政管理所应当将年检信息纳入企业的经济户口信息。

（二）企业年检准备

1. 企业年检时间

每年 3 月 1 日至 6 月 30 日，企业应向企业登记机关提交年检材料。有正当理由的，可以在 6 月 30 日前向企业登记机关提交延期参加年检的申请；经企业登记机关批准，可延期 30 天。企业应对其提交的年检材料的真实性负责。当年设立登记的企业，自下一年起参加年检。各级企业登记机关负责对其登记的企业进行年检。上级企业登记机关可以委托下级企业登记机关对其登记的企业进行年检。企业登记机关可以委托企业所在地的工商行政管理所对其登记的企业进行年检。

2. 企业年检程序

①企业提交年检材料。
②企业登记机关受理审查企业年检材料。
③企业缴纳年检费。
④企业登记机关在营业执照副本上加盖年检戳记，并发还营业执照副本。

 小贴士

登记主管机关

工商行政管理机关是企业法人登记和营业登记的主管机关。登记主管机关依法独立行使职权，实行分级登记管理的原则。对外商投资企业实行国家工商行政管理局登记管理和授权登记管理的原则。上级登记主管机关有权纠正下级登记主管机关不符合国家法律、法规和政策的决定。公司登记机关依法履行职责，不受非法干预。

3. 企业申报年检应当提交的材料

①年检报告书。
②企业指定的代表或者委托代理人的证明。
③营业执照副本。
④经营范围中有属于企业登记前置行政许可经营项目的，加盖企业印章的相关许可证件、批准文件的复印件。
⑤国家工商行政管理总局规定要求提交的其他材料。
⑥企业法人应当提交年度资产负债表和损益表，公司和外商投资企业还应当提交由会计师事务所出具的审计报告。
⑦企业有非法人分支机构的，还应当提交分支机构的营业执照副本复印件。
⑧已进入清算的企业只提交年检报告书。企业非法人分支机构、其他经营单位申报年检，除提交年检报告书外，非法人分支机构还应当提交隶属企业上一年度已年检的营业执照副本复印件；其他经营单位还应当提交隶属机构的主体资格证明复印件。

4. 对违反年度检验的处罚

①企业不按规定接受年度检验的，由企业登记机关责令其限期接受年度检验。属于公司的，并处以 1 万元以上 10 万元以下的罚款。属于分公司、非公司企业法人及其分支机

构、来华从事经营活动的外国（地区）企业，以及其他经营单位的，并处以3万元以下的罚款。属于合伙企业、个人独资企业及其分支机构的，并处以3000元以下的罚款。

②企业在责令的期限内未接受年检的，由企业登记机关予以公告。自公告发布之日起，60日内仍未接受年检的，依法吊销其营业执照。

③企业在年检中隐瞒真实情况、弄虚作假的，企业登记机关应当责令限期改正。属于公司的，并处以1万元以上5万元以下的罚款，情节严重的吊销其营业执照。属于分公司、非公司企业法人及其分支机构、来华从事经营活动的外国（地区）企业，以及其他经营单位的，并处以3万元以下的罚款。属于合伙企业、个人独资企业及其分支机构的，并处以3000元以下的罚款。

④企业登记机关通过年检，发现企业有违反企业登记管理规定行为的，除责令改正外，还可以依照有关企业登记管理规定予以处罚。

⑤企业登记机关及其工作人员对符合规定的企业不予年检或者对不符合规定的企业予以年检，以及利用年检滥收费、搭车收费、代收代扣其他费用、索取或者收受他人财物或者谋取其他利益的，对直接负责的主管人员和其他责任人员，依法依纪追究相应责任。

 课堂案例讨论

北京企业贷款需要哪些条件和资料？

对于中小企业来说，资金短缺是经常遇到的问题，如何申请企业贷款成为中小企业急切了解的问题。下面是鑫达药店贷款的申请条件和资料：

企业贷款对象：鑫达药店，经营情况良好。

企业贷款期限：一般为2年

企业贷款金额：20万元

企业基本条件要求：

（1）鑫达药店注册于北京市；

（2）鑫达药店无不良信用记录；

（3）鑫达药店注册与营运3年以上。

企业需提供的材料：

（1）鑫达药店公司营业执照（正、副本）；

（2）鑫达药店当地税务登记证（正本）；

（3）鑫达药店组织机构代码证书（正本）；

（4）鑫达药店公司章程；

（5）鑫达药店验资报告；

（6）鑫达药店对公账户流水；

（7）鑫达药店公司主要成员，拥有公司股份超过15％的董事、持股人、投资人的身份证或护照（以上资料全部复印两份，协同原件一并带来）；

（8）鑫达药店近六个月银行对账单（盖银行业务章，原件）；

（9）鑫达药店公司近六个月财务证明（例如企业增值税专业发票汇总表）；

（10）鑫达药店持股超过15％的投资人/股东要亲自到银行签字（带公章、私章、财务章）。

讨论题：

1. 请找出这份贷款申请的遗漏项。

2. 试分析某省市的药店贷款申请要求与北京的药店贷款申请要求有何不同。

本 章 小 结

什么是企业？什么是管理？什么是企业管理？

企业是商品生产与商品交换的产物。随着人类的进步、生产力的发展、科学技术水平的提高，促使企业由手工作坊演变为大规模现代化生产。在这个漫长的历史时期，企业由弱到强，由小到大。企业的发展离不开管理活动，每个时期都不断地产生经典的管理理论、管理方法，对我们今天的生活、工作有指导作用。

随着企业自身的发展，其组织结构形式不断发展、变化，其主要形式有直线型、职能型、直线职能混合型、事业部制、矩阵型、立体多维结构等。企业组织设计中应充分运用组织设计的原则，考虑企业内外部诸多因素，设计适宜企业发展的组织结构模式。

企业的类型多种多样，按照资本的组织形态分为个体企业、合伙制企业、有限责任公司、股份有限公司、股份合作制企业等。这些企业在建立过程中要遵守国家的有关规定，按照相关手续进行登记、申请、审批，接受年度检查。

思考与练习

一、填空题

1. 企业是指_____的、_____的、从事生产经营活动的独立核算的经济组织。

2. 对组织结构设计的影响有_____、组织规模、_____、文化技术等。

3. 企业组织结构类型主要有_____、职能型、直线职能混合型、_____、矩阵型和立体多维结构等。

二、选择题

1. 企业作为经济组织，具有以下特征：（　　　）。

A. 依法设立　　　B. 经济组织　　　C. 以盈利为目的　　　D. 实行独立核算

2. 通用性的管理活动的一般手段和方法包括（　　　）。

A. 行政命令法　　　B. 物质激励法　　　C. 情感激励法

3. 现代企业管理的职能有（　　　）。

A. 计划职能　　　B. 组织职能　　　C. 领导职能　　　D. 控制职能

三、判断题

1. 对于需要高度集权管理的组织，不能允许有多个直线领导核心。　　　（　　）

2. 企业年检时间是每年 1 月 1 日至 6 月 30 日。　　　（　　）

3. "三个臭皮匠顶个诸葛亮"，这句俗语说明群体决策比个体决策效果更好。（　　）

四、名词解释

1. 企业年检

2. 直线职能混合型组织结构

五、简答题

1. 俗话说："计划赶不上变化"，因此企业管理过程中根本不用编制计划。你是否认同此看法？为什么？

2. 什么是管理？管理活动具有哪些具体职能？

工作导向标

王圣君创建汽车饰品店的过程

一般大学生创业都要经过几个阶段：一是产生创业灵感；二是建立合作班子；三是企业初步定型；四是制订企业计划；五是寻求资金支持；六是企业开张。

王圣君毕业两年了，他在高职高专学的是汽修专业。他在一家汽修店工作了一段时间，积累了一定的工作经验和人脉。他的表姐是会计，答应入伙，两人计划开家汽车饰品店。

王圣君从小就喜欢汽车，一直对与汽车有关的东西感兴趣。他了解到现在我国拥有汽车的家庭越来越多，所以计划开一家汽车饰品店。

王圣君懂一些汽车维修及装饰的技术，表姐懂财务，对管理也略知一二。他们又邀请了懂销售的一个朋友合伙，共同创业。

经过大量市场调查获得的市场信息表明，汽车饰品领域经过几年巨大的汽车增长积累，已达到真正的经营高峰期。在未来十年内，都将保持高走势状态。国内汽车保有量2020年将高达13103万辆，追求时尚个性的年轻人将逐渐成为汽车消费领域的主力军，他们对创意动感十足的汽车饰品的追捧，使汽车护理行业被投资领域视为真正的未来"黄金产业"。现在每年汽车的后续市场消耗量是750亿元，十年后汽车的后续市场将达到1900亿元。每一辆车，哪怕美容装饰只花10元钱，都是笔巨大财富！汽车饰品拥有一个很大的潜在市场，且投资不大，于是他们选定了项目——汽车饰品店。

他们制定了较完整的企业计划书，三方各出资5万元成立合伙制企业，并着手办理开业所需手续，整个流程如下。

（1）核名。他们来到工商局领取了一张《企业名称预先核准申请》，填写了"不拘一格"的店名。工商局上网检索没有重名，批准可使用这个名称，并核发一张《不拘一格汽车饰品店核准通知书》。

（2）租房。他们在人口较密集的住宅区的商务楼一层租了一间门脸店。

（3）编写"公司章程"。他们参照在工商局网站下载的"公司章程"样本，编写了"不拘一格企业章程"。

（4）刻私章。

（5）领取《银行询征函》。他们到会计师事务所领取《银行询征函》。

（6）去银行开立公司验资户。他们三位股东带上自己入股的钱，以及公司章程，工商局发的核名通知，法人代表的私章、身份证，用于验资的钱，空白询征函表格到银行开立了公司的验资户，并将出资额存入公司账户。

（7）办理验资报告。他们拿着银行出具的股东缴款单、银行盖章后的询征函，以及公司章程、核名通知、房租合同、房产证复印件，到会计师事务所办理验资报告。

（8）注册公司。他们到工商局领取公司设立登记的各种表格（设立登记申请表、股东（发起人）名单、董事经理监理情况、法人代表登记表、指定代表或委托代理人登记表），填好后，连同核名通知、公司章程、房租合同、房产证复印件、验资报告一起交给工商局；被告知大概3个工作日后可领取执照。

（9）刻公章。他们凭营业执照，到公安局指定的刻章社去刻公章、财务章。

（10）办理企业组织机构代码证。他们凭营业执照到技术监督局办理组织机构代码证。半个月后，技术监督局发给他们一个预先受理代码证明文件；凭这个文件，他们就可以办理税务登记证、银行基本户开户了。

（11）去银行开基本户。他们凭营业执照、组织机构代码证，去银行开立基本账户。

（12）办理税务登记。领取执照后，30 日内到当地税务局申请领取税务登记证。

（13）申请领购发票。汽车饰品店是服务性质的企业，需要到地税申请领取发票。

经过一系列申请、填报，手续齐备后，他们终于可以开始营业了。

思考题：假定你想要创业，请选择一个行业，写出它的创办流程。

经典案例

做梦都想当老板

"泉州是一个财富激荡的地方，民营经济十分活跃，民间资本十分雄厚，'睡不着'的泉州人，在市场经济的浪潮中，创造着一个又一个的奇迹。"福建省省长苏树林在 2012 年初的"泉州二次创业大会"上这样感叹。

晋江人是泉州人中"做梦都想当老板"的典型代表。

1979 年 3 月，国家对于私人办企业免税三年的新政策让陈埭镇洋埭村村民林土秋热血沸腾。他邀集堂兄弟、乡亲 14 人，每人出资 2000 元，在自家琉璃瓦小作坊里办起了"洋埭鞋厂"。此后，陈埭镇的鞋厂如雨后春笋般遍地开花。

1986 年夏天，丁和木的儿子，16 岁的丁志忠说服了父亲，带着 600 双鞋，到北京闯荡，这就是运动品牌安踏企业最初的创业史。

1999 年，随着安踏广告在央视五套一炮打响，加上晋江市委、市政府"品牌立市"战略引导，晋江掀起了"请明星上央视五套"的打品牌浪潮，如"七匹狼"、"柒牌"、"劲霸"、"利郎"等十多个晋江品牌都在央视投过广告，央视五套一度被外界戏称为"晋江频道"。迄今晋江企业创立的"中国名牌"、"中国驰名商标"和"国际知名品牌"已经多达 123 枚。

2011 年，晋江实现地区生产总值 1070 亿元，该市县域经济综合实力连续 11 年保持在全国百强县（市）前 7 位，经济实力连续 18 年稳居福建首位。

"等不起，慢不得"

浔兴股份总裁、北京大学博士后吴乐进指出，随着全球经济一体化背景下区域竞争与合作趋势的不断扩大，在与"国有经济"竞争中优势明显并迅速壮大的晋江民营经济正在逐步丧失原有的先发优势，晋江"原生"型民营经济在与"外资经济"、"转制型民营经济"竞争中的劣势日益突显。

同时，城市化严重滞后于工业化也在很大程度上制约了晋江未来的发展。

对此，晋江深刻意识到"等不起，慢不得"。2010 年，晋江开始行动，提出"产业提升、城建提速"发展战略，强力推动招商选资，进而加快晋江经济转型升级步伐，增强经济持续发展后劲。

一段时间以来，国内很多地方的"富二代"均以"炫富"和"败家"的负面形象出现在公众面前，其整体素质与接班能力备受质疑。但在晋江，创业企业家儿女能接班的至少占到一半，远超其他地区。

"我们这一代企业家已经到了家业传承、企业交班的时候。怎样让下一代延续创业精神，把他们培育成为'创二代'，而不是'富二代'，给他们创业的精神财富要比金钱财富更有价值。"晋江"商业教父"恒安集团董事局副主席许连捷说。

资料来源：林小昭．第一财经日报．2012，4.18

思考题：
1. 中国的民营企业有何特点？
2. 试结合科学管理原理，分析晋江民营企业发展的原因。

第二章　现代企业管理制度

> "我有一个梦，希望有一天，企业主的子孙可以和打工仔的后代坐在一起，他们是平等的，知识经济使他们都成为企业的主人。"
>
> ——慧聪集团董事长郭凡生

【引导语】

汽车的仪表盘用于评价各项条件与操作指标，警示和调整司机的操作行为。企业制度就如同汽车的仪表盘，上至规范企业，下至规范全体员工的工作行为；针对生产、销售、财务、人力资源等有一系列的要求，告知企业和员工什么应该做，什么不能做。企业制度触及企业各部门，建立完善、科学的制度，是企业生存和发展的保证。

【学习要点】

1. 掌握企业制度的基本概念。
2. 认识企业制度种类及作用。
3. 领悟现代企业制度的特征和内容。
4. 熟悉我国现代企业制度的选择。

 引导案例

松下的处罚

1946 年，日本战败后，松下公司面临极大的困境。为了渡过难关，松下要求全体员工不迟到、不请假，凡破坏制度者都要罚站。然而不久，松下本人却迟到了 10 分钟。那天，松下像往常一样早早起来，按时赶往阪急线梅田站等公司的汽车来接。可是左等右等，车一直不来。松下看看时间已经过去将近十分钟了，他只好乘上电车。刚上电车，见汽车来了，他便又从电车上下来乘汽车。如此折腾一番之后，松下到公司的时候一看表：迟到了 10 分钟。此时，会议室里有 20 个人在开会。当着大家的面，松下自觉地站在了会议室门口，他感觉到所有人都在看着他："有点儿像悲哀，那真是一件让人难受的事情。"事后，有下属表示："领导罚站的时候，他站了一身汗，我坐了一身汗，真替他担心。"

后来，松下经过了解得知，那天由于早班司机的主管督促不力，司机又睡过了头，晚接了松下 10 分钟。

松下认为必须严厉处理此事，他首先以不忠于职守为由，给司机以减薪的处分；又因监督不力，给予直接主管、间接主管处分。

松下认为对此事负最后责任的，还是作为最高领导的社长——他自己，于是对自己实施了最重的处罚，退还了全月的薪金。

仅仅迟到了 10 分钟，就处理了这么多人，连自己也不饶过，此事深刻地教育了松下公司的全体员工，在日本企业界也引起了很大震动。

资料来源：何菲鹏．上 10 堂说故事的管理课．中国华侨出版社

思考题：请结合企业管理制度的知识谈谈对此案例的理解。

现代企业制度不是为某个人制定的，它应适用和约束企业及与企业相关的每个人。无论是谁犯了错，制度面前人人平等，只有这样才能树立制度的威严，让制度不打折扣，真正发挥其作用。

俗话说："不以规矩无以成方圆。"制度应是管理者和被管理者的"共同约定"，是工作得以顺利进行的保证。

现代企业制度是规模化生产的产物，是市场化经济中企业组建、管理、运营等一系列活动的规范和准则。我国建立现代企业制度是社会主义市场经济的客观要求，是企业改革的方向。本章围绕现代企业产权制度、企业组织形式和经营管理制度的内容介绍，力求使学生对现代企业制度有一个基本的认识。

第一节　企业制度概述

企业制度是维系企业作为独立组织存在的各种社会关系的总和。构成企业制度的基本内容有企业的产权制度、企业的组织制度、企业的管理制度三方面。企业制度的核心是产权制度，企业组织形式和经营管理制度是以产权制度为基础的。企业制度属于动态的范畴，它顺应时代和市场经济的发展变化而不断变化。

一、企业制度的内涵

（一）企业制度的含义

企业制度是指企业资产的组织形式及与之相匹配的组织和管理体制。所谓制度，就是一种行为规则与规范的总和。资产的组织形式所形成的制度是企业制度的核心和基础。

（二）企业制度的作用

现代企业是由企业各种制度构成并维系其正常、有序、高效运行的规范，这足以说明现代企业制度在企业中的重要地位和作用。

企业制度是企业赖以生存的体制基础，是企业及其构成机构的行为准则，是对企业功能有效发挥的原则，是企业经营活动有序进行的体制保障，是企业员工的行为规范。

 小贴士

三联公司的赔款

——制定落实规范员工行为的规章制度

1989 年初，山东三联公司开设了销售商场，他们非常重视服务质量，特制定了一些

相关的制度，并作为告示贴在商场墙壁上的醒目处。

其中，有一条是："尊敬的顾客，如果哪位营业员顶撞了您，请您到商场值班主任处投诉，本商场不仅向您赔礼道歉，还将向您赔偿 300 元。"

一开始，三联公司的员工谁也没有把这份告示放在心上，认为这只不过是为了招揽顾客说说而已。

直到有一天，一名女士在购买洗衣机时，一直挑来挑去，接连拆包了 5 台洗衣机。

接待这位女士的营业员不耐烦了，但碍于制度，没说什么。谁知，女士接下来又要检验洗衣机的功能。

看到女士不停地反复按洗衣机的按键，这位营业员终于按捺不住地发火了，他以"保护商品不受损害"为名与女士争执了起来。

女士气呼呼地将这位营业员告到了值班主任那里，营业员也紧跟着过来为自己申辩，两人一直争论不休。

三联公司的商场经理闻知此事，毫不犹豫地让财务付给这位女士 300 元，并一再向对方表示歉意。

为了教育职工和管理人员，对于这 300 元的赔偿金，其中 150 元由商场经理、柜台组长和值班主任出，另一半罚了当事的营业员。

后来，这件事在消费者中传了开来，使"三联"美名远扬，商场由此步入了货畅人旺的佳境。

资料来源：何菲鹏．上 10 堂说故事的管理课．中国华侨出版社

（三）企业的构成和运行规范与制度的关系

1. 企业的契约制度

企业的契约制度是指当事者之间以协议的形式表达共同意愿，指导企业正常运行，如公司章程等。

2. 企业产权制度

企业产权制度规定产权所有者对企业的约束力以及产权的权、责、利，以规定企业的产权结构和产权变动。它构筑了企业运行的基础平台。企业产权人拥有多少利益，就承担多少风险和责任。

3. 企业的领导结构

企业的运行和执行主体都是人。企业的领导结构界定出资人与经营者的关系，人在企业中的地位、相互关系的界定，包括企业家、管理者与企业的关系，人际关系制度化、人际关系目标化、人际关系契约化、人际关系人性化等。其核心是确定对人力资本的激励和约束方式，保证企业稳定运行。

4. 企业组织机构

企业组织机构的确定，搭建了企业营运的框架，明确了各部门及其职责。

5. 企业管理制度

企业管理制度是企业运行机制的重要组成部分，涉及企业的方方面面。这些制度分不同的层次和等级，且非常具体，是企业日常经营的重要保障。

小贴士

制度规范是企业的"烫火炉"

"烫火炉"的主要原则体现在不碰则不烫、一碰即烫、谁碰烫谁、碰哪烫哪这四个方面。

冬天，一个烧得通红的火炉会让人觉得非常亲切。人们围炉而坐，边说话，边取暖，心中对火炉会产生几分感激。然而，火炉是会烫人的，且非常有原则：碰着炉子就会挨烫。不分官职大小，主人客人，只要碰着它，谁都要烫，绝不讲人情。说烫就烫，立即兑现，绝不研究以后再说。

企业的制度就如同"烫火炉"，人人平等。

资料来源：谢文辉．智慧管理．民主与建设出版社

二、企业制度的类型

几百年市场经济的发展，孕育了与之相适应的企业制度并逐步完善。从企业发展的历史来看，主要形成了三种基本的企业制度，即单个业主制、合伙制和公司制。

（一）单个业主制

单个业主制又称个体企业，这种企业由业主独立出资，独立经营，收益独自所有，风险也独自承担。通常我们称单个业主制企业为个体户，例如小饮食店、小洗衣店、杂货店、小理发店、小裁缝铺等。

在单个业主制企业中，出资人既是财产的唯一所有者，又是经营者。企业主可以按照自己的意志经营，并独自获得全部经营收益。

1. 单个业主制企业制度的优点

①经营灵活。这种企业形式一般规模小，经营灵活。业主本人就是老板，具有很大的自由决策权，一切由业主说了算。

②不需双重纳税。企业由个人出资，归个人所有，由个人经营，因此，利润归个人所有，无须与他人分享。只需缴纳企业所得税，但不需缴纳个人所得税。

2. 单个业主制企业的缺点

①风险性高。单个业主制企业只能是无限责任企业，要对企业的全部债务承担无限责任，经营风险大。当企业的资产不能清偿债务时，债权人可以对该业主的企业外个人财产提出索赔要求。也就是说，业主的企业财产和家庭财产都具有一定的风险。

②规模小、资本有限、专业化程度低。由于个人资本有限、财力不足，资本的扩大靠单一的利润积累来进行再投入，企业发展受限制。这种企业制度本身就决定了企业规模小，无法达到专业化管理，从而影响到决策的质量。

③企业的存续期限短。单个业主制企业的存在完全取决于企业主个人。如果企业主死亡、破产、犯罪或转行，都可能导致企业关闭。

单个业主制企业一般适合于零售商业、服务业、手工业、家庭农场等。单个业主制企

业是最早的企业形式，它规模小，经营灵活。正是这些优点，使得单个业主制这一古老的企业制度一直延续至今。而且这种企业形式的数量庞大，在市场经济中是不可缺少的，主要起补充作用。

（二）合伙制

合伙制是指由两个或两个以上的个人或单个业主制企业通过签订合伙协议，共同经营，收益和风险由合伙人共同承担的经济组织。它是一种由两个或两个以上的人共同投资，并分享剩余、共同监督和管理的企业制度。和单个业主制相比，合伙制具有以下优势。

1. 合伙制企业的优点

①扩大了资金来源，增强了信用能力。合伙制企业是两个以上的个人的业主制企业，每个合伙人能从多方面为企业提供资金；同时，因为有更多的人来承担企业债务，对外筹资的信用能力也提高了。

②多人决策，风险降低。由于是两人以上的多人合伙，集中多人的聪明才智和经验，能发挥各自专长，提高企业的决策能力与管理水平，增强了企业的竞争能力；并相互有一定的制约，决策慎重，风险降低。

③增加了企业扩大和发展的可能性。由于资金筹措能力和管理能力增强，企业的客户和信息来源增加，给企业带来了进一步扩大和发展的可能性。

④有规模，但组织结构简单。合伙制企业比单个业主制企业规模大，但比公司制企业小，其内部组织结构较简单。

2. 合伙制企业的缺点

①产权关系人较多，交易受限制。合伙制企业涉及的人员比单个业主制的多，关系相对复杂，资本的进一步筹集或转让受限制。

②承担无限责任，合伙人风险增加。普通合伙人对企业债务负无限连带责任。即要求有清偿债务能力的合伙人，对没有清偿能力的合伙人应负债务的连带责任。

③企业寿命延续不确定。企业的发展受个人寿命和人身变故的影响较大。因为一个关键的合伙人死去或退出，企业往往难以再维持下去。

合伙企业的资本由合伙人共同筹集，扩大了资金来源；合伙人共同对企业承担无限责任，可以分散投资风险；合伙人共同管理企业，有助于提高决策能力。但是合伙人在经营决策上容易产生意见分歧，合伙人之间可能出现偷懒的道德风险。所以，合伙制企业有一定的局限性。它产生于 14—15 世纪，盛行于 17 世纪。

合伙制企业一般适合于资产规模较小，管理不复杂，不需设立专门的管理机构的生产和经营企业。目前，一些民营公司属于合伙制企业，例如小型的 IT 公司、会计师事务所等。

（三）公司制

公司制企业是由两个以上股东出资构造的能够独立地对自己经营的财产享有民事权利、承担民事责任的经济组织。公司制的特点是资本来源广泛，使大规模生产成为可能；出资人对公司只负有限责任，投资风险相对降低；公司拥有独立的法人财产权，保证了企业决策的独立性、连续性和完整性；所有权与经营权相分离，为科学管理奠定了基础。

1. 公司制企业的特征

①公司是企业。公司是独立的商品生产者和经营者，具有企业的独立性、盈利性、商品性等经济特征。公司制企业是目前最完善、最先进、最有效的企业组织制度。

②公司是法人。法人是具有民事权利和民事行为能力、依法独立享有民事权利和承担民事义务的组织。公司是以法人的名义独立行使民事权利，承担民事责任。公司作为法人，必须具备组织特征、财产特征、法律特征和人身特征。

③公司的联合性使投资主体多元化。公司的联合性决定了投资主体的多元化。公司股东很多，资本来自各个渠道，有来自国家、法人、个人的投资。它由多个投资者出资组成，每一个出资者享有的权利与承担的责任与其出资的多少成比例，并且投资者承担有限责任。对股东而言，是以股东的出资额为限，对公司的债务承担有限责任；对公司法人而言，是以其全部法人财产为限，对公司债务承担有限责任。

2. 公司制企业的种类

（1）无限责任公司

无限责任公司是指由两个以上负无限责任的股东出资组成，股东对公司债务负连带无限清偿责任的公司。无限公司是最早出现的一种公司形式，是由合伙制企业发展演变而成的。

无限责任是以所有债务额为限来承担债务责任。承担的顺序为先用企业资产承担，不足部分用出资人的其他财产来承担，比如出资人的个人家产。由于它破产时风险很大，在现代社会中只有极少数无限公司存在。

例如，某企业注册资金为 50 万元，由于经营不善，债务已达到 70 万元。作为有限责任公司，是以企业的出资额为限承担债务责任，在企业破产清盘时，其清偿债务只是以注册资金 50 万元为限，超过资产部分的 20 万元债务是不承担的且是合法的。但作为无限责任公司，出资人必须变卖自己的私有财产，以偿还另外 20 万元的债务。

（2）有限责任公司

美国经济学家巴特勒曾说："有限责任公司是近代最伟大的一个发现，甚至连蒸汽机和电的发现都不如有限责任公司来得重要。"

有限责任公司制度的出现，是企业财产组织形式的一个重大进步，它使企业制度更完善、更成熟。一方面，投资者可以比较放心地把资本投给企业，即使公司破产了，股东损失也仅限于投资额的部分，不会连累到自己的其他财产，减少了投资风险；另一方面，企业以法人财产为限承担有限责任，经营者可以比较放心大胆地经营公司。

有限公司是具有代表性的公司制企业，它有两种组织形式，一种是有限责任公司，一种是股份有限公司。

有限责任公司是指根据法律规定的条件成立，由 50 个以下的股东出资设立，每个股东以其所认缴的出资额对公司承担有限责任，公司以其全部资产对其债务承担责任的经济组织。

股份有限公司是指其全部资本分为等额股份，股东以其所持股份为限对公司承担责任，公司以其全部资产对公司的债务承担责任的企业法人。

这两种组织形式都是公司制，都具有公司的所有特征，它们的共同特点是都承担有限责任，但又具有各自的特点。股份有限公司从本质上讲只是一种特殊的有限责任公司。相对于有限责任公司，设立股份公司的条件更加严格。企业制度类型如图 2-1 所示。

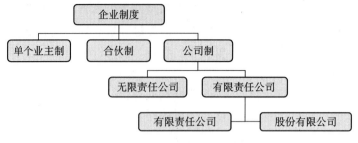

图 2-1 企业制度类型示意图

3. 公司制企业的优缺点

（1）公司制企业的优点

①无限存续。一个公司在最初的所有者和经营者退出后可以继续存在。公司不会因为总经理的死亡、被辞退、辞职而关闭，也不会因为股东的变更而无法继续经营。

②有限债务责任。公司债务是法人的债务，不是所有者的债务。所有者的债务责任以其出资额为限。

③资金来源广泛。公司是一种最有效的融资组织形式，它通过发行股票或债券筹集社会公众的闲散资金，以此筹集到巨额资本，使企业有可能发展到相当大的规模。

（2）公司制企业的缺点

①双重课税。公司作为独立的法人，其利润需缴纳企业所得税；企业利润分配给股东后，股东还需缴纳个人所得税。

②组建公司成本高。获准成立公司的手续、程序烦琐，要求严格。公司法对于建立公司的要求比建立独资或合伙企业高。

③存在代理问题。经营者和所有者分开以后，经营者称为代理人，所有者称为委托人。代理人可能为了自身利益而伤害委托人利益。

公司制企业较另外两种企业制而言利多弊少，它能很好地适应现代市场经济的要求。任何产业、任何规模、任何复杂程度的企业都可以实行公司制。特别是股份公司，对工艺过程复杂、分工协作精细、规模巨大的企业活动有着特殊的作用。

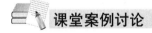 课堂案例讨论

"标致"在广州走麦城

1984 年，在轿车奇缺的时候，"先富起来的"多是广东等地的生意人。出于生意需要，也出于面子需要，在轿车求购无门的时候，他们降格以求，看中了轻型载货卡车和俗称"皮卡"的轻型小货车。

1985 年，时任广州市市长的叶选平来到北京，他此行的任务是要为广东省争取一个皮卡项目。

来找国家计委和中汽公司争取项目的除了叶选平外，还有广东省省长梁灵光。经过他们的努力，国家计委最终批准了广东的 1 万辆皮卡散件进口项目。广州决定引进法国标致

汽车公司的标致轻型卡车，也就是皮卡。标致汽车公司是法国最大的汽车集团公司，也是世界十大汽车公司之一。

1985年3月8日，国家计委批准"广州标致可行性研究报告"。3月15日，中法双方在广州花园大酒店签约。

虽然广州标致公司成立了，但明眼人一针见血地指出，这个企业是广州人得名，法国人得利。何出此言呢？法国标致是以产品技术入股的，也就是说，它是空着两只手拿的干股，没有投入一分钱。同时，在公司内部分工上，法方还掌握财务、零部件采购和国产化认可大权，完全控制了广州标致的命脉。

1993年，广州标致二期工程基本完成，产量虽然上来了，但问题也来了。双方合资这些年，矛盾逐步暴露，作为大股东的广州方面提出要更换总经理，法方的报复手段是利用自己技术输出方的地位对广州标致的零部件订购、付款条件、发货等百般刁难。

广州标致裹足不前，中国其他的合资公司却在快马加鞭。不经意间人们发现，前两年还俏销的505轿车，现在突然"人老珠黄"，问津者越来越少。

1993年广州标致实现产量20800辆，但只销售了12000辆，8000多辆积压。面对如此高的积压，广州标致只得大幅降低产量。1994年，生产8000辆，销售接近8000辆。1995年，生产8000辆，销售7000辆。随着时间一天天的推移，标致505的销售日渐惨淡，库存积压进一步上升。1994年，广州标致亏损6800万元，1995年亏损猛增为3.2亿元，然后亏损额翻着倍往上升，到1997年，亏损上升到了29.6亿元。广州标致行将就木。看着局势日渐恶化，广州标致着急，但法国标致公司并没掏出一分钱，当然无切肤之痛。

统计显示，到1995年的时候，法国标致公司向广州标致出售了大约33.3亿法郎的零部件，成功地实现了自己的盈利目标。

1994年，国家出台《中国汽车产业政策》，政策规定，轿车企业的生产规模基准为15万辆。这意味着，到1997年，如果广州标致不能达到15万辆的生产规模，将被淘汰出局。为渡过难关，各方股东经过商议，决定上三期工程，引进新车型，扩大生产规模。但这个方案没能得到法国标致的认可，原因很简单，法国标致一毛不拔。

第三期规划一拖就是一年多，时间进入1995年，广州标致的经营状况每况愈下，广州方面心急如焚，多次催促法方拿定主意。面对广州标致的状况，法国标致无动于衷。

广州市政府给国务院和邹家华、李岚清、吴邦国分别送交了关于与法国标致合作情况的汇报。邹家华在广州市递交的报告上批示："从现在情况看，与法标难以合作下去，原则同意广州提出更换伙伴的意见，要妥善做好外方的工作，货比三家，选择新伙伴。请岚清、邦国副总理批示。"李岚清、吴邦国也分别表示同意邹家华的意见。

请神容易送神难。广州方面要"离婚"，法国标致却不同意。此时，广州标致尚欠法国标致3亿多元贷款，还有1500辆份CKD散件未付款，两项欠款共计约5亿元。破产后，广州标致的残值几乎为零。这个结局对法国标致来说，不仅面子上不好看，而且很有可能影响其在法国的股票价值。经过向国家计委汇报，决定采用国际惯例，由广州市对广州标致公司的资产进行清算，并收购广州标致公司中法国标致22%的股份。由于广州标致已经资不抵债，收购价为象征性的"1法郎"。法国标致坚决不同意"1法郎"方案。关键时刻，国家计委、经贸委、机械部多次做工作，提醒法国标致不要因此而影响其他项目，这句话实际上是提醒法国标致在中国二汽还有雪铁龙的合资项目。经过一番权衡，1997年3月26日，中法双方草签了"出资额转让合同"。但对于资产清算中，广州方面究竟要给法方多少钱的问题上，双方反复交涉。法方摆出不捞一把绝不放手的姿态，谈判多次陷入僵局。双方就这样拖了半年多。

1997 年，广州方面已经开始与新联系的合作伙伴接触，但法国标致不走，新伙伴就无法进行谈判。最后，在中法两国有关单位的斡旋下，法国标致与广州方面各退一步，广州方面为了早日与法国标致割断纠葛，同意补给法国标致一笔钱，法国标致才同意以"1法郎"转让其在广州标致的股份，双方终于有了一个彻底了断。

合资十几年，没有建立起一个正常的生产经营机制，反而让合资方大赚一笔后，自己背上 29.6 亿元人民币的债务，教训不可谓不深刻。

资料来源：徐秉金，欧阳敏. 中国轿车风云 1950—2010. 企业管理出版社

讨论题：

1. 广州标致公司是属于有限责任公司还是股份有限公司？
2. 试分析广州标致公司与法国标致公司合作失败的原因。

第二节　现代企业制度及其特征

一、现代企业制度的内涵

（一）现代企业制度的含义

现代企业制度是指以市场经济为基础，以完善的企业法人制度为主体，以有限责任制度为核心，以公司制为主要形式，以产权清晰、权责明确、政企分开、管理科学为条件的新型企业制度。其主要内容包括企业法人制度、企业自负盈亏制度、出资者有限责任制度、科学的领导体制与组织管理制度。现代企业的创建及其有效运转，都是在一定的行为规则、规范的约束下进行的，并由此形成了权力制衡关系。

（二）现代企业制度特征

从企业制度演变的过程看，现代企业制度是适应现代社会化大生产和市场经济体制要求的一种企业制度，也是具有中国特色的一种企业制度。

1. 产权清晰

产权清晰主要包含两层含义，一是有具体的部门和机构代表国家对某些国有资产行使占有、使用、处置和收益等权利；二是国有资产的边界要"清晰"。也就是说，首先要搞清实物形态国有资产的边界，如机器设备、厂房等；其次要搞清国有资产的价值和权利边界，包括实物资产和金融资产的价值量，国有资产的权利形态（股权或债权，占有、使用、处置和收益权的分布等），总资产减去债务后的净资产数量等。

现代企业制度是产权关系明晰的企业制度。企业的设立必须要有明确的出资者、法定的资本金。出资者享有企业的产权，企业拥有企业法人财产权。企业除设立时有资本金外，在经营活动中借贷构成企业法人财产。但借贷行为不形成产权，也不改变原有的产权关系。

2. 权责明确

权责明确是指合理区分和确定企业所有者、经营者和劳动者各自的权利和责任。所有

者、经营者、劳动者在企业中的地位和作用是不同的，因此他们的权利和责任也是不同的。

企业是法人的权利和责任。它拥有法人财产权，能够独立地享有民事权利，承担民事责任。企业以其全部资产对债权人承担有限责任。

出资者的权利与责任是通过董事会和总经理的权利与责任来体现的。董事会与总经理的权利与责任主要包括两点，一是日常生产经营权，股东会闭会期间行使股东会的职权等；二是对企业的经营效果和企业的发展负责，并且相应地获得应有的奖励与处罚。

现代企业制度是法人权责健全的企业制度。现代企业制度的一个重要特征就是使企业法人有权有责。出资者的财产一旦投资于企业，就成为企业法人财产，企业法人财产权随之确立。这部分法人财产归企业运用，企业以其全部法人财产依法自主经营，自负盈亏，照章纳税；但同时，企业要对出资者负责，承担资产保值增值的责任，形成法人权责的统一。

3. 政企分开

政企分开的基本含义是政府行政管理职能、宏观和行业管理职能与企业经营职能分开。现代企业制度是政企职责分开的企业制度。政府和企业的关系体现为法律关系。政府依法管理企业，企业依法经营，不受政府部门直接干预。政府调控企业主要用财政金融手段或法律手段，而不用行政干预。

4. 管理科学

管理科学从广义上说，包括了企业组织合理化的含义；从狭义上说，管理科学要求企业管理的各个方面，如质量管理、生产管理、供应管理、销售管理、研究开发管理、人事管理等方面的科学化。

现代企业制度是一种组织管理科学的企业制度。科学的组织管理体制由以下两部分构成：一是科学的组织制度。现代企业制度有一套科学、完整的组织机构，它通过规范的组织制度，使企业的权力机构、监督机构、决策和执行机构之间职责明确，并形成制约关系。二是现代企业管理制度，包括企业的机构设置、用工制度、工资制度和财务会计制度等。

二、现代企业制度的内容

(一) 现代企业产权制度

市场经济的实质就是商品经济，各个经济主体通过市场形成一定的经济关系，进行等价交换。而顺利交易的基础是各经济主体进入市场前必须明确所有权主体及界限，才可能建立真正的商品经济关系。如果某经济主体的产权关系本身不确定，真正的商品交换就无法实现。因此，作为市场经济基本主体的企业，必须明确其所有权主体和界限，这是企业进入市场的前提条件。

企业是在一定的财产关系基础上形成的，企业的行为倾向与企业产权结构之间有着某种对应关系，企业在市场上所进行的物品或服务的交换实质上也是产权的交易。产权制度是现代企业制度的核心和基础。因此，了解企业制度，必须从产权这一概念入手。

1. 产权

所谓产权，是财产权利的简称，是指财产所有权以及与财产所有权有关的财产权利。

产权是一个古老的概念，也是一个发展的概念。现代企业产权制度是人类社会经济长期发展的结果。从私有财产的出现到市场经济的确立这几千年的历史中，产权一直被视为仅仅是一个法律上的概念，仅仅指财产的实物所有权和债权，它侧重于对财产归属的静态确认和对财产实体的静态占有。

随着市场经济的不断发展，产权概念日益深化，它更侧重于对财产实体的动态经营和财产价值的动态实现。它不再是单一的所有权利，而是以所有权为核心的一组权力，包括所有权、占有权、使用权、收益权和处分权等。

2. 产权的经济功能

①保障产权主体的合法权益。产权具有排他性，产权所有者的权益受法律的保护，他人不得侵犯。产权的这种功能是维护社会的所有制与生产关系，稳定社会经济结构的重要法权支柱和基础。

②有利于资源的优化配置。产权具有可让渡性和可分性。也就是说，产权的各项权能是可以分解、转让的。因此，通过以产权转让为基础的企业间的资产联合、兼并等形式，可以促进资产合理流动。

资源只有流动起来才可能实现优化配置，而资源流动的首要前提是产权要明晰化。产权明晰化可实现要素流动的交易的顺利进行，交易成本才能下降。如果社会不能保障财产转让权的有效性，资源流动和重新配置就会有问题，必然会降低资源配置的效率。

③为规范市场交易行为提供制度基础。产权强调的是规则或行为规范，它规定了财产使用过程中不同权利主体的行为权利界限和约束关系。人与人的相互交往中都必须遵守这些规范；如不遵守规范，必须承担一定的成本。这样，可以有效抑制企业不正当交易行为。

④有助于解决收益分配问题。产权之所以具有收益分配功能，是因为产权的每一项权能都包含有一定的收益，或者拥有产权可转化为供人们享用的各种物品和服务，或者是取得收益分配的依据，所以产权的界定也是利益的划分。

3. 企业产权制度

产权制度是指以产权为依托，对财产关系进行合理、有效的组合、调节的制度安排。这个制度安排具体表现为建立在一定的生产资料所有制基础上，对财产占有、使用、收益和处置过程中所形成的各类产权主体的地位、行为权利、责任、相互关系加以规范的法律制度。产权制度是生产关系与生产力相结合的机制。

现代产权制度是权、责、利高度统一的制度，其基本特征是归属清晰、权责明确、保护严格、流转顺畅。产权主体和产权收益归属明确是现代产权制度的基础；权责明确、保护严格是现代产权制度的基本要求；流转顺畅、财产权利和利益对称是现代产权制度健全的重要标志。

（二）企业组织制度

企业组织制度是企业组织中全体成员必须遵守的行为准则，包括企业组织机构的各种章程、条例、守则、规程、程序、办法、标准等。现代企业组织制度是指企业组织的基本规范，它规定企业的组织指挥系统，明确了人与人之间的分工和协调关系，并规定各部门及其成员的职权和职责。

1. 企业组织制度的特征

现代公司制企业在市场经济发展中已经形成一套完整的企业组织制度，其特征是所有者、经营者和生产者之间通过公司的权力机构、决策和监督机构形成各自独立、权责分明、相互制约的关系，并通过法律和公司章程得以确立和实施。

公司组织结构一般是建立股东会、董事会和监事会。股东会是企业的最高权力机构；董事会是企业的决策机构；总经理是董事会聘任的负责企业日常经营管理活动，对公司的生产经营进行全面领导的经营管理者。

2. 企业组织制度的内容

每个完整的现代企业组织制度必须包括以下几项内容。

①有一个合理的组织机构，从而保证企业决策的制定和执行。

②有一个合理的职能体系，使人们有效地实现专业化分工和协作。

③有一个有效的权利系统，使组织成员能够接受并执行管理者的决定。

3. 建立企业组织制度的基本原则

①统一目标原则。

②权力统一原则。

③责、权、利相统一原则。

④精干、高效原则。

⑤管理幅度原则。

 小贴士

让督抚见机行事

康熙年间，趁吴三桂、耿精忠、尚之信先后起兵反清之际，占据台湾的郑成功之子郑经也渡过海峡，占领了泉州、漳州、温州等地。消息传到北京那天，康熙皇帝正率领诸皇子在畅春园练习射箭。康熙得到报告后，似乎毫不介意，继续教皇子们射箭，只说了句："知道了。"

不一会儿，战报又来，说郑氏军队正在攻打台州。康熙仍然没有停下来，轻描淡写地说："知道了。"

又过了一会儿，战报报告了更坏的消息：整个台州失陷了！康熙皇帝仍然不慌不忙地指挥皇子们射箭。诸皇子都沉不住气了，放了弓矢，跪在康熙面前，请求父皇降旨，指挥退敌。康熙镇静自若，唤起了诸皇子，要他们继续练习射箭。皇子们不敢抗旨，但心里充满了疑惑。

射毕回宫后，康熙把皇子们召到跟前，对他们说："福建离京有数千里之遥，消息传递需要时间不说，盲目地指挥前方的将领，那圣旨怎能完全符合当地的情形呢？前方督抚如果不遵旨而行吧，是违抗圣旨；遵旨而行吧，就难免误事。平时派遣督抚镇守地方，就是为有事让他们及时采取相应的对策。如今不降旨，正是为了让督抚便宜行事啊。"诸皇子恍然大悟。

不久，"三藩之乱"平息，台州也被收复，郑氏军队全部撤回了台湾。

资料来源：赵宁．故事中的管理学．地震出版社，2005

任何制度都需要遵循分配工作和授权的原则，也就是说，管理者应把握好管理的幅度。

4. 企业组织制度的发展历史及模式

西方国家的企业在发展中形成了各具特色的公司组织制度，形成了以美国、英国、澳大利亚等国企业为代表的英美模式，及以德国、法国、奥地利等国企业为代表的大陆模式。因此，了解美国和德国的公司组织制度，有助于了解西方公司组织制度，对完善我国公司组织制度具有借鉴意义。

（1）美国公司组织制度

美国公司组织制度的最大特点是集权制，如图 2-2 所示。在这样的公司组织机构中，股东会下只设董事会，不设监事会。董事会拥有决策权和业务执行权，以及对公司的监督权。这种组织机构能非常灵活地应对瞬息万变的市场。美国公司中虽没设监事会，但监督机制相当完善，监督权分别由董事会中的审计委员会、外部董事和外部审计机构共同行使，通过内、外双层监督体系共同行使监督职能，主要表现为以下几方面。

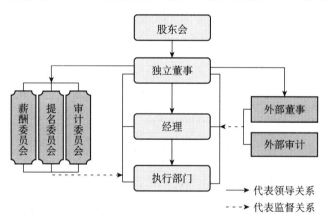

图 2-2　公司集权组织结构示意图

①众多股东对公司的约束。美国证券市场很发达，所以美国公司多通过发行股票和债券来获取资本，因而美国公司股权分散。正因如此，如果公司经营管理不善，众多股东抛售股票，使股价下跌，公司就可能面临被收购或兼并，进而更换董事会及高级管理人员。为了避免此类情况发生，董事会和公司高级管理人员如履薄冰，必然以股东利益最大化为目标，努力提高公司经营效能。

②董事会内部的监督机制。为确保董事会的有效运作，美国公司在董事会内设立各种委员会，如战略委员会、提名委员会、薪酬委员会、审计委员会等，各部门有不同的职权，各负其责。审计委员会是董事会内设立的监督机构，负责公司日常监督。通过审计委员会，可以监督董事会其他部门的运作情况，以及经理人的决策执行和业务经营状况。但审计委员会是董事会内部的机构，对董事会负责，有可能出现董事会操控审计委员会的现象，使审计委员会形同虚设。

③董事会外部的监督机制。为了避免董事会操控审计委员会，美国公司在外部聘请专

业审计事务所审计公司的财务状况并发布审计报告，通过内部的审计委员会和外部的审计机构来共同监督公司的财务状况。美国公司实行独立董事制，以此加强对经营者的监督。独立董事由公司外部人员兼任，约占董事会成员的60％。独立董事功能的发挥主要是通过参与董事会下设的各种专门委员会，如审计委员会、提名委员会、薪酬委员会来实现的。设立独立董事既可以强化和落实董事会的职能，又可以防止个别股东掌控公司，损害股东利益和阻碍公司持续发展。

独立董事制度对于提高公司决策过程的科学性、效益性、安全性，加强公司的竞争力，预防公司总裁和其他公司内部控制人为所欲为、损害股东利益，强化公司内部民主机制，维护小股东和其他公司利害关系人的利益发挥了积极作用。

（2）德国公司组织制度

德国的公司组织制度是分权制。其组织特点就是在股东会下设立董事会和监事会，分别行使业务执行权和监督权，如图2-3所示。公司监事会的地位在董事会之上，监事会选举产生董事会，并有权任免董事会成员。监事会具有重大事项的经营决策权和监督权，监督董事会的决策行为和经理层的管理，主要表现为以下几方面。

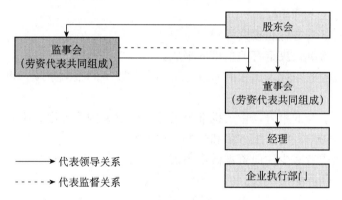

图2-3 公司分权组织结构示意图

①银行对公司的约束作用。美国公司是以发行股票和债券融资，而德国公司主要向银行贷款融资。银行不仅是公司的债权人，还是公司的大股东，能代理小股东行使投票权，因此银行对公司有较大的影响力。它向监事会派出代表，对董事会和管理人员进行监督和控制，必要时有权撤换不称职的高层经理人员。

②公司内部监督机制。在德国的公司组织机构中，股东会下设立监事会，再由监事会选任董事会。监事会不直接干预公司的经营，但公司内的重要业务需经监事会同意才能执行，且董事会要定期向监事会报告经营状况。监事会还可召集股东大会，解决董事会业务执行中的问题。监事会的权威性强化了公司的内部监督机制。但也可能出现监事会过度干预公司业务，使董事会失去独立性。为此，德国《股份法》规定，对于监事会拒绝同意的业务，董事会可以要求股东会以绝对多数投票做出决定。这样就形成了董事会与监事会的相互制衡，不但监事会能充分行使监督职能，而且确保了董事会业务执行的独立性，以保证公司的良性运行。

③职工参与监督。德国很重视职工和雇员的权益。在德国公司中，董事会、监事会由资方代表和劳方代表共同组成，双方代表权力同等。通过职工参与监督管理，维护自身利益，还可缓解劳资双方的矛盾，增强公司的凝聚力，使公司有一个稳定发展的环境。

　　美国的独立董事制度与德国的监事会制度是公司监督的两种模式。独立董事的监督是董事会内部的监督，监事会的监督是董事会外部专门监督机构的监督。两种模式的目的均在于降低公司治理成本，解决公司治理问题，以保证投资人和公司的利益。

　　5. 现代企业组织体系

　　目前，多数企业是公司制，因此下面着重介绍以公司为代表的组织制度。

　　公司制企业在市场经济的发展中已经形成一套完整、科学和行之有效的组织制度，其基本特征是所有者、经营者和生产者之间通过公司的权力机构、决策机构、执行机构、监督机构，形成各自独立、权责分明、相互制约的关系，并以法律和公司章程加以确立和实现。

　　公司的组织体系主要由股东会、董事会、监事会和经理人组成。它们相互制衡，各尽其责。

　　(1) 股东会

　　股东会在公司中是最高权力机构。股东会是指依照公司法、公司章程的规定而设立的由全体股东组成的决定公司重大问题的公司权力机构。股东会由出资人或其他代表的股东组成。股东大会行使下列职权。

　　①决定公司的经营方针和投资计划。

　　②选举和更换董事，决定有关董事的报酬。

　　③选举和更换由股东代表出任的监事，决定有关监事的报酬事项，审议批准董事会的报告。

　　④审议批准监事会的报告，审议批准公司的年度财务预算方案、决算方案。

　　⑤审议批准公司的利润分配方案和弥补亏损方案。

　　⑥对公司增加或者减少注册资本做出决议。

　　⑦对公司发行债券做出决议。

　　⑧对股东向股东以外的人转让出资做出决议（本项为有限责任公司股东会议特有的职权）。

　　⑨对公司合并、分立、解散和清算等事项做出决议。

　　⑩修改公司章程，以及公司章程规定需由股东大会决定的事项。

　　股东会是资产所有者的代表，以维护股东权益为宗旨，从产权关系上对公司董事会形成必要的制约；但股东会无权干预公司的经营活动。因此，股东会的权利受到制约。

　　(2) 董事会

　　董事会是由董事组成的、对内掌管公司事务、对外代表公司的经营决策机构。公司设董事会，由股东会选举。董事会设董事长一人，副董事长一人，董事长、副董事长由董事会选举产生，但不能是法定代表人。董事任期五年，任期届满，可连选连任。董事在任期届满前，股东会不得无故解除其职务。董事会是公司的经营决策机构，受公司股东会的委托或者委任从事经营管理活动。董事会对股东会负责，行使下列职权。

　　①负责召集股东大会，执行股东大会决议并向股东大会报告工作。

　　②执行股东会决议。

　　③决定公司的生产经营计划和投资方案。

　　④制定公司的年度财务预算方案、决算方案。

　　⑤制定公司利润分配方案和弥补亏损方案。

⑥制定公司增加或减少注册资本以及发行公司债券方案。

⑦制定公司合并、分立、解散或者变更公司形式的方案。

⑧决定公司内部管理机构的设置。

⑨决定聘任或解聘公司经理及其报酬事项，并根据经理的提名决定聘任或者解聘公司副经理、财务负责人及其报酬事项。

⑩制定公司的基本管理制度。

董事会和股东大会在职权上的关系是：二者都能行使公司所拥有的全部职权，但股东大会分离或由股东大会授予的决策权、管理权。董事会所作的决议必须符合股东大会决议，如有冲突，要以股东大会决议为准；股东大会可以否决董事会决议，直至改组、解散董事会。

（3）经理

经理是公司的日常经营管理和行政事务的负责人，由董事会决定聘任或者解聘。经理对董事会负责，可由董事和自然人股东担任，也可由非股东的职业经理人担任。

经理由董事会聘任或解聘，对董事会负责。经理的职权主要有：组织实施董事会决议；组织实施公司年度生产经营计划和投资方案；拟定公司内部的机构设置方案和规章、管理制度；提请董事会聘任或解聘副经理和财务负责人；聘任或解聘除应由董事会决定聘任或者解聘以外的负责管理人员。

经理的主要职责是经营与管理。经营与管理是指对自己所主管的部门进行有效规划，制定相应的战略目标和发展规划，再与自己的部属一起，通过切实有效的办法，使之逐一落到实处，逐步实现。经理负责主持公司日常生产经营管理工作，并对公司日常生产经营活动具有决策权、指挥权、控制权。

但在实际工作中，经理容易深陷琐碎的管理中，而忽视甚至忘却了经营，日常的工作只是以接受指令完成任务为主，不能有效规划部门的战略与发展，使自己落入事务性工作的陷阱，不能自拔。

经理是董事会决议的执行人，也是公司日常经营管理的负责人。公司经理可以从企业外部聘任，也可以经公司董事会决定由董事会成员兼任。

（4）监事会

监事会是公司的监督机构。监事会是由股东人会选举的监事以及由公司职工民主选举的监事组成，对公司的法律教育网业务活动进行监督和检查的法定必设和常设机构。监事会，也称公司监察委员会，是股份公司法定的必备监督机关，是在股东大会领导下，与董事会并列设置，对董事会和总经理行政管理系统行使监督的内部组织。

 小贴士

外 墙 色 彩

这是发生在一家中外合资石化企业的真实故事。新厂区建成后，双方管理人员讨论外墙刷什么颜色。中方人员的一致意见是刷成灰色，上面浅灰，下面深灰，理由是灰色耐脏。但德方人员坚持刷白色，认为只要管得好，外墙就不会脏。双方争执不下。最后，中方领导作出让步，同意刷白色。他想，过一个月你们再看吧。然而，由于制定了切实可行的管理规章，每半个月清理一次，加上员工爱护漂亮的外墙，几年过去了，外墙依然干净如新。

这件小事从另一个角度说明，好的管理制度要有好的监督机制并有效地去执行，才能发挥其效能。

资料来源：蔡湛. 中国石化报. 2012 年 11 月 9 日

监事会的职权包括以下内容。

①检查公司财务。

②对董事、高级管理人员执行公司职务的行为进行监督，对违反法律、行政法规、公司章程或者股东会决议的董事、高级管理人员提出罢免的建议。

③当董事、高级管理人员的行为损害公司利益时，要求董事、高级管理人员予以纠正。

④提议召开临时股东会会议，在董事会不履行规定的召集和主持股东会会议职责时召集和主持股东会会议。

⑤向股东会会议提出提案。

⑥依照《公司法》第一百五十二条的规定，对董事、高级管理人员提起诉讼。

⑦公司章程规定的其他职权。

⑧列席董事会会议，对所有议事项提出质询和建议。

⑨调查公司异常经营情况。

监事会向股东会负责并报告工作。为保证监督的独立性，公司的董事、经理及其他高级管理人员一律不得兼任监事。

（三）现代企业管理制度

现代企业管理制度是对企业管理活动的制度安排，包括公司经营目的和观念，公司目标与战略，公司的管理组织以及各业务职能领域活动的规定。

1. 企业管理制度的发展和现状

（1）强制制度

在工业经济初期，由于受到麦格雷戈的"X 理论"以及泰勒的"经济人"假设理论的影响（这些理论认为人天生是懒惰的，没有责任心，只为了自己的经济利益而劳动，甚至不愿意工作），企业管理者在制定管理制度时，只考虑以怎样的方法强迫员工劳动，严格规定员工在日常工作中该做什么，不该做什么，甚至对员工完成某项工作的动作都有要求。这种程序化的管理制度完全没有对员工的关心，只是一味地以提高生产效率为目的，员工迫于自身利益考虑只能服从这种强制制度。

（2）约束制度

随着时代的发展和进步，管理理论随之发展变化，"人际关系之父"罗伯特·欧文提出改善工作条件、制定童工法、缩短工作时间等管理方法。员工渐渐意识到制度的苛刻，应争取自己的权利。此时的管理制度开始对人本身有了关心和思考，管理者在一定程度上修改了制度。

很多企业采用"胡萝卜加大棒"的管理制度。一方面，管理制度就是一只无形的手，约束员工的行为，若有违反便会受到处罚，这就是所谓的"大棒"；另一方面，制度中也有对人的关注和对劳动环境的改善，对工作好的员工给予物质和精神奖励，这就是所谓的"胡萝卜"。管理者不再把人和机器等同，这种约束制度在管理制度上有一定的软化。

（3）人性化管理

现代企业越来越注重人性，企业制度也倡导人性化管理。人性化管理是指一种在整个企业管理过程中考虑人性要素，以充分开掘人的潜能为己所用的管理模式。其具体内容有：对人的尊重，物质激励和精神激励，给人提供各种成长与发展机会，注重企业与个人的双赢战略，制定员工的职业规划等。

人性化管理的要点包括以下内容。

第一，承认人性的自然属性，满足人性自然属性中的基本需求。

第二，承认人性的社会属性是受思想意识支配的。

人的思想意识是为生理和心理满足服务的，因此，企业组织合理、明确、科学的分配制度和规章也应为员工生理、心理满足服务。此外，不同行业要塑造自己的行业意识和企业文化，使有差异的人逐渐统一于企业的行业意识和企业文化之下，使人的社会属性组织化。文化意识达成共识，团体的工作效率就会有意想不到的效果。

 小贴士

灵活的上下班
——制度要尊重个人权益

德国著名的航空企业 MBB 公司一直坚持一个原则性制度：灵活的上下班制度。

灵活的上下班制度即公司对员工的劳动只考核其成果，不规定具体时间，只要在所要求的时间内按质量完成工作任务就照付薪金，并按工作质量发放奖金。

因此，只要一走进 MBB，你就可以看到这样一种情景：上下班的时候，员工们把自己的身份卡放入电子计算器，马上就显示至今为止该员工在本星期已经工作了多少小时。

由于工作时间有了一定的灵活性，员工不仅可以免受交通拥挤之苦，而且可以根据工作任务和本人方便，与企业共同商定上下班时间。

这样一来，员工感受到个人的权益得到了公司的尊重，因而产生责任感，提高了工作热情，最终使企业受益。

任何尊重个人权益的制度，都是一种调动员工积极性，增强员工责任感的方法。作为管理者，你在制定公司制度的时候，一定要注意把员工的权益列入考虑范围之中。

资料来源：何菲鹏．上 10 堂说故事的管理课．中国华侨出版社

第三，承认人类自然属性和其心灵意识中有竞争与合作的双重天性。

企业要建立符合这种双重天性的管理机制。通过一种社会化组织结构和一种社会化的意识文化并加以联接、控制和导向，使人性中这种竞争与合作天性在企业家的组织领导下有序、高效地发挥。

2. 现代企业管理制度的内容

建立现代企业管理制度，就是要求企业适应现代生产力发展的客观规律及市场经济发展的要求，积极应用现代经营管理的思想，形成完整的现代化的企业管理制度。

现代企业管理制度包括以下几个方面的内容。

①具有正确的经营理念和能适应企业内外环境变化及保证企业发展的经营战略。

②建立适应市场经济和现代化生产要求的领导制度。

③拥有具有现代管理知识与技能的人才和良好素质的职工队伍。

④建立符合本企业特点，保证生产经营活动高效率运行的组织机构和管理制度。

⑤在生产经营各个主要环节使用现代化管理方法和手段，建立起较完善的电子计算机信息管理系统。

⑥建设有社会责任和符合企业自身的文化，培育良好的企业精神和企业集体意识。

任何非正式的、正式的组织，都有自己的特有管理模式。企业作为一种特殊的组织，也有相应的管理模式，而且它随着企业内部环境变化，如股东的变化、经营代理人的变化而改变，同时会因企业外部环境的变化而改变。现今影响企业外部环境的变数越来越多，频率越来越高，影响的程度越来越深，每一个企业家都面临着一个不可回避的现实问题。因此，我们要非常关注企业管理制度的创新。

 小贴士

不拉马的士兵
——制度要及时调整

一位年轻有为的炮兵军官上任伊始，为了充分了解部队的操练情况，他来到下属部队视察工作。

视察后，军官在几个部队发现了相同的情况：在操练中，总有一名士兵自始至终站在大炮的炮管下面，纹丝不动。

军官感到很不解，疑惑地问旁边的一位任职多年的副军官："为什么总有一名士兵不参加操练呢？"副军官回答："操练条例就是这样要求的。"

回去后，军官找出相关的军事文献，反复查阅，终于得知军队操练条例里面还真有这样一条。

原来，以前炮兵用的大炮是由马车运载到前线的，炮管下需要安排一个士兵负责拉住马的缰绳，便于在大炮发射后，调整由于后坐力产生的距离偏差，减少再次瞄准所需要的时间。

军官想到，现在大炮的自动化和机械化程度很高，不再需要这样一个角色了，但是操练条例没有及时地调整，仍遵循非机械化时代的规则。

于是，军官向军队上级领导报告了这一情况，建议修改操练条例，撤销这个"不拉马的士兵"职位。

上级领导经过调查之后，肯定了军官的发现，并给予他嘉奖。

资料来源：何菲鹏．上10堂说故事的管理课．中国华侨出版社

当一个组织所处的环境发生较大变化时，如果制度不能及时调整，工作流程和方法不能随之而变，就会导致岗位设置与工作思路跟不上，工作中的问题就会层出不穷，导致组织涣散，管理难度加大，甚至走向瘫痪。

一个企业有什么样的管理模式，就有什么样的管理制度。因此，企业的管理制度应是动态的、柔性的，需要随着企业内、外环境变化而有所改变、取舍或彻底变革。其目的是适应环境变化，调控企业行为，保证企业稳健、快速、健康运行。

　　现代企业的产权制度、组织制度和管理制度共同构成了现代企业制度的总体框架，它们相辅相承、相互作用，但不能互相替代。现代企业产权制度确立了企业的法人地位和企业法人财产权，实现了企业民事权利能力和行为能力的统一，使企业真正作为自主经营、自负盈亏的法人实体进入市场。现代企业组织制度以合理的组织结构，确立了所有者、经营者和职工三者之间的制约机制，使企业高效率和长期稳定发展有了组织保证。现代企业管理制度通过科学的生产管理、质量管理、营销管理、人力资源管理、研究与开发管理、财务管理等一系列管理体系的建立，有效地保证企业内部条件与外部环境相适应，企业各种资源得到最有效的利用。

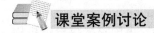 **课堂案例讨论**

用废纸打印

　　小叶所在的公司是个民营企业，创业伊始，经理特别强调增收节支，把厉行节约纳入绩效考核的内容。他对打印部提出的要求是：节约用纸——一张纸要正反两面用，非正式文件，一般不得用空白纸。

　　有一次，废纸用完了，小叶只好用空白纸打印，经理一看用的不是废纸，脸色陡变，说："为什么不用废纸打呀？打印室不是有明文规定，非正式文件要用废纸吗？"

　　小叶解释说："废纸用完了。"

　　经理似信非信："每天打印那么多文件，我就不相信打印室没有一张废纸！"

　　"真的没有了！"小叶确信自己做得没有不妥之处。经理不相信，亲自到打印室检查。他翻箱倒柜，还真找出了几张废纸。小叶很是尴尬，几乎掉下了泪。

　　在月末例行会议上，经理对打印室提出了尖锐批评，还扣了小叶当月的奖金。

　　从此以后，每到实在没有废纸可用的时候，小叶就非常着急。后来，一位老员工指点：没废纸的时候，就把空白纸先打印一份其他文件，然后翻过来再打印。这样就永远有了用不完的废纸。

　　从此，小叶再也没挨过经理的批评。

资料来源：赵宁．故事中的管理学．地震出版社

　　讨论题：以此案例为例，谈谈在制定和实施管理制度时应注意哪些环节，才能避免出现案例中的问题。

第三节　我国现代企业形式的选择

一、国有独资公司

　　国有独资公司属一人公司的特殊形式，此种公司形式在许多国家都存在。在我国，国有独资公司属于有限责任公司的特殊形式之一，我国《公司法》规定："本法所称国有独资公司，是指国家单独出资、由国务院或者地方人民政府授权本级人民政府国有资产监督管理机构履行出资人职责的有限责任公司。"

　　国有独资公司有以下特点。

①公司是资产单元化的有限责任公司。这种公司是国家或地方政府单独投资，资金来源于国家财政拨款，国家是公司财产的唯一所有者。但国家不能直接干预公司的生产经营活动，公司拥有法人财产权。

②国有独资公司的组织形式仅限于有限责任公司一种，不能以其他形式设立。在我国，国有独资公司是为了对国有企业进行公司制改组而设立的。作为一种特殊的公司，其使用范围较窄，其初衷只对"生产特殊产品的公司或属于特定行业的公司"才采取国有独资公司的形式。

③国有独资公司不设股东会。由国家授权投资机构或国家授权投资的部门有权依法对国有独资公司的国有资产实施管理。公司资产的转让，也应依照法律的规定，由国家授权投资机构或国家授权的部门办理审批和财产权转移手续。

④董事会权力大。《公司法》规定，国有独资公司不设股东会，由国家授权投资机构或国家授权的部门，授权公司董事会行使股东会的职权，决定公司的重大事项。但对于公司的合并、分立、解散、增减资本和发行公司债券，必须由国家授权投资机构或国家授权的部门决定。

⑤董事会组成方式不同。国有独资公司属于国家，董事会成员由国有资产监督管理机构委派，而对于一般的有限责任公司，董事会成员由股东会民主选举。

⑥领导人员不得随意兼任其他公司的领导职务。对于国有独资公司的董事长、副董事长、董事、高级管理人员，未经国有资产监督管理机构同意，不得在其他有限责任公司、股份有限公司或者其他经济组织兼职。而一般的有限责任公司无这方面的约束。

二、有限责任公司

有限责任公司简称"有限公司"，我国《公司法》所称的有限责任公司是指在中国境内设立的，股东以其认缴的出资额为限对公司承担责任，公司以及全部资产为限对公司的债务承担责任的企业法人。根据《公司法》的规定，必须在公司名称中标明"有限责任公司"或者"有限公司"字样。有限责任公司是根据法律规定的条件成立，股东以其出资额为限对公司承担责任，公司以其全部资产对公司的债务承担责任的企业法人。有限责任公司是一种资合公司，但也具有人合公司的因素，其法律特征主要有以下几点。

①有限责任公司的股东仅以其出资额为限对公司承担责任，公司以其全部资产为限对公司承担责任。

也就是说，股东以其出资为限对公司债务负责，公司以其全部资产对公司的债务负责。如果公司资产不足以清偿债务，股东也没有以个人财产为公司清偿债务的义务。

②有限责任公司的股东人数，有最高人数的限制。

我国《公司法》规定，有限责任公司由一个以上五十个以下股东共同出资设立。有限责任公司的股东不限于自然人，法人和政府都可以成为其股东。

③有限责任公司不能公开募集股份，不能发行股票。我国《公司法》规定，公司设立的方式，一种是发起设立，另一种是募集设立。对有限责任公司来说，采取发起设立的方式设立，不向社会公开募集股份。有限责任公司成立后，股东所持有的是载明其出资额的权利证书"出资证明书"。这种出资证明书，不能像股票那样在证券市场上买卖。

④有限责任公司是将人合公司与资合公司的优点综合起来的公司形式。

有限责任公司是享有法人权利的经营公司，由参加者投入的所有权（即资本份额）组成固定资本份额给予参加者参与公司管理的权利，并按份额得到公司的部分利润，即分得红利。在公司破产时，得到破产份额，及依法享有其他权利。

有限责任公司是我国企业实行公司制最重要的一种组织形式，根据《中华人民共和国公司登记管理条例》的规定登记注册。其优点是设立程序比较简单，不必发布公告，也不必公布账目，尤其是公司的资产负债表一般不予公开，公司内部机构设置灵活。其缺点是由于不能公开发行股票，筹集资金的范围和规模一般都比较小，难以适应大规模生产经营活动的需要。因此，有限责任公司这种形式一般适合于中小企业。

三、股份有限公司

股份有限公司是指将全部资本划分为等额股份，股东以其认购的股份为限对公司承担责任，公司以全部财产对公司债务承担责任的法人。

公司的资本总额平分为金额相等的股份；公司可以向社会公开发行股票筹资，股票可以依法转让；法律对公司股东人数只有最低限度，无最高额规定；股东以其所认购股份对公司承担有限责任，公司以其全部资产对公司债务承担责任；每一股有一个表决权，股东以其所认购持有的股份，享受权利，承担义务；公司应当将经注册会计师审查验证过的会计报告公开。

如果某股份有限公司的资本总额为1000万，每一股为1元。投资者认购一股出资1元，股份越多，权力和收益越多，承担的风险也以其出资额为限。

（一）股份有限公司的特点

1. 股东具有广泛性

股份有限公司通过向社会公众广泛地发行股票筹集资本，任何投资者只要认购股票和支付股款，都可成为股份有限公司的股东。

2. 出资具有股份性

股份有限公司的全部资本划分为金额相等的股份，股份是构成公司资本的最小单位。

3. 股东责任有限性

股份有限公司的股东对公司债务仅就其认购的股份为限承担责任，公司的债权人不得直接向公司股东提出清偿债务的要求。

4. 股份公开性、自由性

股份公开性、自由性包括股份的发行和转让。股份有限公司通常以发行股票的方式公开募集资本。这种募集方式使得股东人数众多，分散广泛。同时，为提高股份的融资能力和吸引投资者，股份必须有较高程度的流通性，股票必须能够自由转让和交易。

5. 公司的公开性

股份有限公司的经营状况不仅要向股东公开，还必须向社会公开。使社会公众了解公司的经营状况，这也是和有限责任公司的区别之一。

股份有限公司是典型的资合公司。一个人能否成为公司股东，取决于他是否缴纳了股款，购买了股票，而不取决于他与其他股东的人身关系。因此，股份有限公司能够迅速、广泛、大量地集中资金。同时，虽然无限责任公司、有限责任公司的资本也都划分为股份，但是这些公司并不公开发行股票，股份也不能自由转让，证券市场上发行和流通的股票都是由股份有限公司发行的。

(二) 有限责任公司与股份有限公司的异同

1. 有限责任公司与股份有限公司的相同点

公司制的基本共性在于它们都是以许多股东共同投资入股形成公司法人制度为基本特征的。无论是有限责任公司还是股份有限公司，都具有以下特征。

(1) 遵循"资本三原则"

一是"资本确定原则"。在公司设立时，必须在公司章程中确定公司固定的资本总额，并全部认足，即使增加资本额，也必须全部加以认购。例如，宏建公司创建时的总资本为1000万元，这1000万元必须落实到人，且被全部认购。

二是"资本维持原则"。公司在其存续期间，必须维持与其资本额相当的财产，以防止资本的实质性减少，确保债权人的利益，同时防止股东对盈利分配的过高要求，使公司确保正常的业务运行。例如，宏建公司创建后，总资本由于在经营过程中会出现盈利或亏损，为保持总资本1000万元，公司应按规定提取法定公积金，用于填补亏损。没有盈利时，不得分股利。

三是"资本不变原则"。公司的资本一经确定，非按严格的法定程序，不得随意改变，否则，就会使股东和债权人利益受到损害。作为股东，拥有转让股权的权利和自由，但不得抽回股本；公司实行增资，必须严格按法定条件和程序进行，公司减资一般被禁止。例如，宏建公司想将总资本1000万元减少到800万元，是不允许的。

(2) 实行两个所有权的分离

公司的法人财产权和股东投资的财产权应分离。依据我国《公司法》的规定："在公司登记注册后，股东不得抽回投资，不再直接控制和支配这部分财产。"因为股东的财产一旦投入公司，即构成公司的法人财产，并且股东该财产的所有权即转化成为公司中的股权。但是，股东不会因此丧失自己投资的财产权，仍依法享有所有者的资产受益权、收益权、分配权和重大事项决策表决权以及管理者的选择权，同时可以依法自由转让股权，在公司终止时，依法享有行使分配剩余财产的终极所有权。

(3) 承担有限责任

有限责任公司以其出资额为限对公司承担有限责任，公司以其全部资产对公司的债务承担有限责任。对于股份有限公司，股东以其所持股份为限对公司承担有限责任，公司以其全部资产对公司的债务承担有限责任。

(4) 公司都具有法人地位

依照法律或企业章程的规定，代表企业法人行使职权的称为法定代表。企业法人是指取得法人资格，自主经营，自负盈亏的经济实体；法人是具有民事权和主体的社会组织。

2. 有限责任公司与股份有限公司的不同点

(1) 股东的数量不同

世界多数国家的公司法规定，有限责任公司的股东最少2人，最多50人。因为股东人数少，不一定非设立股东会不可。而股份有限公司的股东没有数量的限制，有的大公司达几十万人，甚至上百万人。与有限责任公司不同，股份有限公司必须设立股东大会，股东大会是公司的最高权力机构。

（2）注册的资本不同

有限责任公司要求的最低资本额较少，公司依据生产经营性质与范围不同，其注册资本的数额标准也不尽相同，我国《公司法》规定：注册资金不得少于下列最低限额：以生产经营为主的公司，人民币50万元；以商业批发为主的公司，人民币50万元；以商业零售为主的公司，人民币30万元；科技开发、咨询服务性公司，人民币10万元；特定行业的有限责任公司，注册资金最低额高于上述规定者，由国务院另行规定。

而股份有限公司注册资本的最低额较高，我国《公司法》规定为1000万元，批准上市公司的股本总额不少于人民币5000万元。

（3）股本的划分方式不同

有限责任公司的股份不必划为等额股份，其资本按股东各自所认缴的出资额划分。股份有限公司的股票必须是等额的，其股本的划分，数额较小，每一股金额相等。

（4）发起人筹集资金的方式不同

有限责任公司只能由发起人集资，不能向社会公开募集资金，其股票不可以公开发行，更不可以上市交易。股份有限公司可以通过发起或募集设立向社会筹集资金，其股票可以公开发行并上市交易。

（5）股权转让的条件限制不同

有限责任公司的股东可以依法自由转让其全部或部分股本；股东依法向公司以外人员转让股本时，必须有过半数股东同意方可实行；在转让股本的同等条件下，公司其他股东享有优先权。股份有限公司的股东所拥有的股票可以交易和转让，但不能退股。

（6）公司组织机构的权限不同

有限责任公司股东人数少，组织机构比较简单，可只设立董事会而不设股东会或不设监事会。因此，董事会往往由股东个人兼任，权限较大。股份有限公司设立程序和组织复杂，股东人数较多而相对分散。因此，股东会的权限受到一定限制，董事会的权限较集中。

（7）股权的证明形式不同

有限责任公司的股权证明是公司签发的出资证明书；股份有限公司的股权证明是公司签发的股票。

（8）财务状况公开程度不同

有限责任公司的财务状况只需按公司章程规定的期限交各股东即可，无须公告和备查，财务状况相对保密；股份有限公司设立程度复杂，并且要定期公布财务状况。

四、深化我国国有企业改革的途径

改革开放以来，中国经济改革的主命题之一便是企业改革，而企业改革的核心是国企改革，这也是整个中国经济改革的关键。我国国有企业改革已经经历了几十年，但仍然存在许多问题，摸着石头过河，这一改革方针在国企改革领域体现得淋漓尽致。30多年的国企改革犹如一波三折的惊涛骇浪，承包制、股份制、抓大放小、产权改革、国资委、MBO、外资并购，每一次都深深地改变着国家的命运和走向。因此，需要不断探索和坚持，不断修正和完善。

一个优秀企业要实现永续发展，就要靠制度。从企业来讲，这个制度就是现代企业制度，现代产权制度是其核心。解决了制度问题，创新精神、经营管理变革等就会随之而来。

　　要使企业真正建立起以产权结构优化为核心的现代企业制度，既需要营造一个使企业管理者能够与时俱进、因事而变的内部环境，也需要创造一个靠市场机制选择管理者的外部环境。

 小贴士

老鹰再生与蝴蝶化蛹

　　老鹰再生与蝴蝶化蛹是动物世界里最常见的现象，但是，对我们企业的转型改革具有深刻的借鉴意义。

　　老鹰是世界上寿命最长的鸟类，它一生的年龄可达 70 岁左右。要活那么长的寿命，它在 40 岁时必须做出困难却重要的决定。

　　当老鹰活到 40 岁时，它的爪子开始老化，无法有效地抓住猎物。它的喙变得又长又弯，几乎碰到胸膛。它的翅膀变得十分沉重，因为羽毛长得又浓又厚，使得飞翔十分吃力。

　　它只有两种选择：等死；或经过一个十分痛苦的更新过程，150 天漫长的操练。老鹰首先用它的喙击打岩石，直到完全脱落，然后静静地等候新的喙长出来。它会用新长出的喙把指甲一根一根地拔出来。当新的指甲长出来后，它把羽毛一根一根地拔掉。5 个月以后，新的羽毛长出来了，老鹰开始飞翔。重新再过 30 年的岁月！

　　同样，蝴蝶化蛹也是一个激动人心的过程，同时又充满危险与痛苦。

　　不同的蝴蝶，蛹期不同，有的几个星期，有的几个月。它们身体内部的器官要重新调整。当蛹就要变成蝴蝶时，可以看到翅膀的雏形。从蛹变成蝴蝶是自然界一种激动人心的奇观，当蛹体破裂，成熟的蝴蝶小心翼翼地从蛹壳中艰难地爬出来，不断扑打翅膀，然后身体表面的液体被风吹干。它们慢慢地展开美丽的翅膀，飞向阳光明媚的天地。

　　蛹在外表上静止不动，但其内部进行着剧烈的变化：一方面破坏幼虫的旧器官，另一方面组成成虫的新器官。担任这个任务的是血液中的血球细胞。这种破坏同时伴随着创新的过程，一般数天至数个星期内完成。在完成痛苦的变化改造后，蝴蝶就蜕去蛹壳，变成成虫，通过蜕皮，羽化成美丽的蝴蝶。

　　我国企业的战略转型，是一个类似于从蛹到蝴蝶的过程，充满了危险和痛苦，但这也是一个企业成长的必然过程。

资料来源：谢文辉. 智慧管理. 民主与建设出版社

（一）改革企业产权制度

　　产权制度改革是国有企业建立现代企业制度的关键。

　　①理顺国有企业产权关系，处理好国家所有权与企业法人财产权的关系。明确国家是国有企业财产所有权的唯一主体，拥有对企业财产的最终支配权，政府和监督机构不得直接经营或支配企业的法人财产。

　　建立现代企业制度，必须改变国有企业是政府机构的附属物。国家作为出资者，享有资产受益、重大决策和选择管理者等权利，要搞好监督，不干预企业的具体经营活动。企业独立经营，享有民事权利，承担民事责任，成为拥有法人财产权的独立法人实体。

②建立经营者的所有权制约机制。两权分离后，国有资产所有者的利益仍需通过企业经营者来实现。企业法人要依法正确运用企业法人财产权，对所有者承担资产保值增值的责任。

为保障国有资产保值与增值，必须建立一套能对经营者"用脚投票"等所有权相制约的机制。

③明确产权关系上的自负盈亏责任。目前国家实际上为企业承担着无限责任，许多亏损企业把债务包袱推给国家。产权制度改革就是要在产权关系上明确企业承担的债务责任和破产责任。当企业破产时，国家只以投入企业的资本额为限承担有限责任。

④在明晰企业产权关系的基础上，建立和完善产权市场。国有企业进入产权市场，可以使一定量的国有资产吸收和组织更多的社会资本，又能使国有企业经营受到更多国有产权的制约，以保证国有资产营运效益的提高。

此外，国有企业还可以通过产权市场实现产权转让和流动，推动国有资产存量流向经济效益好的企业，流向国民经济需要重点发展的部门，实现国有资产存量的优化配置。

（二）改革企业组织制度

①改革政府管理职能和管理体制，真正做到政企分开。政府作为出资人，应建立对国有资产实行国家所有、分级管理、授权经营、分工监督的国有资产管理制度。政府作为社会管理者，可以依法制定各种行之有效的规章制度，促进市场体系的发展。

②国有企业推行公司制。必须建立符合市场经济规律和我国国情的企业领导体制与组织管理制度，即建立符合公司制的股东会、董事会、监事会和经理层的组织结构，协调党委会、职代会和工会与股东会、董事会、监事会的关系；建立由国务院向大型国有企业派驻稽查特派员制度，地方政府向所属大中型企业派财务总监制度。

国有企业实行公司制，是建立现代企业制度的有益探索。规范的公司能够有效地实现出资者所有权与企业法人财产权的分开，有利于政企职责分开、转换经营机制，企业摆脱对行政机关的依赖，国家解除对企业承担的无限责任。

我国国有企业要依据行业和企业的特点选择不同的企业组织形式，可以是公司制，也可以是非公司制。就改制为公司的企业而言，可以是股份公司，也可以是国有独资公司。

（三）加强和改善企业的经营管理

①要摒弃旧的企业经营管理观念，确立以市场为中心和依托的现代化管理理念。

②要建立能适应市场的现代化组织管理系统，健全和完善各项规章制度，做到有章可循、违章必究。

③要建立高水平的科研开发机构和高效率的决策机构，为企业发展的战略研究、技术创新和市场营销服务。

④要广泛采用现代管理技术方法和手段，对企业决策与预测、生产组织和计划、技术

和设计进行信息化系统管理。

国有企业建立现代企业制度，除就企业制度本身这三方面进行改革外，还需建立健全宏观经济调控体系，进行金融、财政、税收、投资、计划等方面的改革，为企业进入市场自主经营创造良好的宏观经济环境；培育市场体系、加强市场经济法律法规的建设，为企业走向市场创造条件。

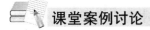 **课堂案例讨论**

牛根生的困境

2011 年 6 月 11 日，蒙牛乳业公司发布公告称：其创始人牛根生辞任董事会主席一职，保留非执行董事，同时委任中粮集团董事长宁高宁为董事会新主席。牛根生将主要投入慈善工作。

这几乎是今天中国特色市场经济的独有风景之一，似乎不破坏市场的逻辑，企业就无法生存。究竟是牛根生一个人的错误，还是整体意义上出了问题？

当年，牛根生反复强调，蒙牛接受中粮集团控股，并不是缺钱。其潜台词应该是想给蒙牛正名。用国有体制的名义，来给蒙牛正名，并期待用这样的制度性变化，来引导蒙牛最终走出品牌阴影。

接受国有企业控股，蒙牛真的就能走出品牌阴影吗？

学过一点经济史的人应该知道，无论是哪一个国家的国有企业，总体上讲，都是奔着企业规模和市场份额而去，很少有国有企业会在品牌建设上下功夫。道理很简单，因为品牌关乎价值和附加值；关乎核心技术；更关乎人性需求。而国有企业因为国家主义的缘故，必然只关注宏大叙述，忽略生活细节。

17 世纪，法国主要靠国有企业支撑经济，后来人们发现，当年的所谓经济格局，不过是皇帝以国家的名义垄断了纺织、印染几个主要产业。这样做的结果就是，整个法国看上去主要依靠纺织、印染生存，在世界经济范围内也的确有不错的份额，但到今天为止，法国人并没有建立起这几个行业的世界品牌。

18 世纪的西班牙曾经靠着国家体制，横扫全球，当时西班牙的经济总量几乎占到全球经济总量的一半，国有大企业更是在军队的保护下到处占领市场。但今天的消费者又有几个人在使用具有传统品牌之美的西班牙产品呢？

20 世纪的前苏联更是国有企业发展至上，整个国家看不到一家私人企业的影子。依靠这种体制，苏联人可以将宇宙飞船、空间站送到太空，却造不出一台有品牌效应的电视机，也造不出一辆有品牌效应的汽车。更让人不可思议的是，国有化程度如此高的苏联人，甚至连一片有品牌效应的面包和奶酪都没有。

很不幸的是，在中粮集团豪迈的战略架构里，同样只看到豪迈的气势、巨大的规模、夸张的份额，就是看不到被成熟的消费者诚心接受的品牌。

所谓的品牌建设，并不是宁高宁的重点。出现这种局面，当然还是与国有企业的机制有关。有几个老生常谈的概念还是要反复提起，比如没有清晰产权制度的企业，注定一朝天子一朝臣，没有长远眼光。记得当年中海油的老板卫留成先生，他在企业工作的时候，可以说是运筹帷幄，一旦调任当了封疆大吏，中海油还会沿着他的思路发展吗？中铝集团的肖亚庆对世界铝业形势可以说是了如指掌，志存高远，随着他升迁进了中南海，中铝集困难道就没有损失吗？推测一下，既然宁高宁如此卓越，谁敢保证下一步他不会走上卫留成和肖亚庆所走过的仕途之路呢？

这正是国有企业的弊端所在。现代企业制度之所以放之四海而皆准，是因为它始终坚持稳定的企业家产权制度、公开透明的公司组织架构，以及基于自由竞争的市场环境。而国有企业制度依靠垄断为发展方法论，注重规模，忽略品牌，不在核心技术上发力，因此也不会形成可持续发展的能力。还有其他如腐败问题、人事纠纷等，都是所有国有企业挥之不去的困境。

这真是一个很有历史意义的商业事件！牛根生和他的蒙牛本来只是陷在商业伦理的泥潭之中，情急之下，把国有企业制度和宁高宁当成了靠山。牛根生今天走到了企业家生涯的尽头。蒙牛，作为一家曾经产权清晰的企业，作为一家中国乳业市场有一定附加值的品牌，国有化之后，能走多远？

资料来源：苏小和．南都周刊．2011（24）

讨论题：

1. 蒙牛在国有企业控股前是哪种企业制度？
2. 蒙牛的困境是品牌问题还是企业制度问题？

本 章 小 结

建立一项制度就像建筑一座大厦一样。建筑大厦首先要确立修建几层楼，楼的层数不同，建筑地基的承重要求就不同。企业也是一样，首先需要确立企业的制度种类，是合伙制还是公司制；是有限公司还是无限公司；是合资还是独资；不同的公司性质，义务和责任就不同。企业制度一定要与企业的组织形式相适应。

要想管理好一个企业、一个集体，乃至一个国家，都必须有一个好制度。而这个制度必须符合所管理的企业的特点。制度不是固定不变的，它随着组织环境的改变而改变。所以制度应不断地创新，以便更好地适应企业。好的制度浑然天成，清晰而精妙，能够自行"奖勤罚懒"，管理绩效将事半功倍，否则就会事倍功半。

思考与练习

一、填空题

1. 单个业主制又称个体企业，这种企业是由业主_____，_____，收益独自所有，风险也独自承担的企业。

2. 现代西方国家公司组织制度的模式形成了以_____、英国、澳大利亚等国企业为代表的英美模式，及以_____、法国、奥地利等国企业为代表的大陆模式。

3. 无限责任公司是指由两个以上_____的股东出资组成，股东对公司债务_____的公司。

二、选择题

1. 企业制度可分为单个业主制、合伙制及（　　　）三种基本类型。

A. 有限责任制　　　B. 公司制　　　　　C. 股份制

2. 有限责任公司与股份有限公司共同遵循的资本三原则是指（　　　）。

A. 资本确定原则　　B. 资本维持原则　　C. 资本不变原则　　　　D. 资本变化原则

3. 单个业主制企业的缺点是（　　　）。

A. 风险性高　　　　B. 规模大　　　　　C. 企业的存续期限短

三、判断题

1. 有限责任公司要求的最低资本额较多。 （　　　）

2. 所谓产权，是财产权利的简称，是指财产所有权以及与财产所有权有关的财产权利。 （　　　）

3. 现代企业制度是以产权清晰、权责明确、政企合一、管理科学为条件的新型企业制度。 （　　　）

四、名词解释

1. 股份有限公司

2. 现代企业制度

3. 董事会

五、简答题

1. 企业的构成和运行规范与制度的关系。

2. 国有独资公司的特点。

工作导向标

小唐如何制定销售员绩效考核制度？

唐子晶高职学的是人力资源专业，毕业两年了，现在在一家广告公司做人力资源管理。小唐工作很努力，最近正在协助人力资源部经理和市场部经理制定销售员的绩效考核，方案如下。

一、考核原则

1. 业绩考核（定量）＋行为考核（定性）。

2. 定量做到严格以公司收入业绩为标准，定性做到公平客观。

3. 考核结果与员工收入挂钩。

二、考核标准

1. 销售人员业绩考核标准以公司当月的营业收入指标为目标，每季度调整一次。

2. 销售人员行为考核标准：

(1) 遵守公司各项工作制度、考勤制度、保密制度和其他公司规定的行为表现。

(2) 履行本部门工作的行为表现。

(3) 完成工作任务的行为表现。

(4) 遵守国家法律法规、社会公德的行为表现。

(5) 其他。

说明：针对每一项，当月行为表现合格者，加 0.6 分；良好者，加 0.8 分；优秀者，加满分 1 分。如当月表现突出，最高可加到 1.2 分。

如当月有触犯法律法规、严重违反公司规定、有工作事故、工作严重失误者，行为考核分数一律为 0 分。

三、考核内容与指标

考核标准为 100%，每低于 5%，扣除该项 1 分。

考核指标	考核内容
销售完成率（35%）	实际完成销售额÷计划完成销售额×100%
销售增长率（10%）	与上一月度或年度的销售业绩相比，每增加1%，加1分；出现负增长，不扣分
新客户开发（15%）	每新增一个客户，加2分
定性指标市场信息收集（5%）	1. 在规定的时间内，没有完成市场信息的收集，为0分 2. 每月收集的有效信息不得低于×条，每少一条扣1分
报告提交（5%）	1. 在规定的时间内将相关报告交到指定处，未按规定时间交者，为0分 2. 报告的质量评分为4分；未达到此标准者，为0分
销售制度执行（5%）	每违规一次，该项扣1分
工作能力、分析判断能力（5%）	1分：较弱，对问题不能及时地做出正确的分析和判断 2分：一般，能对问题进行简单的分析和判断 3分：较强，能对复杂问题进行分析和判断，但不能灵活地运用到实际工作中 4分：强，能迅速地对客观环境做出较为正确的判断，并能灵活运用到实际工作中，取得较好的销售业绩
沟通能力（5%）	1分：能较清晰地表达自己的思想和想法 2分：有一定的说服能力 3分：能有效地化解矛盾 4分：能灵活运用多种谈话技巧和他人沟通
灵活应变能力（5%）	应对客观环境的变化，能灵活地采取相应的措施
员工出勤率（2%）	1. 月度员工出勤率达到100%，得满分，迟到三次的每次扣1分 2. 月度累计迟到三次以上者，该项为0分
日常行为规范（2%）	违反一次，扣2分
责任感（3%）	0分：工作马虎，不能保质、保量地完成工作任务，且态度极不认真 1分：自觉地完成工作任务，但对工作中的失误，有时推卸责任 2分：自觉地完成工作任务，且对自己的行为负责 3分：能在做好自己的本职工作外，主动承担公司额外的工作
服务意识（3%）	出现一次客户投诉，扣3分

四、考核方法（略）

五、考核程序

1. 业绩考核：按考核标准，由财务部根据当月公司营业收入情况统一执行。

2. 行为考核：由销售部经理执行。

六、考核结果

1. 业绩考核结果每月公布一次，部门行为考核结果（部门平均分）每月公布一次。

2. 员工行为考核结果每月通知到被考核员工个人，员工之间不应互相打听。

3. 每月考核结果除了与员工当月收入挂钩以外，其综合结果也是公司决定员工调整工资级别、职位升迁和人事调动的重要依据。

4. 如对当月考核结果有异议，请在考核结果公布之日起一周内向本部门经理或行政人事部提出。

此方案考虑周全、设计思路正确、条款清晰，考核指标和内容充分考虑行业和岗位的特点，可操作性较强，受到了领导的表扬。

思考题：对于不同的行业、不同的岗位，绩效考核的标准不同。参考小唐的绩效考核方案，查阅相关资料，拟定出其他任意一个岗位的绩效考核方案。

经 典 案 例

郭凡生的制度梦

郭凡生有一个梦想。同为企业家，他的梦想跟别人不一样。19岁的盖茨梦想让每个家庭都有一台计算机；老沃森梦想把企业变成全球一流的公司，因此给它改了一个响亮的名字：国际商业机器公司，也就是 IBM。……

郭凡生有一个关于制度的梦想。就像马丁·路德·金梦想有一天奴隶主的后代可以和奴隶的后代坐在一起共叙兄弟友情那样，身为慧聪集团董事长兼慧聪网 CEO 的郭凡生说："我也有一个梦，希望有一天，企业主的子孙可以和打工仔的后代坐在一起，他们是平等的，知识经济使他们都成为企业的主人。"

郭凡生的梦想，是从骑着自行车在北京中关村卖"小广告"起步的。

郭凡生的脸黑黝黝的，据说，一半是当装甲兵时晒的，另一半就是当年骑自行车在中关村卖"小广告"时晒的。

创业之初，郭凡生带人骑着自行车穿梭在北京的大街小巷，把家电、计算机等经销商的报价信息收集起来，以投稿的方式在《首都经济信息报》和《计算机世界》开辟了家电和计算机产品报价栏目；后来，他们开始油印小 16 开本《中国商情快报——家用电器》，面向北京家电商场发行。

郭凡生此前是国家体改委西部开发研究中心的常务副主任，为什么选择做一名走街串巷的小生意人？原来，他为了实现自己"劳动股份制"的梦想，才选择了创业。

他曾经先后在内蒙古党委研究室、中国体制改革研究所任职，专门对企业制度进行研究。通过大量调查，他发现：那些员工集资入股的股份制企业明显比其他实行承包制或者租赁制的企业有着更好的绩效，为此他还专门写过一篇文章《股份制，中国企业改革的唯一出路》，在学术界引起了激烈的交锋。那时，那个"企业打工者变成企业主人"的梦想已经在他的心中悄悄地发芽了。

郭凡生决定亲自做企业来验证这种理论。1990 年，他辞职下海，先后在 3 个国营公司任副总经理，却发现在国营企业的机制下无法施展。热血的郭凡生一咬牙，说服几个原来的同事，下决心要成立自己的公司。

1992 年 10 月，慧聪刚刚成立时，只有 14.8 万元的启动资金，其中，郭凡生拿出了 7 万元，占 51% 的股份，其余的由另外几个合作伙伴出资。

公司成立要制定章程，郭凡生坚持写进这么一条：每年分红，股东只能分利润的 30%，其余的 70% 要分给员工。而且，任何单一股东的分红不能超过 10%。由此形成了慧聪独特的"劳动股份制"。他骄傲地把这个章程称为中国企业的第一份"劳动股份制"宣言书。

郭凡生说，股份制的典型做法是员工集资入股，可是慧聪的员工拿不出钱来，那么我们股东虽然拥有所有权，但是我们把 70% 的受益权拿出来，让渡给了不持股的员工，这就是一个制度上的创新。现代企业制度是谁投资、谁承担风险、谁受益，讲究投资权和受益权的合一，而慧聪是谁投资、谁承担风险，但只有 30% 的受益权——所有权和受益权一定程度地分离了。而且，现代企业制度讲究职业化，实际上就是所有权和管理权的分离，慧聪恰恰反其道而行，谁的股权大，谁在管理上说了算，实际上主张的是所有权和管理权的统一。

慧聪到底是不是家族企业？郭凡生的回答毫不含糊：当然是。家族企业是由一个或几个家族控制的企业，从这个定义上讲，中国的民营公司 95% 以上都是家族企业。而怎样突破家族企业的管理，让那些家族以外的人也能尽心尽力地为企业工作？

郭凡生认为，慧聪的"劳动股份制"恰恰给出了一个解决方案。因为它可以让"外人"

变成"亲人"。慧聪刚成立的时候只有6个股东，这6个股东都是亲人。其他的员工没有投资，他们是"外人"，但是因为他们可以享受到分红，企业的发展就和他们息息相关了，所以他们也变成了"亲人"。慧聪的"劳动股份制"，让亲情表现得更充分、更人性、更伟大。

1996年，在一次公司大会上，郭凡生对员工讲起他的梦想：在你们当中，将会出现上百个百万富翁！可是，很多人都不相信，认为他是痴人说梦。确实，从梦想到现实的过程，郭凡生走得颇为艰难，甚至也曾付出伤痕累累的代价。

1993年底，发展很顺利的慧聪第一次分红，按照"劳动股份制"的章程规定，郭凡生把70%的红利分给大家。有一个很优秀的市场人员分到了4000元，可是第二天，这个市场人员就不见了。原来这名员工以为是公司把钱给错了，怕再被要回来，索性一走了之了。

其实，不仅员工对"劳动股份制"有怀疑，股东内部也有人不理解。三个年轻人认为他们的受益权和投资额不对等，分裂出去单干了。他们和慧聪竞争，每个月把利润放进自己的腰包，几年后渐渐没落了。在郭凡生看来，这恰恰就是对比，因为同样是家族企业，制度的优劣决定了竞争的胜负。

1997年慧聪进行股份制改造之前，每年郭凡生感到最舒心的时候就是春节前跟员工共同分红的时刻：包下一个酒楼，美酒佳肴，装满钞票的红包堆在一张大桌子上，喊到名字的员工，就去领自己的一份。

但让郭凡生感到气愤和心寒的是，有些人一边拿着分的红利却一边骂，认为分少了，他们毁掉公司的数据库，带走慧聪的客户，分裂出去自己当老板和慧聪竞争。这样的事情前前后后竟有近百例。

但是，郭凡生从来没有对慧聪的制度产生过怀疑。因为，从慧聪分裂出去的人从来就没有把事业做大过。而且，尽管有"叛将"，却无"叛军"，慧聪在南京的总经理决定要搞分裂，把队伍拉出去单干，他想把最得力的二个部下拉走，可是部下个个都直摇头，谁也不肯走。郭凡生说，这证明了人心向背，"劳动股份制"把打工者变成了企业的主人，慧聪就是他们共同的家，所以他们不愿意离开。在家族企业中，一人背叛而带走一个团队哗变的事例太多了，可在慧聪从来没有发生过。

在1999年引入IDG公司的风险投资前，郭凡生把"劳动股份制"做了进一步完善，对慧聪进行了股份制改造：部分员工可以以买一送二的形式获得公司的股份。如果在3年内就离开慧聪，公司退回其购股的钱并收回股权；如果干满3年离开，慧聪则退给其3倍的购股款并收回股权。用这种方式，100多名员工直接持有了公司百分之二十几的股份。成功融资之后，慧聪又以不到4毛钱的价格发放了20%的期权。

这是郭凡生设计好的"先动增量——红利，再动存量——股份"的路径。郭凡生认为，在公司经营之初，员工对占有股份不感兴趣，他们最关心的其实是红利，能分多少钱。但是当风险投资进来之后，大家已经看到公司马上要上市的前景，这时他们就会关心是否能拥有股份了。慧聪的股份制改造实际上就是受益权的进一步社会化，郭凡生认为这应当是所有家族企业的出路。

2003年12月，慧聪在香港创业板成功上市，终于使得慧聪一夜之间涌现出上百名百万富翁，梦想成为现实。郭凡生很激动："慧聪上市，对于我来说，融来钱不重要，关键是我倡导了12年的知识经济的这个梦在这一霎间变为现实。连续8年时间里，我们把70%的收入分给企业员工，若干年后我才知道，慧聪的制度跟雅虎、Google的制度是那么相同！"

2006 年 5 月，慧聪与领先业界的多渠道媒体公司环球资源联合宣布结成中国最大的B2B 战略联盟，环球资源对慧聪国际进行战略投资。郭凡生表示，除业务上的互补外，环球资源职业化、国际化的管理风格将提高慧聪网的整体竞争力。……

资料来源：此案例节选自"郭凡生的制度梦"．世界经理人．2006 年 10 月 8 日

2012 年 10 月 19 日慧聪网迎来 20 年庆典。

思考题：

1. 慧聪网成功的原因是什么？

2. 结合第一节介绍的企业制度类型的知识，分析慧聪网的发展过程中经历了哪几种类型的制度。

第三章　现代企业战略管理

> 企业如果固守过去曾行之有效的战略，那么它必将败于竞争对手。
>
> ——威廉·科恩

【引导语】

企业的战略管理就好似汽车的卫星定位仪。每当汽车驾驶员驶向各个不同的目的地时，都要借助于卫星定位仪确定路线和方向。企业的战略不是永远不变的，它是企业的谋划，随着社会、市场、经营业务的变化而变化。企业的战略管理就是针对不同阶段的企业战略进行制定、实施及控制。

【学习要点】

1. 掌握企业管理的概念及特点。
2. 把握企业外部环境分析的要点。
3. 学会企业资源与能力分析的几种实用方法。
4. 熟知竞争战略。
5. 了解企业战略管理过程。

 引导案例

黄怒波斥 1 亿美元冰岛拿地属战略考虑不为赚钱

据经济之声《天下公司》报道，这两天媒体都在热炒一则消息，说知名民营房地产公司中坤集团将斥资 1 亿美元，在冰岛买下 300 平方公里的土地，也就是占冰岛国土面积 0.3％的土地，进行旅游度假方面的投资。消息一出，立马在国内炸了锅。

其实这两年，中国企业在国外买地买房的新闻屡见不鲜。但是像中坤集团这样一家民营房地产公司，用 1 亿美元买下对方 0.3％的国土面积这样震撼性的消息，还是十分罕见的。现在大家把注意力都放在了中坤集团上面。

记者查阅了一下中坤集团的资料。这家成立于 1995 年的大型民营房地产公司，其主营业务是商业度假地产。董事长黄怒波作为中坤集团的掌门人，不仅是一位成功的地产商，还是一个诗人。在《福布斯》中国排行榜上，黄怒波排在第 161 位，净资产总额达到 8.9 亿美元。他的公司在中国的多个地方都拥有度假和旅游设施。

那么，为什么一个在中国旅游地产方面做得风生水起的民营地产商，要在一个天寒地冻、深受欧债危机困扰的欧洲小国投资。他到底要做什么，能收回成本吗？带着种种疑问，中坤集团董事长黄怒波接受了《天下公司》的独家专访。

黄怒波说：我们的战略是想在 10 年内打造一个世界级的度假品牌，我们在美国早就在做，也做得不错。现在我们想选北欧做整个板块。为什么选北欧？有两个条件，第一，它的生态保护得很好，自然风光非常奇特。第二，这个国家政治比较稳定。第三，金融危机给它带来引进外资的投资需求。我们这次进入冰岛，主要想在冰岛先做试点，如果这个建设得好，我们会到丹麦或者挪威再去投资。

黄怒波的理由听起来有理有据，但是这笔买卖事关重大，冰岛当局会同意吗？

黄怒波说：我去那里投资是他们招商引资把我找去的。我第一次去，总统就见了我。我这次去，总统跟我谈了一个半小时，外交部长、通商部长、经济部长、环境部常务秘书都表示非常欢迎。

他们一共 300 平方公里土地，没有划分哪个人占哪块，要想卖就只能把全部卖掉，实际买来真正使用建设的部分很小很小。第一期也就一万亩土地左右，是个草场，我会在里面做高尔夫、山地自行车、山地摩托车、露宿、穿越这样高端度假的设施，300 平方公里土地也是这么使用。

黄怒波告诉记者，冰岛项目一旦通过，他就要立马掏出 2 亿美元进行投资，而不是媒体之前报道的 1 亿美元。至于谁是他的目标客户，黄怒波表示，他的目标是全世界的中高端人群，中国市场尤其重要。

黄怒波说：一期投资是两个亿，年内主要建宾馆、度假村、高尔夫球场、马场、穿越森林地。在十年内，我会征集十万到三十万高端度假的客户，成立俱乐部，这些人来自亚洲、美洲、欧洲，但可能中国人去那的多，也可能美国人多，北欧人自己也可以互相度假。做国际视野，高端度假俱乐部，没有单一的考虑到光是中国人。

中国人这些年越来越富了，看到北欧那么好的自然景观，中国的中高端客户喜爱至极。

这样一个项目，到底能够挣到钱吗？对于这个问题，黄怒波倒是不以为然。他说，去冰岛投资只是他全球战略的一部分，赚不赚钱并不重要。

黄怒波说：第一，投资地和投资的东西在那里，因为冰岛的经济危机总要走出去，在低谷时进去投，在高谷的时候慢慢会增值。第二，作为中坤集团来说，在冰岛是战略的问题，它的盈利即便十年二十年我也不认为钱能赚回来，但是我有世界的板块，我会用别的地方的板块盈利弥补这些地方，也许过十年二十年后，这个地方的盈利可以弥补我别的板块，这是个战略考虑。

资料来源：中国广播网，2011 年 08 月 31 日

思考题： 请分析黄怒波斥 1 亿美元冰岛拿地是否充分考虑到企业战略的特性。

信息化时代的到来，全球经济一体化的趋势越加明显，世界市场更加风云变幻，企业时刻面临着并购、重组、倒闭或重新整合。现代企业面临着动荡不定的经营环境，企业管理者必须牢牢把握那些关系企业未来生存和发展的关键性、全局性的战略问题，从战略高度考虑合理运用可取的资源，充分利用环境提供的机会，不断提高企业素质，努力实现适应环境变化的战略性管理，才能使企业在竞争中成长和发展。

在今天如此动荡莫测的生存环境中，战略或者说战略管理成为影响企业成功的最关键要素，同时对企业决策者提出了更高的要求。任何墨守成规、机械教条的做法，都会使企业遭受不可避免的灾难性损失。

第一节 现代企业战略概述

在现代商业社会中，人们越来越认识到战略管理对企业的重要意义。从表面来看，战略规划的制定很简单，分析当前的企业形势和未来可能的环境，为企业未来的发展方向制定指导思想和行动的框架。但事实上，这是一项复杂的系统工程，需要考虑、分析企业内外的各种因素以及企业自身的能力。企业如何制定战略规划并顺利实施，是本章要探讨的问题。

一、企业战略

（一）企业战略的内涵

"战略"一词源自希腊语，意为"将军"、"战役"、"谋略"。在《大百科全书》中关于战略的解释是：战略是指导战争全局的方略。因此，有人说，战略也是指导竞争全局的艺术。它最早来源于军事活动，指的是作战谋略。

随着生产力水平的不断提高和社会实践内涵的不断丰富，"战略"一词后来被人们广泛地运用于军事之外的其他领域，从而给"战略"一词增添了许多新的含义。20世纪50年代中期，战略被引入企业经营管理领域。一般情况下，企业战略主要涉及组织的远期发展方向和目标。

企业战略是指企业为谋求长期的稳定和发展，在分析内外环境的基础上，对企业未来发展所做的长远性和全局性的谋划。

（二）企业战略的特征

一般来说，企业战略具有以下特征。

1. 指导性

企业战略是关系企业全局和发展命运的经营纲领，对企业的各项工作都有普遍的、权威性的指导作用。如果企业是一艘船，那么企业战略就是舵。企业战略界定了企业的经营方向、远景目标，明确了企业的经营方针和行动指南，并筹划了实现目标的措施、对策。

2. 全局性

企业战略是以企业全局为对象，根据企业总体发展的需要而制定的。它不同于各部门的业务性管理决策。它规定了企业的总体行为，从全局实现对局部的指导，使局部得到最优的结果，使全局目标得到实现。

3. 长远性

"人无远虑、必有近忧"。首先，企业战略着眼于长期生存和长远发展的思考，确立了远景目标，并谋划了实现远景目标的发展轨迹及宏观管理的措施、对策，但也兼顾短期利益。其次，围绕远景目标，企业战略必须经历一个持续、长远的奋斗过程。除非市场变化必须要求调整外，企业战略通常不能朝令夕改，应具有长效的稳定性。只有舵把握好方向，各个桨手才能劲朝一个方向使。也就是说，企业各部门的努力，只有在企业战略的指导下才有可能实现企业的经营目标。

4. 竞争性

竞争是市场经济无法回避的现实，也正是因为有了竞争，才确立了"战略"在经营管理中的主导地位。面对竞争，企业战略需要进行内外环境分析，明确自身的资源优势，通过设计适合企业的经营模式，形成特色经营，才能增强企业的对抗性和战斗力。

5. 层次性

企业战略在结构上是一个有层次的且具有内在联系的有机体。从纵向看，分为长期性战略和阶段性战略。从横向看，企业战略应突出企业经营中的战略重点，分清总体战略和分战略。因此，企业战略是由一条主线贯穿起来的各层次战略组成的系统。

6. 稳定性

企业战略的制定耗时长，涉及企业的方方面面，关系到企业的兴衰成败，企业战略的实施结果非短时间就能显现。所以，实施企业战略必须保持相对的稳定性，不能操之过急或半途而废。不同时期的战略也应有较好的连贯性。当期的战略是建立在前期战略基础之上的，是前期战略的发展，只要企业环境没有发生根本性的变化，就不应改弦易辙。

 小贴士

猴子掰苞谷

猴子在树林里待得无聊，打算出门找点好吃的打个牙祭。它来到一片苞谷地，饱涨的苞谷让它心花怒放。它掰下一个，左看右看，看到前面的更好，就扔下手里的去掰另一个。另一个到手，看看前后，看到还有更好的，到手的又扔掉，去掰那个"更好"的，最后好不容易找到一个满意的。它抱着苞谷回家去，路上遇见一片西瓜地。猴子一见西瓜，乐得马上扔下苞谷，去摘西瓜。

它又像掰苞谷那样左挑右选，选了一个自己还觉得满意的大西瓜。快乐的猴子"嘿哟嘿哟"地抱着西瓜往回走，满心欢喜地盘算着回家大吃大喝。

突然，从树林里窜出一只兔子，调皮的猴子扔下西瓜就去追兔子。当天色暗下来的时候，兔子不知道跑到哪里去了，猴子只好两手空空地回家去。

猴子一路抱怨不停，树上的猫头鹰咯咯一笑，说："见异思迁的家伙，这就是你的下场。"

战略是企业对未来较长时期内如何生存和发展的通盘筹划，是企业长远发展的导向。如果企业只是跟着市场走，围着市场上不断涌现的"利润增长点"转，最终的结局只能像寓言中的猴子一样一无所获。

资料来源：段珩.影响人一生的100个管理寓言.光明日报出版社

7. 风险性

企业战略决策是在对企业自身特点、内外经营环境等因素的判断上做出的决策。需要对市场研究深入，行业发展趋势预测准确，设立的远景目标客观，各战略阶段人、财、物等资源调配得当，战略形态选择科学，制定的战略才能引导企业健康、快速地发展。反之，主观判断失误，制定的战略就会产生管理误导，甚至给企业带来破产的风险。

8. 社会性

企业是国家的一分子，它支撑着同时依赖于国家和社会。因此，企业战略研究不能仅仅立足于组织的目标，还要兼顾国家和民族的利益，兼顾组织成员的利益，兼顾社会文化、环境保护等各方面的利益。企业战略还要特别注意自己所应承担的社会责任，注意树立良好的社会形象，维护组织的品牌。

（三）企业战略管理

企业战略管理一词最初是由美国学者安绍夫提出的。安绍夫认为，企业战略管理是指将企业日常业务决策同长期计划决策相结合而形成的一种经营管理业务。

企业战略管理是确立企业使命，根据企业外部环境和内部经营要素设定企业组织目标，保证目标正确落实，并使企业使命最终实现的一个动态过程。总的来说，企业战略管理不仅包括根据内外环境来确定长期发展方向、目标以及选择达到目标的途径，而且包括组织企业战略的实施，对实施过程进行检查、评价和调整。

与企业以往制定长期规划或长期发展战略相比，企业战略管理是一个动态的过程，而不是一次性的活动。当今的企业已从传统的"职能管理"走向现代的企业"战略管理"，这是现代企业管理的一次飞跃。

二、企业战略的层次

典型的现代企业战略是一个包括公司战略、经营战略和职能战略在内的统一体系。相应地，战略管理据此可分为公司战略管理、经营战略管理和职能战略管理三个层次，如图3-1 所示。

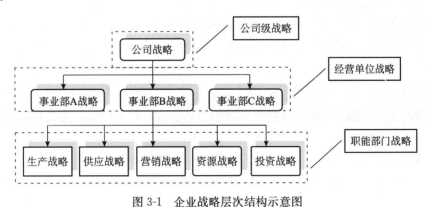

图 3-1　企业战略层次结构示意图

1. 公司战略

公司战略的研究对象是一个由一些相对独立的业务或事业单位组合成的企业整体。公司战略是一个企业的整体战略总纲，是企业最高管理层指导和控制企业的一切行为的最高行动纲领。通俗地说，公司战略主要强调两个问题：一是"我们应该做什么业务？"，即确定企业的使命与任务、产品及市场领域；二是"我们怎么去管理这些业务？"，即在企业不同的战略事业单位之间如何分配资源以及采取何种成长方式等。

小贴士

做最赚钱的业务

格兰仕起初是生产羽绒服的，1992年才转向微波炉。当时很多企业都在为增资扩股忙得不亦乐乎，而格兰仕在转移核心业务后，把众多与微波炉无关的业务全放弃了，包括羽绒服。因为，格兰仕认为，根据格兰仕各方面的资源，微波炉可能是企业最赚钱的业务。格兰仕意识到，中国市场的消费者需要的不是名牌的微波炉，而是经济实惠的微波炉，只有把制造规模做起来，把成本降下来，才可能真正占领市场。所以，格兰仕必须将有限的资金投入到最需要的领域，做大规模，谋取利润。

国内不少家电企业都有自己的销售通路。但格兰仕认为，做家电和卖家电是两个行业，格兰仕只做自己最擅长的事。于是，格兰仕毅然放弃两头，咬住一点，只做制造，做大做强。专心搞生产，决不涉足流通领域。格兰仕有1.8万名员工，从事正式销售工作的只有一百多人。

从1993年到1999年，格兰仕一直只做微波炉，8年间从一个行业新手成长为对产业价值链有绝对控股权的企业，在国内市场上的占有率达到70%，在国际市场上占有35%。

资料来源：中世．让狗吐出骨头．西苑出版社

如果不是公司领导者明确"我们应该做什么业务"，并及时制定出只做微波炉的战略，也许格兰仕的命运会改写。

2. 事业部战略

事业部战略也称竞争战略，或称分公司战略。它是在公司战略指导下，各个事业单位制定的部门战略，是公司战略之下的子战略。竞争战略主要强调经营范围和资源配置两个因素，主要研究的是产品和服务在市场上的竞争问题。其目的从企业外部来看，主要是建立一定的竞争优势，即在某一特定的产品与市场领域获得能力；从企业内部来看，主要是获得一定的协同效应，即统筹安排和协调企业内部的各种生产、财务、研究开发、营销等业务活动。

3. 职能战略

职能战略是为贯彻、实施和支持公司战略与竞争战略而在企业特定的职能管理领域制定的战略。职能战略一般分为营销战略、供应战略、投资战略、生产战略、研究与开发战略、公关战略等。与公司战略和竞争战略相比较，职能战略更为详细、具体和具有可操作性。实际上，职能战略是公司战略、竞争战略与实际达成预期战略目标之间的一座"桥梁"。

课堂案例讨论

洛克菲勒力排众议买油田

19世纪80年代，关于是否购买利马油田的问题，洛克菲勒和股东们发生了严重的分歧。利马油田是当时新发现的油田，地处俄亥俄州西北与印第安纳东部交界的地带。

那里的原油有很高的含硫量，经化学反应变成硫化氢，它发出一种鸡蛋坏掉后的难闻气味，所以人们都称之为酸油。

当时，没有炼油公司愿意买这种低质量的原油，除了洛克菲勒。洛克菲勒在提出买下油田的建议时，几乎遭到了公司执行委员会所有委员的反对，包括他最信任的几个得力助手。

因为这种原油的质量太差了，价格也最低，虽然油量很大，但谁也不知道该用什么方法进行提炼。但洛克菲勒坚信一定能找到除去硫的办法。在大家互不相让的时候，洛克菲勒最后威胁股东，宣称自己将冒险去实施这个计划，并不惜一切代价，谁都不能阻挡他。

委员会在洛克菲勒的强硬态度下被迫让步，最后标准石油公司以 800 万美元的低价买下了利马油田。这是公司第一次购买原油的油田。

此后，洛克菲勒花了 20 万美元聘请一名犹太化学家，让他前往油田研究去硫问题。实验进行了两年，仍然没有成功。在此期间，许多委员对此事仍耿耿于怀，但在洛克菲勒的坚持下，这项希望渺茫的工程未被放弃。然而，这真是一件天大的幸事，又过了几年，犹太科学家终于成功了！

这一丰功伟绩充分说明了洛克菲勒具有穿透迷雾的远见，也有比一般大亨更强的冒险精神。

资料来源：吕国荣 . 小故事 大管理 . 中国经济出版社

讨论题：请分析此案例符合企业战略的哪些特性。

第二节　企业内部环境分析

企业是为了适应内外部环境的变化而制定经营战略的。内外部环境包括企业所处的宏观环境、行业环境和企业内部条件。因此，企业要进行战略管理，首先必须全面、客观地分析和掌握内外部环境的变化，以此为基点来制定企业的战略目标。

一、SWOT 分析模型简介

在现在的战略规划报告里，SWOT 分析应该是一个众所周知的工具。来自于麦肯锡咨询公司的 SWOT 分析，包括分析企业的优势（Strengths）、劣势（Weaknesses）、机会（Opportunities）和威胁（Threats）。因此，SWOT 分析实际上是对企业内外部条件各方面内容进行综合和概括，进而分析组织的优劣势、面临的机会和威胁的一种方法。

通过 SWOT 分析，可以帮助企业把资源和行动聚集在自己的强项和有最多机会的地方，并让企业的战略变得明朗。

优劣势分析主要着眼于企业自身的实力及其与竞争对手的比较，而机会和威胁分析将注意力放在外部环境的变化及对企业的可能影响上。在分析时，应把所有的内部因素（即优劣势）集中在一起，然后用外部的力量来评估这些因素。

1. 机会与威胁分析

随着经济、社会、科技等诸多方面的迅速发展，特别是世界经济全球化、一体化过程的加快，以及全球信息网络的建立和消费需求的多样化，企业所处的环境更为开放和动荡。这种变化几乎对所有企业都产生了深刻的影响。正因为如此，环境分析成为一种日益重要的企业职能。

环境发展趋势分为两大类：一类表示环境威胁，另一类表示环境机会。环境威胁指的是环境中一种不利的发展趋势所形成的挑战，如果不采取果断的战略行为，这种不利趋势将导致公司的竞争地位受到削弱。环境机会就是对公司行为富有吸引力的领域，在这一领域中，该公司将拥有竞争优势。

 小贴士

鲤鱼跳龙门

鲤鱼经过千山万水，终于来到了龙门前，现在最关键的时刻到了，只要奋力往上跳，跳过去了，它就金光显现。可惜它一次又一次地往上冲，结果都失败了。

在水里的乌龟嘲笑他说："你还是省省力气吧，就凭你那模样，能跳过龙门吗？"

鲤鱼面对乌龟的打击，毫不在意，继续往上跳，一次又一次，结果还是跳不上去。

此时，河虾劝鲤鱼道："江河如此之大，比你聪明比你强壮的鱼类有的是，它们都不敢奢望跳龙门，你又何必白费力气呢？"

鲤鱼还是毫不在意，继续往龙门上跃……终于，它费尽全力跳过了龙门，使自己变成一条金光闪闪的鱼。

鲤鱼跳龙门是众所周知的老故事，但是为什么除了鲤鱼之外别的鱼就不能够跳过龙门呢？

最重要的一点是鲤鱼的勤奋，能够抓住至关重要的机会，而对别人的消极之言毫不在乎。

在企业的经营管理中，机会的因素至关重要，它直接关系到企业在竞争中的胜负与输赢，甚至关系到企业的生死存亡。

资料来源：翟文明. 管理智慧168. 机械工业出版社

2. 优势与劣势分析

SWOT分析不仅为了识别环境中有吸引力的机会，更要知道如何拥有在机会中成功所必需的竞争能力。每个企业都要定期检查自己的优势与劣势，这可通过"企业经营管理检核表"的方式进行。企业或企业外的咨询机构都可利用这一格式检查企业的营销、财务、制造和组织能力。

企业在维持竞争优势过程中，必须深刻认识自身的资源和能力，采取适当的措施。因为一个企业一旦在某一方面具有了竞争优势，势必引起竞争对手的注意。一般来说，企业经过一段时期的努力，建立起某种竞争优势，就处于维持这种竞争优势的态势，竞争对手逐渐做出反应；如果竞争对手直接进攻企业的优势所在，或采取其他更为有力的策略，就会使这种优势受到削弱。所以，企业要不断地调整战略。

可以依据图3-2所示SWOT分析表将企业所面临的外部环境的机会与威胁、内部条件的优势与劣势一一列出，然后根据分析的结果，分别以不同的组合制定出与企业内部条件及外部环境相适应的SO、WO、ST、WT四大战略。制定战略的基本思路是：发挥优势因素，克服劣势因素，利用机会因素，化解威胁因素；考虑过去，立足当前，着眼未来。

运用系统分析的综合分析方法，将排列与考虑的各种因素加以组合，得出一系列企业未来发展的可选择对策。

内部分析　外部分析	优势（S） S₁. S₂. ……	劣势（W） W₁. W₂. ……
机会（O） O₁. O₂. ……	SO 战略（增长性战略） SO₁.　　　发挥优势 SO₂.　　　利用机会 ……	WO 战略（扭转性战略） WO₁.　　　克服劣势 WO₂.　　　利用机会 ……
威胁（T） T₁ T₂ ……	ST 战略（多种经营战略） ST₁.　　　利用优势 ST₂.　　　避免威胁 ……	WT 战略（防御性战略） WT₁.　　　减少劣势 WT₂.　　　避免威胁 ……

图 3-2　SWOT 分析表

同时，可利用 SWOT 分析图，对所列出的外部环境和内部条件的各关键因素逐项打分，然后按因素的重要程度加权并求和，再将上述结果在 SWOT 分析图上具体定位，从而确定企业战略能力。

从图 3-3 可以看出，当企业处在第 I 象限时，具有很好的内部优势以及众多的外部机会，应当采取增长型战略，如开发市场、增加产量等。

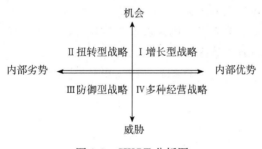

图 3-3　SWOT 分析图

当企业处在第 II 象限时，企业虽然面对巨大的外部机会，却受到内部劣势的限制，应采用扭转型战略，充分利用环境带来的机会，设法清除劣势。企业应慎重决策，整合内部资源，迅速形成某一方面的优势，等待有利时机再发展。

当企业处在第 III 象限时，企业在竞争中明显处于劣势，外部面临强人威胁，应采用防御型战略，进行业务调整，设法避开威胁和消除劣势。

当企业处于第 IV 象限时，企业具有一定的内部优势，但外部环境存在威胁，应采取多种经营战略，利用自己的优势，在多样化经营上寻找长期发展的机会。

不过，SWOT 分析法作为一套古老的分析法在今天来看似乎有些过时，且有一定的局限性。当企业做出 SWOT 分析之后，人们会假定之前分析的 S 就是客观事实的 Strengths，它不会改变，而 O 也成了客观事实的 Opportunities。同时，SWOT 分析在开始就预定了将企业产品与外界产品对比的假设，而忽视了企业内部的矛盾与潜在威胁，这容易使企业战略出现主观意识上的偏差。要适应新的时代，在进行 SWOT 分析时就需要我们经常性地跳出所谓的"假定"，对企业战略做一个内外结合、动态的战略规划。

小贴士

黔 驴 技 穷
—— 自己的弱势要对外保密

过去贵州这个地方没有驴。有个多事的人用船运来了一头驴，运来后却没有什么用处，也舍不得杀它，就把它放到山脚下。

一只老虎下山来觅食，看见了驴，以为这个躯体高大的家伙一定很神奇。老虎不敢造次，就躲在树林里偷偷观察。看了半天，它又悄悄走出来，小心翼翼地接近驴。百兽之王是个聪明的动物，当它不知道驴子的底细的时候，它不愿意冒险。

有一天，驴叫了一声，老虎大吃一惊，远远躲开，以为驴要咬自己了。然而，驴叫了一声之后，继续吃草。老虎反复观察，越来越熟悉驴的叫声了，感觉那声音漫长悠然又软绵无力。

老虎开始走到驴的前后，转来转去，但还是不敢上去攻击驴。驴对于跟前的危险熟视无睹。老虎慢慢逼近驴，越来越放肆，或者碰它一下，或者靠它一下，不断冒犯它。驴开始躲来躲去，只求一个安静吃草的地方。但是，到了后来，它变得非常恼怒，就用蹄子去踢老虎。老虎敏捷地躲开了，心里高兴地盘算着："我以为你很了不起，原来你的本事也不过如此罢了！"于是老虎腾空扑去，大吼一声，咬断了驴的喉管，啃完了驴的肉，剩下一副骸骨在原地，才心满意足地离去。

在现代商战中，企业总千方百计地探求对手的秘密，对己方的信息则严格控制，不外泄，尤其是企业的优势和弱势等方面的信息，因为这是关系到企业兴衰的战略决策。

资料来源：段珩．影响人一生的100个管理寓言．光明日报出版社

二、价值链分析

1. 波特价值链分析模型简介

价值链是一个商业体系，用来详细描述企业营运或功能行为的顺序。例如，图 3-4 和图 3-5 用价值链中的各个环节描述了一件产品的生产过程。

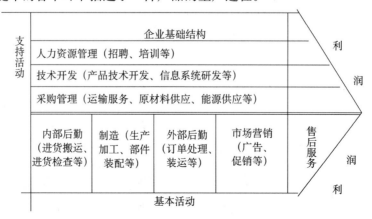

图 3-4　波特价值链分析图

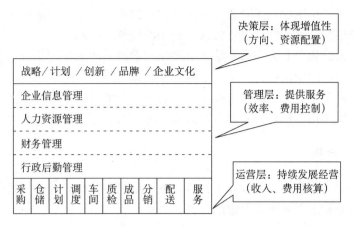

图 3-5　价值链咨询模型示意图

价值链中的每一个环节都为产品或服务增加价值，为实现同一个目标而努力，因此，它们不是相互竞争而是相互合作的。只有完成了价值链中的最后一个环节，这个产品或服务才是完整的。价值链可以用来描述多种情况，如把一件产品推向市场的过程（即生产商→批发商→零售商店）。价值链中的每一个环节都可能拥有自己潜在的价值链，而且任何一个单独环节都可以同前面或后面的环节联合，以便创造更多价值（即承担完成其他环节工作的任务）。

价值链分析由美国哈佛商学院著名战略学家迈克尔·波特提出。企业的价值创造是通过一系列活动构成的。企业内外价值增加的活动分为基本活动和支持性活动。基本活动是涉及产品的物质创造及其销售、转移买方和售后服务的各种活动，如企业生产、销售、进料后勤、发货后勤、售后服务。支持性活动是辅助基本活动，并通过提供采购投入、技术、人力资源以及各种公司范围的职能支持基本活动，如人事、财务、计划、研究与开发、采购等。这些互不相同但又相互关联的生产经营活动构成了一个创造价值的动态过程，即价值链。

不同的企业参与的价值活动中，并不是每个环节都创造价值，实际上只有某些特定的价值活动才真正创造价值。这些真正创造价值的经营活动，就是价值链上的"战略环节"。企业要保持的竞争优势，实际上就是企业在价值链某些特定的战略环节上的优势。运用价值链的分析方法来确定核心竞争力，就是要求企业密切关注组织的资源状态，要求企业特别关注和培养在价值链的关键环节上获得重要的核心竞争力，以形成和巩固企业在行业内的竞争优势。企业的优势既可以来源于价值活动所涉及的市场范围的调整，也可来源于企业间协调或合用价值链所带来的最优化效益。

价值链一旦建立起来，就会非常有助于准确地分析价值链各个环节所增加的价值。价值链的应用不仅仅局限于企业内部。随着互联网的应用和普及，竞争的日益激烈，企业之间组合价值链联盟的趋势越来越明显。企业更加关心自己核心能力的建设和发展，发展整个价值链中的每个环节，如研发、生产、物流等环节。

2. 价值链咨询模型

价值链咨询模型是在波特基础上的改进。价值链咨询模型把企业的经营管理分为三个层次：决策层、管理层和运营层。决策层对企业的经营方向和资源配置进行决策；管理层主要包括财务管理、行政、人力资源、信息服务等职能，负责对企业的效率和成本费用进行控制；企业的运营层则涵盖了企业从采购、生产到销售和服务的诸多环节。这个层次主要应该体现各个层次的增值性，进行收入、费用的核算和控制。

价值链分析方法视企业为一系列输入、转换与输出的活动序列集合，每个活动都有可能相对于最终产品产生增值行为，从而增强企业的竞争地位。企业通过信息技术和关键业务流程的优化，是实现企业战略的关键。企业通过在价值链过程中灵活应用信息技术，发挥信息技术的效能作用、杠杆作用和乘数效应，可以增强企业的竞争能力。

三、投资组合分析

一般来说，企业都会有一个或几个经营业务，如何对这些业务进行投资组合分析，是企业管理者在战略制定时要重点考虑的问题。

（一）波士顿矩阵

1. 波士顿矩阵介绍

投资组合分析法中最常用的是波士顿矩阵（又叫市场增长率—市场占有率矩阵），它是美国波士顿咨询公司（BCG）在 1960 年时提出的一种产品结构分析的方法。这种方法把企业生产经营的全部产品或业务的组合作为一个整体进行分析，常常用来分析企业相关经营业务之间现金流量的平衡问题。通过这种方法，企业可以找到企业资源的产生单位和这些资源的最佳使用单位。下面具体介绍波士顿矩阵，其矩阵图如图 3-6 所示。

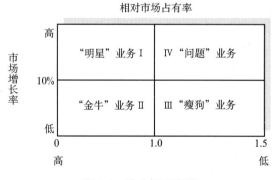

图 3-6　波士顿矩阵图

在图 3-6 中，横坐标表示企业相对市场占有率，以及与最大竞争对手的市场份额比率，以 1 为界限；纵坐标表示企业所在行业成长性，表示该行业过去 2 年和今后 2 年平均市场销售增长速度，以 10％为界限。某项产品或业务的相对市场份额多，表示其竞争地位强，在市场中处于领先地位；反之，表示其竞争地位弱，在市场中处于从属地位。

波士顿矩阵（成长份额矩阵、产品结构分析法）以企业经营的全部产品或业务的组合为研究对象，分析企业相关经营业务之间的现金流量的平衡问题，寻求企业资源的最佳组合。

"明星"业务处于第 Ⅰ 象限，产品的市场相对占有率和行业增长率都较高，被形象地称为明星产品。这类产品或业务既有发展潜力，企业又具有竞争力，是高速成长市场中的领先者，行业处于生命周期中的成长期，是企业重点发展的业务或产品，应采取追加投资，扩大业务的策略。

"金牛"业务处于第Ⅱ象限，产品的市场相对占有率较高，但行业成长率较低，行业可能处于生命周期中的成熟期，企业生产规模较大，能够带来大量稳定的现金收益，被形象地称为金牛业务。企业通常以"金牛"业务，支持"明星"业务、"问题"业务或"瘦狗"业务。企业的策略是维持其稳定生产，不再追加投资，以便尽可能地回收资金，获取利润。

"瘦狗"业务处于第Ⅲ象限，产品的市场相对占有率较低，同时行业成长率也较低，行业可能处于生命周期中的成熟期或衰退期，市场竞争激烈，企业获利能力差，不能成为利润源泉。如果业务能够经营并维持，应缩小经营范围；如果企业亏损难以维系，应采取措施，进行业务整合或退出经营。

"问题"业务处于第Ⅳ象限，行业增长率较高，需要企业投入大量资金予以支持，但企业产品的市场相对占有率不高，不能给企业带来较高的资金回报。这类产品或业务有发展潜力，但要深入分析企业是否具有发展潜力和竞争力优势，决定是否追加投资，扩大企业市场份额。

2. 波士顿矩阵战略应用

波士顿矩阵将企业的不同业务组合到一个矩阵中，可以简单地分析企业在不同业务中的地位，从而针对企业的不同业务制定有效策略，集中企业资源，提高企业在有限领域的竞争能力。

企业可以采取以下三种不同的策略。

第一，发展策略。采用这种策略的目的是扩大产品的市场份额，甚至不惜放弃近期利润来达到这一目标。这一策略特别适用于"问题"业务，如果它们要成为"明星"业务，其市场份额必须有较大的增长。发展策略也适用于"明星"业务。

第二，稳定策略。采用这种策略的目的是为了保持产品的市场份额，增加短期现金收入。这一策略适用于"金牛"业务，因为这类产品能够为企业挣得大量的现金。稳定策略也适用于"问题"和"瘦狗"业务。

第三，撤退策略。采用这种策略的目的在于出售或清理某些业务，以便把资源转移到更有潜力的领域。它适用于"瘦狗"和"问题"业务，这些业务常是亏损的。

3. 波士顿矩阵重要的贡献

波士顿矩阵分析的目的在于帮助企业确定自己的总体战略。在总体战略的选择上，波士顿矩阵有两点重要的贡献。

第一，该矩阵指出了每个经营业务在竞争中的地位，使企业了解它的作用或任务，从而有选择和集中地运用企业有限的资金。例如，企业要把"金牛"业务作为主要的资金来源，并放在优先的位置上。同样，企业可以考虑把资金集中在将来有希望的"明星"业务或"问题"业务上，并根据情况，有选择地抛弃"瘦狗"业务和无望的"问题"业务。如果企业对经营的业务不加区分，采取一刀切的办法，规定同样的目标，按相同的比例分配资源，结果往往是对"金牛"业务和"瘦狗"业务投入了过多的资金，而对"明星"业务和"问题"业务投资不足。这样的企业将难以获得长期的发展。

第二，该矩阵将企业不同的经营业务综合到一个矩阵中，具有简单明了的效果。在其他战略没有发生变化的前提下，企业可以通过波士顿矩阵判断自己各经营业务的机会和威胁、优势和劣势，判定当前面临的主要战略问题和企业未来在竞争中的地位。比较理想的投资组合是：企业有较多的"明星"和"金牛"业务，少数的"问题"业务和极少数的"瘦狗"业务。

(二) GE 矩阵

1. GE 矩阵介绍

GE 矩阵法又称通用电器公司法、麦肯锡矩阵、九盒矩阵、行业吸引力矩阵。GE 矩阵可以用来根据事业单位在市场上的实力和所在市场的吸引力对这些事业单位进行评估，也可以表述一个公司的事业单位组合，判断其强项和弱点。在需要对产业吸引力和业务实力做广义而灵活的定义时，可以以 GE 矩阵为基础进行战略规划。

在战略规划过程中，应用 GE 矩阵必须经历以下 5 个步骤。

第一步，确定战略业务单位，并对每个战略业务单位进行内外部环境分析。根据企业的实际情况，或依据产品（包括服务），或依据地域，对企业的业务进行划分，形成战略业务单位，并针对每一个战略业务单位进行内外部环境分析。

第二步，确定评价因素及每个因素权重。确定市场吸引力和企业竞争力的主要评价指标，以及每一个指标所占的权重。市场吸引力和企业竞争力的评价指标没有统一标准，必须根据企业所处的行业特点和企业发展阶段、行业竞争状况而定。但一般来讲，市场吸引力主要由行业的发展潜力和盈利能力决定，企业竞争力主要由企业的财务资源、人力资源、技术能力和经验、无形资源与能力决定。

第三步，评估打分。根据行业分析结果，对各战略业务单位的市场吸引力和竞争力进行评估和打分，并加权求和，得到每一项战略业务单元的市场吸引力和竞争力的最终得分。

第四步，将战略单位标在 GE 矩阵上。根据每个战略业务单位的市场吸引力和竞争力总体得分，将每个战略业务单位用圆圈标在 GE 矩阵上。在标注时，注意圆圈的大小表示战略业务单位的市场总量规模。有的还可以用扇形反映企业的市场占有率。

根据每个战略业务单位在 GE 矩阵上的位置，对各个战略业务单位的发展战略指导思想进行系统说明和阐述。

2. GE 矩阵分析

GE 矩阵可以用来根据事业单位在市场上的实力和所在市场的吸引力对其进行评估，也可以表述一个公司的事业单位组合，判断其强项和弱点。按市场吸引力和业务自身实力两个维度评估现有业务（或事业单位），每个维度分三级，分成九个格，表示两个维度上不同级别的组合。在两个维度上根据不同情况确定评价指标。

绘制 GE 矩阵，需要找出外部（行业吸引力）和内部（企业竞争力）因素，然后对各因素加权，得出衡量内部因素和市场吸引力外部因素的标准。当然，在开始收集资料前，仔细选择哪些有意义的战略事业单位是十分重要的。

GE 矩阵可以划分为三部分，九个方格，如图 3-7 所示。右下角的三个格子的产品吸引力很低，企业因此应采取利用或退出战略，迅速获利，收回投资，放弃该业务。右上角到左下角对角线的三个格子的产品吸引力中等，企业可采取区别对待战略，适当盈利策略。左上角的三个格子上的产品最具有发展前途，企业应采取积极的投资发展战略、择优重点发展战略，扩大生产，增加盈利能力。

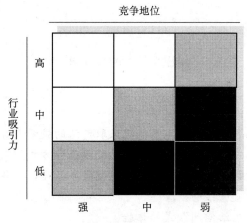

图 3-7　GE 矩阵示意图

通过对战略事业单位在矩阵上的位置分析，公司可以选择相应的战略举措。总而言之，在白色区域，采取增长与发展战略，应优先分配资源；在灰色区域，采取维持或有选择发展战略，保护规模，调整发展方向；在黑色区域，应采取停止、转移、撤退战略。

3. GE 矩阵应用应该注意的问题

在应用 GE 矩阵时，必须注意以下几个问题，否则可能无法客观、准确地确定每项业务的定位和策略。

①评价指标尽量定量化。对于每项评价指标，尽量量化，没法量化的要划分量级，对每个量级的得分进行统一规定。

②不同业务之间的每个评价指标的权重不同。评价指标权重必须根据每一项业务的特点来确定。不同业务单元之间，企业竞争力评价指标的权重不同，因为对于不同的战略业务单元，企业所处的市场地位不同，企业关注和追求的目标不同，所以评价指标的权重也不同。

每一项战略业务单元所处的生命周期不同，每一项业务的特点不同，企业关注每项业务的侧重点也不同。比如对于成长型的业务，企业可能更关注该业务的增长潜力和发展速度；对于成熟型的业务，企业可能更关注市场总量和盈利能力。

4. GE 矩阵和 BCG 矩阵的比较优势

①GE 矩阵用市场/行业吸引力替代了市场成长率，将其作为一个评价维度。市场吸引力较之市场成长率显然包含了更多的考量因素。

②GE 矩阵用竞争实力替代了市场份额作为另外一个维度，以此对每一个事业单元的竞争地位进行评估分析。同样，竞争实力较之市场份额亦包含了更多的考量因素。

③GE 矩阵有 9 个象限，而 BCG 矩阵只有 4 个象限。GE 矩阵针对 BCG 矩阵坐标尺度过粗的缺陷，增加了中间等级，使得 GE 矩阵结构更复杂，分析更准确。

5. GE 矩阵局限性

①对各种不同因素进行评估的现实程度不够。

②指标的最后聚合比较困难。

③核心竞争力未被提及。

④没有考虑到战略事业单元之间的相互作用关系。

 课堂案例讨论

星巴克的 SWOT 分析

1. 星巴克竞争优势

（1）经营模式的灵活选择

星巴克善于根据世界各地不同的市场情况采取灵活的投资与合作模式。在中国的经营模式从最初进入中国市场采取合资和特许加盟的授权经营方式规避市场风险，到如今随着国内市场走势良好，消费群体稳定，为更好地控制服务品质，获得更大的利润，而叫停特许经营，回收股权，变身直营经营。

（2）充分运用"第三生活空间"式的体验

在消费者需求的重心由产品转向服务，由服务转向体验的时代，星巴克成功地创立了一种以"星巴克体验"为特点的"咖啡宗教"，星巴克赋予了一杯咖啡更丰富的体验和更深层次的文化内涵。店内颇有情趣的灯光设计，咖啡色的桌椅，个性化的装饰，优美的音乐旋律，营造出温馨的意境，闻着空气中弥漫着的咖啡浓郁香味，再品尝着同样考究而且种类繁多的咖啡和糕点，在星巴克消费，总能获得一种独特的感受。

（3）产品品质和口味的保证

星巴克始终追求品质上的卓越，坚持提供高品质的产品。为让所有热爱星巴克的人都能品尝到最纯正的咖啡，星巴克对原材料十分挑剔与苛求。无论是咖啡豆的运输、烘焙、配制，还是最后把咖啡端给顾客的那一刻，一切都必须符合最严格的标准。此外，星巴克拥有 30 多款手工制作的浓缩咖啡和多款咖啡冷热饮料，种类多样，既有原味的，也有速溶的；既有意大利口味的，也有拉美口味的，能迎合不同口味的消费者。

（4）新产品的研发与创新

从卡布其诺、星冰乐、咖啡味啤酒等新创意的巨大成功，到投入巨资对浓缩咖啡萃取技术的研发成功，无不表明星巴克在创新方面拥有很大的优势。星巴克还在国际化与本土化之间寻求一个自然的融合，2010 年 3 月，星巴克将独一无二的"星巴克体验"进一步延伸到了中国消费者所喜爱的茶饮品领域，推出了包含中式茶和异域茶两大类共 9 款茶品，沉淀了星巴克在全球茶饮上的丰富经验。

（5）细致周到的顾客服务

星巴克深知每一个顾客是最直接的消费者，应该努力使之成为常客。为此，星巴克对店员进行了深度培训，使每个员工均成为咖啡方面的专家。在顾客细品咖啡的同时，可以和店员深层互动，一起探讨有关咖啡的各类知识。在服务过程中，星巴克实行一种"定制式"的"一对一"服务，真正做到真心实意为顾客着想。

（6）充分占据有利的商圈

对于咖啡零售业而言，好的地段是开店成功的一个重要因素，星巴克基本上选择在市中心或繁华的商业人流密集的路段，力求让顾客随时随地都能找到星巴克。同时，它打破了方圆多少米不能重复开店的商业常规，一个地区会集中开设多家门店，更密集地占据空间，使得竞争对手难以介入，以更好地应对竞争。

2. 星巴克竞争劣势

（1）组织结构的效率不够

对中国那么多家门店进行整齐划一的高效管理，对任何企业都是一种挑战。更何况，星巴克是靠逐渐收购原先的代理商来统一和整合中国市场的。目前，星巴克仍然没有实现对中国门店100％的股权控制，只是掌握了中国大部分地区的运营管理权。可以想象，在不同的地区面对不同的合作伙伴，在协调和统一管理上，星巴克需要付出额外的努力，谨慎地调整发展战略。

（2）供应链的管理压力

改变原来的供应商和运输管理，代之以星巴克统一的物流中心的管理，这对星巴克物流中心是巨大的挑战。挑战不但体现在群体管理的效率、准确性和专业性上，还来自原来各地市场不同的存货管理方式的整合压力。

（3）资金链管理的压力

对于选址定位于黄金地段的星巴克来说，过快的开店速度必然会影响星巴克的资金链，从而进一步影响公司的成本控制和财务决策。再加上近年来，随着中国经济的发展，商业地产的租金价格有很大的上涨压力，这将给星巴克未来的盈利空间造成较大的风险和不确定性。

（4）体验淡化、服务水平下降

规模快速扩张并没有给星巴克带来业绩和品牌的同步提升，反而危及其健康发展。星巴克在扩张的同时，为了获取规模效应和达到其财务目标，接连降低成本，采用流水作业的方式完成其服务流程，导致其核心的星巴克体验的淡化和服务水平降低等问题。

3. 星巴克竞争机会

（1）市场进入的空缺

星巴克进入中国的时候，雀巢、上岛、真锅已经培育了少量的咖啡爱好者，但是人们对咖啡还是处于懵懂状态，直到星巴克进入中国，人们才发现原来咖啡也有那么好喝的。因此，星巴克进入中国的壁垒很低，而潜在用户的需求已有一定的发展。

（2）时代大背景的契机

全球化给星巴克带来的契机在世界各地，包括中国都是非常显著的。全球范围内的人口流动加速，为星巴克推动国际品牌连锁带来空前的机会。

（3）中国咖啡市场潜力巨大

中国目前的咖啡消费存在着巨大的商业空间。据专家分析，中国将成为全球最大的咖啡消费国，并且每年以30％的速度上升，同时中国市场远未饱和，是典型的不完全竞争市场，这种市场结构有利于星巴克扩大品牌效应，增加顾客群，给星巴克带来巨大的盈利预期。

4. 星巴克竞争威胁

（1）现实和潜在的竞争者众多

目前咖啡行业竞争程度相当高，中国内地市场已有的台湾上岛咖啡、日本真锅咖啡等无不把星巴克作为其最大的竞争对手。除此之外，咖啡同业、便利商店、快餐店、定点咖啡机等竞争者也会通过价格战和模仿的方式来抢夺市场。

（2）替代品的丰富和提升

替代品的丰富和提升让时尚和周期短的城市人拥有更多的选择。在中国，咖啡的替代性产品有茶和其他提神类功能饮料（包含咖啡因饮料），如红牛、日加满、力保健、统一、康师傅等品牌的饮料。

（3）原料成本的上升

随着近年来中国 CPI 的上升，尤其是咖啡原料和乳制品成本的上升，直接挤压了星巴克的利润空间。

（4）地区发展的不平衡性

地区发展的不平衡性形成了各地人们收入的差异，这对星巴克的统一价格提出了挑战，也对星巴克的管理、运营和策略提出了较大的挑战。

5. 竞争战略

结合上文对星巴克的 SWOT 详细分析，可以得到星巴克在面临内部优势和劣势以及外部机会和威胁时应采取的竞争战略。

第一，SO 利用战略。结合星巴克内部的优势以及环境的机会，星巴克应该实行市场占有率扩大战略、品牌延伸战略。

第二，ST 监视战略。结合星巴克的优势以及环境的威胁，星巴克应该实行差异化战略、公共关系策略。

第三，WO 改进战略。结合星巴克的劣势以及环境的机会，星巴克应该实行同心多元化战略、直营策略。

第四，WT 消除战略。结合星巴克的劣势以及环境的威胁，星巴克应该实行产品线收缩策略，关掉不盈利或亏损的店。

资料来源：节选徐曙虹. 现代商业. 上海师范大学商学院. www.ltbka.com 2011-04-28

讨论题：

1. 如果你体验过星巴克，谈谈你对星巴克的感受。

2. 你认为此案例分析是否准确，给出的竞争战略是否得当、可行。

第三节　企业外部环境分析

一、企业宏观环境分析

企业是一个开放的经济系统，它的经营在不同程度上受政治、法律、社会文化、经济、技术等不可控因素的影响。企业宏观环境，是指来自企业外部给企业造成市场机会或环境威胁，并对企业战略产生影响、发生作用的所有不可控因素的总和。企业宏观环境分析大体概括为五类：政治和法律环境、经济环境、社会文化环境、科技环境和自然环境。

1. 政治和法律环境

政治和法律环境是指那些制约和影响企业的政治要素和法律系统及其运行状态，主要是国家的政治制度，国家的权力机构，国家颁布的方针政策，政治团体和政治形势，法律、法规、法令以及国家的执法机构等因素。它们直接影响某些商品的生产和销售，对企业的影响具有刚性约束的特征，例如政府的政策和规定、税率和税法、企业法、关税、专利法、环保法、反垄断法、进出口政策等。我国有食品卫生法、烟草专卖条例、药品管理条例等近 400 项。这些法律、法规对市场消费需求的形成和实现起到重要的调节作用。它规定了企业可以做什么，不可以做什么，同时保护企业的合法权益和合理竞争，促进公平交易。

2. 经济环境

经济环境是指构成企业生存和发展的社会经济状况及国家的经济政策，包括社会经济结构、经济体制、宏观经济政策等要素。衡量这些因素的经济指标有平均实际收入、平均消费水平、消费支出分配规模、实际国民生产总值、利率和通货供应量、政府支出总额等。

 小贴士

站在最热闹的岸边也不湿鞋

堤义明是日本三大企业集团之一西武集团的第二代掌门人。在他刚接管家业的第二年，就面临着一项重大选择。

那时，日本进入了工业旺盛时代，特别是在 1964 年东京奥运会过后，工商业蓬勃发展，几乎人人都肯定，土地投资绝对是一本万利的生意。当时西武集团拥有的土地面积可谓全国第一。他的兄弟和手下的八大要员大部分都主张继续在土地方面投资，以谋求最大利益。堤义明却做出一项惊人的决定：西武集团退出地产界。此语一出，反对声一片。但堤义明坚持自己的决定。他收集了足够的情报，经过分析，认识到土地供过于求，风雨就快到来，危险很大。作为企业的掌门人，他必须保证财富的不断增值，而不是损失。

果然，以后很长一段时间里，土地投资者在炒卖的旋涡里受尽折磨，很多土地投资者都陷入困境。而此时，西武集团已在酒店业、娱乐、饮食等更多领域捷报频传。所以有人说，堤义明是那种站在最热闹的岸边也不湿鞋的企业家。

寻找机会其实是一门选择与放弃的学问。当然，它的背后是对环境的充分理解和把握。

资料来源：中世．让狗吐出骨头．西苑出版社

堤义明就是清醒认识到当时的经济环境的危机，才理性做出退出房地产的战略抉择。

3. 社会文化环境

社会文化环境包括一个国家或地区的居民教育程度和文化水平、宗教信仰、风俗习惯、审美观念、价值观念、人口规模与地理分布等因素。

其中，人口因素极为重要，包括人口规模、地理分布、年龄分布、迁移等。人口规模制约着个人或家庭消费产品的市场规模，如食品工业市场与人口规模就密切相关，人口的地理分布决定着消费者的地区分布。消费者地区分布密度越大，消费者的嗜好也越多样化，对市场的商品选择性就越大，这就意味着会出现多种多样的市场机会。文化水平也会影响到居民的需求层次。这些方面必然都反映到企业中来，严重影响企业的经营与管理，也改变着企业的战略决策。

4. 科技环境

科技环境是指企业所处的环境中的科技要素及与该要素直接相关的各种社会现象的集合，包括国家科技体制、科技政策、科技水平和科技发展趋势等。

技术环境大体包括社会技术水平、社会技术力量、国家科技体制、国家科技政策和科技立法。

科技因素是现代企业赖以生存和发展的主要因素。它直接影响企业的创新，促进企业经营战略的变化，改善企业管理。例如，互联网的普及为企业创造了巨大的商机，电子商务使得企业能在网上直接与供应商和客户接触，交易成本大大降低。

随着国家科学技术的发展，新技术、新能源、新材料和新工艺等的出现与运用，企业在战略管理上需要做出相应的战略决策，以获得新的竞争优势。

5. 自然环境

自然环境是指企业所处的生态环境和相关自然资源，包括土地、森林、河流、海洋、生物、矿产、能源、水源、环境保护、生态平衡等方面的发展变化。社会生产离不开自然资源，无论生产创造的财富属于哪一个门类，其起始点都必定无法离开自然资源。其中，环境保护的要求对企业的生产经营有着极为重要的影响。企业一定要保护好所处地区的环境，完善自己的社会责任。

对于企业宏观环境的分析和认识可以使企业识别外部因素中可能发生的重大变化和趋势，识别所面临的机会和威胁。但是仅有对宏观环境的认识是不够的，企业还必须对宏观环境进行深入的分析。

二、行业竞争力分析

行业竞争力理论是哈佛商学院的著名战略管理学家迈克尔·波特教授在 20 世纪 90 年代末提出的，他将传统的产业组织理论与企业战略结合起来，形成了竞争战略与竞争优势的理论。此理论认为，在一个行业中，存在着五种基本的竞争力量，即潜在竞争者、替代品、购买者、供应者以及行业内现有的竞争者。它们彼此相互抗衡、相互作用，影响着企业的战略决策。这五种竞争力量的状况及其综合强度，导致行业内经济结构的变化，决定了行业内部竞争的激烈程度，决定行业中获得利润的最终潜力，如图 3-8 所示。

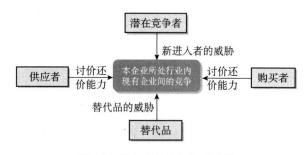

图 3-8　行业竞争力结构示意图

因为不同行业的竞争力量的综合强度不同，所以各行业利润的最终潜力也不同。在竞争激烈的行业中，一般不会出现独家企业获得巨大收益的状况。在竞争相对缓和的行业中，各个企业普遍可以获得较高的收益。此外，行业竞争的不断加剧，会导致投资收益率下降，直至趋近最低收益率。企业的收益率如果长期低于行业的最低收益率，最终会退出该行业，投资其他行业；反之，就会刺激行业内现有竞争者增加资本和新加入者的资金流入该行业。行业的结构对企业决定竞争原则和可能采取的战略等方面具有巨大的影响。因此，行业结构分析是制定企业经营战略最主要的基础。

1. 潜在竞争者

对于一个行业来说，潜在的进入者或新加入者会带来新的生产能力、新的物质资源，从而打破已有的市场份额的分配格局。一种产品的研发成功，会引来许多企业的加入。新企业进入该行业的可能性大小，既取决于进入该行业的难易程度，也取决于现有企业可能做出的反应。

影响进入某行业的难易程度主要有如下因素。

（1）规模经济

规模经济是指在一定时期内，企业所生产的产品或劳务的绝对量增加时，其单位成本趋于下降。如以前一个工人每天做 3 件衬衣，现在流水线形成规模，一个工人每天能做 6 件衬衣，那么这个工人每天的工资等费用摊到 6 件衬衣里，每件衬衣的成本就下降了。产品或服务的规模经济可构成行业的进入障碍，迫使新加入企业在进入某行业时，需做出两种抉择：要么以大生产规模进入该行业，但需冒着行业中现有企业强烈抵制的风险；要么以小生产规模进入该行业，但需承受着产品成本过高的不利。

 小贴士

有效阻止潜在竞争对手的进入

在 20 世纪 70 年代，杜邦公司的管理人员认为二氧化钛市场在未来的 13 年里会达到 53.7 万吨的新规模。基于这一预测，杜邦公司决定增加 50 万吨的生产能力，给对手一个下马威。作为其阻止潜在竞争对手进入的战略内容的一部分，杜邦公司不仅宣布了扩张现有设备的计划，而且假意宣称即将兴建一个 13 万吨生产能力的新工厂，用以展示自己在二氧化钛业务方面所具有的不可超越的生产能力。最后，虽然杜邦公司未能成功地震慑住所有的竞争对手，但是这种宣布生产技术信息的战术还是给公司带来了回报，延迟了潜在竞争对手的进入，并在很大程度上影响了他们原有的进入战略，使他们不得不作出调整，从而为企业赢得了时间和先机。杜邦公司成了二氧化钛的主要生产商，而且使自己在二氧化钛市场中的领导者地位一直保持了大约 25 年之久。

资料来源：吕国荣．小故事大管理．中国经济出版社

（2）产品差异化

产品差异化是指企业以某种方式改变那些基本相同的产品，使消费者相信这些产品存在差异而产生不同的偏好。这种偏好会使消费者对某一种产品或企业很忠诚。当产品或服务进入该行业时，新加入者往往要花费较长的时间攻克这一壁垒，并且还要以一定时期的亏损作为代价。

（3）转换成本

转换成本是指企业从一个行业转向另一个行业从事生产经营活动时，或从一种产品转向另一种产品时，所要支付的成本。转换成本包括企业购置新的设备、新产品设计、职工再培训等的成本。如果转换成本过大，企业又不能在内部消化掉，会面对一种新的进入障碍。企业要么冒着成本过高可能失败的风险；要么不敢进入该行业。

（4）分销渠道

企业在进入一个新的行业时，如果自己的产品没有分销渠道，也会面临进入障碍。原

有的分销渠道一般都是为已有的企业服务，新加入者必须通过让利、合作、广告津贴等方式让原有的分销渠道接受其产品，这样必然减少新加入企业的利润。为了克服这种进入障碍，企业必须开辟新的分销渠道，为自己的产品服务。

2. 替代品

替代品是指那些与本企业产品具有相同功能或类似功能，可以互相替代的产品。如不同品牌功能相同的空调，它们之间可替代。替代产品投入市场后，会使现有企业的同类产品的价格处于较低的水平，降低了企业的收益；替代产品的价格低，对现有企业构成的威胁就越大。为了抵制替代品对行业的威胁，行业中各企业往往采取集体行动，进行持续的广告宣传，改进产品质量，提高产品利用率，改善市场营销等活动。

3. 购买者的讨价还价能力

对于行业中的企业来讲，购买者是一个不可忽视的竞争力量。购买者主要是以压低价格、增加服务或提高质量等为要求，来影响企业（作为产品的提供者）的盈利能力。如果该产品是可替代性较强的产品，或者该行业正处于买方市场的状况下，购买者就具有较强的讨价还价能力。因此，企业只有对其规模、结构、动机等进行评价与分析，以特有的方式把握竞争的主动权。

4. 供应者的讨价还价能力

供应者要通过抬高产品和劳务的价格或降低出售的质量，对作为购买者的企业进行威胁。如果此时购买者进货渠道有限，或此供应者所提供的投入价值在本企业的产品总成本中占有较大比例，并对本企业产品生产过程起到非常重要作用或者严重影响买方产品的质量时，供应方对本企业的潜在讨价还价力量就大大增强。企业应对供应者的数量、规模、集中度和要素的性质、特征进行分析，积极寻求对策。

5. 行业现有竞争者之间的竞争

企业面对的市场通常是一个竞争市场。从事同种产品的制造和销售的往往不止一家企业，多家企业生产相同的产品，必然会采取各种措施争夺客户，从而形成市场竞争。行业内部的抗衡是指行业内各企业之间的竞争关系与程度。常见的抗衡手段主要有价格战、广告战、引进新产品以及增加对消费者的服务等。如苏宁、国美、大中之间的竞争趋于白热化。

在行业中，企业必须面临竞争，但在制定与改变战略上有自己的活动空间。企业可以通过满足顾客生产经营需要的产品设计，或使顾客依赖于自己的技术等，提高顾客的转换成本；可以通过产品的变化、市场营销革新、新型服务等，提高产品差别化；可以把销售工作的重点放在发展最快的分市场上，或者放在固定成本最低的市场领域里，减弱行业抗衡的影响。

虽然五种竞争力量共同决定行业竞争的强度和获利能力，但是，对于不同的行业或在不同的时期，各种力量的作用是不同的，一般是最强的力量或某几种力量共同处于支配地位，起决定作用。因此，进行竞争战略分析，必须抓住那些处于支配地位、起决定作用的竞争力量。企业应该明白，它对行业的竞争强度和获利能力并不是完全无能为力的，企业可以通过制定适当的战略或进行战略调整来谋求相对优势地位，从而获得更高的利润，甚至改变、影响行业的竞争结构。

📖 **课堂案例讨论**

一次良好的撤退

1964 年 10 月，日本松下电器公司总裁松下分析方方面面的情况，决定停止大型电子计算机的开发生产。这以前，松下电器公司的通信部已经为此项工作投入了巨大的人力、物力、财力，并且已经试制成功了该项产品。但是，大型计算机的市场前景不容乐观，需求量极少。鉴于这种情况，松下决定及时放弃这个项目。拟议一经发布，顿时舆论哗然，来自内部、外部的不同意见此起彼伏，不绝于耳。

大家的一致意见是：花费 5 年时间、耗资 10 多亿日元的项目就如此放弃，得不偿失。要放弃，日本国内 7 家生产厂家中的另外 6 家也可以放弃，又何必是松下首先放弃呢？

来自外部的舆论有许多猜测，认为松下电器公司要么是技术跟不上，要么是因为财政赤字才放弃这个项目。就连一些久经沙场的高级职员，对松下的拟议也持怀疑态度。当时，松下的困扰和烦恼是相当严峻的，但他顶住各种意见和舆论，毅然决定停止这个没有前途的项目，把人力、物力、财力用到其他方面。后来的事实证明，松下的这个决策是正确的。

为什么松下电器公司已花了 5 年时间、投入了 10 多亿日元资金进行的开发，眼看就要收获了，偏偏要放弃呢？

原来，松下发现，计算机市场的竞争日趋白热化，仅在日本就有富士通、日立等公司在做最后的冲刺，如果此时松下再加入，也许会生存下来，但也有可能全军覆没，这就等于拿整个公司下赌注。所以，面对这样的市场形势，他毅然作出退出大型计算机市场的决策，这实在是一次清醒、冷静思考后的勇敢大撤退。

资料来源：吕国荣．小故事 大管理．中国经济出版社

讨论题：
1. 松下作出退出大型计算机市场的决策前做了哪些工作？
2. 请分析松下作出退出大型计算机市场的决策是否明智，为什么？

第四节 竞 争 战 略

竞争战略是指企业正确地分析和界定本企业在竞争中的地位后所形成的战略。在企业经营的现实中可能出现两种情况：一是在一个成长性非常好的行业里，即使企业处于不利的竞争地位，依然能得到令人满意的利润；二是与此相反，一个具有优越竞争地位的企业，由于处在夕阳行业获利甚微，即便再努力也无济于事。由此，对企业的经营者提出了两个非常严峻的问题，即如何选择企业经营的行业和如何选择企业在一个行业中的竞争地位。这就是企业竞争战略要解决的核心问题。

一、一般竞争战略

一般竞争战略是指无论在什么行业或什么企业，都可以采用的竞争性战略。著名的迈克尔·波特教授认为，企业获得竞争优势的 3 个基点是成本领先、差异化和专一经营，由此他将竞争战略分为 3 种：成本领先战略、差异化战略和集中战略。这 3 种基本竞争战略的关系如图 3-9 所示。

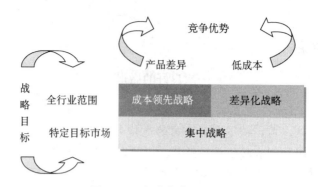

图 3-9　一般竞争战略示意图

（一）成本领先战略

成本领先战略也称低成本战略，是指企业在提供相同的产品或服务时，通过在内部加强成本控制，在研究、开发、生产、销售、服务和广告等领域内把成本降到最低限度，使成本或费用明显低于同行业平均水平或主要竞争对手的成本水平，从而赢得更高的市场占有率或更高的利润，成为行业中成本领先者的一种竞争战略。

实施成本领先战略，要求企业较竞争者有明显的成本优势，具有防止竞争对手模仿成本优势的能力，即具有持续的成本优势。

1. 成本领先战略实施的条件

在实践中，成本领先战略要取得显著的效果，必须考虑以下因素。

①行业市场必须是完全竞争的市场。就是说，有多个买家和卖家，而不被少数寡头垄断的市场。同时要求市场容量大而稳，大规模的生产成本才会越低，所以低成本战略只有在产量上去之后才有效果。市场容量较大，才能消化掉这些产品，如日常消费品市场；否则，产品就会积压。

②该行业所有的产品是标准化的。即不同企业间的产品没有质的差别，价格竞争成为竞争的主要手段，如家用电器、建材市场等。

③产品有较高的需求弹性。购买者对价格很敏感，如果产品价格有优势，产品销量就会明显增加，如奢侈品、房子等耐用品。

④企业有较高的管理水平，能比同行更有效地进行管理，降低成本和有关费用。如果企业的环境和内部条件不具备这些因素，企业便难以实施成本领先战略。

2. 成本领先战略的风险

①行业内的技术变革和技术进步会使以往的投资和效率变得无效。竞争对手开发出更低成本的生产方法，使得原先高效率的先进生产线的成本领先优势消失。

②竞争对手通过模仿或向高技术装备进行投资，也可以做到低成本，甚至开发出更低成本的生产方法。

③竞争者可能采取非价格的和差异化的竞争战略来抗衡。成本领先企业如果不具有保持足够价格差的能力，则不能抵消竞争对手的品牌形象或其他产品差异对企业的影响。

④企业可能会将主要的注意力集中在成本上，因而容易忽视产品和市场营销的变化。而且，如果企业过分地追求低成本，降低了产品和服务的质量，会影响顾客的需求，结果会适得其反，企业非但不能获得竞争优势，反而会处于劣势。

总的来说，低成本战略在同五种竞争力量的抗衡中具有全方位的优势，是一项行之有效的竞争战略。

（二）差异化战略

差异化战略是指企业为满足顾客特殊的需求，形成自身的竞争优势，而提供与众不同的产品和服务的战略。由于顾客需求多样化，企业很难通过标准化的产品完全满足顾客的需求。因此，差异化战略成为一个很有效的竞争战略。

 小贴士

沃尔格林差异化战略

沃尔格林从 1975 年到 2000 年获得超过市场价值 15 倍的累积股票收益率，从而轻松打败了像通用电气、默克、可口可乐和英特尔公司这样强劲的对手。对于一个默默无闻，甚至被人轻视的公司，能取得这样的业绩，实在引人瞩目。在采访科克·沃尔格林时，我们坚持要求他谈得更深入些，以便我们能够理解他的公司取得这样骄人业绩的原因。最后他急了，说："听着，其实并没有那么复杂！一旦明白了这个理念，我们就勇往直前。"

这个理念是什么？很简单，最好、最便利的药店可以带来可观的顾客利润——这就是沃尔格林公司用来打败商业巨头的突破战略。沃尔格林率先采用顾客开车进店买药的方法，他发现顾客喜欢这样的方式，就建立了成百上千个这样的药店，并且把他的药店都紧密地聚集在一起，其原则是使人不必穿越好几个街区才能到达沃尔格林药店。

资料来源：刘松. 管理智慧 168. 机械出版社

1. 差异化战略实施的条件

实施差异化战略的企业要获得成功，必须认真研究购买者的需求和行为，了解他们对产品和服务的看法。企业还必须使产品或服务包含特定的购买者想要得到的属性，其中，企业自己提供的属性与竞争对手所提供的属性有着明显的易于分辨的差别，或者开发某种独特的能力来满足购买者的需求。

①应具有很强的研发能力。企业已构造具有自己特色的产品生产经营过程。在企业的生产经营过程中，企业可根据市场和顾客的需要，有能力创造产品的差别化。

②在本行业有悠久的历史，或具有以其产品质量和技术领先的声望。

③有很强的市场营销能力。企业为顾客提供卓越的技术支持，加快维护及修理服务，增加和改善产品的信息，增加和改善为终端用户所提供的培训材料，改善信用条件，加快订单处理过程，增加频繁的销售访问次数，为客户提供更完善的服务。企业针对产品形成了自己独特的销售交货体系、营销渠道。这就是差异化战略赖以建立的基础。

2. 差异化战略实施的风险

①开发费用较高。企业只是单纯地追求差异化，而忽视了产品或服务的生产成本，导致企业实现差异化的成本过高，形成了较高的销售价格。如果这种价格超过了消费者的承受力，消费者为了节省费用，会抵抗取得差异化企业所拥有的产品特征、服务或形象的诱惑，转而选择物美价廉的产品，导致取得差异化的企业丧失竞争优势。

②产品差异化的特点缩小。竞争对手推出相似的产品，降低了产品差异化的特色；或

者消费者的需求发生了重大改变，购买者不再需要该企业赖以生存的那些产品。由于产品或服务的差异化缩小，而同质化在增加，导致消费者在购买商品时形成价格导向，而非差异化导向。最终在行业内形成的是价格竞争，而非差异化竞争。

企业形成差异化的成本过高。竞争对手的产品价格很低时，企业即使控制其成本水平，购买者也不再愿意为具有差别化的产品支付较高的价格。

③特色产品主要适应部分消费者的偏好，不易扩大市场占有率。由于差异化与高市场份额有时是矛盾的，企业为了形成差异化，需要放弃获得较高的市场份额的目标。同时，企业在差异化的过程中，需要进行广泛的研究开发、设计产品形象、选择高质量的原材料和争取顾客等工作，其代价是高昂的。企业还应该认识到，并不是所有的顾客都愿意支付产品差异化后形成的较高的价格。

（三）集中战略

集中战略是指企业把经营战略的重点放在一个特定目标市场上，为特定的地区或特定的购买者集团提供特殊产品和服务的战略。采取集中战略的企业较之那些以全行业为战略目标的竞争对手而言，可以从竞争优势和战略目标两个方面中的任何一个取得优势。以全行业为战略目标的竞争对手也许会在满足特殊市场需求方面表现欠佳，或者由于在满足某一市场需要时表现过头而难以同时承受多目标市场的高成本压力，这些破绽为采用集中战略的企业提供了机会。

1. 集中战略实施的条件

①在特定目标市场上，竞争对手很难满足顾客在专业化或特殊性上的需要。

②企业拥有足够的资源和能力，能有效服务于具体的特定目标市场。

③在特定目标市场上，具有很好的成长潜力，而且足够大，企业可以获得盈利。

④在特定目标市场上，企业能够凭借其建立的顾客忠诚度，有效地防御行业中的挑战者。

2. 集中战略实施的风险

①以较宽的市场为目标的竞争对手采取同样的集中化战略，或者竞争对手从企业的目标市场中找到了可以再细分的市场，并以此目标来实施集中化战略，使原来实施集中化战略的企业失去优势。

②由于技术进步、替代品出现、价值观念更新、消费偏好变化等诸多因素，目标细分市场与总体市场之间在产品或服务的需求上差别缩小，企业也就失去了原来赖以实施集中化战略的基础。

③在较宽范围经营的竞争对手与采取集中战略的企业之间在成本差异上日益扩大，抵消了企业为目标市场服务的成本优势，或抵消了通过集中战略而取得的产品差别化，导致企业集中战略的失败。

一般来说，企业服务于特定目标市场的专业化能力是其能够有效防御目标市场上五种竞争力量的基础。如果企业拥有了服务于该特定目标市场的独特能力，就会使竞争者进入该目标细分市场变得更加困难。因此，提高目标市场上的专业化水平可以阻止潜在的竞争者。同样，替代产品生产商要想进入这一小市场，也面临着上述专业化服务能力的障碍。对于购买者来说，由于他们不愿意转向那些不能如此满足自己期望和要求的厂商，从而在某种程度上削弱了讨价还价的能力。

二、企业在不同地位上的竞争战略

企业在行业竞争中的地位分为主导企业、前沿企业、衰落企业和垂危企业四种情况。在行业竞争中处于不同地位的企业，会采用不同的竞争战略。

(一)主导地位上企业的竞争战略

主导企业是指在竞争中处于明显优势地位的企业，通常是一些著名的大企业。主导企业的主要竞争战略是如何恰当地保持已经实现的主导地位与其优势利益，以及如何变成第一位的主导企业。要达到其目的，有两种竞争战略可选择。

1. 进攻战略

采取进攻战略的目的是保持公司的竞争优势，加强竞争地位。其实质在于不断地进行产品、技术、营销等的创新，使竞争对手始终处于被动、失衡、消极应付状态。采取进攻战略意味着竭尽全力做到公司的成长率比整个行业的增长率要快，想方设法使潜在客户变成忠实客户，并且从竞争对手手中夺取市场份额。

2. 防御战略

采取防御战略的目的在于牢牢保持现有的市场份额，加强现在的市场地位，捍卫企业最有价值的资源和能力不受模仿。

具体的防御行为有：第一，通过增加广告、客户服务和生产能力支出，加强进入壁垒；第二，扩大生产线，尽可能地囊括竞争者力图掠取的利益；第三，保持合理的价格和诱人的品质；第四，保证和提高客户服务水平；第五，集中力量保持成本竞争、技术创新，增加市场的现有份额；第六，垄断各种可行的技术专利；第七，力求与最佳供应商签订排外合同。

(二)前沿地位上企业的竞争战略

前沿企业是市场地位仅次于主导企业的企业。在这类企业中，有的可能满足于现状，甘心追随主导企业；有的则不同，它们希望获得更大的市场份额和更高的市场地位，因而将以挑战者的姿态，抓住一切机会，和主导企业竞争。可以采取以下五种竞争战略。

1. 拾遗补缺战略

着力抓住主导企业放弃或忽视的客户。理想的遗缺应具有足够的规模和范围，具有一定的增长潜力，能较好地适应于企业自身的能力和技术，并且不伤害主导企业的利益。

2. 专业化战略

企业认真选择确能发挥自己专长且对客户很有价值的部分，以专见长。

3. 求优战略

企业着重抓产品质量，市场营销的重心对准具有质量意识的购买者，以质量谋求生存和发展。

4. 追随战略

企业避开主导企业，满足于追随者地位，只作消极反应，不断创新攻击。在价格上始终与主导企业保持一致。

5. 吃"虾米"战略

当财务上较强的劣势企业能通过吞并其他弱小对手而成长时，它有可能采取"小鱼吃虾米"战略。

（三）衰落地位上企业的竞争战略

处于竞争力比较弱、逐渐退步的企业，宜采取比较保守的竞争方式。但企业的情况不同，可采取的战略不同。

1. 增长战略

如果企业有足够的资源，就可利用低成本战略或差异战略，扩大企业的市场份额。

2. 维持战略

继续现行战略，投入足够资源，保证销量、市场份额、利润水平和竞争地位处于能够生存的水平。

3. 放弃战略

出售和关闭企业。

4. 收获战略

最大限度地获取短期收益。把经营的再投资降到最低限度，强化成本控制，几乎不进行生产性新设备投资。

（四）垂危地位上企业的转变战略

转变战略是指当企业陷入危机困境时实施的战略，其目标是尽快改变竞争和财力弱点。在制定和实施转变战略之前，应当对企业处于垂危境地的根源进行战略研究诊断，并找出实行转变战略的关键和难点或阻力。

1. 修改现行战略

当企业垂危根源是战略不当时，需修改现行战略，方法是通过牺牲市场地位来获取更大的近期现金流或利润，以便于开拓其他业务；强化职能部门的经营战略，给企业总体战略以更好的支持；与行业内的其他企业合并或联营；精简产品种类，使客户更紧密地配合企业的重心。具体采用何种方法，取决于行业的现有条件、企业竞争对手的优劣以及危机的严重性，更重要的是取决于对全面形势的分析结果。

 小贴士

淘金者亚默尔

19世纪中叶，美国加州传来发现金矿的消息。许多人认为这是一个千载难逢的发财机会，纷纷奔赴加州。17岁的小农夫亚默尔也加入了这支庞大的淘金队伍。他同大家一样。历尽千辛万苦，赶到加州。

淘金梦是美丽的。做这种梦的人很多，越来越多的人蜂拥而至，一时间加州遍地都是淘金者，金子自然越来越难淘。

不但金子难淘，生活也越来越艰苦。当地气候干燥，水源奇缺。许多不幸的淘金者不但没有圆了致富梦，反而葬身此地。

小亚默尔经过一段时间的努力，和大多数人一样，没有发现黄金，反而被饥渴折磨得半死。一天，望着水袋中一点点舍不得喝的水，听着周围人对缺水的抱怨，亚默尔突发奇想：淘金的希望太渺茫了，还不如卖水呢。

于是，亚默尔毅然放弃挖金矿的努力，将手中挖金矿的工具变成挖水渠的工具。他从远方将河水引入水池，用细沙过滤，成为清凉可口的饮用水。然后，将水装进桶里，挑到山谷一壶一壶地卖给找金矿的人。

当时有人嘲笑亚默尔，说他胸无大志："千辛万苦地赶到加州来，不挖金子发走财路，却干起这种蝇头小利的小买卖。这种生意哪儿不能干，何必跑到这里来？"

亚默尔毫不在意，不为所动，继续卖他的水。哪里有这样的好买卖？把几乎无成本的水卖出去。

结果，大多数淘金者都空手而归，亚默尔却在很短的时间靠卖水赚到6000美元，这在当时是一笔非常可观的财富了。

资料来源：王海民．十大管理哲理故事经典．海潮出版社

2. 收入增长战略

收入增长战略的目的是增加销量，其方法有增强降价促销力度、扩大销售力量、增加客户服务、快速改进产品等。当经营预算中的费用支出几乎没法削减但仍然平衡，并且提高盈利能力的关键是提高现有生产能力的利用率时，采用收入增长战略是必要的。当需求的价格弹性较大时，降低价格将是实现这一战略的重要手段。

 课堂案例讨论

日本汽车进入美国的战略

日本小汽车投放到国际市场之初，美国、德国的小汽车已在国际市场先后称霸。面对实力雄厚的强大对手，善于钻营的日本人运用了低价对比销售的战术。

当时，一向自负的美国人根本没把巴掌大的日本放在眼里。当日本人带着日本小汽车到美国游说时，美国人嘲笑日本人总会模仿别人，不会有什么新花样。日本人并不动怒，降低小汽车的价格，以不亏本为准，劝说美国人试着买、试着用。不管在多么傲气的国度，爱占便宜的人总是大有人在，傲气冲天的美国人看到比同类产品便宜大半的日本小汽车时，开始主动光顾。几年后，人们发现，日本小汽车比美国车便宜，性能、质量并不比美国车差，日本产品日益赢得美国人的信任。日本人见占领美国市场的时机已到，便以一个客人的口气，耐心地向美国人介绍日本小汽车，劝说美国人放弃自己的产品，少出几美元买日本货。

经过几年苦口婆心的诱导，日本人终于打入并占领了世界汽车市场。目前，日本的丰田牌汽车同美国的福特汽车已在国际汽车市场抗衡，最终谁是赢家，还得让时间说话。

资料来源：樊丽丽．趣味管理．中国经济出版社，2005

讨论题： 日本汽车进入美国市场采取的是哪种竞争战略？

第五节　企业战略管理过程

企业战略管理分广义和狭义两类。广义是指运用战略对整个企业进行的管理，企业的

整个经营活动都要在企业战略的指导下进行，以实现战略目标。狭义的战略管理则是指对企业的战略制定、实施与控制的过程进行管理，主要包括四个相互关联的重要阶段，即战略分析阶段、战略选择阶段、战略实施阶段和战略控制阶段，四个阶段可细分为九个步骤。本节只讨论狭义概念上的管理过程。

企业战略管理过程如图 3-10 所示。

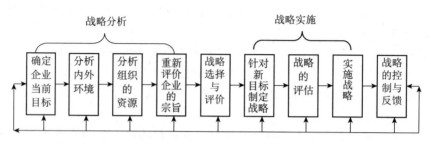

图 3-10　战略管理过程示意图

一、企业战略的分析阶段

1. 确定企业当前的宗旨、目标

确定企业当前的宗旨是战略管理过程的起点，是企业战略管理最重要的环节。确定企业当前的宗旨，旨在促使管理当局仔细确定公司的产品和服务范围。通俗地说，就是应当重点明确界定企业应该从事什么业务？它的顾客是谁？它要向自己的顾客提供什么样的产品和服务？

同时，还要制定与之相配套的系列性目标。企业目标的确定是企业战略管理过程中至关重要的一步。因为这关系到企业的指导方针。如一些学者指出，美国铁路公司之所以不景气，是因为他们错误地理解了自己所从事的事业。在 20 世纪 30～40 年代，如果铁路公司认识到他们从事的是运输事业而不仅仅是铁路事业，他们的经营方向、范围和战略可能完全不同，命运也会完全不同。

 小贴士

生命的指南

马克刚成家不久，有个朋友邀请他去露营。这是个"只限男人"的旅行。当时，他从美国地质研究所拿来几张地图，然后他们起程，到一个名为钻石岔的东缘一带去探险。

在探险途中，他们在可诺峡谷里发现了一个极美的天然温泉。冷冽的山泉瀑布自花岗岩峭壁上一泻而下，注入清澈的池塘；另有两股滚热的矿泉在此合流，不同的水温混合着早晨清新的空气，酝酿出奇异的蒸汽漩涡，弥漫在池塘上，使得该处一片烟雾朦胧。它是如此宁静祥和，又令人叹为观止。

马克想和新婚的妻子分享这般美景，因此他安排了一个周末准备带她去。他们整理好行囊出发，不过临行匆忙，马克将地图留在了家里的柜台上。当他们发现他所犯的错误时，妻子认为马克应该回去取地图，但马克向她保证不必这么做，他声称："我以前去过那里，而且我对方向的记忆极佳。"

结果可想而知，没有了地图，马克错过了一个弯路，由于这个失误，造成一个接一个的错误，等到他发觉不太对劲的时候，他们早已迷失方向，徒行了好几里，他们设法寻迹走回停车处，天色早就晚了，他们也就永远无法达到那美如仙境的水晶池了。

企业家最重要的任务之一就是为组织的全体成员确定愿景，指明发展方向，并且制定出为实现目标而需要遵循的战略。

资料来源：赵宁．故事中的管理学．地震出版社

地图就如同企业经营的目标，没有目标，再好的战略也无法实现。

2. 企业环境分析

企业环境分析是战略管理过程的关键环节和要素。它主要是对企业所处的外部环境和企业自身内部资源条件的准确分析、评价，并预测这些环境未来发展的趋势，以及这些趋势可能对企业造成的影响及影响方向，进而为制定战略、实施战略提供依据。

企业环境分析分企业外部宏观环境分析和企业内部微观条件分析两部分。

（1）企业外部宏观环境分析

企业外部环境一般包括下列因素或力量，即政府—法律因素、经济因素、技术因素、社会因素以及企业所处行业中的竞争状况。

首先，应对企业外部宏观环境分析，虽然技术进步、经济因素、法律因素、政治因素以及社会变迁等一般环境不对企业构成直接威胁，但作为一种长期计划，管理者在制定战略时也必须慎重考虑。

其次，应很好地分析企业所处行业中的竞争状况，了解市场竞争的焦点，了解政府法律法规对企业可能产生的影响，以及企业所在地的劳动供给状况等，如竞争者行为、消费者行为、供应商行为和劳动力供应对企业的影响。同时必须考虑压力集团、利益集团、债券人、自然资源以及有潜力的竞争领域。如某公司发现竞争对手在开发新产品并削减价格，该公司所做的反应首先应是加强广告宣传、提高其品牌的知名度。企业管理者对外部环境分析的重点是把握环境的变化和发展趋势。

通过企业外部环境的分析，企业可以发现外部存在哪些机会和威胁并加以分析。之后，企业管理者需要评估环境中哪些机会可以利用，以及企业可能面临的威胁。机会和威胁都是环境的特征。威胁会阻碍企业目标的实现，机会则相反。

总之，企业外部环境分析的目的是为了适时地寻找和发现有利于企业发展的机会，以及企业存在的威胁，做到"知彼"，以便在制定和选择战略时能够利用外部条件所提供的机会避开对企业的威胁因素。

（2）企业内部微观条件分析

企业内部微观条件的分析主要指考虑资源因素和能力因素。即企业本身所具备的条件，也就是企业所具备的素质，它包括生产经营活动的各个方面，如生产、技术、市场营销、财务、研究与开发、员工情况、管理能力等。

首先，应对企业内部资源因素分析，企业雇员拥有什么样的技巧和能力？企业的现金状况怎样？在开发新产品方面一直很成功吗？公众对企业及其产品或服务质量的评价怎样？

其次，对企业内部能力因素的分析，重点需要关注的是基于异质性、活性资源因素而

形成的能力，这种能力可保证企业获得相对的竞争优势。正确确认、培养、维护核心竞争力，对于推动企业健康成长具有深远的战略意义。

对企业内部因素分析，识别企业自身的优势和劣势。优势是企业可开发利用以实现企业目标的积极的内部特征，是企业与众不同的能力，即决定作为企业竞争武器的特殊技能和资源；劣势则是抑制或约束企业目标实现的内部特征。

通过这一环节的分析，目的是能使企业管理者认识到，无论多么强大的企业，都在资源和能力方面受到某种限制。同时发现企业所具备的优势或弱点，以便在制定和实施战略时能扬长避短、发挥优势，有效地利用企业自身的各种资源。这意味着做到了"知己"，以便在制定和选择战略中能够利用外部条件所提供的机会，发挥企业的长处而避开对企业的威胁因素。

环境分析是战略管理过程的关键环节和要素。企业环境在很大程度上规定了企业管理者可能的选择。成功的战略大多是那些与环境相适应的战略。松下电器是家庭娱乐系统的主要生产商，自 20 世纪 80 年代中期开始，在微型化方面实现了技术突破，同时家庭小型化趋势使得对大功率、高度紧凑的音响系统需求剧增。Panasonic 家庭音响系统战略的成功，就是因为松下及早地认识到环境中正在发生的技术和社会变化。

二、企业战略的选择及评价阶段

战略分析阶段明确了"企业目前状况"。分析和识别企业机会的要求是企业管理者应重新评价公司的宗旨和目标。战略选择及评价过程的实质是战略决策过程——对战略进行探索、制定以及选择。

1. 企业战略的选择

一个跨行业经营的企业的战略选择应当解决两个基本的战略问题。

第一，企业的经营范围或战略经营领域。即规定企业从事生产经营活动的行业，明确企业的性质和所从事的事业，确定企业以什么产品或服务来满足哪一类顾客的需求。通俗地说，就是"企业走向何处？"。比如，拓展什么样的业务？什么样的业务将放弃？如何有效地利用现有的资源？是否扩大业务或多种经营？是否进入国际市场？是否要兼并企业或开办合资企业？如何避免被竞争对手吞并？等等。

第二，企业在某一特定经营领域的竞争优势。即要确定企业提供的产品或服务，要在什么基础上取得超过竞争对手的优势。

在制定战略过程中，可供选择的方案越多越好。企业可以从对企业整体目标的保证、对中下层管理人员积极性的发挥以及企业各部门战略方案的协调等多个角度考虑，选择自上而下、自下而上或上下结合的方法制定战略方案。

最终的战略决策，就是确定准备实施的战略。如果由于用多个指标对多个战略方案的评价产生不一致，最终的战略选择可以考虑以下几种方法：第一，根据企业目标选择战略。企业目标是企业使命的具体体现，因而，选择对实现企业目标最有利的战略方案。第二，聘请外部机构。聘请外部咨询专家进行战略选择工作，利用专家们广博和丰富的经验，能够提供较客观的看法。第三，提交上级管理部门审批。对于中下层机构的战略方案，提交上级管理部门，能够使最终选择方案更加符合企业整体战略目标。

2. 企业战略的评价

一个企业可能会制定出达成战略目标的多种战略方案，这就需要对每种方案进行鉴别和评价，以选出适合企业自身的方案。

评估备选方案通常使用两个标准：第一，考虑选择的战略是否发挥企业优势，克服劣势；是否利用了机会，将威胁削弱到最低程度。第二，考虑选择的战略能否被企业利益相关者接受。需要指出的是，实际上并不存在最佳的选择标准，管理层和利益相关团体的价值观和期望在很大程度上影响战略的选择。此外，对战略的评估最终要落实到战略收益、风险和可行性分析的财务指标上。

 小贴士

亡羊补牢

从前，有个人养了一圈羊，他天天盼望羊儿长大卖钱，好给女儿买新衣裳。一天早上，他准备出去放羊，却发现少了一只，原来羊圈破了个窟窿，附近山里的狼从窟窿里钻进来，把羊儿叼走了。

邻居劝告他说："赶快把羊圈修一修，堵上那个窟窿吧。"

这个人沮丧地说："羊都已经丢了，还修羊圈干什么呢？"

他顽固地没有接受邻居的劝告。第二天早上，他到羊圈里一看，发现又少了一只羊。原来，尝到了甜头的狼又从窟窿里钻进来，把羊叼走了。

他很后悔，一想到如果再不接受邻居的劝告将会失去更多的羊，就赶快堵上那个窟窿，把羊圈修补得结结实实。从此，他的羊再也没被狼叼走过。

既定的战略如何适应不断变化的现实，是任何企业必须关注的重大课题。从这个意义上来说，随时进行战略评价是企业发展必不可少的一环，此所谓"亡羊补牢，犹未为晚"。如果听之任之，损失会不断增大。不管你制定企业战略时考虑得多么全面、周详，由于市场环境瞬息万变，你总会感到"变化大于计划"。

因此，适时、客观、高效地对正在实施的战略进行评价，并据此采取相应的行动，无疑是保证企业实现既定目标的必要条件。

资料来源：段珩．影响人一生的 100 个管理寓言．光明日报出版社

三、企业战略的制定实施阶段

无论战略制定得多么有效，如果不能恰当地实施，仍不可能保证企业的成功。战略实施是战略管理的行动阶段，它往往是在企业最高管理层的监督和指导下，由企业中下层管理人员组织实施的。在战略实施过程中，最高管理层的领导能力固然重要，必须对企业战略的实施承担最主要的责任。但中层和基层管理者执行计划的主动性同样重要。企业管理者需要通过招聘、选拔、处罚、调换、提升乃至解雇职员，确保企业战略目标的实现。

企业的战略方案确定后，必须通过具体化的实际行动，才能实现战略及战略目标。一般来说，可在三个方面来推进战略实施。

第一，制定职能策略，如生产策略、研究与开发策略、市场营销策略、财务策略等。在这些职能策略中，要能够体现出策略推出的步骤，采取的措施、项目，以及大体的时间

安排等。

第二，构建企业的组织机构。要确定对企业结构做哪些调整，使构造出的机构能够适应所采取的战略，为战略实施提供有利的环境。

第三，要使领导者的素质及能力与所执行的战略相匹配，即挑选合适的企业高层管理者来贯彻既定的战略方案。

企业战略管理的实践表明，战略制定固然重要，战略实施同样重要。一个良好的战略仅仅是战略成功的前提，有效的战略实施才是企业战略目标顺利实现的保证。如果企业没能制定出完善的战略，但是在战略实施中能够克服原有战略的不足，也有可能最终获得战略成功。然而，如果选择一个不完善的战略，在实施中又不能将其扭转到正确的轨道上，结果只能是失败。

四、企业战略的控制与反馈阶段

战略控制与反馈就是将经过信息反馈回来的实际战略实施成效与预定的战略目标进行比较，检查二者之间的偏离程度以及产生偏离的原因，并采取有效措施纠正战略偏差，以便完成企业使命，实现战略目标。因为战略管理过程是动态的、连续的，任何一个环节的变化都可能导致其他某些要素的变化，甚至所有的要素发生变化，所以战略控制与反馈工作也应当是连续的。

在实施战略控制的过程中，必须进行有效的控制，以确保战略目标的实现。它主要包括：实行分级控制，并重点抓好对责任中心的控制；控制关键因素，抓好信息反馈；采用科学的控制方法与技术，及时协调与纠正，确保战略实施的有序进行与目标的实现。

作为战略管理过程的最后一步，应在战略控制过程中得出结论：战略的效果如何？需要做哪些调整？反馈这些信息，以便开始新一轮的战略管理。

 课堂案例讨论

郭芳枫的眼光

1945年，第二次世界大战刚结束，郭芳枫马上就认识到：经过第二次世界大战，许多国家和地区都遭到战争的破坏，物资必然会出现短缺。随着大战的结束，海运事业必将兴旺起来。新加坡作为一个拥有海洋轮船修理设备的转口贸易港，在各国轮船经过时，必然需要大量的远洋航运物资和船用设备、配件等。于是，郭芳枫投入资金，以极低的价格大量收购大战的军需剩余物资。在短短几年里，这些战余物资便成了热门商品，给他经营的"丰隆"企业带来了巨额盈利。

在经营战争剩余物资的同时，郭芳枫预料，在战后各国经济的重建中，地皮、建筑材料必将成为热门货。从1949年开始，他便抓住时机，选好地盘，把有前途的地皮一块一块地廉价买进。到70年代，这些地皮已是身价百倍的抢手货。这时，他又专门成立了丰隆实业有限公司，负责经营这些地皮和房屋，进行全面规划和投资，陆续建成一幢一幢新颖舒适的现代化住宅区和办公大楼。这项经营，又给郭芳枫带来了十分可观的利润。

随后，郭芳枫认识到建筑业的发展需要大量的水泥。于是，1957年他联合"三井"和黑龙洋灰公司创建水泥工厂，于1961年正式生产。此时正是新加坡房地产业发展最旺盛的阶段，水泥是风行一时的畅销货。

随着丰隆实业的发展，为了配合新加坡经济建设的需要，郭芳枫又果断地筹资创办丰隆金融有限公司，作为他丰隆集团的支柱。目前，丰隆金融有限公司已发展为拥有 14 家分行的国际性金融机构。

资料来源：樊丽丽．趣味管理．中国经济出版社，2005

讨论题：
1. 丰隆集团每一次的成功都离不开郭芳枫的眼光。"郭芳枫的眼光"指的是什么？
2. 企业在制定战略前应做哪些分析？

本 章 小 结

企业战略是指导企业经营的方略。它具有全局性、长远性、指导性、层次性和相对稳定性等特征。

企业是一个开放的经济系统，它的经营在不同程度上受政治法律、社会文化、经济、技术等不可控因素的影响。所以，企业战略的制定需要考虑以上多种因素。

战略管理的重点不是战略本身，而是动态的管理。其任务在于通过战略制定、战略实施和日常管理，在保持这种动态平衡的条件下，实现企业的战略目标。战略管理可分为公司战略管理、经营战略管理和职能战略管理三个层次。

企业是在一定行业中从事经营活动的，行业结构分析是制定企业经营战略最主要的基础。

企业在实施战略的过程中，必须对所属资源进行优化配置，才能充分保证战略的实现。战略管理者的战略分析方法主要有 SWOT 分析、投资组合分析和企业的价值链分析等方法。

竞争战略是指企业正确地分析和界定本企业在竞争中的地位后所形成的战略。一般竞争战略包括成本领先战略、差异化战略和集中战略。企业应针对不同的行业、不同的阶段、不同的竞争对象采取不同的竞争战略。

思 考 与 练 习

一、填空题

1. 企业战略是指企业为谋求长期的稳定和发展，在_____的基础上，对企业未来发展所做的_____的谋划。

2. SWOT 分析即对企业的优势、_____、机会和_____进行分析。

3. 集中战略是指企业把经营战略的重点放在_____上，为特定的地区或特定的购买者集团提供_____的战略。

二、选择题

1. 一般来说，企业战略具有以下特征（　　）。

A. 指导性　　　　B. 固定性　　　　C. 竞争性　　　　D. 层次性

2. 企业使自己的产品或服务区别于竞争对手的产品或服务，创造出与众不同的东西，这属于（　　）战略。

A. 成本领先　　　B. 差异化　　　　C. 集中

3. 按企业产品的市场占有率和产品的销售增长率两个指标把平面分为四个象限，将四个象限的产品分为"金牛"产品、"明星"产品、"风险"产品和"瘦狗"产品的分析方法是（　　）。

A. SWOT 分析　　B. 价值链分析　　C. 投资组合分析

三、判断题

1. BCG 矩阵有 9 个象限，而 GE 矩阵只有 4 个象限，使得 GE 矩阵结构更复杂、分析更准确。（　　）

2. "问题"业务行业增长率较低，需要企业投入大量资金予以支持，但企业产品的市场相对占有率不高，不能给企业带来较高的资金回报。（　　）

3. 价值活动可分为基本活动和支持活动。（　　）

四、名词解释

1. GE 矩阵

2. 竞争战略

五、简答题

1. 企业外部环境包括哪些因素？

2. 简要分析企业战略管理过程。

工作导向标

小欧的 SWOT 分析

小欧高职毕业一年了，在超市做过销售，但一直想自己创业，在自己居住的小区门口开一个水果店。可是有很多实际的问题，让她很犹豫。于是她利用在企业战略中所学的 SWOT 分析，希望能帮助自己下决心。她将自己和可能的竞争对手的优势、劣势、机会、威胁分别列举出来填在表格里。

	小欧的店	竞争对手
优势	有资金 干过这行，有经验	尽管资金很多，但没经验
劣势	就一个人，缺人手	可能人手比较丰富
机会	是新小区，只有一家卖水果的 小欧住在小区	他们住得远，经营成本高
威胁	门槛低，很多人可能要开水果店	他们面临同样的竞争

通过以上初级感性的分析，她得出结论，尽管她和其他小贩可能面临同样的挑战，但她的优势和机会要多于对手，所以她决定马上支摊开业，否则就要错过机会了。在这张表格里，评估的项目既不详细，也不完整，且没有分值的衡量。因此，这是一个非常基本、非常初级的 SWOT 分析。初级 SWOT 分析主要应用于比较简单的、低成本的业务拓展和投资决策。

思考题：请你调查一家小公司，利用 SWOT 分析指出这家小公司的优势、劣势、机会、威胁，并给出一定的建议。

经 典 案 例

杨元庆的目标

杨元庆再次调整了联想的全球业务结构。和 2009 年那次自救式的调整完全不同，此时的联想需要一个新的节奏，因为这个"战场"已不是那个熟悉的 PC 行业。

兰奇的军令状

4 月 2 日，杨元庆来到捷克首都布拉格。在这个时间点，他可能是这个充满浪漫色彩的城市中最忙碌的人——作为世界第二大 PC 生产商的掌舵者，他要告诉来自世界各地的经销商们，联想如何才能成为世界第一。

联想希望在 PC 市场独占鳌头，这几乎是一个路人皆知的目标。虽然联想已经相当接近这个目标，但在登上王座之前，它必须先完成几件极具挑战性的工作，征服欧洲即是其中之一。

实际上，在过去两到三年，联想在欧洲商用市场的业务非常成功，一直处于领先地位，占据了超过 20% 的市场份额。但联想在欧洲消费市场上的表现却乏善可陈。"在 EMEA 市场，尤其是在西欧，我们过去的消费业务几乎为零。"杨元庆说。

在杨元庆看来，消费业务很有可能决定联想整体 PC 战略的成败。杨元庆的底气来自于他在欧洲市场的一系列布局。2011 年 6 月，联想用 6.7 亿美元的价格收购了德国电子厂商 Medion。欧洲消费者对 Medion 品牌有充分认同感，每年有 20 亿美元的销售额。"通过收购 Medion，使我们在德国市场排名第二。而德国是欧洲最大的市场。而且通过收购人才、Medion 的产品经验等，会帮助我们拓展到法国、西班牙、意大利以及北欧等国家。"原 EMEA 市场负责人 Milko 说。

联想在欧洲的另一项重要举措是将 2011 年 9 月以顾问身份加盟的前宏碁 CEO 蒋凡可·兰奇任命为 EMEA 的负责人，而将原来负责欧洲市场的 Milko 调到了亚太—拉美市场。作为 PC 行业的明星经理人，兰奇最重要的战绩就是为宏碁打下了欧洲市场。

虽然有过去辉煌的战绩，但兰奇在欧洲的任务并不轻松。"我们准备在 2013 年达到 EMEA 市场的前三名。"兰奇说。这在某种意义上说就是兰奇的军令状。

试验田

而中国毫无疑问将是 PC＋战略的第一块试验田，杨元庆此前已经不止一次地暗示。

在与吴鹰（UT 斯达康创始人）有关未来主流产品形态的赌局中，杨元庆被认为是个"顽固派"。但其实在场的媒体都混淆了他对 PC 未来的理解，更是遗漏了他最后补充的一句话："这会是一个融合。"

杨元庆所说的 PC 并不是传统意义上的 PC，他很清楚转变产品形态对于联想来说有多重要。"新的竞争对手已经出现，它们不再是传统的个人电脑厂商。这不是我们能不能进入它们领域的问题，而是一个连我们自己的领域都会被它们侵占的问题。"

在杨元庆的概念里，PC＋时代会是一个多种终端共存的局面。大到智能电视，小到智能手机，都将拥有极强的计算、存储和网络通信能力，而连接它们的就是云服务。

联想理想的生态链中，本地化将是决定其差异性的关键。"对于大量的 1500 元以下的中低端智能手机，怎么把用户体验做到最好？怎么开发针对二、三线城市，甚至三、四级乡镇市场的应用？这跟 5000 块钱机器的用户需要完全不一样，这就是我们平台策略里面最核心的事。"CTO 贺志强解释道。

但杨元庆深知，这是一条漫长的路，平台的规模效应必须基于整条生态链的造血能力。

渠道之战

美国是联想国际化的最后一战。志在登顶的联想也需要在这个最难的市场里有最起码的地位相匹配。虽然收购了 IBM 的 PC 部门，但联想在北美消费市场的业务几乎从零开始，而且连续 7 个季度的高增长依然无法让联想挤进前三。

对于这个用户层次极丰富，用户体验敏感度极高，渠道布局也很特殊的市场，杨元庆一直谨慎地寻找着机会。他不能把中国那一套方法嫁接到美国来，也很难像在日本和欧洲那样，通过收购来迅速提升市场份额。

联想开始出现在《变形金刚》这样的热门大片中，也在 Facebook 上引起无数个有意思的话题。目前，北美市场逐渐接受了联想以一个消费品牌的形象出现。

杨元庆也赋予了北美市场最大的支持。除了独立成为一个大区之外，他把越来越多的精力放在这里。联想北美区总裁 David Schmoock 曾开玩笑说："元庆每天都盯着我。"

这依然看起来是个"不可能完成的任务"，"我们想进入前三，但看看它们哪个不是巨头。而且人家还是本土作战。"杨元庆坦陈。

资料来源：张昊. 经济观察报. 2012 年 5 月 7 日

思考题：
1. 试分析联想的战略管理过程。
2. 结合所学的战略管理知识分析联想成功的原因。

第四章　现代企业市场营销管理

> 推销的要点不是推销商品，而是推销自己。
>
> ——乔·吉拉德

【引导语】

从消费者角度来说，购买商品考虑的因素有很多。例如，购买汽车的消费者，购买怎样的汽车，取决于他有多少钱，喜欢什么外形，喜欢什么颜色，喜欢有怎样的功能，喜欢什么品牌，等等。对于这些问题，企业都可以通过对市场的分析，进行市场细分、市场定位。通俗地说，就是怎样才能与消费者的喜好相契合，这就是现代企业市场营销管理的目标。

【学习要点】

1. 了解企业营销的含义及其演进。
2. 掌握市场分析的基本技能。
3. 熟知、比较消费者购买行为和生产者购买行为的特征，并根据各类行为的特点提出企业的营销方针。
4. 学会用市场细分的原理对消费者市场和产业市场进行细分。
5. 熟知市场营销的常用策略。
6. 掌握市场营销组合（4P）策略的构成要素，熟知市场营销组合的规划与执行。

 引导案例

时尚帝国掌门人的营销术

也许你从未听说过拉尔夫·劳伦，但你应该知道或者穿过 Polo 衫（马球衫），这种有领子的 T 恤比普通无领 T 恤正式，又比衬衫随意、舒适。45 年间，集团创始人、主席兼 CEO 劳伦用手中最初的 5 万美元资金打造了一个价值上百亿的时尚集团：它遍布全球 80 多个国家和地区，拥有超过 450 家专卖店，经营范围囊括了男装、女装、童装、香水、床上用品、器皿，甚至汽车。

现年 72 岁的劳伦将继续执掌拉尔夫·劳伦集团到 2017 年。

● 贫民区小子的时髦装扮

劳伦是犹太人，出身贫寒。父母早年从白俄罗斯移民到美国，全家生活在纽约贫穷的布朗克斯区。小时候的劳伦并不知道时尚是什么，但他却有着服装设计的天赋。劳伦曾回忆说："我小时候就很喜欢衣服，可是没钱买，只能穿哥哥的旧衣服。但我还是告诉父母，

我要自己买衣服，因为我知道自己应该穿成什么样子。"

　　为了实现这个目的，劳伦利用暑假打工赚钱，他赚的大部分钱都用来买衣服。当时，别的孩子都模仿影星马龙·白兰度穿牛仔裤和夹克衫，劳伦独树一帜，巧妙地把军装和毛呢搭配在一起，文质彬彬的像个大学生。

　　● 靠设计经营时尚

　　26岁的一天，劳伦看到一个50多岁的电影明星穿着双排扣西装和大翻领衬衫走过，觉得"这个男的好酷"。他突然来了灵感，跑去问上司能不能做宽领带，上司说了一句令他终生难忘的话："不行，这个世界还没准备接受拉尔夫·劳伦。"

　　劳伦决定自己创业。他按照自己的想法设计了一些款式和图案，制作了一批产品，然后在帝国大厦租了一个放置领带的抽屉来卖这些产品。事实证明，美国人更喜欢这种颜色丰富的宽领带，购买者日渐增多。当时普通领带只卖2.5美元一条，而劳伦的宽领带由于做工更精致，售价高达7.5美元，即便如此，顾客仍然越来越多。

　　一天，美国高档百货公司一名叫内曼-马库斯的员工找到劳伦，问他愿不愿意拿一些领带给他们的大客户看。那一趟没有白跑，劳伦拿回了1200条领带的订单，那是他的第一桶金。

　　1967年，28岁的劳伦正式建立了自己的时尚公司，取名为Polo（马球）。"我没有打过马球，但是我希望我打过。我设计的这个梦也正是我自己渴望的。"从这一点看，劳伦没有把引领时尚作为设计的最高目标，而是更看重如何经营时尚。

　　1968年，他的产品不再局限于领带。他开始设计男装。劳伦的男装比沉闷的办公室服装明丽，又不像嬉皮士行头那么夸张，深受常春藤名校学生的欢迎。劳伦倡导的休闲和秀雅对20世纪70年代的时尚有很大影响，他逐渐成了名人。

　　劳伦擅长用华美的广告展示"这个梦"——漂亮的男女、优雅的服饰、奢华的古董，还有骏马和跑车。他将美国西部风格、印第安文化和好莱坞怀旧情怀充分融合，从哈佛、耶鲁和斯坦福等常春藤名校的年鉴中汲取灵感，塑造了"美式经典"。通过40多年的努力，劳伦终于让顾客相信他们购买的不仅是商品，也是一种理想化的生活方式。

　　● 擅长"攻心术"的营销大师

　　在70年代早期，劳伦的品牌刚创立不久，还不够出名。于是，他参与了好莱坞电影《了不起的盖茨比》的服装设计工作，让剧中男演员都穿上他的西装产品，结果该片获得了奥斯卡服装设计奖，也将他的品牌推向了时尚前沿。3年后，他参与服装设计的电影《安妮·霍尔》更加成功，让他登上了时尚界的巅峰。

　　劳伦也利用他的个人魅力为品牌造势，他身穿牛仔外套的形象常常刊登在公司的广告画册上。尝过好莱坞甜头的劳伦当然不会错过利用热播电视剧造势的机会。在《欲望都市》这部时尚剧中，主角之一米兰达抱着儿子对时尚派对策划人说："我儿子穿的是拉尔夫·劳伦。"而在风靡全球的美剧《六人行》中，最受欢迎的女主角瑞秋工作的公司便是拉尔夫·劳伦，在其中一集中，劳伦本人还客串了一把。许多中国人正是通过该剧知道了这个品牌。

　　1986年，劳伦花140万美元开设了纽约麦迪逊旗舰店。这家商店完全按照他的想法设计，从墙纸到唱片，店里所有东西都可以出售。他还创新性地调整了店铺布局，以往的店铺都是一个柜台卖领带，另一个柜台卖衬衫，而在劳伦这里，西装、裤子、运动服以及与之相配套的装饰品，如皮带、提包等，都被悉心地搭配在一起，顾客可以很方便地购买到一系列配套商品。与此相配合，他还在店里摆满了珍贵的古董，极尽奢华。

2005 年，当拉尔夫·劳伦成为美国网球公开赛官方赞助商时，他顺势推出了限量版的大马球衫，品牌标志比普通马球衫更大。这样，当运动员打球时，电视机前的观众就能更清楚地看到标志。由于赛事的影响力巨大，大马球衫一经推出就被一抢而空，连普通马球衫的销量也一路飙升。

当然，劳伦更不会忘了奥运会。北京和伦敦两届奥运会，拉尔夫·劳伦都是美国国家队的官方赞助商。为了充分利用这一商机，他请美国奥运会选手充当模特拍摄视频，还推出了私人定制奥运队服的服务。

资料来源：王寅佳. 环球人物. 2012（20）

思考题：企业首先应推销产品还是消费理念？

一般来说，企业的市场营销需要围绕市场来进行。拉尔夫·劳伦告诉人们，这是一种新的生活方式，选择了它就选择了时尚、选择了享受。这样，在满足人们一种新的需求的同时，为企业带来巨大的利润。这种理念可帮助企业家拓宽市场营销的思路。

市场营销学自 20 世纪初在美国产生以来，至今不过百年，但发展迅速，著作浩繁，影响深广，受到世界各国的普遍重视，其原因就在于它适应了社会化大生产和市场经济高度发展的客观需要。

在现代社会，每个人都生活在高度发达的市场经济中，离开市场便无法生产与生活。市场成为整个社会经济的主宰者，它指挥和协调着国民经济的运行，决定着每一个企业的生存和发展、前途和命运，影响着每个人的物质和文化生活。因此，每一个生产者和经营者，乃至于每一个社会成员，都不能不关心市场，研究市场，了解市场；否则，就会遭受市场规律无情的惩罚。市场营销学正是一门研究如何在市场上从事经营、克敌制胜的学科。

第一节　市场营销概述

在商品经济高度发展的历史条件下，"市场营销"应运而生。从世界范围看，较早学习和应用市场营销思想与方法的企业都发展成为了国际著名的大公司，其他企业在产品销售额下降、销售增长缓慢、销售成本增加、消费者购买行为改变和竞争加剧等诸多因素的刺激下，也逐渐认识到市场营销的重要性，以极大的热情学习和应用市场营销学，力争赶超先进企业，跟上时代潮流。

一、市场及市场营销

市场是指具有特定的需求或欲望，而且愿意并能够通过交换来满足这种需要和欲望的全部潜在顾客。

（一）市场的分类

市场营销学研究的市场主要有两大类：消费者市场和组织市场。

1. 消费者市场

消费者市场由具有购买需要、取得商品或劳务的个人与家庭构成，它是市场营销学研究中的第一大市场。

2. 组织市场

组织市场又包含三大组成部分，即生产者市场、中间商市场和政府市场。

（1）生产者市场

生产者市场也称工业市场、制造业市场、企业市场或产业市场。在生产者市场中，人们采购货物或劳务的目的是为了加工生产其他产品，并将这些产品销售或出租，从中盈利。

（2）中间商市场

中间商市场也称再售者市场。在中间商市场中，批发商、各类零售商和代理商购买产品的目的是为了在消费者市场上出售这些产品而获利，因此中间商市场又称为转售者市场。

（3）政府市场

政府市场也称政府采购市场。政府机构每年要采购大量的商品和得到大量的劳务，用于满足国防、教育、公共福利和其他公共需要，这一市场受到企业的普遍重视。

（二）市场营销的内涵

1. 市场营销的含义

市场营销是指个人或组织通过创造并同他人或组织交换产品和价值以获得其所需所欲之物的一种社会活动过程。

市场营销是一种从市场需要出发的管理过程，它的中心思想就是实现产品交换，是一种买卖双方互利的交换。

 小贴士

营销小技巧

重庆北碚有一家专门经营电子玩具的商店，新引进两种不同型号、质量相差无几、价钱都是 80 元的电子游戏机。摆在柜台上却很少有人问津。该店新上任的女经理便在标价上做了调整，把型号小的那种游戏机的标价，从 80 元提到 160 元，型号较大的游戏机的标价不变。

有人看到型号又大，价格又便宜的游戏机并不比标价高的那种质量差，以为捡到了便宜，机会难得，毫不犹豫将其买下。一些有派头的人，看到型号小，价格反而比型号大的游戏机的价格高出 80 元，以为遇到了真货，慷慨解囊，趁游戏机盛行之时，送给上司的宝贝儿子。很快，几千台两种型号的游戏机被抢购一空。没改变价格以前，两种游戏机都卖不出去，有意提高小型号游戏机的价格，使两种游戏机的价格形成强烈的对比，引起顾客的购买心理，收到了良好的销售效果。

资料来源：樊丽丽. 趣味管理案例集锦. 中国经济出版社

这说明了市场营销的重要性。对于同样的产品，采取不同的营销策略，结果迥然不同。

2. 市场营销观念的演变与发展

市场营销观念是指企业进行经营决策，组织管理市场营销活动的基本指导思想，也就是企业的经营哲学。它是一种观念，一种态度，或一种企业思维方式。

市场营销观念是一种"以消费者需求为中心，以市场为出发点"的经营指导思想。市场营销观念认为，实现组织诸目标的关键在于正确确定目标市场的需要与欲望，并比竞争对手更有效、更有利地传送目标市场所期望满足的东西。

市场营销观念并不是一成不变。随着生产力水平和科学技术水平的提高，市场供求关系的变化，市场竞争激化的需要，市场营销观念相应地发生着变化。

（1）生产观念

此观念盛行于 19 世纪末 20 世纪初。它认为消费者偏好那些可以随处买到、价格低廉的商品，为此，企业应当组织和利用所有资源，集中一切力量提高生产效率，增加产量，降低成本。显然，生产观念是一种重生产、轻营销的指导思想。生产观念的侧重点是在企业内部，这会导致企业以自我为中心，而对外部环境以及消费者需求的变化反应不够敏感。这种观念虽违背了市场营销的基本原则，但符合当时物质相对贫乏，人们经济收入有限的状况。

20 世纪初，美国福特汽车公司制造的汽车供不应求，亨利·福特曾傲慢地宣称："不管顾客需要什么颜色的汽车，我只有一种黑色的。"福特公司 1914 年开始生产的 T 型车，就是在"生产导向"经营哲学的指导下创造出奇迹的。使 T 型车的生产效率趋于完善，降低成本，使更多人买得起。到 1921 年，福特 T 型车在美国汽车市场上的占有率达到 56%。

（2）产品观念

产品观念是与生产观念并存的一种市场营销观念，都是重生产轻营销。此观念认为，质量好、性能高，有特色的产品总会受到消费者的欢迎。因此，企业管理的中心是致力于生产质量高、多功能的产品。在这种观念的指导下，公司经理人常常迷恋自己的产品，以至于没有意识到产品可能并不迎合时尚，甚至市场正朝着不同的方向发展。

相比而言，产品观念比生产观念更注意考虑消费者的需求，所以它比生产观念要先进一些，但这种需求可能并不是消费者的实际需求。因为它依然以企业的产品为中心，把注意力放在产品上，而不是市场需要上，最终使企业的发展陷入不良状态。

"下一代电脑（Next）"在 1993 年投资了 2 亿美元，出厂一万台后便停产了。它的特征是高保真音响和带 CD-ROM，甚至包含桌面系统。然而，谁是感兴趣的顾客，定位不清楚。因此，产品观念把市场看作是生产过程的终点，而不是生产过程的起点；忽视了市场需求的多样性和动态性，过分重视产品而忽视顾客需求；当某些产品出现供过于求或不适销对路而产生积压时，却不知产品为什么销不出去。

（3）推销观念

此观念盛行于 20 世纪 30—40 年代。它认为，消费者通常有一种购买惰性，若听其自然，消费者就不会自觉地购买大量本企业的产品，因此企业管理的中心任务是积极推销和大力促销，以诱导消费者购买产品。在推销观念指导下，企业通常把工作的重点放在广告和推销方面，努力向现实顾客和潜在顾客展示本企业产品，促其购买。如美国皮尔斯堡面粉公司的口号由原来的"本公司旨在制造面粉"改为"本公司旨在推销面粉"，并第一次在公司内部成立了市场调研部门，派出大量推销人员从事推销活动。

很多企业只是极力花言巧语诱使消费者购买，不顾及消费者的想法，消费者是否需要、买回去是否有用，企业就不关心了。这会使企业缺乏发展后劲。

推销观念与前两种观念一样，也是建立在以企业为中心的"以产定销"，而不是满足消费者真正需要的基础上。因此，前三种观念被称为市场营销的旧观念。

（4）市场营销观念

市场营销观念又称为以顾客为中心的观念，它是以买方为导向的观念。形成于 20 世纪 50 年代。该观念认为，实现企业诸目标的关键在于正确确定目标市场的需要和欲望，一切以消费者为中心，并且比竞争对手更有效、更有利地传送目标市场所期望满足的东西。

市场营销观念的产生，改变了以往营销旧观念的思维方式，企业的经营策略和方法随之发生了很大的改变。市场营销要求企业将管理重心放在善于发现和了解目标顾客的需要上，并千方百计去满足它，从而实现企业目标。因此，企业在决定其生产经营时，必须进行市场调研，根据市场需求及企业本身的条件选择目标市场，组织生产经营，最大限度地提高顾客满意度。

从此，消费者至上的思潮为西方资本主义国家各国普遍接受，保护消费者权益的法律纷纷出台，消费者保护组织在社会上日益强大。根据"消费者主权论"，市场营销观念相信，决定生产什么产品的主权不在生产者，也不在于政府，而在于消费者。

（5）社会营销观念

从 20 世纪 70 年代起，随着全球环境破坏、资源短缺、人口爆炸、通货膨胀和忽视社会服务等问题日益严重，要求企业顾及消费者整体利益与长远利益的呼声越来越高。在西方市场营销学界提出了一系列新的理论及观念，如人类观念、理智消费观念、生态准则观念等。其共同点都是认为企业生产经营不仅要考虑消费者需要，而且要考虑消费者和整个社会的长远利益。这类观念统称为社会营销观念。它是以社会长远利益为中心的市场营销观念，是对市场营销观念的补充和修正。

二、市场营销的新发展

世界经济全球化和新经济的兴起，正改变着我们的营销环境，影响着市场营销的方方面面。与环境的变化相适应，企业的营销活动也发生了很大的变化，提供的产品从有形产品转向提供系统服务；营销目标从注重市场占有率，转向注重客户感受和加强客户关系；沟通媒介从大规模的大众媒体转向特色化的网络媒体等。市场营销的新领域和新理论层出不穷。

1. 网络营销

网络营销是企业整体营销战略的一个组成部分，是为实现企业总体经营目标所进行的，以互联网为基本手段营造网上经营环境的各种活动。网络营销利用计算机互联网作为实现交易的手段，企业通过计算机网络对目标顾客直接营销。网络营销的本质是以计算机网络为基础，实现企业与目标顾客的互动性市场接触，实施定制营销，即根据顾客特定的要求提供相应的产品或服务。网络营销是伴随信息技术的发展而发展的，是有别于传统市场营销的新营销手段，使企业在控制成本费用、开拓市场以及与顾客保持关系等方面具有很大的竞争优势。

第一，非常便利。网络营销活动的全过程是在一种"虚拟"的网络环境中进行。不受空间、时间、地域的限制，哪里有网络哪里就有营销。顾客可以非常方便地找到所需的产品，还可以很容易进行价格比较。

第二，互动性强。在售前、售中、售后，顾客都可通过网络与企业互动。可进行信息交流的互动、产品交易的互动以及服务的互动，甚至顾客可以主动参与到产品的设计、生产和销售过程中。

第三，服务效率高。利用网络，企业提供全方位、全过程和全天候的服务，极大地提高了服务的效率。同时，异地服务成为可能，企业的服务人员可以向顾客提供远程服务，在很大程度上克服了地域上的限制。

第四，成本低。网络营销不需店面，流通环节少，故成本低。在网络上发布企业的广告，成本要比传统的大众媒体低很多。

网络营销的职能包括网站推广、网络品牌、信息发布、在线调研、顾客关系、顾客服务、销售渠道、销售促进八个方面。

2. 服务营销

服务营销是指依靠服务质量获得顾客的良好评价，以口碑的方式吸引顾客，维护和增进与顾客的关系，从而达到营销的目的。服务营销是现代市场营销的一个新领域，服务是市场营销的基本范围。服务作为一种无形产品，它是可给人带来某种利益或满足感的可供有偿转让的一种或一系列活动。服务渗透在人们生活中的方方面面。

随着经济的发展，人们收入水平的提高，消费物质产品本身所获得的利益已不再是消费者所追求的主要目标，特别是在产品品质趋同，价格相差无几的情况下，消费者越来越重视在产品消费过程中所获得的精神享受，因此服务产品日益受到消费者的青睐。对于企业而言，能够增加"让渡价值"的只能是周到、实在、方便的服务。在这种情况下，各生产厂商之间的竞争不仅是产品形体本身的竞争，而是产品形体所能提供的附加利益的竞争。正如美国希尔顿饭店董事长唐纳·希尔顿所说："如果旅店里有一流的设备而没有一流的服务员微笑，就好比花园里失去了春天的太阳和春风。"

于是，作为附加利益的主要构成要素——服务的范围、程度、质量便成为生产厂商之间激烈竞争的主要武器，硬件产品日益依赖软件服务的支持。所以，企业必须采取与传统营销方式不同的，更加行之有效的营销策略才能占领和保住市场，从而产生了"以市场为中心"和以"顾客为导向"的服务营销。

3. 绿色营销

绿色营销是指企业在营销过程中充分体现环保意识和社会意识，从产品的设计、生产、制造、废弃物的处理方式，直至产品消费过程中制定的有利于环境保护的市场营销组合策略。就是要求产品在生产过程中低能耗且不污染环境；产品使用后易拆解、回收翻新。它是顺应可持续发展战略而提出来的，作为实现可持续发展的有效手段，绿色营销无疑将成为现代企业市场营销发展的必然选择。

绿色营销是在传统营销的基础上发展起来的，但它强调在企业的营销全过程中充分考虑到环境保护的要求，以实现企业的可持续发展。因此，它又不同于传统营销。

在工业化过程中，由于对环境和发展的问题处理不当，造成了全球性的环境污染和生态破坏，对人类的生存和发展构成了严重的威胁。企业要在未来的社会中稳定发展，必须自觉地约束自己，尊重自然规律，走人口、经济、社会、环境和资源相互促进和协调可持续发展的道路。

随着生活水平的提高，消费者的消费目标不再只是生存，而是健康、安全、舒适和和谐发展。面对消费者日益增强的"绿色"意识流，企业不得不转变观念，开展以产品对环境的影响为中心的绿色营销策略，以适应消费者的需要。

从企业对外的行为来看，应把企业自身利益目标融入消费者和社会利益中，从而提升企业的整体形象。事实上，一个关心环保事业的企业更能与消费者和政府保持良好关系，赢得政府的支持和消费者的偏爱。

绿色营销有利于促进资源的合理配置，提高资源利用率。随着消费者绿色意识的增强，购买绿色产品成为时尚和必然选择。通过绿色营销，有利于企业占领市场，扩大市场占有率，特别是在国际营销中，绿色产品往往能突破各国的非关税壁垒，成功进入国际市场。同时还能享受一些政策上的优惠，如在一些国家，允许绿色产品在销售价上比普通产品高出 5%～20%。总之，"绿色"是新时代的流行色，绿色产品将成为主导产品，树立绿色营销观念是新经济时代的必然要求。

4. 文化营销

随着消费者生活水平的提高，在基本生活需求得到满足后，将追求精神的享受，这就是产品的文化内涵。因此，如何充分利用市场营销过程中各种文化因素的影响，正在为企业所重视。文化营销是在分析市场和消费者心理的基础上，更多地赋予企业和产品以文化内涵，增加企业和产品的吸引力，达到增加销售的目的。主要包括以消费者的差异性文化需求为导向的市场营销观念，具有丰富多彩的文化品格的营销策略组合与以文化观念为前提的营销手段和营销服务。

肯德基、麦当劳在中国内地走红，其口味实属一般，但人们坐在那简洁明快、带有异国情调的餐厅时，不仅是在品尝食物，更重要的是在领略一种美国文化，一种平静、效率、工业化的西方价值观。山东曲阜酒厂生产的"曲阜老酒"质量不错，但销售长时间不景气，后来改名为"孔府家酒"，并配以古朴典雅的装潢，加之"孔府家酒，叫人想家"的广告语，给产品注入浓厚的文化情愫，结果深受消费者欢迎。

文化营销应和创造某种价值观念或价值观念的集合来达到某种程度上的满足感。近一二十年来，CIS 技术的普遍应用，是文化营销的一个重要代表，它通过企业整体形象的设计，给企业和产品注入更多更新的文化内涵。除此之外，加大在广告宣传中的文化含量，利用举办"文化节"和传统节日等手段促销产品，也是文化营销的重要组成部分。

5. 品牌营销

从实体营销到观念营销，从产品营销到品牌营销，企业营销不再只限于一种形体上的产品，重要的在于推销一个品牌、一种形象和一种价值观念。品牌的塑造重于产品销售，领先品牌将进一步赢得市场。美国广告研究专家莱利·莱特有一句名言："拥有市场将会比拥有工厂更重要，拥有市场的唯一办法是拥有占领市场的主导地位的品牌。"那么对品牌营销的定义可以是：个人或群体通过创造品牌价值，并同他人相交换，以获得所需所欲的一种社会认知及管理过程。

为什么树立品牌营销如此重要？首先，由于科学的发展和技术的进步，企业通过创造产品和产品价值上的领先来保持竞争优势越来越困难，尤其是经济全球化形势的到来，市场范围不断扩大，竞争愈演愈烈，企业只有创造全球品牌，加强品牌营销观念，才能获得国际市场通行证。

另外，随着生活水平的不断提高，人们越来越多地追求更高层次的消费，追求个性化消费，单纯的产品功能在购买因素中所占比例越来越少，消费者追求的更多是心理上的需求。追求的是一种感觉、自我价值的体现，一种自身的价值和重要性得到认同后的心理满足。如有人花近一万元买了一套皮尔·卡丹西装，在他的消费过程中，功能性保暖需求能占多少呢？所以我们应该清醒地认识到：消费者购买的是有情感依托的品牌，而非单纯的产品。

当然，品牌的创建并非一劳永逸。一个知名品牌的创立常常需要几代人的不懈努力，但一个品牌的摧毁往往系于一念之间。因此，当今企业不仅要树立创建品牌的意识，重要的是要加强品牌战略的管理，细心呵护自己的品牌。

6. 全球营销

在经济全球化条件下，企业要获得全球优势，必须在全球范围内配置资源，在充分考虑成本、自然资源、法律、竞争、销售等多种影响的基础上，做出科学的营销决策，占领国际、国内两个市场。

跨国公司早已以一种全球营销观念来指导公司的营销活动。如可口可乐公司的产品遍布几十个国家，拥有一百多个国家的市场，成为一个总部设在美国的全球公司。这些公司都把眼光放在世界地图上开展全球营销活动。全球营销要求企业树立正确的市场观——市场无国界，市场是世界统一的市场。它将国别的重要性极小化，在全球范围内寻求比较优势和利润增长点。

全球营销为企业提供了更广阔的战略视野和市场机会，但企业面临的营销风险随之增加，这对企业的营销要求提出了更高的要求。近年来，许多外国企业看好中国市场，纷纷入驻中国，在中国形成一种"国际竞争国内化"的现象。

海尔是我国企业界较早具有这一意识的公司之一，海尔人提出的口号是实现"海尔的国际化和国际化的海尔"。"海尔的国际化"就是通过大规模出口和在境外设厂，让海尔迅速走向世界各国。"国际化的海尔"就是让海尔在世界各国本土化。

据报道，海尔登陆美国，其设计中心设在波士顿，营销中心设在纽约，生产制造中心设在南卡罗来纳州，让美国人来经营美国海尔，让美国资源来"养育"美国海尔。美国海尔不是单纯的中国海尔，实现了"海尔的国际化和国际化的海尔"。张瑞敏说："海尔人有一个梦想，那就是使自己的品牌，中国人创造的品牌，成为世界名牌。"这种梦想，正是全球营销观念的一种体现。

现代市场营销思想的革命建立在工业时代生产力高度发达、社会财富日益丰富、人民生活水平显著提高的基础上，发生着显著的变化。一是营销范围日益突破区域的界限，向世界市场扩张；二是营销方式从大规模无差异营销，向小群体个性化营销转变。在世界市场的范围内，实现以消费者为主导的个体化营销，是现代营销思想的宗旨。

 课堂案例讨论

小熊的秘密

价格低廉，使用方便，细分市场，电商渠道，这些既是小熊电器的鲜明标签，也是其能够脱颖而出的利器。

小熊电器是个什么样的企业？一年前，估计只有淘宝达人们才知道。小熊电器与格力或者美的远远不在一个等量级，它的主打产品，比如酸奶机、煮蛋器、和面机等，也都是些早已成名的企业看不上的微小市场；它的产品均谈不上高科技，既不是首创，也不是独家，甚至不是生活必需品，却在一些主流电商平台上持续热销。2011年，其销售额突破亿元大关。

做简单的电器

2008年之前，小熊电器的故事与珠三角所有的中小型制造类企业并无二致。

2005年，从一家电器类企业离开后，李一峰决定自己创业，成立了"小熊电器"。酸奶机是它的第一个产品。之所以选择酸奶机，想法很单纯：为了控制成本、降低风险，不能做技术过于复杂、竞争过于激烈的产品；为了避免与前东家同业竞争，也不能做电水壶和榨汁机。

他听从了一个曾经做过市场调研的朋友建议：做酸奶机。那一年，蒙牛、伊利、三元、光明同时进军酸奶市场，消费者对这种新饮品接受得很快，接受度很高。当时。市场上也只有一家企业在做面向家庭的酸奶机，最重要的是酸奶机的原理跟电水壶、榨汁机类似，技术门槛很低。

一种新产品要被消费者接受，首先要让消费者觉得实用。第一个改造就是让酸奶机变小，变扁平，这不仅是为了节约原材料，更重要的是酸奶机的体积如果太大、太高，容易传热不均匀，影响发酵。第一批的产品，李一峰做了两个版本，一个相对高端，由电脑控温，成本为70~80元；另一个是极简型的，连开关都没有，只有一根电源线，成本仅为40~50元。

后来，极简的这个酸奶机成了"小熊"的主打产品，也是小熊电器的第一个产品。迄今为止，小熊卖得最好的仍是酸奶机。

"市场上某些产品为什么那么贵？很多成本并没有花在关键的技术上，而是花在如何使这个产品显得高端上。"李一峰从一开始就让"小熊"反其道而行之，产品定位为有亲和力，Q一点儿，便捷，而不是"高科技"、"奢华"和"智能"。

借热点营销

2012年3月，小熊电器的品牌顾问认为，该企业已过了"拼价格"的阶段，得逐步塑造品牌形象，培养品牌溢价了。

一份市场调查显示，小熊电器的消费群都是依赖网络的年轻人，尤其是年轻女性。她们接触网络比看电视、杂志、报纸多得多。所以，"小熊"的品牌塑造也把网络当作推广平台。

"网络传播的特点是，越是正面地讲述一件事情或者一个理念，消费者越没有兴趣。"客户总监钟健说。

于是，三支"妙想熊搞笑视频"系列出现在网络上。当你在生活中遇到很多不靠谱的事情的时候，一只看似憨直的妙想熊忽然出现在你眼前，用"妙招"提醒你。在这组视频中，妙想熊用你意想不到的方式对待那些看似好玩却不靠谱的电器——"神器瘦脸机"、"疯狂点菜机"以及"无敌吵架机"，从而带出"对不靠谱电器零容忍"的态度，诙谐幽默，引起众多网友的热议，并纷纷转发。

4月11日，"老酸奶事件"从微博蔓延至平面媒体；12日，小熊电器就在网络上发布主题为"老红军喝老酸奶"的四格漫画，推广其明星产品——酸奶机；13日，小熊电器的酸奶机当日成交金额超过107万元。一款酸奶机月销售量（此后30天）超过15000台，重演了当年三聚氰胺事件时，九阳豆浆机"一夜而红"的神话。

资料来源：文莉莎．南都周刊．2012，（20）

讨论题： 请分析小熊电器成功的秘诀。

第二节　市场分析

一、市场营销环境概述

作为影响企业营销活动的重要因素，市场营销环境受到越来越多研究者的关注。

（一）市场营销环境的含义

市场营销环境泛指一切影响、制约企业营销活动的因素。这些因素直接影响企业与顾客之间的交换关系，它往往处于动态发展过程中。

（二）市场营销环境的分类

市场营销环境包括总体环境和个体环境两部分。

1. 总体环境

市场营销总体环境，又称宏观环境，是由一些大范围的社会约束力量构成的，包括政治、经济、社会文化、法律和科技状况，可细分为人口环境、经济环境、自然环境、技术环境、政治环境和社会文化环境。

2. 个体环境

市场营销个体环境，又称微观环境，是指与企业的营销活动直接发生关系的组织与行为者的力量和因素，可细分为企业内部环境、企业的供应者、营销中介、顾客、竞争对手、社会公众等。

（三）市场营销环境的分析与评价

环境变化可能给企业带来市场机会，也可能给企业带来一定的环境威胁。企业能否从中发现并抓住有利于企业发展的商机，避开或减轻不利于企业发展的威胁，成为企业营销的一个首要问题。

并不是所有的环境威胁都一样大，也不是所有的市场机会都有同样的吸引力，企业营销部门应对所面临的市场环境予以具体的分析、评价。

每一个地方都会有其特有的和其他地区有别的自然环境、文化、风俗等，这种差异会对市场营销产生巨大的影响。想把市场做大，就必须考虑到这种因素。

 小贴士

周国人卖朴

郑国人将没有加工过的玉称作"璞"，周国人称没有腌制的鼠肉为"朴"。一个周国人带着朴拜访郑国的商人时说："想买朴吗？"郑国商人说："想啊。"那周国人拿出朴来，郑国商人一看，原来是没有加工过的鼠肉，于是谢绝了。

资料来源：许进，陈宇峰．诸子寓言　经营智慧．中国纺织出版社

这说明，自然环境、文化、风俗等差异会对市场营销产生巨大的影响。

1．环境威胁分析

分析环境威胁的常用方法是使用环境威胁矩阵图，如图 4-1 所示。

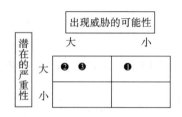

图 4-1　环境威胁矩阵图

环境威胁矩阵图的横向代表"出现威胁的可能性"，纵向代表"潜在的严重性"，表示盈利减少程度。例如，某企业在环境威胁矩阵图上有三个"环境威胁"，其中威胁❷和❸不仅潜在的严重性大，出现威胁的可能性也大，这两个威胁是主要威胁；威胁❶的潜在的严重性大，但出现威胁的可能性小，故不构成主要威胁。

面对环境威胁，企业可选择的对策有以下 3 点。

第一，对抗，即试图限制或扭转不利的发展。

第二，减轻，即通过调整市场营销组合来改善环境适应，以减轻环境威胁的严重性。

第三，转移，即决定转移到其他盈利更多的行业或市场。

2．市场机会分析

市场机会分析的常用方法是使用市场机会矩阵图，如图 4-2 所示，横向代表企业获得市场机会后成功的可能性，纵向表示机会市场潜在的吸引力。

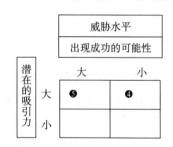

图 4-2　市场机会矩阵图

市场机会矩阵图的横向代表"出现成功的可能性"，纵向代表"潜在的吸引力"，表示潜在盈利能力。

例如，某企业在市场机会矩阵图上有两个"市场机会"。其中，最好的市场机会是❺，其潜在的吸引力和成功的可能性都大；市场机会❹潜在的吸引力虽大，但其成功的可能性小。

将市场机会和环境威胁综合起来分析，企业将面临四种业务选择，如图 4-3 所示，横向代表"环境威胁水平"，纵向表示"市场机会水平"，可以分析出企业的四种不同状况。

图 4-3　企业分类图

①理想企业：高机会和低威胁的企业。

②风险企业：高机会和高威胁的企业。

③成熟企业：低机会和低威胁的企业。

④困难企业：低机会和高威胁的企业。

这样来分析和评价，上述某企业共有两个主要威胁，即❷和❸；一个最好的机会，即❺属于高机会和高威胁的企业，是风险企业。

二、消费者市场购买行为分析

消费者市场又称消费品市场或终极市场，是指为满足生活消费需要而购买商品或服务的一切个人和家庭。

消费者需求受多种主客观因素的制约和影响，千姿百态，复杂多变。但从总体上分析，各种需求的状态和趋势存在某些共性，有别于其他市场购买行为。

（一）消费者市场的特点

在消费者市场，消费者的需求及其购买行为具有以下几个特点。

1. 无限扩展性

人们的需求是无止境的，永远不会停滞在一个水平上。随着社会经济的发展和人们收入水平的提高，人们对商品和劳务的需求不断地向前发展。一种需求满足了，会产生新的需求，循环往复，无穷无尽。因此，市场营销者的重要任务之一，就是要不断地研究新需求，开发新产品，开拓新市场。

2. 多层次性

消费者的需求是多层次的，既包括生存、安全等低层次需求，也包括享受、发展等高层次需求。当低层次的物质生活需要得到满足后，消费者就会追求高层次的社会性、精神性需求的满足。

由于消费者的收入水平、文化修养、信仰观念、生活习惯等方面存在着差异，其需求层次各不相同。即使是在同一类商品市场，消费者的购买层次也是不同的。例如，同是具有休闲需求的消费者，有人选择到海滨度假，有人喜欢高山滑雪；即使同样喜欢在海滨度假，有消费者愿意驾车去北戴河，另一些人宁可乘飞机去大连。

消费市场的层次特点使得企业有更多的营销选择。企业可以根据自己的条件和特点选择目标市场，而不必在产品档次、价格等方面强求一致。

 小贴士

农夫的价值观

宋国有个农夫，他只有普通的旧麻布衣服，干完农活便在地里躺下晒太阳。他不知道天下有大厦豪宅、裘皮锦衣。他想："晒太阳真是一种享受啊！这种享受，别人不知道吧？这么舒服的享受，我要是献给国王，一定能得到重赏吧。"

　　　　　　　　　　　　资料来源：许进，陈宇峰.诸子寓言 经营智慧.中国纺织出版社

　　农夫和国王，代表着绝不相同的两个人群，他们对事物的需求绝对是不一样的。相同的道理，面对不同的客户群体，企业必须意识到消费者对产品需求层次的不同。

　　3. 多样性

　　消费者人多面广，差异性大。不同年龄、性别、兴趣爱好、受教育程度、收入水平的消费者，在生活消费的各个方面都有不同的需求特点。不仅如此，就同一消费者而言，需求也有多样性特征，不仅有生理的物质需求，还有心理的、精神方面的需求。

　　随着消费水平的提高和社会习俗的变化，消费者需求在总量、结构和层次上也将不断发展，日益多样化。

　　第 2、3 个特点为企业进行市场细分提供了基础。企业必须在市场细分的基础上，恰当地选择目标市场，根据其目标市场的需求特点制定出相应的营销组合策略。

　　4. 可诱导性

　　消费者需求的产生，大部分通过环境的改变或外部诱因的刺激，也就是说，消费者需求是可诱导和可调节的，具有较大的弹性。消费者需求的这一特征，为企业提供了巨大的市场潜力和市场机会。

　　企业可以通过卓有成效的市场营销活动，进行广告宣传、营销推广等，使无需求变为有需求，潜在需求变为现实需求，未来需求变为现实需求，从而使企业由被动地适应、迎合消费者需求，转为积极主动地引导、激发和创造需求。

　　例如，某手机市场打出广告"凡持有大学录取通知书的同学可到本店领取 100 元的手机优惠券"，使得原本没有手机购买计划的新生也到这家店消费。

　　5. 分散性

　　消费者市场以个人或家庭为购买和消费的基本单位。消费者市场中，人数众多，分布面广，每次购买的量较小，而购买频率较高。

 小贴士

消费者的购买行为

　　消费者购买行为的主要类型有经常性购买（日用品等）、选择性购买（服装等）、探究性购买（车、房等）。

（二）消费者购买行为模式

　　行为主义心理学指出人的行为是对刺激的反应，我们称其为刺激—反应模式。消费者购买行为完全符合这一规律。

　　从市场营销者角度出发，各个企业的市场营销活动都可以被视作对购买者行为的刺激，如产品、价格、销售场所、各种促销方式等。所有这些，我们称之为"市场营销刺激"，是企业有意安排的、对购买者的外部环境刺激。

除此之外，购买者还时时受到其他方面的外部刺激，如经济的、技术的、政治的和文化的刺激等。所有这些刺激，进入了购买者的"暗箱（头脑）"后，经过一系列心理活动，产生了人们看得到的购买者反应：购买还是拒绝接受，或者是表现出需要更多的信息。

如果购买者一旦决定购买，其反应便表现在购买者的选择上，包括产品的选择、品牌选择、购物商店选择、购买时间选择和购买数量选择。这一关系如图 4-4 所示。

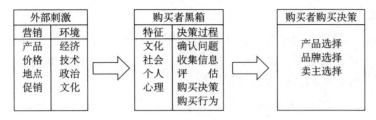

图 4-4　营销刺激与消费者反应模式

图 4-4 说明，尽管购买者的心理是复杂的、难以捉摸的，但这种神秘的、不易被窥见的心理活动可以反映在其决策行为中，从而被人们认识。

营销人员可以从影响购买者行为的诸多因素中找出普遍性，并在能够预料购买者的反应的情形下，自如地运用"市场营销刺激"。

小贴士

消费者购买决策

消费者购买决策过程的主要步骤是确认需求→寻求信息→决定购买→购后评价。

三、企业市场购买行为分析

企业市场又称产业市场、生产者市场，指个体或组织采购货物进而加工生产其他产品供出售或出租，从中盈利而形成的市场。

（一）产业市场购买者行为的特征

产业市场与消费者市场相比，具有以下鲜明的特征。

1. 购买者数量少

与生活资料（消费品市场）相比，生产资料的购买者数目较少。如生产电冰箱压缩机的企业购买者可能是某地区的十几家电冰箱生产厂家，这十几家电冰箱厂生产的电冰箱在消费市场上的购买者却是成千上万。

2. 交易量大

生产资料的订货金额数量通常比消费品大。由于生产上的要求，交易频率低，而一次性进货量大。

3. 区域相对集中

某一类生产资料的购买者往往集中于少数地区。如美国的纽约、加利福尼亚、宾夕法尼亚等州，工业生产资料的购买者就很集中；我国的沈阳、长春等地，制造业的生产资料购买者也比较集中。

4. 引申需求

生产企业对生产资料的需求，常常取决于消费品市场对这些生产资料的制品的需求，有人称其为引申需求。如生产厂家对皮革的需求，取决于消费品市场上人们对皮鞋、皮包、皮箱等皮革制品的需求。

5. 受商品价格的影响较小

产业市场对许多产品和服务的需求受价格变动的影响较小，短期需求尤其如此。例如，水泥降价，建筑商也不会购买更多的水泥。同样，水泥涨价，他们也不会不购买水泥或少购买水泥，除非他们找到满意的替代品。

6. 受消费者需求的影响较大

消费者需求的少量增加能导致产业购买者需求的大大增加。有时，消费者需求增减10%，能使下期产业购买者需求出现200%的增减。这一现象导致许多营销人员使其产品线和市场多样化，以便在商业周期中实现某种平衡。

7. 专业化采购

企业的采购由受过专门训练的采购代理商来执行。专业采购者具有较高的专业素养和较高的技术信息评估能力，在采购时会理智地进行成本—效益分析。因此，产业市场营销人员为了同训练有素的购买者打交道，不得不雇佣专业化的销售代理商，并时常动用庞大的销售队伍。

8. 直接采购

产业购买者往往向生产者直接采购所需产业用品，特别是那些单价价格高、有高度技术含量的设备，而不通过中间商。

9. 购买环节复杂

生产资料的购买，常常是由买方企业中的各方面人员共同决定的。例如，购买一台数控机床，可能会有20人参与购买决策，有采购人员、专家、财务负责人、使用部门主管和副厂长等。这些人往往经过讨论、分析，做出购买决策。因此，他们的购买更理性。

10. 品质与时间的要求

采购者对生产资料的品质要求严于消费品，不符合质量标准的，可能会给购买者带来不可挽回的经济损失。例如，水泥的质量不好，可能使建筑整体变形，甚至坍塌。

生产资料的购买者对供货时间的要求也较高。在消费品市场上订购一张餐桌，交货时间提前或错后，会给消费者带来不便，但生产资料供货时间赶前或错后的后果不仅仅是"不便"，会直接影响购买者的生产经营活动，甚至造成重大损失。例如，一个建筑公司购买的脚手架不到位，建筑工地就可能停产，为此延误交工日期，根据《合同法》的规定，这家建筑公司可能需要对出资方进行经济上的赔偿。

(二) 产业市场购买行为的决策过程

购买生产资料，多数为理性购买行为，与消费资料的购买有着明显的不同。生产资料的购买者采购设备、原料取决于企业生产的需要，买什么、买多少、买哪家的，不是由个人对商品的情感所决定的。因此，生产资料购买者与一般消费品购买的动机有所不同。

生产资料购买者采购生产资料的过程一般分为八个阶段，如图4-5所示。

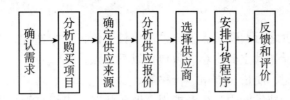

图4-5　生产资料购买者采购生产资料的过程示意图

1. 确认需求

确认需求是指生产资料的购买者认识需求和提出解决需求的方法的过程。

在这个过程中，购买者首先要明确企业对生产资料的购买是由什么原因引起的，是存货量低于应保持的水平呢，还是由于新产品的开发带来的对新设备和原材料的需要；或者是发现以往采购的原料不合要求，市场上有更新的、更符合要求或价格更低廉的产品出现。回答这几个问题的过程就是确认需求的过程。需求明确了，还要提出解决需求的办法来。

生产资料营销人员可以通过加强对本企业产品的宣传争取客户。

2. 分析购买项目

分析购买项目，通常分两步走：决定需求项目的特点与数量，说明需求项目的特点与数量。

（1）决定需求项目的特点与数量

决定需求项目的特点与数量就是确定所需要品种的特征与数量。标准品种易于确定；至于复杂品种，采购人员要和使用者、工程师等共同研究，确定所需品种的特征与数量。市场营销人员在此阶段应该帮助采购单位的采购人员确定所需品种的特征与数量。

（2）说明需求项目的特点与数量

在这一阶段，企业用户将购买目标具体化。由于产业用品在技术、性能、成分、使用方向等方面要求高、内容复杂，必须具体确定产品规格、成分、性能、使用方向等，并做出详细的技术说明，既作为采购商品的依据，也便于供应商进行投标和进行产品推销活动。

3. 确定供应来源

在分析购买项目以后，购买者会寻找和判断潜在的供应来源。购买者利用工商名录进行计算机查询，或通过别的企业介绍，选定部分合格供应商。购买任务越新，所需物品越复杂、昂贵，寻找合格供应商所花费的时间越多。

此时，营销人员的任务是使自己的名字列在主要的商业名录上，并尽可能通过各种媒体介绍企业和产品。介绍要全面，尽可能详细，并在经营中始终重视商品的质量和信誉，以利于与用户建立良好的关系，从而增加被客户选中的机会。

4. 分析供应报价

在确定供应来源以后，购买者会接受和分析供应企业报价。购买者先选出少量供应者，由采购人员分析报价单。

营销人员应重视报价工作，力争全面反映本企业商品的特性，以促使购买企业考虑接受本企业的报价。

5. 选择供应商

在汇集了多家报价之后，购买者就要进行比较评价，从中选优。选择标准因企业和产品不同而有一定的差异，其主要内容大致包括以下 6 点。

①产品方面：功能、质量、规格、价格等。

②履约能力方面：技术能力、生产能力、财务状况、组织与管理能力等。

③信誉方面：履约的历史情况、其他用户口碑等。

④服务方面：是否提供援助与咨询、技术培训、维修服务等。

⑤方便性方面：地理位置、交货及时性等。

⑥法律方面：该企业行为是否符合法律法规。

对比较简单的产品的选择，主要是凭经验和直觉；对复杂的采购任务，购买企业要建立专门的采购委员会并聘请专家参加，采用更为严密的评选方法，如专家意见加权计分法等。

通常，购买者对供应商的筛选是分阶段逐步缩小范围的。在这个过程中，会邀请初选过关的供应商在此报价，并进行面对面地谈判。

6. 安排订货程序

选定供应商后，购买者会发出采购订单，列出所需产品的技术规格、订购数量、交货时间、退货办法、产品保证条款和措施等，并在合同中将有关事宜明确规定。

购买者根据时间需要，可以同供应商签订"一揽子合同"，建立长期供货关系，也可以签订"定期采购合同"，或者一次性购买等。

7. 反馈和评价

在购买生产资料的企业中，产品购进使用后，采购部门将与使用部门保持联系，了解产品使用情况，满意与否，并考察比较供应商的履约情况，以决定今后对供应商的态度。

要注意的是，以上决策过程不是可随时套用的万能公式，应根据具体营销对象和状况作相应的变化与调整。

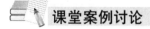 **课堂案例讨论**

买的哪有卖的精

"买 M 赠 N" 的实际折扣率

"买 M 赠 N" 是超市最常见的促销方式，例如巧克力买 5 送 1。这种促销方式的特点是赠送的商品和购买的商品同质。各种不同类型的买多赠少的等价折扣率很容易算出来。

M 相同时，N 越多，折扣率越高；反之，N 相同时，M 越高，折扣率越低。大超市里常用"买 M 送 1"（M 一般不高过 10），等价折扣率在 5 折到 9 折之间。即使是 N>1 的情况，M 也至少是 N 的 2 倍以上，比如"买 5 送 2"或者"买 7 送 3"。在这种情况下，等价折扣率在 7 折左右。所以，除了买 1 送 1 的特例，一般而言，"买 M 送 N"的折扣率都在 7 折以上，假设商品原来价格为 p，成本是 c（为方便计算，设 $c=0.5p$）。商家做一次 7 折促销，促销前该产品能卖 m 件，促销后卖出了 n 件。

可以算出，促销前商家的盈利为 $0.5p×m$，促销后商家的盈利为 $0.2p×n$，只要 $2n>5m$，也就是促销后销量是原销量的 25 倍以上，商家就有额外的盈利。如果要通过买 M 赠 N 的方式来达到这个目标，用买 3 送 1 就解决了。在这种情况下，每一次的销售都会有额外盈利。

组合装一起卖

如果说"买 M 赠 N"是商家清仓尾货的惯用招数，组合优惠套装则是推新品时常用的一招。你是否常常看到××品牌精品组合套装或者同时购买××系列送小样的广告？这种组合的优惠方式又细分为无赠品和有赠品两种。对于送赠品的商品组合，我们可以把赠品视作另一件商品。不管是有赠还是无赠，只要分别计算和比较组合的价格和组合内部产品的价格之和，就可以算出等价折扣率，判断出是否划算。

以洗发水为例。某品牌 200ml 洗发水的价格是 19.5 元，同系列 200ml 护发素的价格也是 19.5 元。如果分别购买，需要 19.5＋19.5＝39（元），但组合装价格只要 37 元，等价折扣率就只有 37/39＝94.8%，大概是 95 折。

神奇的"第二杯半价"

肯德基、麦当劳经常会有某些饮料或者冰激凌以"第二杯半价"为卖点。神奇的"第二件半价"给人以第二件是 5 折的颇具诱惑力的印象，然而稍微算一下就明白，实际的折扣只有 $(1+0.5)/2=0.75$，也就是 75 折。一杯 9 元的饮料卖 6.8 元似乎没有什么吸引力，但是第二杯只要 4.5 元，听上去就悦耳得多，关键是由此带来的销量为商家带来的盈利远超过让利的成本。

一杯冰激凌售价 10.8 元，假设成本为 3 元，购买者可以自由搭配购买。

无第二杯半价时，售出 m 杯冰激凌，商家的利润为 $(10.8-3)×m=7.8m$。

有第二杯半价时，售出 n 杯冰激凌，商家的利润为 $(10.8-3)×(n/2)+(5.4-3)×(n/2)=5.1n$。

由于成本低廉，第二杯半价优惠后，只要销售量有所提升，商家就能扩大利润。要说明的是，上面仅仅是分别计算了两种情况，实际中即便第二杯半价，售出的 n 杯冰激凌也不全是一次买两杯这种情形，所以 $5.1n$ 还只是最小盈利而已。一般而言，采取第二件半价这种捆绑销售方式的商品以快餐食品和小商品为主，成本都不高，只要销量可以上升，商家就能有更多的盈利。其实所有的捆绑销售都是利用消费者求划算的心理，当然这并没有什么不好，毕竟商家在大部分情况下还是让利了，尽管实际上他们更赚钱。这种通过让利带动销量，从而获取更大盈利的促销方法，给消费者也带来了不少好处。唯一需要考虑的就是，你是否真的需要买这么多。

资料来源：蕾拉．休休摘自果壳网．读者．2013（3）转载

讨论题： 结合消费者市场购买行为分析的知识分析此案例。

第三节　市场细分与目标市场选择

现代市场营销实质上是针对目标市场的营销。目标市场营销的前提是没有任何一个企业能够满足所有人的需求；同样，也没有任何一个企业能满足一个人的所有需求。

企业提供的产品和服务总是有限的，只能满足部分消费者的部分需求，这就要求企业确定自己产品的消费对象，也就是对市场细分。

一、市场细分

(一) 市场细分的含义

市场细分是指根据消费需求的差异性，把某一产品或服务的整体市场划分为不同的子市场的过程。每一个子市场都是由一群具有相同或相似的需求、欲望、购买行为或购买习惯的消费者所构成。

不同子市场的消费者群体之间具有明显的差别。例如，不同年龄的消费者对服装有着不同的需求，或称需求差异，服装企业就可以根据消费者的年龄，将服装分为童装子市场、中老年子市场和青年子市场等。

根据消费者的需求与购买行为反应是否一致，将市场分为同质市场和异质市场。

1. 同质市场

同质性市场是指某产品或服务的消费者所表现的需求、欲望、购买行为及对企业营销策略的反应相同或相似，如普通食盐市场、原油市场等。

2. 异质市场

某产品或服务的消费者所表现的需求、欲望、购买行为及对企业营销策略的反应差异明显且不易改变，称这样的产品市场为异质性市场，如服装市场、家具市场等均属于比较典型的异质性市场。

更确切地讲，市场细分就是把一个异质的整体市场划分为若干个相对同质的子市场的过程。

(二) 市场细分的标准和方法

1. 消费者市场细分标准

(1) 地理环境

地理细分是指将消费者所在的不同地理位置作为细分消费者市场的标准。处在同一地理条件下的消费者，他们的需求有一定的相似性，对企业的产品、价格、分销、促销等营销措施会产生类似的反应。地理标准主要有以下一些因素。

①行政区域。行政区域是指我国目前的省、市、区县、乡等行政机构。不同区域的人，生活习惯有较大的不同。例如，南方的天气较热，特别寒冷的时间很少，那么生产裘皮大衣的厂家就不应该把南方城市作为销售市场，而应该把东北三省作为其主要的销售市场。

②经济区域。不同地区的经济状况不同，消费水平与购买力也不尽相同。通常，广东、上海这样的南方大城市消费水平较高，北方一些边远山区的购买力水平可能就比较低。

例如，同是购买洗衣机，高消费水平城市的消费者可能选择款式新、使用方便的洗衣机；而购买力水平较低的农村消费者可能将结实耐用、经济实惠的洗衣机作为首选。据此，洗衣机商家就可以将洗衣机市场细分为两个子市场，即耐用、价格低廉的洗衣机子市场和外观华丽、使用方便的洗衣机子市场。

(2) 人文环境

运用人文因素细分市场，就是根据人文统计变量，如国籍、民族、人数、年龄、性别、职业、教育程度、宗教、收入、阶层、家庭人数、家庭生命周期、媒体接触方式等因素，将市场进行细分。

例如在我国，不少商场将服装细分为男装、女装和童装，在女装中又分为淑女装、职业装、少女装和老年装等子市场。

（3）商品用途

销售者应该研究同一种商品的不同用途，也就是说，根据商品用途细分消费者市场。

北京稻香村集团以自制糕点为主要产品，他们注重运用市场细分的策略。他们发现，许多糕点是被消费者作为礼品买去的，那么，在包装装潢上要求考究，商品的品质则不要求那么精细。这种消费者买来赠送礼品的商品与其他消费者用于自己消费的不一样。于是，稻香村就推出了盒装糕点和散装糕点，也就是说，他们将糕点市场细分为送礼消费者子市场和自己享用消费者子市场，在经营中获得了成功。

（4）购买行为

商家可以从消费者购买视角、购买频率、偏爱程度及敏感因素等方面判定不同的消费者群体的行为。

例如，一般消费者购买邮票是为了邮寄信件，另一些消费者买邮票是为了集邮。邮政部门就可以将其分为两个不同的子市场。目前邮政系统设计的四联邮票、首日封等都是为了集邮子市场服务的。

以上提出的四项内容是一般企业常用的市场细分标准，这并不意味着适用于任何消费品的营销活动，也不表示所有的细分只限于以上的变数。

 小贴士

营销小故事

有一个汽车生产商，原本是针对30岁以下的年轻人设计了一种体现年轻人敢于冒险、放荡不羁风格的汽车。新型车一上市，销售情况非常好。然而，当他们对全部销售情况进行分析时，却发现了一个有趣的现象，这就是中老年人在购买比例中占有相当的比重，竟然达到40％。由此可见，这些人虽然年龄超过30岁，但他们在追求一种不老的生活方式。

2. 生产者市场的细分标准

生产者市场的细分主要以以下因素为划分依据。

（1）用户类别

营销人员可以根据用户类别进行市场细分。企业用户的行业类别划分比较复杂，涉及农业、军工、食品、纺织、机械、电子、冶金、汽车、建筑、商业、金融等。不同类别的用户，其需求有很大的差异。

（2）用户规模

用户规模包括大型、中型、小型企业，或大用户、小用户等。不同规模的用户，其购买力、购买批量、购买频率、购买行为和方式不同。

（3）地理位置

地理位置包括国界、地区、气候、地形、交通运输等。此外，生产力布局、自然环境、资源等，也是很重要的细分变量。

按用户地理位置细分市场，有助于企业将目标市场选择在用户集中地区，有利于提高销售量，节约推销费用，节约运输成本。

（4）行为因素

行为因素包括购买者追求利益、使用率、品牌商标忠诚度、使用者地位（如重点用户、一般用户、常用户、临时用户等）、购买方式等。

3. 市场细分的主要方法

（1）细分化

细分化是按照一个到三个的细分标准，将目标消费者细分成各个互不相同的群体。

例如，某旅行社在市场研究中，将细分化标准定为消费者的年龄和收入水平，并且将收入和年龄归为三个类别。依据这两个标准，该旅行社将得到 9 个细分市场（见表 4-1）。

表 4-1　某旅行社的市场细分类型

标准1 / 标准2	低于 1500 元	1500～4000 元	4000 元以上
小于 18 岁	细分市场 1	细分市场 2	细分市场 3
18～35 岁	细分市场 4	细分市场 5	细分市场 6
35～50 岁	细分市场 7	细分市场 8	细分市场 9

（2）类型化

类型化是按照四个或四个以上的市场细分标准对市场进行划分，使所划分的各子市场之间尽可能区分明显，以便运用不同的营销策略；各子市场内部的各个消费者尽可能相似，以便使相同的营销策略更有效。

例如，生产或经营化妆品的企业，可以按照表 4-2 所示来细分。假设企业经过消费者市场调查以后，认为在进行这种细分时，消费者的性别、年龄、购买着眼点、皮肤特点等是主要营销因素，便根据这些因素设计出"细分表"。

表 4-2　类型化市场细分

购买着眼点 / 皮肤特点 / 性别 / 年龄		男性			女性		
		儿童	青年	老年	儿童	青年	老年
侧重美容	干性					△	△
	中性					△	△
	油性					△	△
侧重护肤	干性						
	中性						
	油性						

例如，某企业在分析市场竞争态势的基础上，结合本企业的条件，在细分后的 36 个子市场中，首先选择女性子市场，再将该子市场按年龄归类，即选择女性青年、老年的 6 个（标有 △ 的）子市场作为自己的目标市场。

二、目标市场选择

（一）目标市场的含义及目标市场选择的意义

1. 目标市场的含义

市场细分的目的在于为企业选择和进入目标市场提供帮助。

目标市场，指在需求异质性市场上，企业根据自身能力所确定的现有和潜在的消费者群体。

例如，在前面关于类型化举例中的企业，它不可能进攻所有的市场，应根据自己的开发与生产能力，把女性中的青年消费者和老年消费者作为目标市场。

2. 选择目标市场的意义

在所有的市场细分之后，企业对市场细分的结果进行评估。通过评估来舍弃无效的细分市场，找出企业准备为之服务的目标市场。企业目标市场的选择正确与否，对企业生死攸关。

 小贴士

蝴蝶和蜜蜂

蜜蜂心灵手巧，他酿的蜜又甜又香，他造的巢又结实又节省材料。

蝴蝶一心想嫁给蜜蜂。为了讨得蜜蜂的欢心，她买了最好的衣裙和化妆品，每天都把自己打扮得花枝招展，嘴唇抹得红红的、艳艳的，眉毛描得细细的、弯弯的，身上洒得香喷喷的。但是，蜜蜂见了她，一点儿也不动心。蝴蝶想尽了一切办法，还是半点效果也没有。

蝴蝶伤心地问蜜蜂："难道我还不够漂亮吗？"

"你很漂亮。"

"难道我还不够美丽吗？"

"你十分美丽。"

"难道我还不够吸引人吗？"

"你太吸引人了。"

"那你为什么不爱我呢？"

"可惜，你的功夫下得不是地方。"

资料来源：刘松. 管理智慧 168. 机械工业出版社

蝴蝶为什么下错了功夫呢？这是因为，她的市场定位不准确。对一个企业来说，目标市场是非常重要的。如果市场定位不准确，很可能像蝴蝶一样劳而无功。

（二）目标市场营销策略

目标市场营销是指企业通过市场细分选择了自己的目标市场，专门研究目标市场消费者的需求特点，并针对其特点提供适当的产品或服务，制定一系列的营销措施和策略，实施有效的市场营销组合。

可供企业选择的目标市场策略主要有以下三种。

1. 无差异性市场策略

无差异性市场策略是指用同一种商品和同一套营销方案吸引所有的消费者。

比如 20 世纪 60—70 年代的蛋黄洗发膏，它的目标市场是满足那些有清洁头发需求的消费者，对男性、女性、老人或儿童，干性头发或油性头发都使用同一个配方，毫无差异，也就是采取无差异市场策略。

现在仍然有一些企业在使用无差异性营销策略。这有两种情况。一种情况是这些企业生产的是人们大量使用的生活必需品并具有垄断性，如自来水、电力、煤气、石油等。

另一种情况是在某一个行业里不存在其他同类企业，但这种机会越来越少了。

2. 差异性市场策略

差异性市场策略是指企业针对每个细分市场的需求特点，分别为之设计不同的产品，采取不同的市场营销方案，满足各个细分市场上不同的需要。

运用差异性策略比较成功的就是美国宝洁（P&G）公司。宝洁公司仅洗发水这个产品，就有潘婷、飘柔、海飞丝、伊卡璐等多种品牌，这些产品分别为干性发质、油性发质设计独特的配方，并分别为之作广告，采取不同的促销活动等。

这一策略最大的问题是营销成本的提高。所以，运用这一策略的前提就是销售额扩大所带来的利益，必须超过营销总成本的增加。

3. 集中性市场策略

集中性市场策略是指企业选择一个或少数几个子市场作为目标市场，制定一套营销方案，集中力量为之服务，争取在这些目标市场上占有大量份额。这是一个比较特殊的策略，前两种策略都是面对整个市场，而采取集中性营销策略的企业，是集中针对一个或两个细分后的小市场作为它的目标市场。例如，亚都加湿器使用的就是集中性市场策略。

实施此策略，可以使某些子市场的特定需求得到较好的满足，因此，有助于提高企业与产品的知名度，今后一旦时机成熟，便可以迅速扩大市场。这种策略的不足在于经营风险较大，一旦市场消费者突然改变需求偏好，或某一更强大的竞争对手闯入市场，或预测不准以及营销方案制订得不利，就会使企业因没有回旋的余地而陷入困境。因此，采用这一策略的小企业必须有产品的独到之处及竞争方面的自我保护意识，还要密切注意目标市场的动向及竞争对手的动向。

 课堂案例讨论

丰田汽车进入美国市场的营销策略

1949 年，日本政府制定了一项振兴汽车工业的新政策，将发展汽车工业作为开发日本出口潜力的关键之一。这一新政策是经过市场调查和技术预测后做出的。日本政府认为，汽车工业特别重要，它的消费者遍布全球，规模效益大，很有发展前途，世界汽车市场的需求会有大幅度增长，同时存在足够的竞争空间。但对具体进攻的目标，日本人未探明它的"虚实"前，是不敢贸然出击的。日本人希望进攻的主要目标显然是美国，因为美国在世界上不仅生产的车最多最好，汽车销量也最大，如能在美国推销，那么在世界其他国家推销也就毫无问题了。

可是在 50 年代，它并不敢直接碰美国，而是"一边练兵，一边摸底"。所谓"练兵"，是说日本将其质量还赶不上美国的汽车先销往拉美和东南亚国家，待质量提高和取得营销经验后再向美国推销，在这同时，对美国汽车市场进行广泛的、详细的调查研究。但这不是说，在 50 年代，日本人没有向美国试销汽车。1957 年，丰田送到美国第一辆"丰田宝贝儿"，因外形、质量都存在严重缺陷而遭到失败。

丰田不因此而泄气，而是在产品质量和了解美国市场上痛下工夫。除依靠日本政府提供的信息外，还利用贸易公司、外国人以及自己的职员收集信息。一方面了解美国汽车，特别是大众小汽车存在的缺陷以及美国道路条件等；另一方面，了解美国人的特性，尤其是对汽车的需要。在调查研究中发现，美国人对汽车的偏爱已大有变化，过去美国人偏爱大型的、豪华的汽车，认为乘坐这样的汽车才能显示自己的高贵地位和男子汉气魄。但汽车终究是一种交通工具，由于美国汽车越来越多，城市越来越拥挤，大型汽车转弯及停车都感到不便，加上油价上涨，人们感到用大汽车耗油多，不合算。因此，美国人转向偏爱小型汽车，即喜欢购买价廉、耐用、耗油少、维修方便的小汽车，并要求汽车容易驾驶，行驶平稳，腿部的活动空间要大，等等。

丰田正是根据美国人的喜爱和需要，制成一种小巧，价廉，维修方便，速度更快，乘坐更舒适的，受到美国顾客欢迎的美国式小汽车。这就是皇冠车，它只不过是改进后的美国底特律轿车而已。由于这种改制的小汽车符合美国顾客所需，迅速在美国市场上树立起物美价廉的良好形象，终于打进了美国市场。接着，日本在研究了美国汽车的制造技术、设计优缺点、消费者口味以及市场环境后，于60年代初推出"蓝鸟"牌汽车，也成功地打入了美国市场，其他日本汽车公司相继拥入美国市场。

打入美国市场后，日本汽车公司并不满足，他们不断调研，不断改进，提高质量，尽量做到完美无缺，同时提高劳动生产率以降低价格，满足美国顾客所需，因而能不断扩大市场占有额。

资料来源：赵一凡．财商方案．地震出版社

讨论题：

1. 丰田进入美国市场前做了哪些工作？
2. 丰田进入美国市场采取了哪些营销策略？

 小贴士

影响目标市场策略选择的因素

1. 企业的实力；2. 产品的自然属性；3. 市场差异性的大小；4. 产品所处的市场生命周期阶段；5. 竞争对手状况。

第四节　市场营销常用策略

多数企业在营销活动中往往采取市场营销组合策略。

一、市场营销组合策略的含义

市场营销组合是指企业在选定的目标市场上，综合考虑环境、能力、竞争状况，对企业自身可以控制的因素加以最佳组合和运用，以完成企业目的与任务。

企业可控制的因素很多，麦卡锡教授把这些因素概括为四部分，即产品（*product*）、价格（*price*）、渠道（*place*）和促销（*promotion*），按英文字头简称4P策略。

二、产品策略

产品因素是市场营销组合中首要的与基本的构成部分，企业与市场的关系也是由产品来联结的，产品策略的制定是营销组合策略中最重要的内容之一。

（一）产品含义

现代营销理论认为，企业向市场提供的产品中既要包括提供给消费者的有形利益，即一种物质实体，又要包括无形的消费利益，如服务、观念和价值等一切顾客乐于接受而又能满足其多方面需求的有关属性。

产品应当是有形物质属性和无形消费利益的组合体和最佳统一方式。西方的一些专家教授在强调整体产品概念时，提出了"产品三层次"理论。

"产品三层次"理论认为，市场营销产品应当是一个综合的概念。任何产品都应包含三个层次，即产品的实质层、产品的实体层和产品的附加层，如图 4-6 所示。

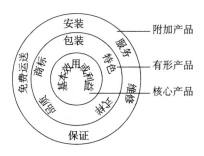

图 4-6　产品的层次示意图

1. 产品的实质层——核心产品

核心产品是指产品的基本效用消费者追求的利益，是顾客真正要买的东西，体现了消费者的购买动机，因而也是产品的整体概念中最基本、最重要的部分。如购买照相机的实质是为了留下对某段经历的记忆。

2. 产品的实体层——有形产品

有形产品是核心产品借以实现的基本形式，是核心产品的载体。有形产品主要包括产品的构造、外形、质量水平、包装等。

一般情况下，企业应该首先着眼于顾客购买产品时所追求的产品的核心利益，在此基础上，再对产品进行设计、包装和品牌形象的塑造，更加完美地满足顾客的需要。

3. 产品的附加层——附加产品

附加产品是消费者在购买有形产品时所获得的全部附加利益和服务，主要包括免费送货、安装、调试、维修、产品保证、零配件供应、技术人员培训等。

美国营销学家李斯特说，未来竞争的关键，不在于企业能生产什么样的产品，而在于为产品提供什么样的附加价值：包装、服务、用户咨询、购买信贷、及时交货和人们以价值来衡量的一切东西。

当然，在营销过程中，企业经营者必须注意消费者是否愿意承担因附加产品的增加而增加的成本。

小贴士

营销小案例

肥皂大多是方方正正的，在洗澡的时候容易滑落，舒肤佳的设计人员进行了人性化设计，将肥皂设计成"腰形"，便于握捏，并且不易滑落。人性化的设计或许仅仅是一个简单的动作，却会带给消费者舒服甚至是感恩的心情。

(二) 产品的分类

产品可以从不同角度进行分类。在市场营销学中，与营销策略有关的产品分类方法通常有以下两种。

1. 按产品的耐用性和有形性分类

（1）非耐用品

非耐用品是指在正常情况下一次或几次使用就被消费掉的有形物品，如饮料、食品等。在销售非耐用品时，生产企业在营销时应该多设商业网点，只求微利、积极促销，以便使消费者随时能够买到所喜欢的商品。

（2）耐用品

耐用品是指在正常情况下可以多次使用的有形物品，如住房、汽车等。对于耐用品，生产企业应该重视营销，并提供优质的售后服务。

（3）服务

服务是指为出售而提供的活动、利益和享受，如理发、修理、文艺演出等。服务的经营者需要加强质量管理，提高产品的可靠性和适应性。

2. 根据消费者购买习惯分类

（1）便利品

便利品是指消费者通常购买频繁，希望根据需要随时购买的商品，如报刊、香烟等。便利品一般是非耐用品，且都是消费者日常必需，因此，便利品经营地点的选择，应以方便顾客购买为原则。

（2）选购品

在消费者购买商品之前要比较商品的质量、款式等，这些被比较的商品就是选购品。企业的产品若是选购品，应该突出特色，以便消费者在众多的品牌中迅速挑选出来。

（3）特殊品

特殊品是指消费者出于某种特殊需要而购买的商品，如纪念戳、古钱币等。这类产品一般是不能替代的。

（4）非渴求品

非渴求品，是指顾客不了解或者还没有形成购买需求的产品，如刚上市的商品、保险险种等。

非渴求品的营销策略应该是加强广告、推销，以便使消费者了解这些产品，产生兴趣，从而扩大销售。

(三) 产品组合及其策略

1. 产品组合的内涵

（1）产品组合

产品组合，也叫产品品种配备，是指企业制造或经营的全部产品的有机构成方式。例如，米其林公司的产品组合形式是轮胎、地图和餐饮服务。

（2）产品线

产品线是指产品组合中的产品种类。例如，米其林公司的轮胎、地图和餐饮服务就是三条产品线。

（3）产品项目

产品项目是产品线的下位概念，是指每条产品线中的具体产品，它是构成产品线的具体产品的统称。如某摄影用品公司经营相机、摄像器材、冲洗必需品等，其中照相机是一个产品品类（或称产品线），在相机这个品类中，*SONY* 相机便是产品项目。

（4）产品宽度

产品组合的宽度是指企业所拥有的产品线的数目。例如，米其林公司的产品宽度是 3。

（5）产品组合深度

产品组合深度是指企业同一产品线中不同规格的产品项目总数。

例如，某电器集团公司的彩电是其中的一个生产类别，或称产品线，其产品项目包括显像管彩电、液晶彩电和等离子彩电，这些彩电又有 19 吋、21 吋、24 吋、29 吋等型号。那么，该电器产品线的产品组合深度就是 12（3×4）。

（6）产品组合的长度

产品组合的长度是指企业所有产品线中产品项目的总和。若横向代表产品组合的宽度，纵向代表产品组合的宽度，就得到了产品组合矩阵，矩阵所覆盖的区域就是产品组合的长度，即 14（3+5+2+4），如表 4-3 所示。

表 4-3　产品组合矩阵

产　品　线	产品组合深度	产品组合宽度
电视机	A1　A2　A3	产品组合宽度
收录机	B1　B2　B3　B4　B5	
电冰箱	C1　C2	
办公机	D1　D2　D3　D4	

（7）产品的关联性

产品的关联性是指产品组合中各产品线之间在最终用途、生产条件、分销渠道或其他方面的相关程度。

2. 产品组合策略

产品组合策略是根据企业的经营目标，对产品组合的宽度、深度、长度和关联度进行最优组合。企业在确定具体产品组合策略时，应依据不同的情况，选择下列不同的动态性产品组合策略。

（1）扩大产品组合策略

扩大产品组合包括拓展产品组合的宽度和增加产品组合的深度。前者是在原产品组合中增加一个或几个产品线，扩大产品的范围，如某企业在家电类产品的基础上开始生产手机；

后者是在原有产品大类中增加新的产品项目，如某家电企业推出智能型的新款洗衣机。

当企业预测现有产品线的销售额和利润在未来一段时间将会下降时，就应该扩大或变更产品线。当企业打算增加产品特色，或为更多的子市场提供产品时，可考虑在原有产品线内增加产品的不同品种。

（2）缩减产品组合策略

在市场需求缩减、原材料紧张、劳动力成本增加的情况下，企业缩减产品组合反而有利于利润总额的上升，这是因为从产品组合中剔除掉了那些获利很小甚至不获利的产品线和产品项目，使企业可以集中力量生产获利更多的产品。

（3）产品延伸策略

任何一个企业都有其特定的市场定位，产品延伸策略是指企业在特定的产品线内部，全部或部分地改变公司原有产品的市场定位，主要有向上延伸、向下延伸和双向延伸。

①向上延伸。向上延伸是指原来生产低档产品，后来决定增加高档产品。在高档产品市场需求大、销售增长快、利润率较高，高档产品市场上的竞争较弱，同时企业想自己成为生产种类全面的企业等情况下，可采取此策略。

②向下延伸。向下延伸是指企业原来生产高档产品，后来决定增加低档产品。在企业原有的高档产品的销售增长缓慢，企业的高档产品受到激烈竞争等情况下，可采用此策略。

③双向延伸。双向延伸是指企业在控制了中档产品的市场后，决定向产品大类的上、下两个方向延伸，扩大产品的市场阵地。

（四）产品生命周期理论

任何产品都是有生命的，也就是说，任何产品在市场上的存亡时间是有限的。在产品生命周期的不同阶段，其需求水平、利润水平等不同，因此企业需要采取不同的营销战略。

1. 产品生命周期的不同阶段

产品从投入市场到最终退出市场的全过程称为产品的生命周期。根据营销学家菲利普·科特勒的研究，依据产品的市场占有率、销售额、利润额的不同，典型的产品生命周期分为四个阶段，如表4-4所示。

表4-4　产品生命周期各阶段特点及策略

生命周期	企业情况	市场环境	营销策略
试销期	生产不稳定 生产成本高 销售费用低 利润低	熟悉产品者少 需求有限 销售渠道不畅 竞争者少	加强促销宣传 提高产品价格 鼓励消费者试用 吸引中间商
成长期	产品基本定型 生产批量化 成本降低 利润提高	营销渠道增多 市场占有率提高 涌入竞争者 价格开始下降	产品差异化 市场细分化 树立产品形象 调整产品价格
成熟期	产品定型 销售增长率下降 促销费用上升 利润下降	消费需求开始转移 营销渠道基本定型 竞争激烈 价格低	改进产品 开拓市场 调整营销组合
衰退期	产量降低 成本回升 经营出现亏损	消费需求减少 竞争者退出 促销作用不显著 价格最低	维护微利经营 缩减营销渠道 削价处理存货 停产退出市场

（1）试销期

这是产品开始进入市场，销售缓慢增长的时期。在这个阶段，由于产品进入市场支付的成本较高，但销售收益并不高，所以企业的利润几乎不存在。

在此阶段，企业营销的着眼点应是建立新产品的知名度，广泛宣传，大力推销，吸引潜在顾客的注意和试用，争取打通分销渠道，占领市场。

（2）成长期

这时产品迅速被市场接受，销售量锐增，销售利润也由负变正并快速上升。随着更多的生产者、经营者加入这个行列，竞争逐渐加剧。

企业必须保持良好的产品质量和服务质量，切勿因产品畅销而急功近利，片面追求产量和利润。广告宣传的重点转向厂牌、商标的宣传，使人们对该产品产生偏好。同时应增加新的分销渠道或加强原有分销渠道。

（3）成熟期

此时产品被大多数潜在购买者接受，从而造成销售额增加缓慢。在此阶段，企业为了维持已有的销售份额，其营销费用日益增长，利润稳定或者开始下滑。

此阶段营销工作的重点是宣传企业的信誉，增加产品系列，使产品多样化；再就是要千方百计稳定目标市场，使消费者"忠于"某个产品。

（4）衰退期

当销售量加速递减，利润也较快下降时，产品便步入了衰退期。

此时企业应当机立断，弃旧图新，实现产品的更新换代。有经验的营销员总结了三个字"撤、转、攻"策略。

"撤"，"甩卖"是撤的一种，"撤"还要讲究方法和策略。

"转"，有两层意思：一是转移目标市场，包括地域上的"转"；二是转移产品的用途，实际上是寻找和开发产品的新用途。例如，适合儿童使用的强化营养品的销路萎缩时，可以根据老年人生理上的需要进行研究，当发现老人的生理特点致使其有些营养成分的要求和儿童用强化食品相近时，便可以宣传产品的新用途，扩大目标市场。

"攻"，指在"撤"的同时采取进攻性策略。推出新产品是最典型的"攻"。

（五）新产品开发

随着科技的发展和社会的进步，以及市场竞争日益激烈，产品生命周期越来越短，迫使企业必须不断开发新产品，以适应市场需求的快速变化，从而获取利润。

1. 新产品的含义

市场营销学所说的新产品的概念与科学技术发展意义上的新产品的概念有所不同，其定义是：凡是消费者认为是新的、能从中获得新的满足的、可以接受的产品都属于新产品。

将新产品进一步分为以下四种。

（1）全新产品

全新产品指将新技术、新发明应用于生产过程而制造出的过去从未有过的产品。这类产品一旦在市场上打开局面，将会表现出很强的生命力，能够为企业带来较长期的利润。

此类产品一般研制时间长，技术条件高，企业成本投入比较多。

（2）换代产品

换代产品即在原有产品的基础上采用新材料、新工艺制造出的适应新用途、满足新需求的产品。例如，洗发水就是洗发膏的换代产品。

（3）改进产品

改进产品指对市场上现有产品的性能、规格型号等进行改进，以提高质量或实现多样化，满足不同消费者需求的产品。例如，面粉从原来的散装、大袋装（25千克），改为独立包装、小袋装（1～2.5千克）。

（4）新牌子产品

新牌子产品指在对产品实体微调的基础上改换产品的品牌和包装，带给消费者新的消费利益，使消费者得到新的满足的产品。例如，没有品牌的简装方便面，到现在的康师傅等多个品牌的方便面都属于品牌产品。

新产品的不断开发和涌现是企业的活力所在。美国著名管理学家杜拉克说："任何企业只有两个基本功能，就是贯彻营销观念和创新，因为它们能创造顾客。"创新是企业的基本功能之一，而创新通过新产品体现。

2. 新产品开发程序

①提出目标，收集构想。
②评核与筛选（过滤）。
③营业分析（或称财务分析）。
④产品实体开发。
⑤制订生产与营销计划。
⑥新产品正式进入市场。

（六）品牌与品牌策略

品牌是产品战略中的一个主要课题。日本索尼、丰田等建立了大量的品牌忠诚市场。

（1）品牌的含义

品牌是一种名称、术语、标记、符号或设计，或是它们的组合运用。其目的是帮助消费者辨认某个销售者或某群销售者的产品或服务，并使之同竞争对手的产品或服务区别开来。

品牌的实质在于卖者对交付给买者的产品在特色、利益和服务等方面的一贯性承诺。

（2）企业常用的品牌策略

①有品牌与无品牌策略。一般情况下，有品牌的产品更容易得到消费者的信任。为了保证竞争地位，企业均使用品牌。有时也可不考虑品牌，如对一些有固定规格、标准的矿石等原材料，或一次性销售的产品，考虑成本的节省，企业也可以不使用品牌。

②制造品牌与销售品牌策略。制造品牌指的是以制造商命名的品牌，销售品牌指的是以销售商命名的品牌。例如在家乐福超市购物，在摆放饮料的货架上，我们会看到以"家乐福"命名的各种饮料，"家乐福"就是销售品牌。

一般情况下，当制造者的实力、品牌的知名度及信誉高于其销售商时，销售产品以坚持使用制造品牌为宜；如情况相反，则以采用销售品牌为宜。

③家族品牌策略。家族品牌是指以一定的品牌为基础，并将该品牌与各种文字结合起来，使用在同一企业各类产品上的品牌，也叫派生品牌。

这种情况一般是用于价格和目标市场相近的产品。如美国柯达公司，在品牌"kodak"的基础上，推出了kodachrome、kodaguagh、kodascope、kodaline等一系列品牌。

采用此策略的企业的目的，首先在于显示其实力，加深消费者的印象；其次，借助于有较好声誉的品牌做"提携"，帮助新产品打开市场；最后，突出宣传一种产品，带动其他，节省促销费用。

但要注意的是，作为家族品牌的基础品牌，一定要有较高的声誉，最好是尽人皆知的名牌。

④单一品牌或等级品牌策略。与家族品牌策略相反，单一品牌或等级品牌强调不同产品、不同等级的产品应有各自的品牌。

企业往往在生产和经营的产品种类、价格、档次及质量有较明显的不同时，采用此策略。例如，美国宝洁公司的洗发水，有潘婷、飘柔、海飞丝等品牌。

三、价格策略

（一）企业定价的程序

企业定价是根据商品成本和市场供求情况，为取得理想的经济效益而在本企业经营目标的制约下制定的商品销售价格。一般来说，新产品定价程序包括以下六个步骤。

1. 选择定价目标

企业定价目标是以满足市场需要和实现企业盈利为基础的。它是实现企业经营总目标的保证和手段，也是企业定价策略和定价方法的依据。企业通常通过定价来追求以下主要目标。

（1）维持生存

只要价格能高于平均固定成本的最低点，企业就可以维持生存。但维持生存只是一个短期目标，从长远来看，企业必须提高产品的剩余价值，否则，长期的低价策略将使企业面临破产的危机。

（2）当期利润最大化

大部分企业希望制定一个能够使当期利润最大化的价格。在估计成本和需求的基础上，企业选择一种价格，应尽可能使当期利润、现金流量或者投资报酬率达到最大。

（3）市场占有率最大化

有些企业希望通过定价来控制市场地位，使市场占有率最大化。因为企业获得较大的市场份额之后，将享有最低的成本和最高的长期利润。

（4）市场撇脂最大化

市场撇脂定价是指在产品生命周期的最初阶段新产品初上市时，把产品的价格定得很高，以攫取最大利润。

许多企业喜欢制定高价来"撇脂"市场。如生产出某种新产品之后，便根据产品成本和市场需求制定较高的市场价格，从而在短期内获得最大的利润。市场撇脂定价必须具备以下条件。

①新产品比市场上现有产品有显著的优点，能使消费者"一见倾心"。

②在产品初上市阶段，早期购买者对价格反应不敏感。

③短时期内由于仿制等方面的困难，类似仿制产品出现的可能性小，竞争对手少。

（5）产品质量领先

有些企业的目标是以高质量的产品、优质的配套服务占领市场，从而树立名牌企业、名牌产品的形象和产品质量领袖的地位。这需要采取高价策略，以弥补高质量所耗费的研发费用和生产成本。例如，光明乳业就是靠产品质量领先的营销策略取胜的。

2. 考察市场需求

价格会影响需求。在正常情况下，价格提高，市场需求会减少；价格降低，市场需求会增加。

不同产品需求，价格弹性不同。对富有弹性的产品，企业可以采取适当降价的策略，薄利多销，以刺激需求，促进销售，增加收入。如耐用品、高档商品（房子、汽车、金银首饰、珠宝）等。

对缺乏弹性的产品，价格的变动对需求没有多大作用，如日用品（食盐）等。应采取稳定价格的策略，只有在供不应求时才可大幅度提价。

3. 估算商品成本

产品的市场价格一般要高于平均成本的最低点，即最小平均成本。产品价格如果高于平均成本的最低点，则每单位产品收益大于所付出成本，厂商盈利；如果价格低于平均可变成本，则厂商收益根本无法弥补固定成本和可变成本的损失。

4. 分析竞争者

产品的最高价格取决于市场需求，最低价格取决于该产品的成本费用，而竞争对手产品的成本、价格有助于企业制定合适的价格。企业通过比较本企业与竞争对手的产品和价格，以便了解自己产品是否具有优势、应制定什么样的价格。

如果两个企业所生产产品的质量大体一致，二者的价格应该大体一致，否则本企业的产品可能会失去一部分顾客；如果本企业的产品质量较高，产品价格可以定得较高；质量较低产品的价格应定得低一些。

作为市场上的竞争者，应该做到随机应变，针对市场状况随时调整产品价格，综合运用营销组合变量，争夺顾客，扩大销售额。

5. 选择定价方法

企业在制定价格的时候应全面考虑顾客需求、成本和竞争者价格这三个因素。但是，在实际定价工作中往往只能侧重某一个方面的因素，并以此作为定价的主要导向。定价的方法主要有以下几方面。

（1）成本导向定价法

成本导向定价法是一种以成本为依据的定价方法，包括成本加成定价法、目标利润定价法。

①成本加成定价法。成本加成定价法是以全部成本作为定价基础。首先要估算产品的全部成本，再加上按目标利润率计算的利润额，最后得出产品的价格。

例如，某皮鞋厂的单位成本为105元，加成（利润额）20%，即21元，两者相加就得到皮鞋的售价126元。零售业、建筑工程、航空公司等的定价一般采用这种方法。

②目标利润定价法。目标利润定价法即根据估计的总销售收入（销售额）和估计的产量（销售量）来指定价格。

$$目标价格＝总收入÷生产总量$$

假设企业的生产能力为100万个，估计未来时期80%的生产能力能开工生产，则可生产、出售80万个产品；生产80万个产品的总成本估计为1000万元；若公司想得到20%的成本利润率，则目标利润为200万元；总收入为1200万元，1200÷80＝15，得到目标价格为 15 元。

（2）需求导向定价法

这是一种以消费者需求为中心的企业定价方法。它是根据消费者对商品的需求强度和对商品价值的认识程度来制定企业价格。主要有以下两种方法。

①理解价值定价法。理解价值定价法是指企业按照消费者对商品及其价值的认识程度和感觉定价。

例如，一小瓶法国名牌香水的成本不过几欧元，售价却高达数十欧元。其他普通牌子的香水即使质量已赶上该名牌产品，也卖不了那么高的价格，这就是名牌效应造成的顾客认同上的差别。

企业往往利用市场营销组合中的非价格因素影响消费者，使他们在脑子里形成一种"价值察觉"，然后据此来制定价格。

②区分需求定价法。区分需求定价法又叫差别定价法，是企业在特定条件下，根据消费需求差异定价方法。例如，旅游景点淡季、旺季定价不同；音乐厅门票根据座位位置的不同定不同的价格。

（3）竞争导向定价法

竞争导向定价法是一种以竞争对手产品价格为主要定价依据的定价方法，主要包括以下三种具体方法。

①随行就市定价法。随行就市定价法是指企业按照行业的平均现行价格水平来定价。在竞争激烈的情况下，这是一种与同行和平共处、比较稳妥的定价方法，可避免风险。

②追随定价法。追随定价法，即企业以同行业主导企业的价格为标准制定本企业的商品价格。例如，同行业中实力最强、影响最大的企业的单位产品定价为 15 元，本企业可根据产品、需求的具体情况，将本商品的单位定价定在 14～14.9 元之间。此方法可避免企业之间的正面价格竞争。

③密封递价法。该定价法通常采用密封投标的形式，参加投标的企业事先根据招标广告的内容将本企业的价格分别密封地交给招标单位以参加竞争，争取本企业中标。

大宗物资的采购、工程项目兴建、仪器设备引进、矿产能源开发、交通运输投资等大都采用这种方式定价。

6. 选定最后价格

在确定最后价格时，企业必须遵循以下原则：

①产品价格的制定与企业预期的定价目标一致。

②产品价格的制定符合国家政策法令的有关规定。

③产品价格的制定符合消费者整体利益及长远利益。

④产品价格的制定与企业市场营销组合中的非价格因素协调一致，互相配合，为达到企业营销目标服务。

（二）价格调整策略

企业根据不同的定价目标，选择不同的定价方法实行定价之后，还要根据复杂的市场情况，采用灵活多变的方式适当地调整产品的价格。为此，企业要分析地理定价、价格折让和折扣、差别定价以及新产品的定价方法等价格调整策略。

1. 地理定价

地理定价策略是指企业根据不同区域的顾客决定其产品的定价方法。这是一种价格的调整策略。

与地理位置有关的价格调整策略，主要是在价格上灵活反映和处理运输、装卸、仓储、保险等多种费用。

这种策略在国际贸易中更为普遍、常见。根据产品的流通费用在买卖双方中分担的情况，表现为各种不同的价格。

2. 价格折扣与折让

产品的基本价格制定后，大多数企业通常都酌情调整其基本价格，以鼓励顾客及早付清货款、大量购买或增加淡季购买。这种价格调整叫做价格折扣或折让。

3. 差别定价

企业往往根据不同顾客、不同时间和场所来调整产品价格，实行差别定价，即对同一产品或劳务定出两种或多种价格。但这种价格差别与成本变化无关。例如，不少歌厅在上午 10 点至下午 6 点，凌晨至早上 6 点的价格是晚上 7 点至 11 点这段时间的 30％。

实行差别定价的前提是：市场必须是可细分的，且各个细分市场的需求强度是不同的；产品不可能转手倒卖；高价市场上不可能有竞争者削价竞销；不违法；不会引起顾客反感。

 小贴士

营销小案例

某儿童玩具厂家为暑期加大一种智力玩具的销量，煞费苦心地在产品上捆绑了一种时下在小学生中非常流行的飞镖玩具，以期博得他们的青睐。但结果令他们非常失望：销售额还不如上一个月。后来他们通过调查才发现，有许多家长认为这种飞镖玩具的安全性有问题。

在促销活动中，信息沟通尤为重要。

品质和价格是商品经营中的重要问题。沃尔玛主要采取了价格折扣的价格策略。在75000 种商品中，沃尔玛精选出 80 种商品以优惠的价格推出，从而取得了竞争的胜利。当然，一个理想的超市应以价格合理为主要特色，而后是货物齐全，最后是卫生、服务等其他因素。沃尔玛在这些方面也存在优势，因此长久立于不败之地。

四、促销策略

(一) 促销与促销组合

1. 促销的含义

从市场营销的角度看，促销是企业通过人员和非人员的方式，沟通企业与消费者之间的信息，引发、刺激消费者的消费欲望和兴趣，使其产生购买行为的活动。

现代营销理论特别强调，企业促进销售的实质是信息的沟通，强调促销中企业信息沟通者的身份和作用。每个企业都不可避免地身兼两种角色：信息沟通者和促销者。

2. 促销组合

促销组合，就是企业对推销、广告、营业推广、公共关系等各种促销方式的选择、组合的营销策略。

（二）推销

1. 推销的含义

人员推销，指企业利用推销人员推销产品。它是一种传统的、有效的促销方法，尤其在工业产品的销售中，对于开拓市场、联络客户和扩大销售具有重要作用。

2. 推销的技巧

根据不同的推销场合、气氛、对象、商品，人员推销应采取不同的推销策略和技巧，以吸引顾客，激发购买欲望，促成交易。

（1）建立和谐的洽谈气氛

推销人员与顾客洽谈时，首先应注重自己的仪表、服装，还应该懂礼貌、有教养，给顾客一个良好的印象，做到稳重而不呆板、活泼而不轻浮、谦逊而不自卑、直率而不鲁莽、敏捷而不冒失。

（2）开谈的技巧

在开始洽谈阶段，推销人员应巧妙地把谈话转入正题，做到自然、轻松、适时。可采取以关心的方式入题、以赞誉的方式入题、以请教的方式入题或以夸耀的方式入题，顺利提出洽谈的内容，以引起顾客的注意和兴趣。

（3）排除推销障碍

①排除来自顾客的障碍。如果发现顾客欲言又止，推销员应自己少说话，直截了当地请顾客充分发表意见，以自由问答的方式真诚地同顾客交换意见和看法。对于顾客一时难以纠正的偏见和成见，可将话题转移；对于恶意的反对意见，可以"装聋作哑"，或用适当话语敷衍过去。

②排除价格障碍。对高价商品，应充分介绍和展示商品特色，使顾客感到"一分钱一分货"；对低价产品，介绍定价低的原因，使顾客感到物美价廉。

③排除习惯势力障碍。实事求是地介绍顾客不太熟悉的产品，并将该产品与他们已经习惯购买的商品相比较，让顾客乐于接受新产品；还可通过相关群体的影响使顾客接受新的消费观念。

3. 上门推销的技巧

①找好上门的对象。可以通过亲朋好友等关系介绍；可以通过报纸杂志所提供的重要线索寻找；也可根据人们的衣着、谈吐、举止、购买行为等表现，判断其家庭、工作、职业状况等，捕捉合适的潜在购买者。

②做好上门推销前的准备工作。必须准备好三方面的资料：一是关于本企业和产品的资料，要十分熟悉，了如指掌；有问必答。二是关于顾客的个人要求和买方企业的情况和要求。三是关于同行竞争者产品的特点，竞争能力和市场定位等情况。

③掌握"开门"的方法。一是选好上门的时间，以免吃"闭门羹"。二是可采用熟人引荐、名片开道、同有关人员交朋友等策略，赢得客户欢迎。

④把握恰当的成交时机。应善于体察顾客的情绪，在给顾客留下好感和信任时，抓住机会发动进攻，争取签约成交。

⑤学会推销交谈艺术。在交谈中，推销人员应谦虚严谨，注意让顾客多说话，认真倾听，表示关注和兴趣，并做出积极反应。

 小贴士

营销小故事

一位铅管和暖气材料的推销商多年来一直想跟另一位铅管商做生意。但一开始，推销商吃足了苦头，那位铅管商是一位以无情、刻薄而著称的人。他坐在办公室里，每次推销商打开门时，他就咆哮着说："今天什么也不要！不要浪费时间！走开吧！"

然后有一天，推销商换了另一种方式，使他们建立了生意上的关系，交上了朋友，并得到可观的订单。

那时，推销商的公司正准备在某社区办一家新公司。推销商知道，那位铅管商对那个社区很熟悉，并且做了很多生意。因此，再去拜访时，他说："先生，我今天来不是推销的，我是来请你帮个忙的。不知您能否抽出时间和我谈谈？"

那位铅管商转过身来说："什么事？快说。""我们公司想在××社区开家新公司，你对那个地方很了解，想请教你对那里的看法。""请坐"，他拉过一把椅子，接着用了一个多小时，详细谈了那个社区铅管市场的特性和优点。于是，谈话不知不觉扩展到私人方面。

"那天晚上我离开时，"推销商说，"我不但口袋里装了一大笔订单，而且还建立了开展业务的友谊基础。这位过去常常骂我的家伙，现在常和我一块儿打高尔夫球。"

（三）广告

广告是现代企业最为重要的沟通和促销方式之一。随着商品经济的发展，广告的重要作用愈加突出。

1. 广告的含义

广告是由明确的广告主在付费的基础上，采用非人际的传播形式，对观念、商品及劳务进行介绍、宣传的活动。

2. 广告决策流程

广告决策是指在企业营销战略的指导下，对企业广告活动进行一系列的规划和控制过程。广告决策制定过程包括下列五项内容。

（1）广告目标决策

广告目标是企业借助广告活动所要达到的目的。广告目标不仅取决于企业整体的营销组合策略，还取决于企业面对的客观市场情况。可供企业选择的广告目标概括为以下3种。

①为了提高知名度。主要用于新产品的开拓阶段，目的是唤起初步需求。

②为了建立需求偏好。使目标购买者从选择竞争对手的品牌转向本企业的品牌。

③为了提示、提醒。主要是为了保持消费者对产品的记忆。一般用在产品生命周期的

成熟期，起到强化作用，使已购买产品的顾客相信购买选择是正确的。

（2）广告预算决策

广告预算是企业为从事广告活动而准备投入的费用。制定广告预算要考虑五方面因素。

①产品生命周期。介绍期产品的广告费用最高，而成熟期产品的广告预算相对缩减。

②市场份额。市场份额高的产品只需维持其市场份额，因此预算在销售额中的比例较低。若企业想扩大某产品的市场份额，须加大广告费用。

③竞争。市场竞争激烈的产品，广告费用较高，否则将难以维持市场份额。

④广告频率。频率高，则需要较高的广告预算。

⑤产品替代性。若与其他同类产品极为相似，就需要较高的广告预算，以树立差异形象。

3. 广告信息决策

这一决策的核心问题是设计一则有效的广告信息。信息能引起消费者注意，并产生兴趣，致使他们采取购买行为。

（1）广告媒体决策

恰当选择广告媒体，争取以最低的广告费用达到最佳沟通目标。

①确定广告媒体的触及面、频率及效果。

②评价广告媒体。每一类媒体都有一定的优点和局限性，认识媒体的特性，是正确选择的前提。

③选择具体的媒体。要选择一个具体的成本效益最佳的媒体，还要考虑其他因素，如目标市场的媒体习惯；企业生产产品或服务的性质、广告信息内容、媒体成本差别等。

（2）评价广告效果

广告效果是指媒体传播后所产生的影响。评估的内容包括两方面：一是传播效果，指广告对于消费者知晓、认知和偏好的影响；二是销售效果，指广告的推出对企业产品销售的影响。

（四）营业推广

1. 营业推广的含义

在促销过程中，为配合广告宣传和人员推销，经常开展一些刺激中间商和消费者购买的活动。营业推广的目的就是使消费者或中间商即兴购买。

2. 对消费者的营业推广

①优惠券。持有者可在购物时享受一定数量的减价优惠。

②样品。免费赠送样品，这是一种介绍新产品的最有效和最昂贵的方式。

③赠品。赠品有三种主要形式：随附赠品、免费邮寄赠品、低价赠奖。

④特价包装。特价包装是为了与市场上同类产品相竞争，吸引顾客连续购买本企业的产品，而对产品的零售价格进行一定数量的优惠。

⑤退款优惠。退款优惠即消费者从零售商店购买商品后，把夹在商品中的证明寄给厂商，就可以收到企业寄回的一定数额的退款。

⑥有奖销售。有奖销售即顾客购买产品时，为其提供一个获奖的机会，一旦中奖，可获得奖金或奖品。

⑦以旧换新。这种形式对巩固原有市场和更新产品有很好的效果。

⑧现场陈列和示范。现场向顾客讲解和演示产品的使用或特点，鼓励顾客试用。

⑨折扣和减价。在产品成熟期，卖主采用减价的办法扩大销售。

3. 对中间商的营业推广

①降低价格。劝诱更多的中间商购买，鼓励中间商更多购物的有效方法是降价。

②鼓励中间商降价。鼓励中间商推销产品，这种方式是通过使中间商参与制定商品促销活动，来激励其推销热情。

③协助中间商经营。可采取的措施有业务会议、商业信用、特别推销会、经销津贴、价格保证、互惠促销展览或展销、促销竞赛、折价购货、免费赠送、广告补助和展示补助等形式，激励中间商经营本企业产品。

（五）公共关系

公共关系是通过宣传推广活动使广大公众理解和认识企业，进而树立企业形象。它是现代市场促销策略中的重要组成部分，旨在加强企业与公众的相互关系。

 小贴士

35 次紧急电话

一天下午，在日本东京百货公司，售货员彬彬有礼地接待了一位购买唱机的美国女顾客。售货员为她挑选了一台"索尼"牌唱机，但事后售货员发现自己错将一个空心唱机货样卖给了那位美国女顾客。于是，她立即向公司报告。警卫四处寻找那位女顾客，但不见踪影，于是向经理作了汇报。

经理接到报告后，马上召集有关人员研究部署。他们当时只知道那位女顾客叫基泰丝，还有她留下的一张"美国快递公司"的名片。以此仅有的线索，公司公关部连夜开始了一连串近似大海捞针的寻找。

他们先是打电话，向东京各大宾馆查询，但毫无结果。后来又打国际长途，向纽约的"美国快递公司"总部咨询。深夜接到回话，得知基泰丝父母在美国的电话号码。接着，他们找到了基泰丝的父母，进而打听到基泰丝在东京的住址和电话号码。

几个人忙碌了一夜，总共打了 35 个紧急电话。第二天一早，公司给基泰丝打来道歉电话。十分钟后，公司的副经理和提着大皮箱的公关人员赶到基泰丝的住处。两人进了客厅，见到基泰丝就深深鞠躬，表示歉意。他们除了送来一台新的优质"索尼"唱机外，又加送著名唱片一张、蛋糕一盒和毛巾一套。接着，副经理打开记事簿，告诉她怎样通宵达旦查询基泰丝住址及电话号码、及时纠正这一失误的全部过程。

基泰丝被他们这种把顾客当"上帝"的服务精神深深感动，她买这台唱机，是准备作为见面礼送给东京外婆的。回到住所却发现，唱机根本没有装机芯，不能用。当时她火冒三丈，觉得自己上当受骗了，立即写了一篇题为《笑脸背后的真面目》的批评稿，并准备第二天一早就到公司兴师问罪。没想到，公司及时纠正失误如同救火，为了一台唱机，花费了这么多精力。这种做法，基泰丝深为敬佩，她立即撕掉批评稿，并重写了一篇题为

《35次紧急电话》的特写稿。

《35次紧急电话》稿件见报后，反响十分强烈，百货公司因为一心为顾客着想而声名鹊起，门庭若市。后来，这个故事被美国公共关系协会推荐为世界公共关系的典范案例。

资料来源：陈书凯．小故事妙管理．中国纺织出版社

1. 公共关系的活动对象

企业的公共关系对象通常分为两大类：内部公众和外部公众。

（1）内部公众

内部公众主要有职工、股东等。

（2）外部公众

外部公众主要有政府、新闻媒体、顾客、中间商、竞争者、社区等。

无论是内部公众还是外部公众，都是企业公关的重要对象。外部公众通常包括以下几项。

①职工。职工是企业的主体，是产品的生产者与经营者。企业与职工的关系如何，直接影响到企业的声誉和形象。没有职工的满意，就不可能有顾客的满意。日本许多企业十分重视协调与内部职工的关系，通过加强民主管理和企业文化建设来增强企业的凝聚力、向心力，从而大大调动了职工的积极性，增进了团结。

②政府。企业在从事生产经营活动中，需要遵循政府制定的政策规定，接受政府的监督。政府是企业的重要公众。企业要善于处理与政府的关系，一方面严格按政策规定办事，自觉接受监督；另一方面，要求得到政府的支持和合作。

③新闻媒体。新闻媒体是大众传播组织。企业要在大众心目中树立良好的形象，离不开新闻媒体的宣传。因而，协调好与新闻媒体的关系也是十分必要的。

企业不仅要向新闻媒体提供具有新闻价值的真实素材供其正面宣传，而且在必要时要敢于自揭其短，求得公众的认可和谅解。特别是在新闻媒体把企业的问题"曝光"时，更要注意协调与新闻媒体的关系，亡羊补牢，避免问题进一步恶化，尽量减轻不利影响。

④顾客。顾客是企业产品的接受者，是最重要的公众。协调与顾客的关系，一方面要增进与顾客的感情，争取顾客的好感；另一方面要消除顾客的抱怨和不满，为顾客排忧解难。

由于顾客是企业的买主，关系处理得是否妥当，直接影响到促销效果。许多企业认为，80%的销售额是由20%的顾客创造的。因而如何留住顾客，成为企业促销尤其是公关的焦点。

⑤竞争者。在同一行业中，企业之间互为竞争者，双方都需要协调关系。过去那种"你死我活"的竞争关系已为许多企业所摒弃，取而代之的是一种"携手共进、互存互荣"的新型竞争关系。就是说，企业在市场竞争中，不再把竞争对手视为"敌手"，而应当作"朋友"、"伙伴"看待，通过正当的竞争求得共同发展。

⑥社区。社区公众是企业所在地一切群体的总和，是企业赖以生存和发展的空间基础。协调好与社区公众的关系，能够为企业发展创造一个良好的周边环境。企业应多为社区公众谋利益，做一个"好邻居"、"好居民"，赢得社区公众的信赖和好评。

2. 开展公共关系活动的方法

①宣传报道。通过各种新闻媒体和企业自有媒体传播企业信息，包括记者招待会、新

闻发布会、企业年度报告、产品宣传册、新闻通讯、人物专访等途径。宣传报道是一种卓有成效的公关方法。企业自己编写和散发各种宣传材料，也是一种宣传的方法。

②参与社会活动。企业积极参加各种社会福利活动和公益活动，如赞助体育活动、文艺活动，参加慈善救济、福利捐赠活动，帮助公共设施建设、教育事业，参与防治环境污染，维护社区安全等活动，赢得社会各界公众的信任和好感。例如，1998年我国长江流域发生百年不遇的大洪水，不少企业纷纷解囊，为灾区人民献上一片爱心，获得社会的好评。

③举办专题活动。企业举办各种专题活动，如企业庆典、参观访问、知识竞赛、职工联欢会、运动会、展览会、座谈会等，借以扩大企业影响，加强与外界公众的联系。

在举办这些专题活动时应注意，既要办得有声有色，又要尽量节约开支。

④公关广告。公关广告不同于产品广告。产品广告是用于推销产品的，公关广告是塑造企业形象的，如公益广告、鸣谢广告等。

进行公关广告活动有利于增进社会各界对企业的了解，进一步融洽相互关系，扩大企业的社会影响力。

营业推广活动是企业营销组合的重要策略之一。在激烈的市场竞争中，企业不仅要开发适销对路的产品，制定具有竞争力的价格和选择合理的分销渠道，还要及时、有效地将产品或劳务信息传达给顾客，激发消费者的购买欲望和兴趣，促其实现购买行为。

五、分销策略

（一）分销渠道及其类型

1. 分销渠道的含义

分销渠道是指将产品和服务从生产者向消费者转移的过程中所经过的各中间商连接起来的通道。

分销渠道包括商人中间商、代理中间商、经纪人和提供各种服务的辅助机构，以及处于渠道起点和终点的生产者与消费者。

2. 分销渠道的类型

（1）批发商

批发商向生产企业购进商品，然后转售给其他批发商、零售商、产业用户和各种非营利组织。

批发商具有如下特点。

①业务量大。批发商业务量一般比零售商大，业务覆盖的区域也比较广。

②地理位置优势。由于批发商不直接面对个人消费者，所以批发商所处的地理位置是否接近商业中心并不重要，而所处位置的交通和通信条件更加重要。

③推销方式特殊。批发商采用的促销方式一般为人员推销，较少用广告或根本不用广告；批发商在其所经销的产品线内，通常经销多种品牌，甚至所有同类企业相互竞争的产品。

（2）居间商人

居间商人包括三个类别，即代理商、经纪人和信托商。

与商业批发商的本质区别是他们对商品没有所有权，主要功能就是促进买卖，从而获得销售佣金。销售佣金大约占销售额的 2%～6%。由于没有独立投资，他们在商品分销过程中不承担风险。

（3）零售商

它是指将商品直接销售给最终消费者的中间商，处于商品流通的最终阶段。它最基本的任务是直接为消费者服务。

（二）分销渠道策略

1. 普遍性销售

普遍性销售又叫密集分销，即生产企业对经销商不加任何选择，经销网点越多越好，力求使产品能广泛地和消费者接触，方便消费者购买。

这种策略适用于价格低廉、无差异性的日用消费品，或者生产资料中的标准小工具等。

2. 选择性销售

生产企业选择几家批发商或零售商销售特定的产品，如采取特约经销或代销的形式把经销关系固定下来。

选择性销售策略大都用于一些选择性较强的日用消费品和专业性较强的零配件以及技术服务要求较高的产品。企业选择这种策略可以获得经销商的合作，有利于提高经销商的经营积极性，也可以减少经销商之间的盲目竞争。

3. 独家销售

即生产企业在特定的市场区域内，仅选择一家批发商或代理商经销特定的产品。这种策略一般用于新产品、名牌产品以及有某种特殊性能和用途的产品。

 **课堂案例讨论**

中国品牌"潜入"美国影视剧

在热播美剧《生活大爆炸》中，有一个 IQ 高达 187 的天才"谢耳朵"，他率真的性格总是让观众狂笑不已。这一次，他让中国的"谢耳朵迷"们惊呆了：这个固执的、习惯谁都不能阻止或更改的"科学宅男"喝的是中国奶！

当"谢耳朵"和克莱皮克打算就新办公室的归属权进行谈判时，一盒中国消费者熟悉的本土产品——伊利舒化奶被放在"谢耳朵"家中的桌子上。这是热播美剧《生活大爆炸》第五季第 17 集中的画面。长达 3 分钟的镜头使得这盒中国牛奶成为该集里"最耀眼的明星"。"中国品牌真是无孔不入啊！"论坛里、微博上到处议论纷纷，褒贬不一。截至目前，这一集在购买该剧版权的搜狐网站上的点击率已超过 391 万次。

人们发现，伴随着引进美剧版权的增多，再借着网络视频红火的东风，越来越多的中国企业走上了"出口转内销"的植入广告之路。"美国观众看到这个桥段时都笑了"。

"因为《生活大爆炸》中谢耳朵的室友莱昂纳德患有乳糖不耐症，喝普通牛奶会拉肚子。而舒化奶就是去除了乳糖的牛奶，这样的植入合情合理。"影工场文化咨询有限公司总裁刘思汝说，她就是将中国品牌植入美国影视剧的"幕后操控者"。

与植入《生活大爆炸》相比，伊利舒化奶与《变形金刚3》的合作是一个艰难的过程。当时伊利的要求是台词、产品植入加联合推广。但是当《变形金刚3》的导演迈克尔·贝听说有牛奶公司要植入广告并要求有产品特写和台词植入时，他的第一反应是"这怎么可能？这种奶在北美根本没有销售。"

经过反复沟通，影工场最终说服迈克尔·贝接受这样的假设：剧中的华裔喜欢中国的饮料，并且会去唐人街特地去买这个品牌的牛奶来喝。"舒化奶在剧中担任的是喜剧作用，美国观众看到这个桥段时都笑了。如果我放一瓶可口可乐，就不会有那样的喜剧效果。"当电影在院线上映后，迈克尔·贝说。

除了伊利外，《变形金刚3》中还可以看到其他的中国品牌，男主角穿着美特斯邦威MTEE经典九宫格图案的T恤，有1分多钟的完整镜头；女主角最喜欢的小机器人，最后变形成了联想最新款的笔记本电脑；TCL智能3D电视也变形成了机器人。

中国品牌首次和美国影视剧亲密接触是在2009年的《变形金刚2》中，"记得当时《变形金刚2》已经拍摄完毕了，美特斯邦威的广告公司找到我们，我也是顺水推舟并没有太在意这件事，后来影片制片人竟答应可以做LOGO标识的植入。这件事给了我启发。第二年我就自己成立公司辟出一项业务，专门介绍中国公司植入好莱坞大片。"刘思汝回忆说。

正是《变形金刚2》的成功实验，中国企业和好莱坞共同发现了这一"出口转内销"的广告植入市场。越来越多的中国品牌出现在美国影视剧中。植入美剧给中国品牌带来收益。

中国品牌热衷在美国影视剧中植入广告背后，是全球影视剧植入广告流行的大趋势。据英国《卫报》报道，全球植入广告总体收入将上涨，尤其是在欧洲。近日，一家英国银行将自动提款机放入了电视剧《加冕街》拍摄场景中的便利商店，这是该剧在播放了51年之后在剧中植入的第一个广告。而长久以来，英国一直禁止在电视剧中植入广告，直到今年2月28日才解禁。

有专业人士推算，中国植入广告市场每年以40%～50%的速度增长，这种爆发式的增长催生了一大批专门从事品牌内容营销的公司，一家专门从事品牌植入的公司在3年内的营业收入达上亿元。从2012年开始，中国将在原本每年引进20部美国电影的基础上增加14部IMAX或3D电影，再加上视频网站纷纷与美剧进行版权合作，都为中国品牌植入到美国影视剧提供了广阔的市场。

分析美国影视剧给中国品牌带来的直接利益，以伊利为例，《变形金刚3》上映期间，舒化奶全线品牌销量同比增长了12%，最常饮用率提升了4.4%，舒化奶品牌美誉度也上升了15%～17%。同样，TCL的财政报告也显示出《变形金刚3》为其带来的收益，2011年1至10月，TCL液晶电视的全球销量达811.88万台，同比增长40.08%，企业先后两度调高全年出货量，从850万台增至1020万台，成为行业第一。"不管怎样，好莱坞大片和热播美剧对中国品牌在市场上认知度的提升有很大的促进作用。"中国企业品牌研究中心副主任、首席专家黄琦分析说。

而当年《变形金刚3》的制作人戴维·利纳曾坦言："对于制作成本，产品植入并不能达到降低成本的目的。但像伊利、美特斯邦威、TCL、联想等品牌，给予了大量宣传方面的支持，品牌对影片宣传最有利，能增加电影的知名度和票房。"并非所有品牌都适合海外植入。

目前，国内的植入广告市场还不像国外那么成熟。国内品牌与好莱坞电影合作就存在一些潜在风险，比如电影审查风险。一般中国品牌要运作一次植入，需要提前一年与制片方谈判合作。而这一年中要面临无数变数，最大的风险是影片没能通过审查，导致无法在内地播出。

长期从事品牌战略研究的黄琦认为中国企业品牌传播有很多种载体，美国影视剧只是其中的一个。不可否认，植入广告是一种非常重要的品牌传播手段，但是不能盲目跟风。在《生活大爆炸》成功营销的基础上，目前有意向在美剧中投放植入广告的中国企业已经接近 10 家。

资料来源：陈娟. 国际先驱报道，2012 年 4 月 5 日

本 章 小 结

本章浓缩了《市场营销学》这门课程的主要内容，重点讨论了作为现代企业，必须具有市场营销观念的经营理念，并且在企业选定目标市场的基础上，综合考虑环境、能力、竞争状况对企业自身可以控制的因素（4P）加以最佳组合和运用，以完成企业的目标与任务。本章有如下要点。

（1）市场与市场营销的含义；

（2）消费者购买行为分析；

（3）市场细分的方法及目标市场营销的策略；

（4）市场营销组合（4P）策略，归纳为产品策略、价格策略、分销策略和促销策略四方面的内容。

规划与执行市场营销策略主要体现在市场营销组合的实施上。因为篇幅有限，有些内容不能展开来写，所以请读者在学习时参考《市场营销学》中的相关内容，以便理解得更透彻。

思 考 与 练 习

一、填空题

1. 绿色营销是指企业在营销过程中充分体现环保意识和_____，从产品的设计、生产、制造、废弃物的处理方式，直至产品消费过程中制定的有利于_____的市场营销组合策略。

2. 家族品牌是指以一定的品牌为基础，并将该_____起来，使用在同一企业各类产品上的品牌，也叫"_____"。

3. 分销渠道是指将_____和_____从生产者向消费者转移的过程中所经过的各中间商连接起来的通道。

二、选择题

1. 产业市场与消费者市场相比，具有如下鲜明的特征：（   ）。

A. 购买者数量多　　B. 交易量大　　　C. 区域相对集中　　　D. 引申需求

2. 生产者市场的细分主要以下因素为划分依据：（   ）。

A. 用户类别　　　B. 用户规模　　　C. 地理位置　　　D. 行为因素

3. 对中间商的营业推广包括：（   ）。

A. 降低价格　　　B. 协助中间商经营

C. 有奖销售　　　D. 新产品开发

三、判断题

1. 消费者市场又称消费品市场或始端市场。（　　）

2. 现代市场营销实质上是针对目标市场的营销。（　　）

3. 新牌子产品就是在对产品实体微调的基础上改换产品的品牌和包装。（　　）

四、名词解释

1. 市场营销组合

2. 产品整体含义

五、简答题

1. 进行消费者市场细分的依据主要有哪些？以手机市场为例，根据行为变数，应怎样细分这一市场？

2. 制定企业促销组合策略应考虑的因素主要有哪些？

工作导向标

廖祁源在药店的营销

廖祁源今年刚毕业，学的是市场营销，最近找到了一份药材推销员的工作。下面是他的日常工作流程。

1. 制订走访计划

他接到工作任务后，根据前期工作情况和终端档案及网络情况，确定当天走访哪些药店，哪些是重点，当天要解决哪些主要问题等，制订详细的走访计划。

2. 做好准备工作

他首先要熟悉所推销的产品，准备好走访时需携带的宣传品，以及胶水、胶带、剪刀，准备好问卷、小礼品。

3. 工作原则

先远后近，即先从公司最远的药店做起，避免有遗漏。

4. 产品进入某一家药店的工作步骤

（1）看户外。看户外有没有他推销的产品的广告，若没有，应及时补上。

（2）勤问候。向药店营业员问候，不时带点小礼品沟通感情，同时询问本企业产品的销售情况和竞争对手的销售情况，以及营业员对本企业的意见、建议。

（3）查户内。检查户内广告的产品摆放，及时调整，以达到最佳状态。

（4）快记录。把询问的各种情况如实记录。

（5）提要求。针对实际问题，向药店提出他的要求，尽量达到目的。

（6）礼貌离开。

5. 终端检查

为了使终端工作（店头货物管理、有效的零售场所（药店）管理与服务）有计划、有步骤地落实、推进，他必须对终端工作定期进行检查，并建立好相应的终端检查记录档案。

6. 总结分析

他根据当天的走访情况进行总结分析，完成包装数量、产品销售情况汇总，竞争对手情况汇总，营销态势分析并提出建议（例会时上呈）。市场终端工作检查人员根据当天的检查情况对他的成绩给予肯定，发现问题，及时总结分析，重大问题要求他立即整改，一般问题要例会检讨。

思考题：请参照相关资料写出任何一个行业推销员的日常工作流程。

经 典 案 例

索尼公司驯服"带头牛"

日本索尼公司的彩色电视机现已誉满全球。但是，在20世纪70年代中期，当它出现在美国市场上时，还是一种受人歧视的"杂牌货"。当时，卯木肇先生新任索尼公司国外部部长，其首要任务是打开美国市场的销路。他风尘仆仆地来到美国芝加哥。

公司前任国外部部长曾多次在芝加哥市报纸上刊登广告，并削价销售索尼彩电。然而，即使一再削价，销路仍然不畅，反而使产品形象变得低贱，愈加无人问津。

在日本畅销的优质商品，为什么到了美国就落得如此冷落的下场呢？卯木肇先生日夜思考这个问题，试图找出打开销路的办法。

一天，夕阳西下时分，他偶然经过一处牧场。看到一群牛跟在一头雄壮的公牛后面陆续走进牛栏。卯木肇触景生情，灵感突发，悟出一种销售索尼彩电的办法：眼前这群庞然大物规规矩矩地被一个不满三尺的牧童所驯服，是因为牧童牵着"带头牛"。索尼彩电在芝加哥要是能找到一家"带头牛"商店率先销售，不是很快会打开局面吗？

经过考察研究，卯木肇选定当地一家最大的电器零售店马歇尔公司作为主攻对象。第二天，他兴冲冲地赶到马歇尔公司求见其总经理。名片经秘书递进去，很久才退回来。回答是"经理不在"。卯木肇心想："刚刚上班，经理肯定在办公室。也许是他太忙，不愿接见，我明天再来吧。"第二天，他选了一个估计经理较轻闲的时段去拜访，得到的回答还是"外出了"。第三次，仍然吃了闭门羹。

卯木肇没有因为三次碰壁而灰心，他下定决心，不见经理，誓不罢休。第四次登门，终于见到了马歇尔公司的经理。"我们不要索尼的产品！"没等卯木肇先生开口，经理就说出这样一句话，而且噼里啪啦地发了一通议论："你们的产品降价拍卖，像一只瘪了气的皮球，踢来踢去无人要。"

为了事业，卯木肇先生忍气吞声，赔着笑脸唯唯诺诺，表示一定接受意见，不再搞削价销售，立即着手改善产品形象。尽管如此，卯木肇仍然认为：见到马歇尔公司的经理，就已经见到了完成交易的曙光。他决定用"韧"的办法，继续缠住这位经理。他立即命人从寄售商店取回索尼彩电，取消降价销售，并重新在当地报刊上刊登广告，重塑商品形象。

第二次会面时，马歇尔的总经理提出："索尼的售后服务太差，我们不愿销售。"

卯木肇没有争辩，回到驻地后，马上设置了特约服务部，负责产品的售后服务，并公布其地址和电话号码，以保证顾客随叫随到。第三次见面时，马歇尔的经理继续习难："索尼在当地的形象不佳，知名度不够高，不受消费者欢迎，我们没有理由销售你们的产品。"但卯木肇先生认为这位经理挑剔的由头越来越少，值得继续努力。

回到驻地后，卯木肇立即召集本公司30多名员工，规定每人每天给马歇尔公司拨打5

次电话，询购索尼彩电。连续不断的求购电话搞得马歇尔公司的职员晕头转向，误将索尼彩电列入"待交货商品目录"。

卯木肇再次拜会马歇尔公司时，其经理大为发火："你搞的什么鬼?! 制造舆论，干扰我们的正常工作，太不像话了！"

卯木肇不慌不忙。等经理火气消了一点，才大谈索尼彩电的优点，是日本国内最畅销的商品之一。他态度十分诚恳地说："我三番五次求见您，一方面是为本公司的利益，但同时也考虑到贵公司的利益。在日本最畅销的彩电，一定会成为马歇尔公司的摇钱树！"

马歇尔公司经理听了这番话后，又找出一条理由："索尼产品利润低，比其他产品的折扣少 2％。"

这时，卯木肇巧妙地回答："折扣高的产品摆在柜台上卖不出，贵公司的获利不会增多；索尼彩电折扣虽少一点，但商品俏，若销得好，资金周转快，贵公司不是获得更大的利益吗？"

卯木肇每次发言，都站在经理的立场上，处处为马歇尔公司着想，合情合理，终于使这位经理动心了，同意代销两台试试；但他提出的条件十分苛刻：如果一周之内卖不出去，请搬回去。卯木肇先生满怀信心，回驻地后从速选派两名年轻英俊的推销员，送两台彩电去马歇尔公司，并告诉他们：这两台彩电是百万美金订货的开始。叮嘱他们留在柜台上，与马歇尔公司店员并肩推销。要求他们与店员搞好关系，休息时轮流请店员到附近咖啡馆喝咖啡。如果一周之内这两台产品卖不出去，他们就不用再返回公司了……

当天下午四点钟，两位年轻人回来报告：两台彩电已售出，马歇尔公司又订了两台。卯木肇听后大喜。至此，索尼终于挤进了芝加哥"带头牛"商店。当时正值 12 月，圣诞节前后，是美国市场家用电器销售旺季，一个月内竟卖出 700 余台。

马歇尔公司大获利市。经理刮目相看，亲自登门拜访卯木肇先生，并当场决定将索尼彩电作为该公司下年度的主销产品，联袂在芝加哥各大报刊刊登巨幅广告，提高索尼产品的知名度。不久，芝加哥地区 100 多家商店纷纷要求经销索尼电器。不到三年，其彩电的市场占有率就达 30％以上。

由于有芝加哥以及马歇尔公司这样的"带头牛"，索尼产品在美国的其他城市陆续打开了局面。

资料来源：吕国荣．小故事大管理．中国经济出版社

思考题：

1. 索尼公司在美国市场销售时贯穿着哪些市场营销的观念?
2. 索尼公司进入美国市场最关键的策略是什么?

第五章 现代企业生产与运作管理

> 科技是第一生产力。
>
> ——邓小平

【引导语】

汽车通过发动机将汽油转换成动力使其行驶。企业通过生产出产品使其生存。企业生产就如同汽车发动机的作用。汽车的发动机不能产生动力，就无法行驶，它也就没有存在的价值。企业完全依托于产品，企业不能生产出合格的产品，它就无法生存。而企业生产管理就是围绕产品服务的，如制订产品生产计划、产品生产现场定置等，以确保产品保质保量。企业生产是企业的核心，其管理就更显重要。

【学习要点】

1. 了解生产与运作管理的基本概念。
2. 熟知生产计划与控制的类型。
3. 掌握生产现场管理的基本内容及特点。
4. 把握 MRP、MRP Ⅱ、ERP 管理方法。
5. 认识生产现场管理的 5S 管理方式及作用。

 引导案例

美国制造业回巢

美国肯塔基州路易斯维尔市是一个只有 70 多万人口的中型城市。今年（2012 年）春天，一件事情让整个城市沸腾了。美国通用电气在该市开设工厂，首批招聘 1000 名工人，虽然工人起薪每小时 13 美元，低于以往标准。但消息传出，简历蜂拥而至，公司共收到 1.6 万份简历。美国媒体纷纷惊呼："倦鸟归巢"了。

倦鸟归巢

今年，路易斯维尔市终于迎来了制造业的春天。美国通用电气在当地开设了一家新工厂，这与通用在当地开设第一家工厂，相隔了 50 年。这只是通用电气在路易斯维尔市到 2014 年投资 8 亿美元计划的一部分。对此，当地政府欢欣鼓舞，不但州长亲自出席开业典礼，路易斯维尔市政府更是喜悦之情溢于言表。

"对他们的进展，我们实在高兴得不能再高兴了。"市长格瑞格·费舍尔说。

对于增加当地就业，通用电气获得了肯塔基州和路易斯维尔市总共 3700 万美元的奖励。另外，公司还获得了联邦减税 2480 万美元。

对于美国的大型公司而言，在经济萧条的大环境下，高举"美国制造"已经成了市场公关的必要手段。谷歌在相关新闻发布会上提到，新推出的无线家庭媒体播放器 Nexus Q 完全在美国设计和制造，它的定价是 299 美元，远高于苹果或 Roku 等竞争对手。

美国再工业化计划

美国制造业回归，是美国再工业化计划的一部分。2008 年的金融危机，被专家认为其根源始于 20 世纪 80 年代的"去工业化"。"去工业化"造成美国产业"空心化"，失业率攀升。过去十几年中，美国工业生产值与其增长幅度迅速下滑。制造业就业人数占总就业人数的比例，在 10 年间从 15％下降到了 10％以下。1979—1993 年，美国制造业流失的工作岗位数量为 230 万。

在 2009 年 9 月召开的 G20 会议上，奥巴马提出"可持续和均衡增长框架"建议后，美国出台了一系列以平衡增长为背景的经济复苏提振政策。最为显著和标志性的当属 2010 年 8 月 11 日生效的《美国制造业振兴法案》（下称《法案》）。该《法案》旨在帮助美国制造业降低生产成本，增强国际竞争力，提振实体制造业，创造更多就业岗位。

在此背景下，美国许多高新技术产业纷纷回巢。波士顿咨询集团（BCG）的一项最新调查显示，总部设在美国的制造业高管有超过 1/3 的人计划将生产从中国转回美国，这些公司的年销售额都在 10 亿美元以上。

其中，67％的橡胶和塑料制品企业、42％的机械制造企业、41％的电子制造企业、40％的计算机制造企业、35％的金属制品企业表示，他们期望将企业从中国迁回到美国。

成本决定命运

许多专家认为，美国公司，尤其是小公司纷纷把生产线迁回美国，重要的原因之一是中国劳动力价格的上涨和美国劳动力价格的下降。BCG 显然非常看好美国制造业的未来。根据该公司发布的报告，在普通的中国工厂，工人工资和福利正以每年 15％～20％的速度增长，这将导致中国相对于美国低成本州的劳动力成本，优势由现在的 55％骤减至 2015 年的 39％。

美国经济和政策研究中心主任德安·贝克尔告诉记者，在中国，工人的工资大约为每小时 2～3 美元，几年前则为不到 1 美元。

"虽然这仍然是很大的差距，但是，在美国生产有很大的优势，如果公司在美国生产并销售，运输成本就低，并且大量的出差时间也省下来了。另外，现在许多产品必须迅速进入市场，如果制作环节短，竞争优势会大大提高。"贝克尔说。高科技、汽车部件、家用电器等领域由于对质量要求较高，将会是首批回巢的主力军。

资料来源：周佳．第一财经日报．2012 年 7 月 9 日

思考题：

1. 请分析美国制造业回迁的主要原因。
2. 通过此案例，请分析中国制造业的危机是什么。
3. 就生产与运作管理来说，中国企业管理者应如何加强？

生产管理学是研究如何将生产要素组织成现实生产力，以有效地创造出产品和服务的一门学科。随着现代化工业生产的发展，生产管理领域不断随之扩展，其名称由"生产管理"逐渐演变成"生产与运作管理"。这里的生产是指将资源转换成产品或者服务的过程，运作则是与产品或服务的生产有关的所有活动的总和，其内容从最初的对物资产品制造活动的管理，发展到包括与生产经营相关联活动的综合管理。

生产与运作管理是对企业生产活动的管理，主要是解决企业内部的人、财、物等各种资源的最佳结合问题。生产与运作管理是把企业的经营目标，通过产品的制造过程转化成为现实。

生产与运作管理活动是企业管理一切活动的基础。对生产活动管理不好，企业就很难按品种、质量、数量、期限和价格向社会提供产品，满足用户要求，增强企业自身的竞争力；就无法实现其经营目标。所以，在市场经济条件下，企业在重视经营管理的同时，决不能放松生产与运作管理。相反，应更重视它，使经济效益的提高建立在可靠的基础之上。

第一节　生产与运作管理概述

一、生产与运作管理的概念及分类

（一）生产与运作管理的概念

生产是指各类组织利用资源将输入转化为输出的过程。西方学者习惯将与工厂联系在一起的有形产品的制造称为生产，而将提供劳务的活动称为运作，把两者结合并称为生产与运作。输入可以是原材料、顾客、劳动力以及机器设备等。输出的是有形的产品和无形的服务。输入不同于输出，需要转换。转换是通过人们的劳动才能实现，转换的过程就是生产运作。

生产与运作管理是指为了实现企业经营目标，提高企业经济效益，对生产运作活动进行计划、组织和控制等一系列管理工作的总称。

生产与运作管理有狭义和广义之分。狭义的生产运作管理仅指生产运作系统的运行管理，它是以生产运作过程为核心对象。广义的生产运作管理不仅包括生产运作系统的运行管理，还包括生产运作系统的定位与设计管理，可以说是选择、设计、运行、控制和更新生产运作系统的管理活动的总和。广义生产运作管理以生产运作系统整体为对象，实际上是对生产运作系统的所有要素和投入、生产运作过程、产出和反馈等所有环节的全方位综合管理。

随着生产运作管理学内涵和外延的扩展，它将凡是有投入（输入）—转换—产出（输出）的组织的活动都纳入其研究范围（见图5-1），不仅包括工业制造企业，而且包括服务业、社会公益组织及市政府机构，特别是随着国民经济中第三产业所占比重越来越大，对其运作的管理日益重要，也成为运作管理研究的重要内容。

所以，从生产管理学到生产与运作管理学，不仅仅是名称的变化，其研究的外延和内涵也有非常大的变化。

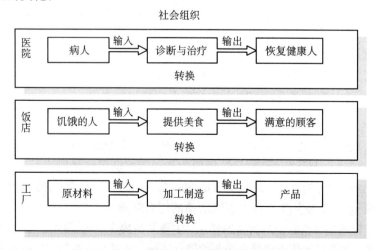

图 5-1　输入—转换—输出的组织的活动示意图

（二）生产与运作的分类

现代生产运作包括两种，即制造型生产和服务型运作。

1. 制造型生产

制造型生产是指通过物理或化学作用将有形输入转化为有形输出的过程，例如汽车制造、钢铁冶炼、化工纺织和食品生产等都属于制造型生产（见图 5-2）。

图 5-2　制造型生产企业

图片来源：我图网 . OOOPIC.COM

（1）按生产工艺过程的特点，分为流程型生产与离散型生产

流程型生产是物料均匀、连续地按一定工艺顺序移动，并不断改变形态和性能，最后形成产品的生产。如炼油、化工、食品、造纸等都属于流程型生产。流程型生产一般生产集中，生产过程自动化程度高，生产协作与协调任务较少。

离散型生产也称加工装配式生产，是指物料离散地按一定工艺顺序移动，在移动中不断改变形态和性能，最后形成产品的生产。如机床、汽车、船舶、家具、计算机、服装等产品的制造，都属于加工装配式生产。离散型生产较分散，构成产品的零部件可以在不同地区甚至不同国家制造。加工装配式生产的组织十分复杂，是生产运作管理研究的重点。

（2）按照企业组织生产的特点，分为备货型生产与订货型生产

流程型生产一般为备货型生产，加工装配式生产既有备货型又有订货型。

备货型生产是指按已有的标准产品或产品系列进行的生产，生产的直接目的是补充成品库存，通过维持一定量的成品库存来满足用户的需要。例如，流程型生产中的炼油、制皂，加工装配式生产的轴承、小型电动机等产品的生产，都属于备货型生产。服务业的快餐也属于备货型生产。

订货型生产又称按订单制造式生产，是指按用户订单进行的生产，生产的是顾客所要求的特定产品。用户可能对产品提出各种各样的要求，经过协商和谈判，以协议或合同的形式确认对产品性能、质量、数量和交货期的要求，然后组织设计和制造。例如，锅炉、船舶等产品的生产，属于订货型生产。

2. 服务型运作

服务型运作又称为劳务型生产或非制造型生产，其基本特征是不制造有形产品，但有时为实现服务而必须提供有形产品。服务行业多从事劳务型生产。

（1）按照是否提供有形产品，分成纯劳务服务和一般劳务服务

纯劳务服务不提供任何有形产品，如金融、保险咨询、法庭辩护等。一般劳务服务则

提供有形产品，如运输、图书馆书刊借阅。

（2）按顾客是否参与，分成顾客参与的服务型生产和顾客不参与的服务型生产

顾客参与的服务型生产，如理发、客运、娱乐中心等。顾客不参与的服务型生产，如修理、洗衣、货运等。

3. 制造型生产和服务型运作的主要区别

制造型生产主要是生产产品，是产品导向型的。服务型运作主要是提供服务，是活动导向型的。不过，两者也有许多共同点，都涉及工作进度安排、订购及管理存货、选择及维修设备和让顾客满意。具体来说，区别有以下几个方面。

①服务型运作顾客的参与程度要高于制造型生产。服务型运作顾客参与度高，对质量要求较高；制造型生产出现问题可以在顾客收到产品之前解决，对质量要求相对较低。

②服务型运作的投入比制造型生产的投入具有更大的不确定性。制造型生产依据有形产品进行绩效考核，较简单易行；而服务型运作由于投入的不确定，生产过程难以把握，工作要求多变，使绩效考核相对困难。

③服务型运作一般劳动密集程度高，而制造型生产的资本密集（及机械化）程度较高。制造型生产一般是机械化生产，品种变动不大，生产流程顺畅而效率高；服务型运作的产出多变而效率低。

（三）生产运作管理的原则

生产运作有其特性和要求，因此，对生产运作的管理也必须遵从一定的原则。

1. 以市场为导向的原则

以市场为导向就是按照顾客的要求制订计划和组织生产，按期、按质、按量、按品种向社会需求者提供所需的产品或服务。

2. 讲究经济效益原则

讲究经济效益原则是指用尽可能少的资源生产出尽可能多的适销对路的产品。这里所说的资源，包括劳动消耗和资金占用。

3. 均衡生产与运作原则

均衡生产与运作是指产品在生产过程中，按照计划进度，使各个生产环节和各道工序在相等的时间内完成相等的或递增的工作任务，充分负荷，均衡地生产产品或完成工作量。

4. 科学管理原则

现代生产流程多、分工细、协作关系复杂，充分运用机电一体化设备系统从事生产活动，科学管理就十分必要。实行科学管理，就是建立统一的生产指挥系统，有计划、有组织地控制生产活动；建立健全科学、合理的规章制度保证生产与运作的有效完成。

5. 文明生产原则

社会文明的进步要求现代化生产与运作文明作业，这是企业员工必须遵守的行为规范。文明生产要求生产具有安全性，在生产过程中员工严守纪律、讲究文明、工作负责、

爱惜企业财产；还要求组织的生产与社会和环境协调一致，包括生产与运作的节能减排、保护环境和精神文明。

二、生产与运作管理的内容和目标

(一) 生产与运作管理的内容

生产与运作管理的内容分为三个层次，简述如下。

1. 生产与运作战略制定

决定产出什么，如何组合各种不同的产出品种，为此需要投入什么，所需投入的资源要素如何优化配置，如何设计与之相适应的生产组织方式，如何增强企业的核心竞争力等。

2. 生产与运作系统设计

生产运作系统的设计包括产品或服务的选择和设计，生产运作地点的选择，生产运作设施的布置，生产组织的设计和生产运作系统的设计、改造与升级等。

生产与运作战略确定以后，为了实施战略，首先需要有生产与运作系统。生产运作系统的设计一般在设施建造阶段进行，但由于产品和服务的变化等因素，不可避免地要对生产系统进行更新。

所以，接下来的问题即是系统设计问题。它包括生产与运作技术的选择，生产能力规划，系统设施规划和设施布置，工作设计等问题。

3. 生产与运作系统运行管理

生产运作系统的运行是指在现行的生产运作系统中，如何适应市场的变化，按消费者的需求，生产合格产品和提供满意服务。它主要涉及各种生产与运作计划、生产控制、生产系统的分析与改进等内容。

计划主要解决生产什么、生产多少和何时出产等问题，包括预测对本企业产品和服务的需求，确定产品和服务的品种与产量，编制生产计划，做好资源的组织、人员班次安排，统计生产进展情况等。控制主要解决如何保证按计划完成任务的问题，包括生产进度控制、采购程序控制和库存控制等。

生产与运作系统的设计质量的好坏直接影响生产系统的运行。生产与运作系统的设计与运行既相互独立，又密不可分。设计决定了运行，运行又影响着设计。为此，必须将这两者综合优化考虑。

(二) 生产与运作管理的目标

企业必须针对消费者需求优化资源配置，把握价值创造中的质量、时间和成本等关系，以满足市场需求。因此，狭义的生产运作管理的主要目标概括起来就是：高效、灵活、准时、清洁地生产合格产品和提供满意服务。

无论是产品还是服务，最终都需使顾客满意，即具有能够满足顾客某种需求的功效。也就是说，产品价格要适宜，品质要符合标准，时间要适应顾客的需要，同时在生产与运作过程中要考虑社会的环保要求，以便达到提高企业竞争力以及经济效益与社会效益的目的。

三、生产系统的布局

生产系统是指根据系统工程理念，应用现代的、科学的管理技术，对给定的生产输入进行合理的组织和分配；并经过一系列的生产管理过程，最终达到最优输出。对生产系统设施进行科学的选址与布置，才能使生产输入的人、财、物、信息等资源完成合理的配置，以低成本获得更大的产出。

（一）生产系统的设施选址

1. 选址应考虑的因素

厂址的选择是指确定工厂或服务设施坐落的空间位置。设施选址直接关系到设施建设的投资和建设的速度，同时在很大程度上决定了所提供的产品和服务的成本，从而影响整个企业的经济效益。错误的选址决策无论对制造型企业还是服务型企业都意味着高昂的代价。选址就如同人的先天，如果先天不足，后天命运多舛，因此必须慎重决策。

选址要考虑供应商、顾客、产品分配问题，还要考虑社会文化等因素，但主要因素有以下几个。

（1）政治环境因素

政治因素是选址首要考虑的因素。政治局面的稳定、法律法规是否健全，直接关系到企业投资的资本权益能否得到保障。还需考虑所选地址的政府对经济的支持程度、政策导向、税收制度、优惠倾斜政策、务实精神、办事效率、服务水平等是否对企业有利。特别是跨国公司的选址，更需考虑该国政治是否动荡，如战乱、罢工、领导人更替等。

（2）经济环境因素

原材料的供应是否顺畅、交通运输是否便利、能源供应是否有保障、人力资源是否可得、终端市场是否能畅通到达及周围商业环境的氛围是否和谐等，都是必须考虑的经济因素。如对铁路、河流、机场、公路等的接近程度，料场的位置与面积，所需使用的运输设施种类及其相应费用等因素。

（3）社会环境因素

社会环境因素包括基础设施条件、工业协作条件、生活基础条件、地方政策法规和产品市场位置等。当地的平均工资水平、社会福利待遇水平、住房条件、劳动力培养的费用、平均素质、业务水平等因素都属于社会环境因素。此外，还必须考虑当地居民的宗教文化信仰和风俗习惯，如人们对待工作的态度、价值观、需求特点、娱乐休闲方面的要求、人际关系及社团组织特点等。

（4）自然环境因素

土地资源条件、气候条件、水资源、物料资源和劳动力资源等都属于自然环境因素。地理条件，涉及面积大小、外形适合性、地势平坦度、地质构造特点；气候条件，涉及温度、湿度、气压、风向、烟尘；环境保护要求以及"三废"处理的难易程度等都是需考虑的因素。特别是高耗能的企业，对自然环境因素的考虑更是尤为重要，如耗水量大的造纸厂、发电厂、钢铁厂等。

上述各种因素对于不同企业、不同产品的生产有着不同的影响和不同的要求，应综合考虑各种因素的影响作用，并且抓住重点。选址的考虑因素及适应的行业如表5-1所示。

表 5-1　选址的考虑因素及适应行业表

考虑因素	有利因素	适应的行业
接近终端市场	顾客响应快、产品运费低	服务、食品、家具制造
接近原料供应市场	原料运输成本低	冶金、化工、建材
劳动力充沛	劳动力成本低、获取容易	纺织、服装、玩具
科技教育中心	人力资源获取容易，科技资讯量大	教育、设计、文化、传媒、咨询服务
运输便捷	市场辐射面广	家电、制造
协作环境好	产品配套容易，生产柔性强	电子、机械、汽车
基础设施好	辅助条件好	除军工保密企业外的其他企业
自然环境好	可充分利用和开发自然条件	养殖业、能源产业

 小贴士

烧结厂选址错误　中毒伤人事故

1995 年 8 月 24 日凌晨 3 时，承德市兴隆县平安堡烧结厂发生一起一氧化碳中毒事故，导致 3 人中毒死亡。

事故经过

1994 年，河北省承德市兴隆县平安堡烧结厂投资 130 万元，经过近一年的筹建，在停产的水泥厂原址上建造新厂——承德市兴隆县平安堡烧结厂，1995 年 8 月 15 日开始正式生产。该烧结厂为露天土法烧结，共有 36 个烧锅，分 4 排东西布置；有 2 台鼓风机，分 2 排由西向东集中供风。烧结厂区东西长 38 米，南北长 35 米，发生事故的值班室在烧结厂区东南侧距离烧锅 25 米。8 月 24 日凌晨 3 时，在正常生产中，突然发现值班室的 3 名值班人员一氧化碳中毒，经送医院抢救无效死亡。

事故教训与防范措施

这一中毒伤亡事故实属意外，令人奇怪。一般来说，烧结作业生产环境的职业危害主要是高温和热辐射，虽然也产生一些一氧化碳、二氧化碳、氮氧化物等有毒气体及粉尘，但很少出现因有毒有害气体中毒死亡事故。然而经法医鉴定，3 名死者的确是因一氧化碳中毒死亡，并且事故发生后，经对值班室旁的库房室内检测，一氧化碳含量比国家标准规定超出 400 多倍。问题的焦点就集中在一氧化碳是从何处来的，是如何进入值班室及库房的。

经调查组反复勘查分析后认定：当初建水泥厂时，是在原稻田的基础上用煤干石垫起 1 米，上层用黄土覆盖。改建烧结厂时，地基没作任何改造，烧锅就坐落在煤干石覆盖黄土的地基上。当烧结正常运行时，高达 1500℃的燃烧温度通过辐射及传导对烧锅下煤干石加热，从而导致煤干石自燃。由于缺氧，燃烧不充分，产生了大量一氧化碳，窜到值班室，导致值班人员中毒死亡。

资料来源：http://www.RiskMW.com，2010-10-14

2. 选址的一般程序

①决定评估地点好坏的标准。

②鉴别考虑因素中的重要因素。

③找出可供选择的地区。具体来说，需要做到以下几点。

第一，确定选址的一般地区。

第二，确定较少数量的可供选择的地区。

第三，从可供选择的地区中找出几个可供选择的地点。

④评估这几个地点并最终确定厂址。

(二) 生产系统的设施布置

设施布置是指在一个给定的设施范围内，对多个经济活动单元进行位置安排。所谓经济活动单元，是指需要占据空间的任何实体，也包括人，例如机器、工作台、通道、桌子、储藏室、工具架等。所谓给定的设施范围，可以是一个工厂，一个车间，一座百货大楼，一个写字楼，或一个餐馆等。布置的方式分为以下几种。

1. 工艺导向布置

工艺导向布置也称车间或功能布局，是指按照工艺特征建立生产单位，将完成相同工艺的设备和工人放到一个厂房或一个区域内，这样构成如铸造厂、锻造厂、热处理厂、铸造车间、锻造车间、机械加工车间、热处理车间、车工工段、铣刨工段等生产单位。

例如，将所有的车床放在一个地方，将所有的铣床放在另一个地方等。对于被加工的零件，根据预先设定好的流程顺序从一个地方转移到另一个地方，每项操作都由适宜的机器来完成。医院的每个科室都能完成特定的医疗服务，如产房和加护病房等。医院的检验科室就是采用工艺导向布局的典型。

工艺导向布局适合于处理小批量、顾客化程度高的生产与服务，其优点是设备和人员安排具有灵活性；其缺点是设备使用的通用性要求较高的劳动力熟练程度和创新，在制品较多。

2. 产品导向布置

产品导向布置也称装配线布局，是指针对标准化高的产品或服务，按照加工的工艺过程布置设备。它适宜重复性生产，一般仅涉及一种或少数几种极相似的产品或服务。考虑到每一加工对象都是按照同样的加工顺序，所以常常有可能使用固定的物料运输设备和运输路线。在制造业，这些加工路线被称为生产线或装配线。高度连续的生产线或装配线称为流水线。服务行业按照产品导向布置的情况较少，因为顾客需求差异性大。例如，鞋子的生产就是按照产品导向布置。此外，薯片加工从洗、切，到烘烤，最后包装，这就是一个产品导向生产布置。

如图 5-3 所示，各工作区（也称为工作地）是按产品的工艺过程划分的，因而这种生产线在一定条件下只适宜生产特定的产品。

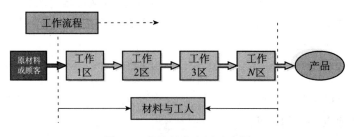

图 5-3 产品导向布置示意图

产品导向布局适合于大批量的、高标准化的产品生产，其优点是单位产品的可变成本低，物料处理成本低，存货少，对劳动力标准要求低；其缺点是投资巨大，不具产品弹性，一处停产影响整条生产线。

3. 成组技术布置

成组技术布置是指将不同的机器组成加工中心（或工作单元）来对形状和工艺要求相似的零件进行加工。

成组技术布置将不同的机器分成单元来生产具有相似形状和工艺要求的产品，被广泛应用于金属加工、计算机芯片制造和装配作业。因为按工艺导向布置生产和服务设施，被加工对象在生产单元之间交叉往返运输，导致生产周期延长。而成组技术布置克服了此问题。目前，成组技术主要应用于机械制造、电子、兵器等领域。它还可以应用于具有相似性的众多领域，如产品设计和制造、生产管理等。

成组技术布置的优点是：改善人际关系，增强参与意识；减少在制品和物料搬运及生产过程中的存货；提高机器设备利用率；减少机器设备投资与缩短生产准备时间等。

4. 固定布置

固定布置是指由于产品的体积庞大或重量太重，不得不将产品位置固定，生产工人和设备都随产品所在的某一位置而移动。这种布置形式适用于大型产品的装配过程。如大型船舶和飞机等的装配，医院的手术室（病人固定在手术台上，医生、护士以及手术器材都需要围绕病人布置），建筑工地和电影外景制片场往往都采用这种布局方式。

 课堂案例讨论

玛丽风味面包

玛丽食品烘烤公司位于纽约州西部的一个小城镇。玛丽姐妹俩刚开始经营的是烘烤食品店。当她们购买了 Archway 面包公司特许权后组成了这一公司。有了在纽约和新泽西的专营权后，它成了拥有最大 Archway 特许权的公司。该公司雇员不足 200 人，主要是蓝领工人，气氛很融洽。

产品：该公司唯一的产品是软面包，有 50 多种。用传统方法制作面包，所以吃起来很松脆。她们的面包不含任何添加剂和防腐剂。高质量的面包确立了该公司在市场上的稳固地位。

生产过程：该公司有两个大烘炉用来加工面包，这一生产过程被称作成批加工系统。公司一收到经销商的订单就开始安排生产。在每一轮班开始时，当天要制作的面包清单就送到了负责搅拌的人手中。该负责人检查一下主单，将上面写明的每一种面包所需的配料输入计算机。

计算机根据订购数量确定出每一种配料的需要量，并把这一信息传达到位于厂外的仓库，那里存放有主要的配料（面、糖及糕点粉）。这些配料被自动送往大型搅拌机，在那里，这些配料同适当数量的鸡蛋、水和调味品混合。配料搅拌好后，这一糊状物被倒入切片机中，在这里被切成单个的面包。接着，这些面包筋落到传送带上，穿过其中一个烘炉。充填面包，如填入苹果、枣和草苏，需要另外的工序。不充填的面包要切。切的面包需要的空间少，可使生产率更高。另外，该公司最近将每个炉的长度增加 725 英尺，使生产率进一步提高。面包从炉中出来后，被输送到高20英尺、宽3英尺的螺旋形冷却架上。当面包离开冷却架后，工人们就用手把它们放到箱子中，并拣去在生产过程中碎裂或变形的面包。接着，箱子被自动打包、密封并贴上标签。

库存：大部分面包被立即装上卡车运到经销商那里，一小部分暂时存放在公司仓库中。但由于它们的储存期限不长，所以必须在短期内发运走。其他库存包括面包箱、运输箱、标签及用于打包的玻璃纸。标签要经常小批量地续订，因为FDA商标规定易变，而公司不希望买一大堆不能用的标签。仓储一周要补充两三次，视用料快慢而定。面包要按一定的顺序来烘烤，使用于清洁处理的停工时间最短。例如，浅色面包要在深色面包之前烘烤，燕麦片面包应在葡萄干面包之前烘烤。这就使公司避免了每次在生产一种不同的面包前对加工设备必须进行的清洁处理。

……

资料来源：http://wenwen.soso.com/z/q152695821.htm

讨论题：

1. 作为企业，玛丽食品烘烤公司属于哪种生产类型？
2. 它有作业计划吗？其作业计划是如何做出的？
3. 用MRP、ERP管理方法分析它的生产管理过程。

第二节　生产计划与控制

生产系统的运行主要涉及生产计划与控制。计划主要解决生产什么、生产多少和何时出产的问题等。

控制主要解决如何保证按计划完成任务的问题，包括生产进度控制、采购程序控制和库存控制等。生产进度控制的目的是保证各生产单元生产计划的按期完工，产品按期装配和出产。采购程序控制包括对战略性物资、重要性物资和一般性物资的采购审批程序的控制。库存控制包括对原材料库存、在制品库存和成品库存的控制。如何以最低的库存保证供应，是库存控制的主要目标。本章主要探讨生产进度控制。

一、生产计划

生产计划是指一方面为满足客户要求的三要素"交货期、品质、成本"而计划；另一方面，使企业获得适当利益，而对生产的三要素"材料、人员、机器设备"的确切准备、分配及使用的计划。

生产计划是关于企业生产运作系统总体方面的计划，是企业在计划期应达到的产品品种、质量、产量和产值等生产任务的计划和对产品生产进度的安排。生产计划是根据销售计划编制的，它是企业生产经营计划的主体，又是编制其他各项计划的依据。

一个优化的生产计划必须具备以下三个特征：第一，有利于充分利用销售机会，满足市场需求；第二，有利于充分利用盈利机会，实现生产成本最低化；第三，有利于充分利用生产资源，最大限度地减少生产资源的闲置和浪费。

（一）生产计划的层次

企业里有各种各样的计划，这些计划是分层次的。一般分成战略层计划、战术层计划与作业层计划三个层次。

战略层计划涉及产品发展方向，生产发展规模，技术发展水平，新生产设备的建造等。战术层计划是确定在现有资源条件下所从事的生产经营活动应该达到的目标，如产量、品种、产值和利润。作业层计划是确定日常的生产经营活动的安排。从战略层到作业层，计划期越来越短，计划的时间单位越来越细，覆盖的空间范围越来越小，计划内容越来越详细，计划中的不确定性越来越小。

制造企业的生产计划一般分为综合计划、主生产计划和物料需求计划三种。

1. 综合计划

综合计划（Aggregate Production Planning，APP）又称为生产大纲，它是对企业未来较长一段时间内平衡资源和需求所做的概略性的设想，是根据企业所拥有的生产能力和市场需求预测对企业未来较长时间内产出内容、产出量、劳动率水平、库存投资等问题所做出的决策性描述。综合计划并不具体制定每一品种的生产数量、生产时间和每一车间及人员的具体工作任务，而是按照不同方式对产品、时间和人员做出安排。

综合计划关注的对象是一组类似的产品。比如，电视机厂的计划人员编制综合生产计划，不会关心电视机的具体型号是 29 英寸还是 47 英寸，他们只关注所有不同型号的某种产品，如表 5-2 所示。同样地，麦当劳和肯德基快餐店编制综合生产计划时，并不关心需求是怎样细分到自己所提供的各种快餐类型，他们只关注全面的需求状况和他们想要提供的全面生产能力。

由于综合生产计划不涉及具体产品，不能直接用于指挥生产活动。为此，必须将假定产品或代表产品转换成具体产品，从而将综合生产计划变成产品交付计划和主生产计划。产品交付计划规定了要向顾客交付产品的具体型号、规格和交付时间；主生产计划规定了要出产产品的具体型号、规格和出产时间。

表 5-2 综合计划与产品交付计划

时 间	1 月	2 月	3 月
综合计划			
电视机（假定产品）	400	500	600
产品交付计划			
29 英寸电视机	200	300	350
37 英寸电视机	150	150	200
47 英寸电视机	50	50	50
合 计	400	500	600

得到产品交付计划之后，就可以得出产品出产计划。在每个月，将交付数量减去相应月份的成品库存，加上相应月份顾客需要提走的数量，便可计算出每个月需要产出的数量，由此得出初始的主生产计划。初始的主生产计划是否可行，必须要进行能力负荷平衡，调整超负荷的生产计划，使主生产计划可行。

2. 主生产计划

主生产计划（Master Production Schedule，MPS）要确定每一具体的最终产品在每一具体时间段内的生产数量。这里的最终产品是指对企业而言，必须最终完成的可以马上出厂的完成品，它可以是直接用于消费的消费产品，也可以作为其他企业产品的部件或配件。这里所指的具体的时间段，通常以周为单位，有时也可能是日、旬或月。

主生产计划是按时间分段方法，去计划企业将生产的最终产品的数量和交货期。主生产计划是一种先期生产计划，它给出了特定的项目或产品在每个计划周期的生产数量。一个有效的主生产计划是生产对客户需求的一种承诺。它充分利用企业资源，协调生产与市场，实现生产计划大纲中所表达的企业经营目标。主生产计划在计划管理中起"龙头"模块作用，它决定了后续的所有计划及制造行为的目标，在短期内作为物料需求计划、零件生产计划、订货优先级和短期能力需求计划的依据；在长期内作为估计本厂生产能力、仓储能力、技术人员、资金等资源需求的依据。

主生产计划是物料需求计划的主要输入。通过 MRP 处理，对具体产品的需求变成对构成产品的零部件和原材料的需求，使计划得以执行。

3. 物料需求计划

物料需求计划（Material Requirement Planning，MRP）起源于美国 20 世纪 60 年代初，最初是针对当时制造企业生产管理中存在的普遍问题以及传统库存控制方法的不足而提出的一种生产组织管理技术。它是一种生产计划与控制技术，代表了一种新的生产管理思想，是一种新的组织生产方式。

物料需求计划就是要制订原材料、零件、部件等的生产采购计划，包括外购什么、生产什么、什么物料必须在什么时候订货或开始生产、每次订多少、生产多少等。主生产计划确定后，生产管理部门下一步要做的事情是保证完成主生产计划所规定的最终产品所需的全部物料（原材料、零件、部件等）以及其他资源的供应。也就是说，物料需求计划所要解决的是与主生产计划规定的最终产品相关物料的需求问题，而不是对这些物料的独立的、随机的需求问题。

（二）生产计划指标体系

生产计划的主要指标有品种、产量、质量、产值和出产期。

1. 品种指标

品种指标是企业在计划期内出产的产品品名、型号、规格和种类数，它涉及"生产什么"的决策。确定品种指标是编制生产计划的首要问题，关系到企业的生存和发展。

2. 产量指标

产量指标是企业在计划期内出产的合格产品的数量，它涉及"生产多少"的决策，关系到企业能获得多少利润。产量可以用台、件、吨表示。对于品种、规格很多的系列产品，也可用主要技术参数计量，如拖拉机用马力、电动机用瓦等。

3. 质量指标

质量指标是企业在计划期内产品质量应达到的水平，常采用统计指标来衡量，如一等品率、合格品率、废品率、返修率等。

4. 产值指标

产值指标是用货币表示的产量指标，能综合反映企业生产经营活动成果，以便不同行业比较。根据具体内容与作用不同，分为商品产值、总产值与净产值三种。

商品产值是企业在计划期内出产的可供销售的产品价值。商品产值的内容包括：本企业自备的原材料生产的成品和半成品的价值；外单位来料加工的产品加工价值；工业劳务的价值。只有完成商品产值指标，才能保证流动资金正常周转。

总产值是企业在计划期内完成的以货币计算的生产活动总成果的数量。总产值包括：商品产值；期末、期初在制品价值的差额；订货者来料加工的材料价值。总产值一般按不变价格计算。

净产值是企业在计划期内通过生产活动新创造的价值。由于扣除了部门间重复计算，它能反映计划期内为社会提供的国民收入。净产值指标算法有两种：生产法和分配法。

按生产法：净产＝总产值—所有转入产品的物化劳动价值

按分配法：净产值＝工资总额＋福利基金＋税金＋利润＋属于国民收入初次分配的其他支出

5. 出产期指标

出产期是为了保证按期交货而确定的产品出产期限。正确地决定出产期很重要。因为出产期太紧，保证不了按期交货，会给用户带来损失，也给企业的信誉带来损失；出产期太松，不利于争取顾客，还会造成生产能力浪费。

（三）生产计划的内容

1. 生产什么东西，即产品名称、零件名称

例如，生产汽配行业的一种凸轮，名称代号：k908。

2. 生产多少，即数量或重量

客人订单需要 10 000 只，但实际生产应考虑到报废的可能性，因此需要投产 10 500 只，方能保证 10 000 只的交货量。服装的尾货就是这样产生的。

3. 在哪里生产，即部门、单位

因生产制造行业的特性，显然主要是在生产部门完成指标，细化是在生产的各个工序班组间加工，包括铸造、锻压、车床、铣床、高频淬火、磨床、清洗等。

4. 要求什么时候完成，即期间、交期

假如客人订单的交期要求在本月的 20 日，那么公司从生产到完工应在 20 日之前完成，并且需要考虑物流运输的时间，以保证客户能在时限内收货。

（四）生产计划的用途

①物料需求计划的依据。
②产能需求计划的依据。
③其他相关计划的制订依据。

二、生产作业计划

生产作业计划是指把企业的年度、季度生产计划具体规定为各个车间、工段、班组、每个工作地和个人的以月、周、班以至小时计算的计划。它是组织日常生产活动、建立正常生产秩序的重要手段。

生产计划是一种战术性计划，它以产品和工矿配件作为计划的对象。生产作业计划是生产计划的具体执行计划，是指挥企业内部生产活动的计划。

对于大型加工装配式企业，生产作业计划一般分成厂级生产作业计划和车间级生产作业计划两级。厂级生产作业计划的对象为原材料、毛坯和零件。从产品结构的角度来看，也可称作零件级作业计划。车间级生产作业计划的计划对象为工序，故也可称为工序级生产作业计划。

（一）生产作业计划的特点

①计划期短。生产计划的计划期常常表现为季、月，而生产作业计划详细规定月、旬、日、小时的工作任务。

②计划内容具体。生产计划是全厂的计划，生产作业计划则把生产任务落实到车间、工段、班组、工人。

③计划单位小。生产计划一般只规定完整产品的生产进度，生产作业计划则详细规定各零部件，甚至工序的进度安排。

（二）生产作业计划的任务

生产作业计划的作用是通过一系列的计划安排和生产调度工作，充分利用企业的人力、物力，保证企业每个生产环节在品种、数量和时间上相互协调和衔接，组织有节奏的均衡生产，使年度生产计划得到落实。生产作业计划的基本任务如下。

1. 落实生产计划

把企业生产计划的各项指标具体分配到各车间、工段、班组以及每个工作地和工人，规定具体任务并组织实施，使生产计划落到实处。

2. 合理组织生产过程

把生产过程中的不同环节合理组织、协调起来，用最少的投入获得最大的产出。

3. 实现均衡生产

均衡生产有利于充分利用企业的生产能力，有利于保证质量，有利于有效利用生产资源，改进经营管理，降低成本。要实现均衡生产，必须依靠生产作业计划来合理安排、组织各个环节的生产活动，按计划规定的进度要求全面完成生产任务。

4. 全面提高经济效益

企业效益的高低，在很大程度上取决于产品的质量和成本，而产品的质量和成本都是在生产技术准备和生产过程中形成的，生产作业计划的根本任务就是要在产品的生产过程中，严格保证产品质量，努力减少消耗，最大限度地降低生产成本，努力取得最高的经济效益。

（三）制订生产作业计划的要求

编制生产作业计划是一项非常重要的工作，其实质是把生产计划层层分解，具体落实，所以生产作业计划的内容应当详尽而又具体，才能起到组织日常生产活动的作用。制定生产作业计划时应达到以下基本要求。

1. 确保实现准时交货

在生产作业计划中精心策划和安排，确定产品或零部件在各个生产环节的投入产出时间，尽可能满足所有任务的交货期限。

2. 减少作业人员和设备的等待时间

生产作业计划要妥善地做好各生产环节的衔接，保证各工序连续作业、平行作业，缩短加工周期，减少损失时间，以便提高生产效率。

3. 使作业加工对象的流程时间最短

在制订生产作业计划时，运用科学方法，进行合理的作业排序，明显缩短流程时间，给按期交货创造条件。

4. 减少在制品的数量和停放时间

制订生产作业计划必须考虑在制品的影响，确定合理的占用量。

三、生产作业控制

随着多种生产方式的盛行，加上科学化管理技术不断改进，企业规模越来越大，组织内的专业分工越来越精细，这就产生了分工及合作问题。

在工厂内，我们常常会看见以下现象：

①经常停工待料，或三天打鱼两天晒网。

②没完没了的加班，人变成了生产机器。

③前后工序的半成品或材料不衔接，需要的没供给，不需要的却堆积许多。

④半成品堆满仓库，生产不顺畅。

⑤生产计划表形同虚设，不具威望，你做你的计划，我做我的产品，生产计划达成率低。

⑥生产计划表变动频繁，要么追加，要么取消。

⑦紧急、临时的订单很多，生产计划无法正常执行。

⑧交货经常延迟，影响公司信誉。

⑨生产紊乱，产品品质失控，返工重做，又搅乱原生产计划。

⑩材料、零件或成品积压过多，造成企业资金调配困难。

这些现象意味着生产无序。怎样才能消除生产上的乱象？必须对生产加以约束及控制。具体来讲，就是要依据生产计划进行生产进度控制，使之符合销售计划，确保给顾客所承诺的交货期。

生产作业控制又称生产进度控制，是在生产计划执行过程中，对有关产品生产的数量、质量和期限的控制。生产作业控制是按照生产计划的要求，组织生产作业计划的实施，全面掌握企业的生产情况，了解计划与实际之间的差异及其原因；及时调整生产进度，调配劳动力，合理利用生产设备，控制物料供应、储存及厂内外物料的运输工作，并统一组织力量，做好生产服务。生产作业控制是实现生产计划和作业计划的重要手段，是整个生产过程的一个重要组成部分。

（一）生产进度控制的基本内容

生产进度控制是生产控制的任务之一。生产进度控制的主要任务，是依照预先制订的作业计划，检查各种零部件投入和出产的时间、数量以及配套件，保证产品能准时装配出厂。

生产进度控制贯穿整个生产过程，从生产技术准备开始到产成品入库为止的全部生产活动都与生产进度有关。习惯上人们将生产进度等同于出产进度，这是因为客户关心的是能否按时得到成品，所以企业也就把注意力放在产成品的完工进度上，即出产进度。

生产进度控制的基本内容主要包括：投入进度控制、出产进度控制、工序进度控制和生产均衡性分析（见图 5-4）。

1. 投入进度控制

投入进度控制是指对产品开始投入的日期，各种原材料、毛坯、零部件的投入提前期以及投入量的控制。若在计划内有新增设备、新增劳动力和技术措施项目，还需控制是否按计划日期投入使用。

2. 出产进度控制

出产进度控制是指对产品、零部件的出产日期、出产提前期、出产量、出产均衡性和成套性的控制。大量生产条件下，控制的对象主要是整个流水线的出产进度。一般可用出产日期同出产日历进度表作比较，控制每日出产进度和累计出产进度。成批生产条件下，不仅要控制零部件和产品的日历出产进度，而且要按不同的指标控制零部件的成套性。

在单件小批生产条件下，按照各项规定，将主要工艺阶段的实际出产进度与计划出产进度比较，及时进行控制，以保证交货期的要求。

3. 工序进度控制

工序进度控制是指对产品（零部件）在生产过程中经过的每道加工工序的进度所进行的控制。成批、单件生产条件下，一般按工序卡和加工路线单进行控制。大量生产条件下，一般通过控制在产品数量来实现工序进度控制的目的。

4. 生产均衡性分析

生产均衡性分析是从生产进度对比和均衡率两个方面进行考察。生产进度是指企业或某一生产环节在某一时间（如季、月）内，每经过一段相等时间完成该时期的全部生产任务的比例。将各个时间阶段的产量加以连续对比，可以观察企业生产进行得是否正常、均衡。例如，某产品计划月产量为 200 台，上旬完成了 20 台，中旬完成了 40 台，下旬就需要完成 140 台，这说明生产极不均衡。一般来说应是"三、三、四"。即上旬完成 30%，中旬完成 30%，下旬完成 40%。

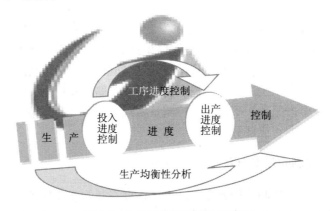

图 5-4 生产进度控制内容示意图

（二）实施生产作业控制的基本条件

1. 生产控制标准

主要标准就是生产计划和生产作业计划。没有标准，就不能衡量作业实际情况是否发生了偏移。

2. 生产控制信息

控制离不开信息，只有掌握了偏离计划的实际生产作业状况的信息，才能实施有效的控制。只有保证生产信息的有效传递和反馈，才能及时发现问题。

3. 生产控制的措施

针对生产作业产生的偏差，分析原因，采取有效措施加以解决，保证生产活动的正常进行。

（三）生产作业控制的基本环节

①根据产品的技术要求制定出的工艺流程，是生产作业控制的出发点和基础。
②安排生产进度计划，是生产作业控制的前提。
③下达生产指令，是生产作业控制的重要手段。
④生产进度控制，是生产作业控制的关键。

四、现代生产计划与控制管理

（一）西方生产计划与控制管理方法的发展过程（见图5-5）

自18世纪产业革命以来，手工业作坊迅速向工厂生产的方向发展，出现了制造业。随后，所有企业追求的是要以最少的资金投入获得最大的利润。专家们不断探讨一种能有效控制投入而获得最大产出的管理方法。在20世纪40年代，计算机系统还没有出现，为了解决库存控制问题，人们提出了订货点法。

到20世纪60年代，随着计算机系统的发展，使得短时间内对大量数据进行复杂运算成为可能。于是人们提出了MRP理论。它可在数周内拟定零件需求的详细报告，用于补充订货及调整原有订货，以满足生产变化的需求。

到了70年代，为了及时调整需求和计划，出现了具有反馈功能的闭环MRP，把财务子系统和生产子系统结合为一体，采用计划—执行—反馈的管理逻辑，有效地对生产中的各项资源进行规划和控制。

80年代末，人们又将生产活动中的主要环节销售、财务、成本、工程技术等与闭环MRP集成为一个系统，成为管理整个企业的一种综合性的制订计划的工具。于是在闭环MRP的基础上发展了MRPⅡ理论。在20世纪80年代，计算机网络技术不断发展，企业内部信息得到充分共享，MRP的各子系统也得到了统一，形成了一个融采购、库存、生产、销售、财务、工程技术等为一体的子系统。

20世纪90年代，市场竞争进一步加剧，企业竞争的空间和范围进一步扩大。80年代主要面向企业内部资源全面管理的思想逐步发展成为怎样有效利用和管理整体资源的管理思想。90年代初，美国加特纳公司首先提出了ERP的概念报告。

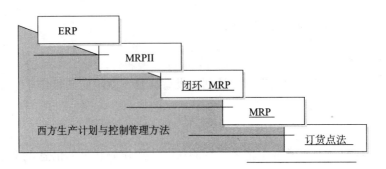

图 5-5　西方生产计划与控制管理方法发展过程

（二）物料需求计划（Material Requirement Planning，MRP）

采用订货点法就是确定各种零件合理的生产批量，每次生产一个批量交到仓库，需要用的车间就到仓库去领用。当库存量下降到规定限度时，仓库立即向有关车间和部门发出生产通知，生产车间立即组织生产，生产完成后交到仓库。

订货点法是传统的库存计划与控制方法，其基本思想是根据过去的经验预测未来的需求，根据物料的需求情况来确定订货点和订货批量。它只适合于需求比较稳定的物料库存控制与管理。然而，在实际生产中，随着市场环境的变化，需求常常不稳定、不均匀，出现如物料采购的盲目性、高库存与低服务水平等问题。

20 世纪 60 年代，美国的约瑟夫·奥里奇等当时的库存管理专家们为解决传统订货点法库存控制方法的不足，提出了物料需求计划（MRP）。初期，MRP 解决了生产各种最终物料所需的零部件和原材料的数量问题。之后，人们在 MRP 思想雏形的基础上，把生产作业计划、车间作业计划和采购作业计划纳入其中。同时，在计划执行过程中，加入来自车间、供应商和计划人员的反馈信息，并利用这些信息进行计划的平衡调整，从而围绕着物料需求计划，使生产的全过程形成一个统一的、闭环的MRP 系统。

1. MRP 的工作原理

物料需求计划是指在产品生产中，对构成产品的各种物料需求量与需求时间所做的计划。MRP 是根据市场需求预测和顾客订单制订产品的生产计划，然后基于产品生成进度计划，组成产品的材料结构表和库存状况，通过计算机计算所需物资的需求量和需求时间，从而确定材料的加工进度和订货日程的一种实用技术。在企业的生产计划管理体系中，它属于作业层的计划决策。

按需求的来源不同，企业内部的物料分为独立需求和相关需求两个类型。独立需求是指一项物料的需求与其他项的需求无关，需求量和需求时间由企业外部的需求来决定。例如，客户订购的产品、科研试制需要的样品、售后维修需要的备品备件等。相关需求是指根据物料之间的结构组成关系，由独立需求的物料所产生的需求，某些物料项目的需求取决于对另一些项目的需求。例如，半成品、零部件、原材料等的需求。

MRP 的基本原理就是由产品的交货期展开成零部件的生产进度日程与原材料、外购件的需求数量和需求日期，即将产品主生产计划转换成物料需求表，并为编制能力需求计划提供信息。也就是说，它既要防止物料供应滞后于生产对它们的需求，也要防止物料过早地出产和进货，以免增加库存，造成物资和资金的积压。

2. MRP 的处理逻辑（见图 5-6）

通过主生产计划（MPS）明确"企业要制造什么？"。要制造，必须要有相应的物料，因此，通过物料清单（Bill of Materials，BOM）明确"生产岗位需要什么"，而需要的物料可能有些已经存放着，因此，要通过库存信息了解"仓库里储存了什么"。根据物料需求计划的处理，可以计算出生产作业计划和采购供应计划。在生产作业计划中，规定了每一项自制件的需求数量、开工日期和完工日期；在采购供应计划中，规定了采购物料的需求品种、需求数量、订货日期和到货日期。

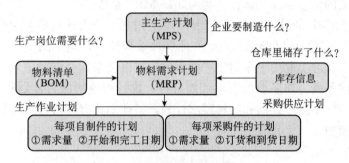

图 5-6　MRP 的处理逻辑示意图

从图 5-6 中，了解到 MRP 涉及 3 个输入信息：主生产计划、物料清单和库存状态文件。

主生产计划是 MRP 的主要输入，它是 MRP 运行的驱动力。在主生产计划中列出的是企业向外界提供的产品等，它们具有独立需求的特征。

物料清单显示了产品的组成及结构信息，包括所需零部件的清单、产品项目的结构层次、制成最终产品的各个工艺阶段的先后顺序。

库存状态文件保存了每一种物料的有关数据。MRP 系统关于订什么，订多少，何时发出订货等重要信息，都存储在库存状态文件中。

物料清单文件是相对稳定的，库存状态文件却处于不断变动之中。一般来说，产品的库存状态文件包括所有时间段的总需要量、预计到货量、现有数、净需要量和计划发出订货量等数据。

MRP 的输出信息较多，关键输出信息如下：

①零部件投入出产计划，规定了每个零件与部件的投入数量和投入时间、出产数量和出产时间。

②原材料需求计划，规定了每个零件所需原材料的种类、需要数量及需要时间，并按原材料品种、型号、规格汇总，以便物资部门进行采购。

③库存状态记录，记录各种零部件、外购件及原材料的库存状态数据，以便将计划与实际进行对比，实施生产进度控制和采购计划控制。

3. 闭环 MRP

在 MRP 系统的应用中，需要人工介入较多。此外，MRP 系统没有涉及车间作业计划及作业分配，这部分工作仍然由人工补足，因此不能保证作业的最佳顺序和设备的有效利用。为了解决上述矛盾，20 世纪 80 年代初，MRP 由传统式发展为闭式，它是一个结构完整的生产资源计划及执行控制系统。

从 MRP 到 MRPⅡ经历了闭环 MRP。何为闭环? MRP 是根据市场需求和主生产计划，提出初步的加工和采购计划，是个书面需求，是否能实现还未知。因此，必须用运行能力需求计划来验证它的可行性。如果工厂能力达不到，需要对 MRP 调整后，下达给执行部门（车间、供应）一个可行的计划。计划下达后，在执行的过程中可能出现物料的问题（如设计更改、废品、外购件未能按时到货），还可能出现能力问题（如定额不准、设备故障、人员缺勤）。因此，当计划无法实现时，要及时把情况反映到计划层，形成自下而上的反馈信息。此外，为了适应企业内外环境的变化，也可能修改计划。这种自上而下又自下而上闭环式的信息传递和运作，称为闭环 MRP 系统。

闭环 MRP 与 MRP 的最大区别在于闭环 MRP 增加了能力计划平衡功能。在 MRP 中，尽管按 MRP 的处理逻辑可以形成车间生产计划和采购计划，但车间生产计划和采购计划的可执行性在很大程度上取决于车间生产能力的约束以及采购仓储的限制。为此，必须进行能力需求计划的平衡。如果能力需求计划可行，执行相应的能力计划和物料需求计划；否则，必须重新调整主生产计划和物料需求计划，使计划具有可行性。这就形成了一个计划与控制系统，如图 5-7 所示。

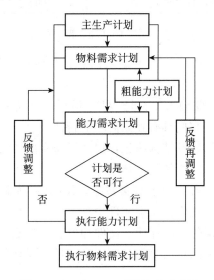

图 5-7 闭环 MRP 逻辑处理示意图

(三) 制造资源计划 (Manufacturing Resource Planning, MRPⅡ)

20 世纪 70 年代后期，美国著名的生产管理专家奥列弗·怀特首次提出了将货币信息纳入 MRP 的方式，冠以"制造资源计划"的名称，为了与 MRP 相区别，又体现出是在 MRP 基础上的继续和发展，称之为 MRPⅡ。制造资源计划是以物料需求计划为核心，覆盖企业生产活动所有领域，有效利用资源的生产管理思想和方法的人—机应用系统。MRPⅡ是对制造业企业资源进行有效计划的一整套方法。

MRPⅡ使企业的生产经营管理达到系统化、合理化和规范化。计算机快速处理信息的强大功能又极大地提高了管理和进行管理决策的效率和质量，它可在周密的计划下有效地利用各种制造资源，控制资金占用，缩短生产周期，降低成本，实现企业整体优化，以最佳的产品和服务占领市场。许多企业在实施了 MRPⅡ 之后都取得了显著的经济效益。

MRPⅡ 的作用如下：

①降低了库存，包括原材料、在制品和产品的库存，因而库存资金降低 15%～40%，资金周转次数提高 50%～200%，库存盘点误差率降低到 1%～2%。

②资源利用趋于合理，缩短了生产周期，提高劳动生产率 5%～15%。

③确保按期交货，提高了客户服务质量。

④降低了成本，如采购费、加班费。加班工作量减少 10%～30%。

⑤如果与财务系统集成，可减少财务收支上的差错或延误。

MRPⅡ 是对制造业企业资源进行有效计划的一整套方法。它是一个围绕企业的基本经营目标，以生产计划为主线，对企业制造的各种资源进行统一的计划和控制，使企业的物流、信息流、资金流流动畅通的动态反馈系统。可以简单理解为在闭环 MRP 的基础上，集成了财务管理功能。

需求量、提前期与加工能力是 MRPⅡ 制订计划的主要依据。在市场形势复杂多变，产品更新换代周期短的情况下，MRPⅡ 对需求与能力的变更，特别是计划期内的变动适应性差，需要较大的库存量来吸收需求与能力的波动。

（四）企业资源计划（Enterprise Resource Planning，ERP）

世界经济形势、管理思想和信息技术都是在不断发展的。随着全球化经济的形成，以面向企业内部信息集成为主的 MRPⅡ 系统已不能满足企业多元化（多行业）、跨地区、多供应和销售渠道的全球化经营管理模式的要求。进入 20 世纪 90 年代，随着网络通信技术的迅速发展和广泛应用，一些跨国经营的制造企业开始朝着更高的管理信息系统层次——ERP 迈进。需要说明的是，MRPⅡ 不是"过时了"，而是"不够用了"，不能满足新形势的需求了。

随着市场竞争不断加剧，企业竞争空间与范围进一步扩大，仅靠企业自己的资源不可能有效地参与市场竞争，必须把经营过程中的有关各方，如供应商、制造工厂、分销网络、客户等纳入到一个紧密的供应链中，才能有效地安排企业的产、供、销活动，满足企业利用一切市场资源快速、高效地进行生产经营的需求，以期进一步提高效率和在市场上获得竞争优势。企业资源计划随之产生。

ERP 是整合了企业管理理念、业务流程、基础数据、人力物力、计算机硬件和软件于一体的企业资源管理系统。ERP 是先进的企业管理模式，是提高企业经济效益的解决方案。其主要宗旨是对企业所拥有的人、财、物、信息、时间和空间等综合资源进行综合平衡和优化管理，协调企业各管理部门，围绕市场导向开展业务活动，提高企业的核心竞争力，从而取得最好的经济效益。所以，ERP 首先是一个软件，同时是一个管理工具。它是 IT 技术与管理思想的融合体，也就是先进的管理思想借助计算机，来达成企业的管理目标（见图 5-8）。

企业通过实施 ERP，配套的工作是在帮助企业建流程，建制度，建规范，建标准，确保企业 TQC（交期、质量、成本）的控制与保证能力，从而提高企业管理水平，提升企业竞争力，提升企业经济效益，实现企业利润最大化。也就是说，如果导入 ERP，但没有配套地把流程、制度、规范、标准建立起来，ERP 实施失败的风险就很大。反之，通过实施 ERP，企业建立了合理的流程、规范、标准、制度，并且不断地、持续地固化和优化，从而达到提升企业竞争力，实现企业利润最大化的目标。

图 5-8　ERP 核心思想图

ERP 的管理理念如下所述。

第一，体现了对整个供应链资料进行有效管理的思想，实现了对整个企业供应链上的人、财、物等所有资源及其流程的管理。

第二，体现了精益生产、同步工程和敏捷制造的思想。面对激烈的竞争，企业需要运用同步工程组织生产和敏捷制造，保持产品高质量、多样化、灵活性、实现精益生产。

第三，体现事先计划与事中控制的思想。ERP 系统中的计划体系主要包括生产计划、物料需求计划、能力需求计划等。

第四，体现业务流程管理的思想。为提高企业供应链的竞争优势，必然带来企业业务流程的改革，系统应用程序的使用必须随业务流程的变化而相应调整。

企业资源计划是实施企业流程再造的重要工具之一，是一个属于大型制造业使用的公司资源管理系统。"世界 500 强企业"中有 80% 的企业都在用 ERP 软件作为其决策和管理日常工作流程的工具。

ERP 在 MRP II 原有功能的基础上，向内、外两个方向延伸。向内主张以精益生产方式改造企业生产管理系统，向外则增加战略决策功能和供需链管理功能。

ERP 集中反映出现代企业管理的理论与方法，同时强调因地制宜的原则。但是现今的 ERP 软件还不完善，远没有达到客户要求，甚至没有达到软件供应商们自己所做出的承诺。用户需要的是更周密的供应链计划，更灵活地实施。希望 ERP 不仅能适合今天的业务流程，而且能够迅速改革，适应将来的新模式。如今的 ERP 系统的主要弱点在计划功能方面，即主生产调动模块和制造资源计划（MRP）模块没能适时地以现有的资源响应客户的需求，因而难以对现实世界的供应链提供支持。

课堂案例讨论

用生活实例说明 ERP 管理

一天中午，王阿姨的儿子在外给家里打电话："亲爱的老妈，晚上我想带几个同事回家吃饭可以吗？"（订货意向）

妈妈："当然可以，来几个人，几点来，要吃什么菜？"

儿子："6 个人，我们 7 点左右回来，准备些酒、烤鸭、番茄炒蛋、凉菜、蛋花汤……

你看可以吗?"（商务沟通）

妈妈:"没问题,我会准备好的。"（订单确认）

妈妈记录下需要做的菜单（MPS 计划）,具体要准备的东西:鸭、酒、番茄、鸡蛋、调料……（BOM 物料清单）,发现需要:1 只鸭蛋,5 瓶酒,4 个鸡蛋……（BOM 展开）,炒蛋需要 6 个鸡蛋,蛋花汤需要 4 个鸡蛋（共用物料）。

打开冰箱一看（库房）,只剩下 2 个鸡蛋（缺料）。

来到自由市场,王阿姨问:"请问鸡蛋怎么卖?"（采购询价）

小贩:"1 个 1 元,半打 5 元,1 打 9.5 元。"

王阿姨:"我只需要 8 个,但这次买 1 打。"（经济批量采购）

王阿姨:"这有一个坏的,换一个。"（验收、退料、换料）

回到家中,准备洗菜、切菜、炒菜……（工艺线路）,厨房中有燃气灶、微波炉、电饭煲……（工作中心）。

王阿姨发现拔鸭毛最费时间（瓶颈工序,关键工艺路线）,用微波炉自己做烤鸭可能来不及（产能不足）,于是在楼下的餐厅里买现成的（产品委托外单）。

下午 4 点,接到老伴的电话:"老婆,晚上几个同事想来家里吃饭,你帮忙准备一下。"（紧急订单）

"好的,你们想吃什么,儿子晚上也有客人,你愿意和他们一起吃吗?"

"菜,你看着办吧,但一定要有番茄炒鸡蛋,我们不和他们一起吃,6:30 左右回来。"（不能并单处理）

"好的,肯定让你们满意。"（订单确定）

"鸡蛋又不够了,打电话叫小店送来。"（紧急采购）

6:30,一切准备就绪,可烤鸭还没送来,急忙打电话询问:"我是王阿姨,怎么订的烤鸭还不送来?"（采购委外单跟催）

"不好意思,送货的人已经走了,可能是堵车吧,马上就会到的。"

门铃响了。

"王阿姨,这是您要的烤鸭。请在单子上签个字。"（验收、入库、转应付账款）

6:45,女儿的电话:"妈妈,我想现在带几个朋友回家吃饭可以吗?"（呵呵,又是紧急订购意向,要求现货）

"不行呀,女儿,今天妈已经需要准备两桌饭了,时间实在是来不及,真的非常抱歉,下次早点说,一定给你们准备好。"（哈哈,这就是 ERP 的使用局限,要有稳定的外部环境,要有一个起码的提前期）

送走了所有客人,疲惫的王阿姨坐在沙发上对丈夫说:"老伴,现在咱们家请客的频率非常高,应该要买些厨房用品了（设备采购）,最好能再雇个小保姆（人力资源系统有缺口）。"

丈夫:"家里你做主,需要什么你就去办吧。"（通过审核）

王阿姨:"还有,最近家里花销太大,用你的私房钱来补贴一下,好吗?"（最后就是应收货款的催要）

讨论题:请创作一个生活、服务或生产背景,将 MRP、ERP 的管理环节考虑进去。

第三节　生产现场管理

一、生产现场管理概述

（一）生产现场与生产现场管理

现场有广义和狭义之分。广义上，凡是企业用来从事生产经营的场所，都称为现场，它既包括生产前方各基本生产车间的作业场所，也包括生产后方各辅助部门的作业场所，如厂区、车间、仓库、运输线路、办公室以及营销场所等。狭义上的现场一般指生产现场，是指从事产品生产、制造或提供生产服务的场所。以下谈到的生产现场管理主要指狭义现场的管理。

生产现场管理是指运用科学的管理原理、管理方法和管理手段，对生产现场的各种生产要素进行合理的配置与优化组合，以保证生产系统目标的顺利实现。

生产现场管理问题漫画如图 5-9 所示。在生产现场管理时，要运用现代先进的管理思想，采用现代化管理方法和手段，用系统论的观点对生产现场的全部活动，包括人、机、料、法、环、能、信，以及技术、质量、经营等各种生产要素与各项专业管理，进行合理结合与科学的调配，使其发挥综合、整体效能，从而实现优质、低耗、高产、增效的目的。为达到这一目的，通常采用"5S"管理、定置管理、目视管理等管理模式。

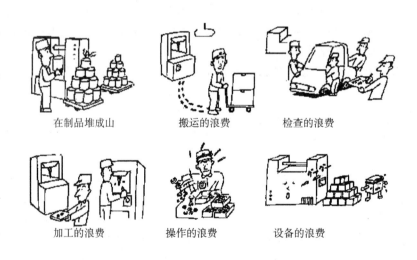

在制品堆成山　　搬运的浪费　　检查的浪费

加工的浪费　　操作的浪费　　设备的浪费

图 5-9　生产现场管理问题漫画

（二）生产现场管理的基本内容和要求

1. 生产现场管理的优化内容

生产现场管理是生产第一线的综合性管理，是企业管理水平的直观反映，其内容主要包括以下几点。

①改善布局。使人流、物流、信息流畅通有序，创造一个安全、文明、有序、美好、舒适、整洁的现场环境。

②提高工序的运作能力。加强工艺管理，优化工艺路线和工艺布局，提高工艺水平，严格按工艺要求组织生产，使生产处于受控状态，保证产品质量。

③健全各项规章制度、技术标准、管理标准、工作标准、劳动及消耗定额、统计台账等。

④搞好班组建设和民主管理，充分调动职工的积极性和创造性。

2. 现场管理优化的任务

①消除生产现场的浪费现象。加强定额管理，降低物料和能源消耗，减少生产储备和资金占用，做到人尽其能，物尽其用，不断降低成本。科学组织生产，采用新工艺、新技术，开展技术革新活动，不断完善工艺，发挥综合管理效益，有效控制生产现场的投入产出。

②落实现场管理的职责，做到人流、物流运转有序，信息流出现异常现象能及时发现、解决，使生产现场处于正常、有序、可控的状态。

③治理现场，改变生产现场，做到文明生产，安全生产。

二、"5S"管理模式

"5S"起源于日本，是指在生产现场中的人员、机器、材料、方法等生产要素进行有效的管理，这是日本企业一种独特的管理办法。

1955 年，日本的"5S"宣传口号为"安全始于整理，终于整理整顿"。当时只推行了前两个"S"，其目的仅为了确保作业空间和安全。后因生产和品质控制的需要，又逐步提出了"3S"，也就是清扫、清洁、修养，从而使应用空间及适用范围进一步发展。到了 1986 年，日本的"5S"著作逐步问世，由此掀起"5S"现场管理模式的热潮。

根据企业进一步发展的需要，有的公司在原来"5S"的基础上增加了节约及安全这两个要素，形成了"7S"；也有的企业加上习惯化、服务及坚持，形成了"10S"。但是万变不离其宗，所谓"7S"、"10S"都是从"5S"里衍生出来的。

(一)"5S"管理模式

1. "5S"管理模式的含义

"5S"管理模式是指对生产现场各生产要素（主要指物的要素）所处的状态不断地进行整理、整顿、清扫、清洁和素养的活动。"5S"是日文 SEIRL（整理）、SEITON（整顿）、SEISO（清扫）、SEIKETSU（清洁）、SHITSUKE（素养）这 5 个单词的字头。5 个词在日语中的罗马拼音第一个字母发音都是"S"，所以称"5S"。

"5S"管理源于日本，指的是在生产现场，对材料、设备、人员等生产要素开展相应的整理、整顿、清扫、清洁、素养等活动，为其他管理活动奠定良好的基础，是日本产品品质得以迅猛提高并行销全球的成功之道。

"5S"管理前后对比图如图 5-10 所示。

整顿前的车间　　　　　　　　　　　　　　　整顿后的车间

图 5-10　"5S"管理前后对比图

图片来源：http：//bbs.foodmate.net/thread-186567-1-1.html

2."5S"管理模式的内容

（1）整理

整理是指将工作场所的任何物品区分为有必要和没有必要的，除了有必要的留下来，其他的都撤除掉。主要是清理出被占有而无效用的"空间"：如仓库、车间、办公场所、公共场所；文件资料及桌、箱、柜；零组部件、产品；工装设备；室内外通道；门面、墙面、广告栏等。

整理的目的就是清除零乱根源，腾出"空间"，防止材料的误用、误送，创造一个清晰的工作场所。

（2）整顿

整顿是把要用的东西按规定位置摆放整齐，并做好标志进行管理。主要是整顿工作场所中任意浪费的场所。如经过整理后留卜的需要的东西，物品要定位存放；依使用频率来决定放置场所和位置；用标志漆颜色（建议黄色）划分通道与作业区域；不许堵塞通道；限定堆放高度；不合格品隔离工作现场；不明物撤离工作现场。

看板要置于醒目的地方，且不妨碍现场的视线；危险物、有机物、溶剂应放在特定的地方；无法避免将物品放于醒目的地方，可悬挂"暂放"牌，并注明理由与时间。

整顿的目的就是定置存放，实现随时方便取用。

（3）清扫

清扫是将工作场所内看得见与看不见的地方清扫干净，保持工作场所干净、亮丽的环境，主要是清扫工作现场各处所发生的"脏污"。如要例行扫除、清理污秽，全员拿着扫把、拖把等依规定彻底清扫；要清扫到很细微的地方（洗净地面油污，清除机械深处等），不要只做表面工作；调查脏污的来源；彻底根除废弃物放置在生产现场，在室内外规划与定位设置垃圾桶或垃圾箱。

清扫的目的就是保持工作环境整洁、干净；保持整理、整顿成果；提高设备、设施、环境质量，以及产品或服务质量；防止环境污染。

（4）清洁

清洁是将整理、整顿、清扫进行到底，并且制度化，经常保持环境处在美观的状态，主要清洁、美化工作区与环境。如在工作现场彻底执行整理、整顿、清扫之后，所呈现的状态便是"清洁"；清洁就是保持清扫呈现的"洁净整齐"，感觉上应是"美化优雅"。在维持前"3S"效果的同时，通过目视化的措施进行检查，使"异常"现象能立刻消除，使工作现场一直保持在正常状态。

清洁的目的就是养成持久有效的清洁习惯，维持和巩固整理、整顿、清扫的成果。

（5）素养

素养是每位成员养成良好的习惯，并遵守规则做事，培养积极主动的精神（也称习惯性）。主要是通过持续不断的"4S"活动，改造人性，提升道德品质。

素养的目的就是培养有好习惯、遵守规则的员工，营造团队精神。

在"5S"活动中，应不厌其烦地教育员工做好整顿、整理、清扫工作，其目的不只是希望将东西摆放好，设备擦洗干净，最主要的是通过细碎、单调的动作，潜移默化地使员工养成良好的习惯，进而能依照规定的事项（厂纪、厂规、各种规章制度及标准化作业规程）来行动，变成一个有高尚情操的真正优秀的员工。

（二）"6S"管理模式

1. "6S"管理的由来

"6S"管理由日本企业的"5S"扩展而来，将"5S"的意义扩展为"6S"内容，增加了"安全环境"一项。因前5个内容的日文罗马标注发音和后一项安全（SECURITY）的英文单词都以"S"开头，所以简称"6S"现场管理。

"6S"除了"5S"的整理、整顿、清扫、清洁、素养外，又加了安全。安全是指重视成员安全教育，每时每刻都有安全第一的观念，防患于未然。其目的是建立起安全生产的环境，所有的工作应建立在安全的前提下。

 小贴士

井　喷

2003年12月23日，重庆市开县高桥镇的川东北气矿16号井发生特大井喷事故，井内喷射出的大量含有剧毒硫化氢的天然气四处弥漫，造成243人中毒死亡，2142人入院治疗，65000人被紧急疏散安置。此次灾难造成的直接经济损失高达6400余万元。

经查明，引起这起事故的原因很简单。事故发生前的12月20日、21日，该井钻具内的测斜仪已损坏，但现场管理人员未及时替换，反而在当晚令工人继续施工。根据相关技术规程和明文规定，这种做法是绝对不允许的。这些违规操作，致使起钻发生井喷时钻杆无法被控制，井喷失控。这看似不起眼的操作夺走了鲜活的243条人命。

安全工作是企业正常经营和健康发展的"生命线"。

资料来源：中世．都是心软惹的祸．西苑出版社

"6S"现场管理是现代工厂行之有效的现场管理理念和方法，其作用是：提高效率，保证质量，使工作环境整洁、有序，预防为主，保证安全。"6S"的本质是一种执行力的企业文化，强调纪律性的文化，不怕困难，想到做到，做到做好。作为基础性的"6S"工作落实，能为其他管理活动提供优质的管理平台。

小贴士

方便记忆的"6S"管理口诀

整理：要与不要，一留一弃；整顿：科学布局，取用快捷；

清扫：清除垃圾，美化环境；清洁：清洁环境，贯彻到底；

素养：形成制度，养成习惯；安全：安全操作，以人为本。

2. 执行"6S"的好处

①提升企业形象。整齐清洁的工作环境，能够吸引客户，并且增强企业的自信心。

②减少浪费。由于场地杂物乱放，致使其他东西无处堆放，这是一种空间的浪费。

③提高效率。拥有一个良好的工作环境，可以使个人心情愉悦；东西摆放有序，能提高工作效率，减少搬运作业。

④质量有保证。一旦员工养成了做事认真严谨的习惯，他们生产的产品的返修率会大大降低，提高了产品品质。

⑤安全有保障。通道保持畅通，员工养成认真负责的习惯，会使生产及非生产事故减少。

⑥设备寿命提高。对设备及时进行清扫、点检、保养、维护，可以延长设备的使用寿命。

⑦成本降低。做好6个"S"可以减少跑冒、滴漏和无效搬运，从而降低成本。

⑧交期准时。生产制度规范化使得生产过程一目了然，生产中的异常现象明显化，出现问题时可以及时调整作业，以达到交期准时。

三、定置管理

定置管理起源于日本，由日本青木能率（工业工程）研究所的艾明生产创导者青木龟男先生始创。他从20世纪50年代开始，根据日本企业生产现场管理实践，经过潜心钻研，提出了定置管理这一新的概念。后来，由日本企业管理专家清水千里先生在应用的基础上，发展了定置管理，把定置管理总结和提炼成为一种科学的管理方法。这一科学方法在日本许多公司得到推广应用，都取得了明显的效果。

定置管理是对生产现场中的人、物、场所三者之间的关系进行科学的分析、研究，使之达到最佳结合状态的一门科学管理方法。它以物在场所的科学定置为前提，以完整的信息系统为媒介，以实现人和物的有效结合为目的，通过对生产现场的整理、整顿，把生产中不需要的物品清除掉，把需要的物品放在规定位置上，使其随手可得，促进生产现场管理文明化、科学化，达到高效生产、优质生产、安全生产。

定置管理中的"定置"不是一般意义上字面理解的"把物品固定地放置"，它的特定含义是根据生产活动的目的，考虑生产活动的效率、质量等制约条件和物品自身的特殊要求（如时间、质量、数量、流程等），划分出适当的放置场所，确定物品在场所中的放置状态，作为生产活动主体人与物品联系的信息媒介，从而有利于人、物的结合，有效地进行生产活动。对物品进行有目的、有计划、有方法的科学放置，称之为现场物品的"定置"。

定置的小零件图如图5-11所示。

图 5-11　定置的小零件图

图片来源：http://bbs.foodmate.net/thread-186567-1-1.html

定置管理是"5S"活动的一项基本内容，是"5S"活动的深入和发展。

(一) 人、物、场所三者之间的关系

1. 人与物的关系

在工厂生产活动中，构成生产工序的要素有 5 个，即原材料、机械、工作者、操作方法、环境条件。其中最重要的是人与物的关系，只有人与物相结合才能进行工作。

（1）人与物的结合方式

人与物的结合方式有直接结合与间接结合两种。直接结合又称有效结合，是指工作者在工作中需要某种物品时能够立即得到，高效率地利用时间。间接结合是指人与物呈分离状态。为使其达到最佳结合，需要通过一定信息媒介或某种活动来完成。

（2）人与物的结合状态

按照人与物有效结合的程度，可将人与物的结合归纳为 A、B、C 三种基本状态。

A 状态：表现为人与物处于能够立即结合并发挥效能的状态。例如，操作者使用的各种工具，由于摆放地点合理而且固定，当操作者需要时能立即拿到或做到得心应手。

B 状态：表现为人与物处于寻找状态，或尚不能很好地发挥效能的状态。例如，一个操作者想加工一个零件，需要使用某种工具，但由于现场杂乱或忘记了这一工具放在何处，结果因寻找而浪费了时间；又如，由于半成品堆放不合理，散放在地上，加工时每次都需弯腰，一个个地捡起来，既影响了工时，又增加了劳动强度。

C 状态：是指人与物没有联系的状态。这种物品与生产无关，不需要人去同该物结合。例如，生产现场中存在的已报废的设备、工具、模具，生产中产生的垃圾、废品、切屑等。这些物品放在现场，必将占用作业面积，而且影响操作者的工作效率和安全。

因此，定置管理就是要通过相应的设计、改进和控制，消除 C 状态，改进 B 状态，使之都成为 A 状态，并长期保持下去。

2. 场所与物的关系

在生产活动中，人与物的结合状态，是决定生产有效程度的因素。但人与物的结合都

是在一定场所进行的。因此，实现人与物的最佳结合，必须首先处理好物与场所的关系，实现物与场所的合理结合。物品按生产需要、工艺要求科学地固定在某场所的特定位置上，能缩短人取物的时间，消除人的重复动作，以促进人与物的最佳结合。

（1）场所布置的状态

实现物与场所的有效结合，首先要使场所本身处于良好的状态。场所本身的布置可以有 A、B、C 三种状态。

A 状态：良好状态。场所具有良好的工作环境、作业面积、通风设施、恒温设施、光照，噪声、粉尘等符合人的生理状况与生产需要，整个场所达到安全生产的要求。

B 状态：需要改善的状态。场所需要不断改善工作环境，场所的布局不尽合理，或只满足人的生理要求，或只满足生产要求，或两者都未能完全满足。

C 状态：需彻底改造的状态。即需消除或彻底改造的工作环境。这种场所对人的生理要求及工作生产、安全要求都不能满足。

定置管理的任务，就是把物与场所的 B、C 状态改变为 A 状态。

（2）场所划分的原则

实现物与场所的结合。要根据物流运动的规律性，科学地确定物品在场所内的位置，即定置。定置方法有两种基本形式。

①固定位置：即场所固定、物品存放位置固定、物品的信息媒介物固定。这种"三固定"的方法，适用于那些在物流系统中周期性地回归原地，在下一生产活动中重复使用的物品。主要是那些用作加工手段的物品，如工、检、量具、工艺装备、工位器具、运输机械和机床附件等物品。这些物品可以多次参加生产过程，周期性地往返运动。例如，模具平时存储在指定的场所和地点，需用时取来安装在机床上，使用完毕后，从机床上拆卸下来，经过检测、验收后，仍搬回到原处存储，以备下次再使用。

②自由位置：即相对地固定一个存放物品的区域，至于在此区域内的具体放置位置，则根据当时的生产情况及一定的规则来决定。这种方式同上一种相比，在规定区域内有一定的自由，故称自由位置。这种方法适用物流系统中那些不回归、不重复使用的物品。例如，原材料、毛坯、零部件、产成品。这些物品的特点是按照工艺流程不停地从上一工序向下一工序流动，一直到最后出厂。

3. 人、物、场所与信息的关系

信息媒介就是人与物、物与场所合理结合过程中起指导、控制和确认等作用的信息载体。由于生产中使用的物品品种多、规格杂，它们不可能都放置在操作者的手边，如何找到各种物品，需要有一定的信息来指引；许多物品在流动中是不回归的，它们的流向和数量也要由信息来指导和控制；为了便于寻找和避免混放物品，也需要由信息来确认。因此，在定置管理中，完善而准确的信息媒介是很重要的，它影响到人、物、场所的有效结合程度。

人与物的结合，需要有四个信息媒介物。

第一个信息媒介物是位置台账，它表明"该物在何处"。通过查看位置台账，可以了解所需物品的存放场所。

第二个信息媒介物是平面布置图，它表明"该处在哪里"。在平面布置图上可以看到物品存放场所的具体位置。

第三个信息媒介物是场所标志，它表明"这儿就是该处"。它是指物品存放场所的标志，通常用名称、图示、编号等表示。

第四个信息媒介物是现货标示，它表明"此物即该物"。它是物品的自我标示，一般用各种标牌表示，标牌上有货物本身的名称及有关事项。在寻找物品的过程中，人们通过第一个、第二个媒介物，被引导到目的场所。

因此，称第一个、第二个媒介物为引导媒介物。再通过第三个、第四个媒介物来确认需要结合的物品。因此，称第三个、第四个媒介物为确认媒介物。人与物结合的这四个信息媒介物缺一不可。建立人与物之间的连接信息，是定置管理这一管理技术的特色。是否能按照定置管理的要求，认真地建立、健全连接信息系统，并形成通畅的信息流，有效地引导和控制物流，是推行定置管理成败的关键。

（二）定置管理的内容

定置管理内容较为复杂，在工厂中可粗略地分为工厂区域定置、现场区域定置和可移动物件定置等。

1. 工厂区域定置

工厂区域定置包括生产区和生活区。生产区包括总厂、分厂（车间）、库房定置。如总厂定置包括分厂、车间界限划分，大件报废物摆放，改造厂房拆除物临时存放，垃圾区、车辆停放等。分厂车间定置包括工段、工位、机器设备、工作台、工具箱、更衣箱等。库房定置包括货架、箱柜、储存容器等。生活区定置包括道路建设、福利设施、园林修造、环境美化等。

2. 现场区域定置

现场区域定置包括毛坯区、半成品区、成品区、返修区、废品区、易燃易爆污染物停放区等。

3. 可移动物件定置

可移动物件定置包括劳动对象物定置（如原材料、半成品、在制品等），工卡、量具的定置（如工具、量具、胎具、容器、工艺文件、图纸等），以及废弃物的定置（如废品、杂物等）。

（三）定置管理的基本程序

1. 方法研究

方法研究是定置管理开展程序的起点，它是对生产现场现有加工方法、机器设备情况、工艺流程等全过程进行详细的分析研究，确定其方法在技术水平上的先进性，在经济上的合理性，分析是否需要和可能采取更先进的工艺手段及加工方法进行改造、更新，从而确定工艺路线与搬运路线，使定置管理达到科学化、规范化和标准化。

2. 人、物结合状态分析

这是开展定置管理的第二个阶段，也是定置管理中最关键的一环。定置管理的原则是提倡 A 状态，改造 B 状态，清除 C 状态，以达到提高工作效率和工作质量的目的。

3. 物流、信息流分析

这是开展定置管理的第三步。在生产现场中，需要定置的物品无论是毛坯、半成品、成品，还是工装、工具、辅具等，都随着生产的进行而按照一定的规律流动着，称之为物流。

随着物流的变化，生产现场会有大量的信息，如表示物品存放地点的路标，表示所取之物的标签、定置图，表示不同状态物品的标牌，为定置摆放物品而划出的特殊区域等。

随着生产的进行，这些信息不断地运动着、变化着。当加工件由某状态转化为另一状态时，信息伴随着物的流动变化而变化，这就是信息流。通过对物流、信息流的分析，不断掌握加工件的变化规律和信息的连续性，并对不符合标准的物流、信息流进行改正。

4. 定置管理的设计

这是推行定置管理的第四个阶段。定置管理设计，就是对各种场地（厂区、车间、仓库）及物品（机台、货架、箱柜、工位器具等）如何科学、合理定置的统筹安排。定置管理设计主要包括定置图设计和信息媒介物设计。

（1）定置图设计

定置图是对生产现场所在物进行定置，并通过调整物品来改善场所中人与物、人与场所、物与场所相互关系的综合反映图。其种类有室外区域定置图，车间定置图，各作业区定置图，仓库、资料室、工具室、计量室、办公室等定置图和特殊要求定置图（如工作台面、工具箱内，以及对安全、质量有特殊要求的物品定置图）。

定置图绘制的原则包括以下几点。

①现场中的所有物均应绘制在图上。

②定置图绘制以简明、扼要、完整为原则，物品形状依大概轮廓、尺寸按比例，相对位置要准确，区域划分清晰、鲜明。

③生产现场暂时没有，但已定置并决定制作的物品，也应在图上标示出来，准备清理的无用之物不得在图上出现。

④定置物可用标准信息符号或自定信息符号标注，并均在图上加以说明。

⑤定置图应按定置管理标准的要求绘制，但应随着定置关系的变化而修改。

（2）信息媒介物设计

信息媒介物设计，包括信息符号设计和示板图、标牌设计。在推行定置管理时，进行工艺研究、各类物品停放布置、场所区域划分等都需要运用各种信息符号标示，以便人们形象地、直观地分析问题和实现目视管理。各个企业应根据实际情况设计和应用有关信息符号，并纳入定置管理标准。在信息符号设计时，如有国家规定的（如安全、环保、搬运、消防、交通等），应直接采用国家标准。对于其他符号，企业应根据行业特点、产品特点、生产特点进行设计。设计符号应简明、形象、美观。

定置示板图是现场定置情况的综合信息标志，它是定置图的艺术表现和反映。标牌是指示定置物所处状态、标志区域、指示定置类型的标志，包括建筑物标牌，货架、货柜标牌，原材料、在制品、成品标牌等。它们都是实现目视管理的手段。各生产现场、库房、办公室及其他场所都应悬挂示板图和标牌。示板图中的内容应与蓝图一致。示板图和标牌的底色宜选用淡色调，图面应清洁、醒目且不易脱落。各类定置物、区（点）应分类规定颜色标准。

定置管理图如图 5-12 所示。

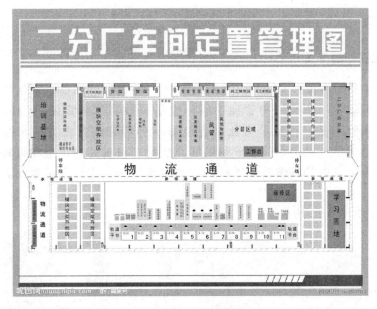

图 5-12　定置管理图

图片来源：http://www.nipic.com/show/3/117/5383053kc341e92d.html

5.定置实施

定置实施是理论付诸实践的阶段，也是定置管理工作的重点，包括以下三个步骤。

（1）清除与生产无关之物

生产现场中凡与生产无关之物，都要清除干净。清除与生产无关的物品应本着"双增双节"精神，能转变利用便转变利用；不能转变利用时，可以变卖，化为资金。

（2）按定置图实施定置

各车间、部门都应按照定置图的要求，将生产现场、器具等物品进行分类、搬、转、调整并予定位。定置的物要与图相符，位置要正确，摆放要整齐，储存要有器具。可移动物，如推车、电动车等，也要定置到适当位置。

（3）放置标准信息名牌

放置标准信息要做到牌、物、图相符，设专人管理，不得随意挪动。要以醒目和不妨碍生产操作为原则。总之，定置实施必须做到：有图必有物，有物必有区，有区必挂牌，有牌必分类。按图定置，按类存放，账（图）物一致。

6.定置检查与考核

定置管理的检查与考核一般分为两种情况。

一是定置后的验收检查，检查不合格的不予通过，必须重新定置，直到合格为止。

二是定期对定置管理进行检查与考核。这是要长期进行的工作，它比定置后的验收检查工作更为复杂，更为重要。

定置考核的基本指标是定置率，它表明生产现场中必须定置的物品已经实现定置的程度。

定置管理的一条重要原则就是持之以恒。只有这样，才能巩固定置成果，并使之不断发展。因此，必须建立定置管理的检查、考核制度，制定检查与考核办法，按标准奖罚，以实现定置管理长期化、制度化和标准化。

四、目视管理

（一）目视管理的含义

目视管理是利用形象、直观而又色彩适宜的各种视觉感知信息来组织现场生产活动，达到提高劳动生产率的一种管理手段，也是一种利用视觉来进行管理的科学方法。所以，目视管理是一种以公开化和视觉显示为特征的管理方式，综合运用管理学、生理学、心理学、社会学等多学科的研究成果。目视管理，也叫可视化管理。目视管理是一种行之有效的科学管理手段，它与看板结合，成为丰田生产方式的重要组成部分。

目视管理图如图 5-13 所示。

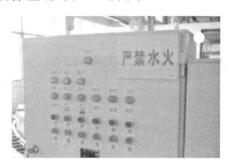

图 5-13　目视管理图

图片来源：http：//bbs.foodmate.net/thread-186567-1-1.html

（二）目视管理的类别

1. 红牌

红牌，适宜于"5S"中的整理，是改善的基础起点。红牌专指日常生产活动中的非必需品，挂红牌的活动又称为红牌作战。

2. 看板

用在"5S"的看板作战中，记录使用的物品放置场所等基本状况的表示板。它的具体位置在哪里？做什么？数量多少？谁负责？甚至说，谁来管理等重要的项目，让人一目了然。它强调的是透明化、公开化，消除黑箱作业。

3. 信号灯

在生产现场，第一线的管理人员必须随时知道作业员或机器是否在正常作业，信号灯是工序内发生异常时，用于通知管理人员的工具。信号灯的种类有发音信号灯、异常信号灯、运转指示灯和进度灯。

4. 操作流程图

操作流程图是描述工序重点和作业顺序的简明指示书，也称为步骤图，用于指导生产作业。在一般的车间内，特别是工序比较复杂的车间，在看板管理上一定要有个操作流程图。如原材料进来后，第一签收，第二点料，第三转换，这就叫操作流程图。

5.反面教材

反面教材一般结合现物，让现场的作业人员明白不良的现象及后果。一般是放在人多的显著位置，让人一目了然：这是不能够正常使用的，或不能违规操作。

6.提醒板

提醒板，用于防止遗漏。健忘是人的本性，不可能杜绝，只有通过一些自主管理的方法来最大限度地减少遗漏或遗忘。比如，有的在车间内的进出口处挂一块板，写明今天某些产品何时送到何处，或什么产品一定要在何时生产完毕，或下午两点钟有一个什么检查等。

一般用纵轴表示时间，横轴表示日期，纵轴的时间间隔通常为1个小时，一天用8个小时来区分。每一小时，就是每一个时间段，记录正常、不良或者是次品的情况，让作业者自己记录以示提醒。

7.区域线

区域线就是对于半成品放置的场所或通道等区域，用线条把它画出来，主要用于整理与整顿、异常原因、停线故障等、用于看板管理。

8.警示线

警示线就是在仓库或其他物品放置处用来表示最大或最小库存量的涂在地面上的彩色漆线，用于看板作战中。

9.告示板

告示板是一种及时管理的道具，也就是公告，或是一种让大家都知道的手段。比方说"今天下午两点钟开会"，告示板就是书写这些内容。

10.生产管理板

生产管理板是揭示生产线的生产状况、进度的表示板，记录生产实绩、设备开动率、异常原因（停线、故障）等，用于看板管理。

（三）目视管理的作用

①迅速、快捷地传递信息。

②形象、直观地将潜在的问题和浪费现象都显现出来。目视管理充分利用信号灯、标识牌、符号颜色等方式来发出视觉信号，鲜明、准确地刺激人的神经末梢，快速地传递信息，形象、直观地将潜在的问题和浪费现象都显现出来。不管是新进的员工，还是新的操作手，都可以与其他员工一样，一看就知道、就懂、就明白问题在哪里。

③特别强调客观、公正、透明化。要做的理由，工作的内容或担当者，工作场所，时间的限制，把握的程度，具体的方法，都非常明确。

④促进企业文化的建立和形成。利用公开讨论栏，关怀温情专栏，对员工的合理化建议，优秀事迹和先进的表彰，企业宗旨方向，远景规划等各种健康向上的内容的展示，能使所有员工形成一种非常强烈的凝聚力和向心力，这些都是建立优秀企业文化的一种良好开端。

（四）目视管理的内容

①规章制度与工作标准公开化；
②生产任务与完成情况图表化；
③与定置管理相结合，实现视角显示信息标准化；
④生产作业控制手段现象直观与使用方便化；
⑤物品码放和运送数量标准化；
⑥现场人员着装标准化；
⑦色彩的标准化管理。

（五）目视管理的优点

1. 目视管理形象、直观，利于提高工作效率

现场管理人员组织指挥生产，实质是在发布各种信息。操作工人有秩序地进行生产作业，就是接收信息后采取行动的过程。在机器生产条件下，生产系统高速运转，要求信息传递和处理既快又准。如果信息都要由管理人员直接传达，那么拥有成百上千工人的生产现场将要配备多少管理人员？！

目视管理为解决这个问题找到了简捷之路。它利用视觉信号的仪器、电视、信号灯、标识牌、图表等发出告示，形象、直观，容易认读和识别，简单、方便，可以迅速而准确地传递信息，无须管理人员现场指挥，即可有效地组织生产。

2. 目视管理透明，便于现场人员互相监督和激励

实行目视管理，对生产作业的各种要求都可做到公开化。干什么、如何干、干多少、何时干、何处干等问题一目了然，这就有利于人们默契配合、互相监督，使违反劳动纪律的现象不容易隐藏。

例如，根据不同车间和工种的特点，着装色彩不同，很容易识别那些擅离职守、串岗聊天的人，促其自我约束，逐渐养成良好习惯。又如，实行了挂牌制度，单位经过考核，按优、良、差、劣四个等级挂上不同颜色的标志牌；个人经过考核，有序与合格者佩戴不同颜色的臂章，不合格者无标志。这样，目视管理就能起到鼓励先进、鞭策后进的激励作用。

3. 目视管理有利于产生良好的生理和心理效应

对于改善生产条件和环境，人们往往比较注意从物质技术方面着手，而忽视现场人员生理、心理的需求。例如，对于不同车间（如机加工车间和热处理车间），其墙壁是否都应"四白落地"，还是采用不同的颜色？什么颜色最适宜？诸如此类的色彩问题也同人们的生理、心理和社会特征有关。

目视管理的长处就在于，它十分重视综合运用管理学、生理学、心理学和社会学等多学科的研究成果，能够比较科学地改善同现场人员视觉感知有关的各种环境因素，使之既符合现代技术要求，又适应人们的生理和心理特点。这样，就会产生良好的生理和心理效应，调动并保护工人的生产积极性。

课堂案例讨论

如何设计"5S"管理方案

H 公司是一家印刷企业，主要做包装用瓦楞纸箱、丝网印刷和传统的胶印业务。2 年前，公司上马了一套"印刷管理信息系统"，在竞争非常激烈的印刷市场上确实发挥了很大的作用。此时，公司总经理侯先生开始把目光瞄准了全数字印刷领域。

H 公司与香港某公司洽谈中的合资项目，是在 H 公司引进新的数字印刷设备和工艺，同时改造公司的印刷信息系统。然而，与港商的合资谈判进行得并不顺利。对方对 H 公司的工厂管理提出了很多在侯总看来太过"挑剔"的意见，比如，仓库和车间里的纸张、油墨、工具的摆放不够整齐；地面不够清洁、印刷机上油污多得"无法忍受"；工人的工作服也"令人不满"……

后来，在合资条款里，投资者执意将"引入现代生产企业现场管理的 5S 方法"作为一个必要的条件，写进了合同文本。

刚开始的时候，侯总和公司管理层觉得港方有点"小题大做"。"不就是做做卫生，把环境搞得优美一些"，侯总觉得这些事情太"小儿科"，与现代管理、信息化管理简直不沾边。

不过，为了合资能顺利进行，侯总还是满口答应下来。

几天后，港方派来指导"5S"实施的 Tim 先生。通过实地调查，用大量现场照片和调查材料，让 H 公司的领导和员工受到了一次强烈的震撼。

Tim 发现，印制车间的地面上，总是堆放着不同类型的纸张，里面有现在用的，也有"不知道谁搬过来的"；废弃的油墨和拆下来的辊筒、丝网躺在车间的一个角落里，沾满了油腻；工人使用的工具都没有醒目的标记，要找一件合适的工具得费很大的周折。

仓库里的情况也好不到哪里。堆放纸张、油墨和配件的货架与成品的货架之间只有一个窄窄的、没有隔离的通道，货号和货品不相符的情况司空见惯。有时候，车间返回来的剩余纸张与成令的新纸张混在一起，谁也说不清到底领用了多少。

Tim 先生还检查了侯总引以为荣的 MIS 系统，查看了摆放在计划科、销售科、采购科的几台计算机，发现硬盘上的文件同样混乱不堪。到处是随意建立的子目录，随意建立的文件。有些子目录和文件，除非打开看，否则不知道里面到底是什么。而且，Tim 先生发现，文件的版本种类繁多，过时的文件、临时文件、错误的文件或者一个文件多个副本的现象，数不胜数。

在 H 公司里，长久以来大家对这样一些现象习以为常：想要的东西，总是找不着；不要的东西又没有及时丢掉，好像随时都在"碍手碍脚"；车间里、办公桌上、文件柜里和计算机里，到处都是这样一些"不知道"——不知道这个是谁的，不知道是什么时候放在这里的，不知道还有没有用，不知道该不该清除掉，不知道这到底有多少……

"在这种情况下"，Tim 先生直率地问侯总："你如何确保产品的质量？如何确信计算机里的数据是真实的？如何鼓舞士气，增强员工的荣誉感和使命感？"最后一个问题，Tim 指的是墙上贴的一个落着灰尘的标语："视用户为上帝，视质量为生命"。

讨论题：利用你所学的"5S"知识，请为 H 公司进行"5S"管理设计方案。

本 章 小 结

1. 生产管理是企业管理的关键环节，是为了满足客户要求制造产品或提供服务，而利用生产资源组织生产活动的过程。生产管理的主要内容包括生产计划管理、现场管理。

2. 生产计划管理是根据企业任务的层次分别制订的，包括长期计划、中期计划和短期计划。长期计划，也称战略计划，是指企业在生产、技术、财务等方面重大问题的规划。通常由最高管理层制订，时间一般在 5 年或者 5 年以上。中期计划属于战术层面的计划，时间为 1 年，或更长时间。中期生产计划通常以生产计划的形式存在，一般由生产部门制订。短期计划又称作业计划，是指 6 个月以下的计划，一般为月或跨月计划，由生产小组制订。

3. 现场管理就是运用科学的管理原理、方法和手段对生产现场的要素合理地配置与优化组合，以保证实现生产目标的过程。生产现场管理通常涉及定置管理、"5S"现场管理和目视管理等内容。定置管理是一种较为宏观的管理，关键在于生产中人、物、场所三者之间的关系，其任务是对生产现场物品的定置进行设计、组织、实施、调整。"5S"管理是对具体生产环节的管理，内容包括整理、整顿、清扫、清洁、素养。

思考与练习

一、填空题

1. 生产作业控制又称＿＿＿＿＿，是在生产计划执行过程中，对有关产品生产的＿＿＿＿＿的控制。

2. 物料需求计划是指在产品生产中，对构成产品的各种＿＿＿＿＿与＿＿＿＿＿所做的计划。

3. 定置管理是对生产现场中的＿＿＿＿＿三者之间的关系进行科学地分析、研究，使之达到最佳结合状态的一门＿＿＿＿＿。

二、选择题

1. 现场管理中的"5S"不包括（　　　）。

A. 整理　　　　　　B. 整顿　　　　　　C. 安全　　　　　　D. 沟通

2. 选址的考虑因素是（　　　）。

A. 政治环境因素　　B. 经济环境因素　　C. 社会环境因素　　D. 自然环境因素

3. 目视管理的类别是（　　　）。

A. 红牌　　　　　　B. 看板　　　　　　C. 信号灯　　　　　D. 操作流程图

三、判断题

1. 根据生产的分类，医疗服务属于服务性生产。　　　　　　　　　　（　　　）

2. 生产作业计划是指短期工作计划，以客户服务为重点。　　　　　　（　　　）

3. 生产现场是指生产作业的场所，包括从事产品生产、制造或提供生产服务的场所。（　　　）

四、名词解释

1. 生产管理

2. 生产计划

五、简答题

　1. 简述闭环 MRP 的逻辑处理。
　2. 如何进行"5S"管理？

工作导向标

宿舍的"5S"管理

　　盛晴正处在毕业实习阶段，一直在面试中。她每天回到学校宿舍，看到乱七八糟的宿舍，心情很不好。于是，她决定对宿舍进行"5S"管理。

　　第一，"整理"阶段。

　　宿舍成员要对宿舍的不需要物品的基准达成一个共识，将无用的东西处理掉。首先，把堆满阳台的矿泉水瓶卖掉，共卖了 78 元。原来想到阳台晾衣服都插不进脚，现在地面没有堆放废品，显得很宽敞了。每个人处理自己的无用品，腾出公用地方。室友晓丽和亚元将放在床边的塑料箱放到床下。其他无用的东西都处理了。

　　在这个程序中，大家碰到的问题是宿舍里的东西有公用物品和私人物品之分，并且这个物品是因可惜而想要，还是因有用而必须得要，产生了矛盾。如何取舍？如果不是大家共同参与或已经商量过，打扫宿舍的人是很难决断的。这样，除了特别碍眼的废物处理了，其他该处理的公用物品和无法判断的私人物品因可惜而留下来了，这些物品既派不上用场，又占去了宿舍里有限的空间，天长日久，因腐蚀或发霉而成为宿舍新的重点污染源。

　　所以这个阶段，我们要做的重点是：

　　①有用物品和无用物品要统一认识。

　　②区分"想要"还是"必要"，决断处理。

　　③拿出处理办法。

　　第二，"整顿"阶段

　　以前我们着急使用一样物品时，一时想不起放在哪里了。那种焦急的感觉，特头疼。实际上，这种困惑就是因为我们的"整顿"工作没做好。大家在宿舍整顿过程中，严格地说，只是根据一时头脑中的理想状态，把物品摆放整齐了。随着时间的推移，是会发生变化的，不断地变化，也就成为了一种无序。因此，很多宿舍成员在这一阶段做得并不到位。

　　那么，这个阶段，应该怎么做呢？

　　①根据物品实际形态、使用频率，选择合适的地方进行定位。

　　②根据一个阶段的使用量，对物品进行定量处理。

　　③加以标志。

　　第三，"清扫"阶段

　　现在，无用物品处理了，有用物品合理摆放了，就要开始清扫地面、桌面。

　　就宿舍的"清扫"而言，就是把地面、玻璃、柜子、床等进行大清扫。

　　第四，"清洁"阶段

　　"清洁"怎么进行呢？拿宿舍的内部管理来说，这一块还是空白。这就是宿舍内卫生情况为什么总是差强人意的原因所在。俗话说："一个和尚有水吃，两个和尚抬水吃，三个和尚没水吃。"一个宿舍内的成员有 8 人之多。谁来负责宿舍内每天的前三个"S"的执行呢？谁来检查宿舍内前三个"S"的执行情况呢？如果没有形成制度化、规范化，我想谁都在计较，谁都在推诿，宿舍内也就很少有人去具体执行了。因而休息的环境每况愈下，休息的人也只能在这样龌龊的环境中将就。

所以说，"清洁"主要是在确定：

①谁来负责执行？

②谁来负责检查？

③怎样奖惩？

第五，"素养"阶段

制度有了，大家把这些工作日常化了，并且慢慢形成了习惯。这样，宿舍每天都是清新的、舒适的；人人都是舒畅的、顺心的。人人养成了好习惯，"素养"也就诞生了。因为好习惯的养成，会慢慢扭转你的人生轨迹，使你的人生向着更加阳光的地方迈进。

如此，"5S"管理就顺理成章了。简单，但是适用。不是吗？大家生活在干净、整洁的环境里，心情都很愉悦。

思考题：运用"6S"管理方法对办公室或自己的家进行管理。

经 典 案 例

三 河 商 法

一次，松下公司的领导到丰田公司参观，服务人员恭敬地送上咖啡，盛咖啡的器皿使客人大吃一惊——丰田公司竟使用普通的粗瓷碗盛咖啡！是的，丰田公司没有咖啡杯。无论是自己用，还是招待贵客，一律用普通瓷碗。外界都说丰田人吝啬。岂不知，吝啬正是"三河商法"之一。

第二次世界大战日本战败后，丰田喜一郎面对战争遗留给丰田公司的一片废墟，斩钉截铁地说："丰田要在三年内赶上美国的汽车制造业！否则，重建日本汽车工业就是一个梦！"

在喜一郎的鼓动下，丰田公司上上下下充满了干劲。光有干劲还不行，要赶上美国，还需要更多的东西。喜一郎为丰田公司制定的经营管理思想是：第一，批量生产；第二，"吝啬"精神；第三，无贷款经营。三部分是一个整体，互相依存不可分割。

因为丰田公司的大部分工厂都集中在日本爱知县的三河地区，公司高级经理和许多员工也都是三河人。故人们将其经营战略称为"三河商法"。

喜一郎非常讨厌浪费，他问员工："我们做企业必须有基础，那么以什么为基础呢？"

大家讨论得非常积极，罗列了许多基础。

"很简单，就是以彻底杜绝浪费思想为基础。我们现在要这样做，以后公司发展壮大了，也要如此。"

"批量生产"就是要彻底杜绝浪费，追求汽车制造的合理性。丰田公司大胆革新，突破传统的汽车制造"由上道工序把工件传递到下道工序"的方式，改成"由下道工序向上道工序领取工件"的方式。这种新方式要求前道工序只生产后道工序所需的工件，并规定了"三必要"的制度——保证按必要的工件、必要的时间和必要的数量"准确"地供应到位。

　　这个方式观念简单明了，通俗易懂。在执行"三必要"制度时，公司又采用了"流程卡"形式。"流程卡"分为"领货指令"、"生产指令"和"运送指令"，流程卡由后向前传递，保证了前道工序所产出的工件正好是后道工序所需要的工件，从而避免了库存，杜绝了积压与浪费。

　　喜一郎并没有满足改革的初步成果，进一步将他的管理思想从生产过程延伸到营销过程。销售公司也实施"完全销售"的管理体制，即"由下道工序向上道工序领取工件"的方式和"三必要"的制度，名副其实地实现了"订货生产"的状态。这样，整个丰田公司的经营管理经过孜孜不倦地推进，获得了巨大的效益。

资料来源：陈书凯．小故事妙管理．中国纺织出版社

　　思考题：结合生产计划与控制的知识，分析三河商法蕴涵了哪些管理理念。

第六章　现代企业物流管理

> 管理就是计划、组织、指挥、协调及控制。
>
> ——亨利·法约尔

【引导语】

如果汽车的油路设计科学合理，其耗油量会大大降低。物流是现代企业中很大的成本支出。企业物流就像汽车的油路一样，如果管理不善，企业成本很高，利润空间缩小，甚至导致企业亏损。如何对其物流进行科学、有效的管理，使企业获得更好的发展，是本章要讨论的问题。

【学习要点】

1. 掌握现代物流的内涵及分类。
2. 认识企业物流管理的意义。
3. 熟悉企业供应物流、生产物流、销售物流的管理过程。
4. 了解物料分类方法和内容，以及库存管理中 ABC 分类控制法；了解物料储备定额、物料消耗定额的概念及确定方法，以及物资库存控制法。

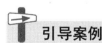 引导案例

戴尔的"零库存"管理模式

在企业生产中，库存是由于无法预测未来需求变化，又要保持不间断的生产经营活动而必须配置的资源。但是，过量的库存会诱发企业管理中的诸多问题，例如资金周转慢、产品积压等。因此很多企业认为，如果在采购、生产、物流、销售等经营活动中能够实现零库存，企业管理中的大部分问题就会随之解决。零库存便成为生产企业管理中一个不懈追求的目标。

库存谁来承担

如此看来，库存显然成了一个包袱。目前条件下，任何一个单独的企业要向市场供货，都不可能实现零库存。通常所谓的"零库存"，只是节点企业的零库存，从整个供应链的角度来说，产品从供货商到制造商最终达到销售商，库存并没有消失，只是由一方转移到另一方。成本和风险也没有消失，而是随库存在企业间的转移而转移。

戴尔计算机的"零库存"也是基于供应商的"零距离"之上的。假设戴尔的零部件来源于全球四个市场，美国市场20%，中国市场30%，日本市场30%和欧盟市场20%，然后在中国香港基地组装后销售全球。那么，从美国市场的供应商A到达中国香港基地，空

运至少 10 小时，海运至少 25 天；从中国市场供应商 B 到达香港基地，公路运输至少 2 天；从日本市场供应商 C 到达中国香港基地，空运至少 4 小时，海运至少 2 天；从欧盟市场供应商 D 到达中国香港基地，空运至少 7 小时，海运至少 10 天。若要保持戴尔在香港组装基地电子器件的零库存，供应商在香港基地必须建立仓库，或自建或租赁，来保持一定的元器件库存量。供应商承担了戴尔制造公司库存的风险，而且要求戴尔制造公司与供应商之间要有及时的、频繁的信息沟通与业务协调行为。

双赢如何实现

实行供应链管理，提升企业的核心竞争力，关键不在于企业所采用的信息技术的先进性，而在于采用合理的管理体制和运行机制以及构建整个供应链健康的利润分配机制。按法国物流专家沙卫教授的观点，戴尔计算机制造商要想与其供应商建立良好的战略合作伙伴关系，就应该在多方面照顾供应商的利益，支持供应商的发展。

首先，在利润上，戴尔除了要补偿供应商的全部物流成本（包括运输、仓储、包装等费用）外，还要让其享受供货总额 3‰～5‰ 的利润。这样，供应商才能有发展机会。

其次，在业务运作上，还要避免因零库存导致的采购成本上升。制造商一般都要向供应商承诺长期合作，即一年内保证预定的采购额。然而一旦采购预测失误，制造商就应该把消化不了的采购额转移到全球别的工厂，以尽可能减轻供应商的压力，保证其利益。

再次，戴尔制造商应调动供应链上各个企业的积极性，变供应商的被动"挨宰"地位为主动参与，从而充分发挥整个供应链的能量。比如，让各地区的供应商同时作为该地区销售代理商之一，这样，供应商可以从中得到另外一部分利润。这种由单纯的供应商身份向供货及销售代理商双重身份的转变，使物品采购供应——生产制造——产品销售各环节更加紧密结合，也真正实现了企业由商务合作向战略合作伙伴关系的转变，真正实现了风险共担、利润共享的双赢目标。

事实上，戴尔公司就是采用了这种战略，使得戴尔每年用于产品创新的支出不到 5 亿美元，平均占公司销售额的 1.5%，而其主要的竞争对手惠普公司每年用于产品创新的支出，高达 40 亿美元，平均占到公司销售额的 6.3%。但是，惠普的 PC 和服务器部门去年一年的亏损为 14.4 亿美元，而戴尔公司去年获利 19.8 亿美元，这说明戴尔公司的战略是正确的。

沙卫教授认为，这种战略联盟关系能达到以下目的：

有利于制造商新产品的研发。因为供货商最能掌握自己熟悉的采购供货领域中计算机用电子元器件新产品的面市情况，在了解其性能、价格比之后，及时反馈给制造商，让他们选用，有利于完善产品的性能，有利于把握客户的需求变化动态，促进生产商调整适宜的生产经营战略。

从这时起，供货商——生产商——销售商紧密地联系在一起，具有供货及销售双重身份的第三方专业物流公司全面地参与了戴尔公司的供应链生产经营活动。一个可以给各方参与者都带来赢利的真正的供应链终于建立起来。至此，第三利润源得到深层次的开发，并真正实现各方的互赢。

戴尔成功的诀窍——高效物流配送

在不到 20 年的时间内，戴尔计算机公司的创始人迈克尔·戴尔白手起家，把公司发展到 250 亿美元的规模。即使面对美国经济目前的低迷，在惠普等超大型竞争对手纷纷裁员减产的情况下，戴尔仍以两位数的发展速度飞快前进。根据美国一家权威机构的统计，戴尔2001年一季度的个人计算机销售额占全球总量的13.1%，居世界第一。

"戴尔"现象，令世人为之迷惑

戴尔公司分管物流配送的副总裁迪克·亨特一语道破天机："我们只保存可供5天生产的存货，而我们的竞争对手则保存30天、45天，甚至90天的存货。这就是区别。"

物流配送专家詹姆斯·阿尔里德在其专著《无声的革命》中写道：主要通过提高物流配送打竞争战的时代已经悄悄来临。看清这一点的企业和管理人员才是未来竞争激流中的弄潮儿，否则，一个企业将可能在新的物流配送环境下苦苦挣扎，甚至被淘汰出局。

亨特在分析戴尔成功的诀窍时说："戴尔总支出的74%用在材料配件购买方面。2000年，这方面的总开支高达210亿美元，如果我们能在物流配送方面降低0.1%，就等于我们的生产效率提高了10%。"物流配送对企业的影响之大由此可见一斑。

信息时代，特别是在高科技领域，材料成本随着日趋激烈的竞争而迅速下降。以计算机工业为例，材料配件成本的下降速度为每周1%。从戴尔公司的经验来看，其材料库存量只有5天，当其竞争对手维持4周的库存时，就等于戴尔的材料配件开支与对手相比保持着3%的优势。当产品最终投放市场时，物流配送优势就可转变成2%～3%的产品优势，竞争力的强弱不言而喻。

在提高物流配送效率方面，戴尔和50家材料配件供应商保持着密切、忠实的联系，庞大的跨国集团戴尔所需材料配件的95%都由这50家供应商提供。戴尔与这些供应商每天都要通过网络进行协调沟通：戴尔监控每个零部件的发展情况，并把自己新的要求随时发布在网络上，供所有的供应商参考，提高透明度和信息流通效率，并刺激供应商之间的相互竞争；供应商随时向戴尔通报自己的产品发展、价格变化、存量等方面信息。

几乎所有工厂都会出现过期、过剩的零部件。高效率的物流配送，使戴尔的过期零部件比例保持在材料开支总额的0.05%～0.1%之间，2000年戴尔全年在这方面的损失为2100万美元。这一比例在戴尔的对手企业里高达2%~3%，在其他工业部门更是高达4%~5%。

即使是面对如此高效的物流配送，戴尔的亨特副总裁仍不满意："有人问5天的库存量是否为戴尔的最佳物流配送极限，我的回答是：当然不是，我们能把它缩短到两天。"

资料来源：节选自 www.jctrans.com. 2013-1-4

思考题：

1. 传统的企业物流是怎样的做法？
2. 戴尔物流与传统企业物流的做法有什么不同之处？

物流是20世纪50年代发展起来的一门应用学科。它涉及流通、生产、交通运输、邮电通信乃至消费领域。物流管理得当会使企业的成本大幅度降低。研究表明，我国企业物流成本占总成本的36%，而发达国家企业物流成本可控制在15%左右。因此，近几年来，物流引起了我国各级政府和许多企业的高度重视。

第一节　物流管理概论

一、物流管理的内涵

1. 物流的含义

物流是指利用现代信息技术和设备，将物品从供应地向接收地的实体流动过程。根据实际需要，将运输、储存、装卸、搬运、包装、流通加工、配送、信息处理等基本功能有机结合。

物流活动包括：用户服务、需求预测、订单处理、配送、存货控制、运输、仓库管理、工厂和仓库的布局与选址、搬运装卸、采购、包装、情报信息。

如此多的环节，说明物流管理的必要性和复杂性。

2. 物流管理含义

物流管理是指在社会再生产过程中，根据物质资料实体流动的规律，应用管理的基本原理和科学方法，对物流活动进行计划、组织、指挥、协调、控制和监督，使各项物流活动实现最佳的协调与配合，以降低物流成本，提高物流效率和经济效益。现代物流管理是建立在系统论、信息论和控制论的基础上的。

二、物流的分类

1. 宏观物流与微观物流

宏观物流是指社会再生产总体的物流活动，是从社会再生产总体的角度来认识和研究物流活动。宏观，是指综合性全部，构成其全部的主体叫微观。比如，有句谚语：只见树木，不见森林。"见森林"叫宏观，"见树木"叫微观。

微观物流是指消费者、生产者企业所从事的实际的、具体的物流活动。它仅涉及系统中的一个局部、一个环节或一个地区。

2. 国际物流和区域物流

国际物流是指当生产和消费在两个或两个以上的国家（或地区）独立进行的情况下，为了克服生产和消费之间的空间距离和时间距离，而对物资（货物）所进行的物理性移动的一项国际经济贸易活动。

当前世界的发展主流是国家与国家之间的经济交流越来越频繁，还出现了许多跨国公司，一个企业的经济活动范畴可以遍布各大洲。国与国之间的原材料与产品的流通越来越发达。

区域物流是指一个国家范围之内的物流。例如，一个城市的物流，一个经济区域的物流均属于区域物流。物流是国民经济的一个重要组成部分，国内物流系统的建设投资也要从全局考虑，使一些大型物流项目能尽早建成，为全社会的经济服务。国家整体物流系统化的推进，必须发挥政府的行政作用。

3. 社会物流和企业物流

社会物流一般指流通领域所发生的物流，超越一家一户的以整个社会为范畴，面向社会为目的的物流。社会物资流通网络是国民经济的命脉，流通网络分布的合理性、渠道是否畅通至关重要。必须进行科学管理和有效控制，采用先进的技术手段，保证高效率、低成本运行，这样做可以带来巨大的经济效益和社会效益。

企业物流是在企业经营范围内由生产或服务活动所形成的物流系统。企业是为社会提供产品或某些服务的一个经济实体。一个工厂要购进原材料，经过若干工序的加工，形成产品销售出去。一个运输公司要按客户要求将货物输送到指定地点。

企业物流是从企业角度上研究与之有关的物流活动，是具体的、微观的物流活动的典型领域，它由企业生产物流、企业供应物流、企业销售物流、企业回收物流、企业废弃物物流几部分组成。

①供应物流：是指生产企业、流通企业或消费者购入原材料、零部件或商品的流动过程。

对工厂而言，供应物流是指生产活动所需要的原材料、备品备件等物料的采购、仓储、供应活动所产生的物流。

对流通领域而言，供应物流是指交易活动中，从买方角度出发的交易行为中所发生的物流。企业的流动资金大部分是被购入的物料、材料及半成品等所占用的。供应物流的严格管理及合理化对于企业节约成本有很重要的意义。

②生产物流：是指从工厂的原材料投入生产起，直到工厂成品库的成品发送为止的全过程。生产物流和生产流程同步。如果生产物流中断，生产过程将随之停顿。

③销售物流：是指生产企业、流通企业售出产品或商品的物流过程。它是物料从生产者或持有者到用户或消费者之间的物流。工厂就是指售出产品，而流通领域是针对卖方的交易行为中的物流。

④回收物流：是指退货、返修物品和周转使用的包装容器等从需方返回供方所引发的物流活动。作为包装容器的纸箱、塑料筐、酒瓶等，建筑行业的脚手架就属于这类物料。此外，回收物流还包括可用杂物的回收分类和再加工，如旧报纸、书籍通过回收、分类，可以再制成纸浆加以利用，特别是金属的废弃物，由于金属具有良好的再生性，可以回收并重新熔炼成有用的原材料。

⑤废弃物流：是指将生产和流通系统中失去原有使用价值的物品，根据实际需要进行收集、分类、加工、包装、搬运、储存等，并分送到专门的处理场所的物流活动。如开采矿山时产生的土石、炼钢生产中的钢渣、工业废水，以及其他一些无机垃圾等，如果处理不善，会造成环境污染，就地堆放又会占用生产用地以致妨碍生产。对这类物料的处理过程产生了废弃物流。对废弃物流管理得当，能减少资金的消耗，同时会有很好的社会效益。

企业系统活动的基本结构是"投入—转换—产出"，对于生产型的企业来讲，是原材料、燃料、人力、资本等的投入，经过制造或加工，使之转换为产品或服务；对于服务型企业来讲，是将设备、人力、管理和运营转换为对用户的服务。物流活动就是伴随着企业的"投入—转换—产出"而发生的。企业的投入活动包括企业外供应或企业外输入物流，企业的转换活动包括企业内生产物流或企业内转换物流，企业产出活动包括企业外销售物流或企业外服务物流。因此可以说，物流是渗透到企业各项经营活动之中的活动。

生产企业物流的构成如图 6-1 所示。

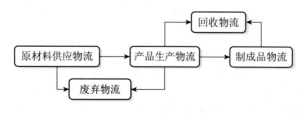

图 6-1　生产企业物流的构成

三、物流管理的意义

企业物流是以企业经营为核心的物流活动，是具体的、微观物流活动的典型领域。本节主要讨论企业的物流管理问题。

（一）物流的宏观价值

物流是企业生产的前提保证。从企业这一微观角度来看，物流对企业的作用有以下几个方面。

1. 物流为企业创造经营的外部环境

一个企业的正常运转，必须有这样一个外部条件：一方面要保证按企业生产计划和生产节奏提供和运达原材料、燃料、零部件；另一方面，要将产品和制成品不断地运送到需要的地方。

2. 物流是企业生产运行的保证

企业生产过程的连续性和衔接性依靠生产工艺中不断的物流活动。物流的畅通是企业正常运营的保证。

3. 物流是发展企业的重要支撑力量

企业的发展依靠质量、产品和效益，确保产品质量，物流也是一个非常重要的环节。物流通过降低成本，间接增加企业利润，即通过改进物流直接取得效益，这些都会有效地促进企业的发展。总之，物流不论对国民经济的全体还是国民经济的基础——企业，都起着非常重要的作用。

（二）物流的微观价值

1. 物流的时间价值

时间价值是指物质资料从供给者到需求者之间有一段时间差，由于改变这一时间差创造的价值。时间价值通过物流有以下几种表现形式。

（1）缩短时间创造价值。缩短物流时间，可减少物流损失，降低物流消耗，增加物品的周转频率，节约资金等。

（2）弥补时间差创造价值。在经济社会中，供给与需求之间客观存在时间差。企业可以充分利用这个时间差，使商品取得自身的最高价值。

 小贴士

倪润峰的信息

1990 年 8 月 25 日，一个闷热的晚上，长虹集团总裁倪润峰正在家中看电视。他在看新闻，当海湾战争打响的消息出现时，他立即拨通了物资计划采购处处长家的电话。

"新闻你看了吗？"他问道。

"正在看，海湾战争打响了。"对方回答道。

"海湾战争会导致塑料价格上涨，快从国际市场购进高机冲塑料。"倪润峰说道。

遵照倪润峰的指示，采购处紧急购进压制彩电机壳用的塑料1661吨。不久，国际市场的塑料价格果然迅速上涨，长虹因此节约开支200万元。

信息的价值与时间分不开，应及时地把握市场信息，并从中挖掘有价值的东西。

资料来源：陈书凯．小故事妙管理．中国纺织出版社

（3）延长时间差创造价值。"加快物流速度，缩短物流时间"，以尽量缩小时间间隔来创造价值。但是，在某些具体物流中，也存在人为地、能动地延长物流时间来创造价值。

2．物流的场所价值

场所价值又称地点价值或空间价值，是指物质资料从供给者到需求者之间有一段空间差，供给者和需求者之间往往处于不同的场所，因改变物质资料的不同场所而创造的价值。商品在不同地理位置有不同的价值，通过物流将商品由低价值区转到高价值区，便可获得价值差。现代人每日消费的物品几乎都是在相距一定距离甚至十分遥远的地方生产的。这么复杂交错的供给与需求的空间差都是靠物流来弥合的，物流因此也创造了场所价值。

3．物流的加工价值

加工价值是物质资料通过加工而提高附加价值，取得新的使用价值。例如，商品在流通中为方便运输而进行的包装，有时在进入商店之前为适应顾客的要求往往要进行分割、换包装、拆零等操作，这些物流活动增加了商品的附加价值。

物流创造加工价值是有局限性的，它不能取代正常的生产活动，而只能是生产过程在流通领域的一种完善和补充。但是，物流过程的增值功能往往通过流通加工得以体现。在网络经济时代，物流作为基于用户的服务方式，依托信息传递的及时和准确，得以有效组织加工活动，因此它的增值作用也是不可忽视的。

4．物流的利润价值

利润价值是通过物流活动的合理化而降低生产企业的经营成本，间接提高利润。对于专门从事物流经营活动的企业而言，通过物流企业的有效服务，可以为生产企业创造利润。

许多物流企业在为用户服务的同时，还可以成为自己的"利润中心"。企业中的许多物流活动，例如连锁配送、流通加工等，都可以直接成为企业利润的来源。

5．物流的服务价值

服务价值是物流通过提供良好的服务，树立企业和品牌的形象，而创造的价值。这种服务有利于参与市场竞争，有利于和服务对象结成长期的、稳定的、战略性的合作伙伴，这对企业长远的、战略性的发展具有非常重要的意义。物流的服务价值具有促进企业战略发展的价值。

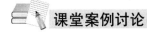 课堂案例讨论

金象物流增值

在这个供大于求的年代，消费者的面前横亘着一堵自由选择商品的墙，如何把产品推

到全国的消费者面前，这是所有药品制造商和分销商都非常关心的问题。在目前的医药行业，销售通路是市场中最混乱的一块，是变数最多的一块，也是决定竞争成败的最主要的一块。

零售连锁药店的优势

国内目前药品的销售终端主要分为零售连锁药店和医院药房两大类。医院药房以处方药为主，目前还占有市场较大的比重；零售连锁药店以非处方药（OTC）为主，其市场比重不断增加。医院药房这一销售渠道的现状是：中间环节多、费用大、不正当因素干扰多，可控性差、市场的地域性强，招标采购制度的广泛推行更加大了这一渠道的销售难度。相反，零售连锁药店这一销售渠道除了不断增长的市场份额外，其中间环节少、可控性好、市场统一等优点更受到生产厂家的青睐。从消费行为上来看，OTC药物在终端的产品陈列、售货员的宣传推荐都直接影响消费者的购买决策，因此，零售终端甚至是厂家销售的最重要的环节之一。

从终端市场切入，溯流而上，带动市场、产品、工业制造体系和研究开发工作的集约化发展，北京金象复星医药股份有限公司已经走出一条成功的道路。对医药商业企业而言，建立零售连锁药店更是直接把销售终端控制在自己手中，这为建立一体化的现代医药物流提供了可能，可以大大增强企业的竞争力。从长远的发展趋势而言，医院的药房最终也要从医院分离出来，加入到零售连锁药店的体系中来。因此，无论对生产企业还是商业企业，零售连锁药店都是增强竞争优势的重要砝码。

医药物流发展潜力无穷

北京金象大药房医药连锁有限公司（简称金象大药房）是由北京金象复星医药股份有限公司、北京华方投资经营公司、上海复星网络发展有限公司共同出资组建，隶属于北京金象复星医药股份有限公司。北京金象复星医药股份有限公司在1995年开始筹备和申请成立金象大药房，1997年国内医药零售管理局势开始出现变化，历经了1999年1年时间的努力后，金象大药房在2000年被国家药品监督管理局批准为全国首批药品零售跨省连锁试点企业。经营范围涵盖化学药制剂、抗生素、生化制品、中成药、营养补剂、中药饮片、医疗器械、生物制品、医用图书等8800多个品种。

金象大药房在上海、天津、成都、内蒙古、江苏、河北等13个省、市、自治区的20个城市拥有直营店、加盟店200多家，15000平方米的现代化物流配送中心，全面的微机管理，科学规范的运作程序，为各连锁店提供高质量的、安全稳定的商品服务。随着店铺数量的增多，相应的配送中心和分店的库存成本都在上升，金象大药房为了减少库存，对配送体系提出了更多的要求。一般要求24小时送货制，即分店当天订货，隔天货物送到。金象大药房由于零售连锁药店一般广泛分布在闹市区和居民社区之中，最接近广大消费者。如果是小批量的缺货，可以由邻近店送货过来；如果是整件缺货或紧急送货，配送中心都有相应的紧急送货体系作为保证，整件要货的情况很少见。

……

金象大药房的高层开始集中精力寻求好的商铺建卖场。在店铺选址上，力求贴近直接消费者，品牌店、骨干店、社区店同步铺开，凭借仓储和配送作坚强后盾，在较短的时间内将连锁店覆盖了北京市城区。以北京市为基地，采用蛙跳的方式，以每年新增50家连锁店的速度，向全国其他大中型城市组群式扩张。

连锁企业最重要的在于管理，链条越长，风险越大。店越来越多，管理形式也会越来越严峻，一旦某一个重要环节出现问题，后果极其严重。为了避免出现这一问题，金象大药房花费上千万元用于管理硬件上的投入，在不断引进新人的同时，组织现有员工培训学习，提高团队的整体战斗力。

根据市场发展的情况来看，连锁有连锁的优势，单店有单店的优势。金象大药房的优势在于连锁和品牌，故而在管理模式上，金象大药房采取严格规范的统一管理，避免经营和管理失控，避免品牌的无节制延伸，以确保各连锁店的服务质量。由于连锁药店不需要建库房，所以相对成本较低；成本较低，自然在价格上具备优势。由于连锁药店统一进货配送，所以能够确保质量；确保质量，自然能够树立良好商誉。

金象大药房的配送中心依据节能高效的原则，投入资本不大，但运行效率和效益较高，配送管理细致，把主要精力放在流程优化上。据北京金象大药房医药连锁有限公司副总经理孙健先生介绍，2005 年该公司和国内外二十多家大型医药生产企业签订了直供协议，这些企业包括西安杨森、中美史克、葛兰素、辉瑞制药、哈药集团、石药集团等国内外大企业。这些企业都以低于批发价的优惠价格向金象大药房供货。

金象大药房配送中心的主要配送流程是医药生产厂商把货发到大型批发企业如国药集团的物流中心，国药集团接到金象大药房的订单后把货发到金象大药房的配送中心。金象大药房的配送中心经过进货、订单处理、拣货、仓储管理、配货、出货等若干环节，每个环节都实现双人复核制，层层把关。金象大药房成立有专门的机构质量管理部，加强货物出入库和在途管理，质量管理部重点考核丢失率、破损率、晚点率、差错率等四个 KPI 指标。科学的库存管理，及时的网络信息沟通，无纸化办公和交叉理货式配送的完美结合，使金象大药房的物流配送环节环环相扣，保证金象大药房的各家连锁店头天订货，第二天按时、准确地收到。

医药物流外包模式

现在医药企业不将物流外包最主要的原因是药品安全问题，国家药品仓库的严格质量要求使一些医药公司不放心将物流中的一些业务外包给物流公司。在药品运输配送这个环节，涉及航空、铁路、公路、水路等各种运输模式。由于其中有很多不可控因素，医药企业自己的运输部门很难统一规划，而一般物流公司都有自己专门的网络，能灵活变通地处理任何突发情况。另外，药品在运输上有一些特殊要求，如有些药品在运输中对温度有特殊要求，物流公司因为其他行业，如食品行业的食品运输上也有这样的要求，所以不难做到。

金象大药房在物流外包方面改革后，原有的运输车队解散，将运输部分外包出去，由中铁物流公司负责药品运输服务。他们和中铁物流签订协议，规范双方的权利与义务，让中铁物流在规定的时间期限内将货物准确送达到各连锁店，支付相应的运费。据孙健先生介绍，自从该公司将运输这块业务外包给专业化物流公司去做之后，省却了原来很多车队管理方面的问题，降低了人员成本，运输送货准确率和准点率大大提高，很少出现门店没有收到所需货品的情况，从而提高了生产效率。

完善的配送体系使医药物流在城市现代物流业中占据重要地位。相对于一般的连锁超市，零售连锁药店（由于出售药品，消费者更多一些信赖）在品牌、形象上更具优势；而且由于消费者在购药时更需要专业意见，药店也更容易与消费者沟通。金象大药房在每家连锁店至少配备一名注册药剂师，为老百姓购药答疑解惑。因此，药店连锁形成网络，增加了连锁企业的无形价值。这种网络配合电子商务（不限于药品）可以获得增值利润。同样，可以利用这一网络销售医疗器械、保健食品，如保健月饼、化妆品、鲜花等。另一方面，这一网络资源可被用来收集消费习惯、需求等市场信息，开展客户关系管理方面的活动。

资料来源：节选 www.jctrans.com. 2013-12-24

讨论题：

1. 金象大药房是怎样使物流增值的？
2. 结合物流管理的价值，谈谈金象大药房为何将增值点放在物流环节。

第二节　企业供应物流的管理

物料的采购和供应是企业生产的前提，包括确定物料需求数量、采购、运输、流通加工、装卸搬运、储存等活动。供应物流不仅仅是保证供应的物流活动，也是以最低成本、最少消耗、最快速度来保证生产的物流活动，对有效解决供应商、供应方式等问题尤其重要。

企业供应物流是指企业为保证本身的生产，需要不断组织原材料、零部件、各种辅料供应的物流活动。对生产企业而言，是指生产活动所需要的原材料、备品备件等物资的采购、供应活动所产生的物流；对流通领域而言，是指为商品配置而进行的交易活动中，及从买方角度出发的交易行为中所发生的物流。

企业供应物流不仅要保证供应的目标，而且要以最低成本、最少消耗、最大保证来组织供应物流活动。企业竞争的关键在于如何降低物流过程的成本，这是企业物流的最大难点。为此，企业供应物流必须解决有效的供应网络、供应方式、零库存等问题。

企业供应物流包括采购、供应、库存管理、仓库管理。

采购是供应物流与社会物流的衔接点。它是依据企业生产计划所要求的供应计划制订采购计划并进行原材料外购的作业层，需要承担市场资源、供货方、市场变化等信息的采集和反馈任务。

供应是供应物流与生产物流的衔接点，是依据供应计划与消耗定额进行生产资料供给的作业层，负责原材料消耗的控制。

库存管理是供应物流的核心部分。它依据企业生产计划的要求和库存状况制订采购计划，并负责制定库存控制策略和计划及反馈修改。

仓库管理是供应物流的转折点。它负责生产资料的接货和生产供应的发货，以及物料保管工作。采购前，首先需确定物料储备定额。

 小贴士

采购的成本管理

一次，一家制造铁路车辆的公司邀请一位著名的企业家去帮他们降低成本。这位企业家到的第一天参观了整个工厂，与所有的主管都见了面，这家公司的领导告诉他要"削减成本"。

这位企业家提出了几个问题："请你们告诉我，你们的制造成本百分率和采买成本百分率是多少？"审视过一些报告之后，了解到为制造车皮要买这买那，约占成本的60%，而制造成本仅占 10％，其他占 30％。"你们上一次降低制造成本是什么时候？""我们每两年做一次，"为了使这位企业家相信，他们还补充道，"这显然是不够的，我们的相对成本仍高于竞争对手，我们的盈利状况也不好。"接着，这位企业家问道："上一次削减采购成本是什么时候？"他们中的一位负责人答道："我们只是采购钢材、油漆等。""好了"，这位企业家解释道，"降低 5％ 的采购成本，意味着总成本降低 3％（60％ 的 5％）。以此类推，制造成本要降 30％ 才能达到这一效果，这是根本不可能的。"

这位企业家最后把这家公司的采购成本降了 9％，也就是说，总成本降了 5.4％（9％×60％）。就这一项举动，使该公司的利润增加将近 1 倍。

资料来源：樊丽丽.趣味管理案例集锦.中国经济出版社

一、确定物料储备定额

物料储备多少将直接影响企业的生产和成本控制。物料储备过少，影响企业生产的正常运行；物料储备过多，造成物料积压，占用流动资金。

1. 物料储备定额的基本概念

物料储备定额是指为了保证生产过程的正常进行所必需的、合理的物料储备数量的标准。

企业的物料储备定额，通常分为经常储备定额和保险储备定额。此外，某些企业还需要制定季节性储备定额。

经常储备定额是指前、后两批物料进厂的供应间隔期内，为了保证企业日常生产所必需的、经济合理的储备量。这种储备是动态的，当一批物料进厂时，达到最高储备量；随着生产的耗用，储备量逐渐减少，直到下批物料进厂前，降到最低储备量。这样，不断补充，不断消耗，由高到低，由低到高，周而复始，不断循环。

保险储备定额是指为了预防物料供应过程中可能发生的到货误期，或来料品种、规格、质量不符及超产等不正常情况，以免产、供脱节而设置的一种储备。

季节性储备定额是指企业为了克服生产的季节性或某些物料供应、运输的季节性等因素影响，保证生产正常进行而建立的物料储备数量。它是由平均日需要量和季节性储备天数两个因素决定建立的季节性储备，既要保证生产的需要，又要防止过量储备而造成积压浪费。

2. 物料储备定额的作用

①是企业编制物料供应计划和组织采购订货的重要依据。
②是企业掌握和监督物料库存动态，使库存物料经常保持在合理水平的标准。
③是企业核定流动资金定额的重要依据之一。
④是企业确定物料仓库储存面积和仓库所需设备的数量以及仓库定员的主要依据。

二、编制物料供应计划

企业物料供应计划是企业组织采购的重要依据。企业物料的需用量是指计划期内保证生产正常进行所必须消耗的经济合理的物料数量，是按照每类物料的品种、规格、用途分别计算的，主要有直接计算法和间接计算法两种。

1．直接计算法

直接计算法也叫定额计算法，直接根据材料供应定额和计划任务来核算需要量。其基本公式为：

某种物料需要量＝计划产量×该种物料消耗定额

这种方法比较准确，凡是能够直接制定物料供应定额的都可以采用这种方法。

2．间接计算法

间接计算法也称比例计算法，是按有关技术经济指标的一定比例系数来计算物料需要量的方法。这种方法主要用于某些不便于制定消耗定额的物料或耗用量不大的辅助材料，如以某种物料消耗占主要材料消耗的百分比来确定，或以每千元产值的某种物料消耗百分比确定。其计算公式为：

某种辅助材料需要量＝[上年实际消耗量/上年产值（千元）]×[计划上年产值（千元）
×（1－可能降低的百分率）]

三、确定库存量

由于生产任务和供应条件的不断变化，计划期的期初和期末库存量常常不相等。可能由于供应组织工作上的改进或生产技术水平的提高，会使物料申请的供应数量发生相应的增减变动。当期初库存大于期末库存时，计划期就要减少物料供应量；反之，则要增加。

期初库存量一般是根据库存的实际盘点数，并考虑编制计划时到计划期初的到货量和耗用量来计算。

期末库存量通常是指物料储备定额，即平均经常储备量加上保险储备量。同时，应考虑计划年度的第四季度物料供应情况及下一年第一季度生产任务的变化情况。

在实际工作中，一般按 50％ 以上的经常储备量加保险储备量作为期末库存量。对品种较多的小批物料，可按物料"小类"或"组"计算平均经常储备量加保险储备量来确定。

四、确定物料的采购量或申请量

企业确定了各种物料的需要量和期初、期末库存量后，经过综合平衡，就可算出各种物料的采购量或申请量。其计算公式为：

某种物料的采购量或申请量＝物料的需要量＋期末库存量－期初库存量
－企业内部可利用的资源

在市场经济条件下，企业所需物料一般均通过向市场采购实现，故绝大多数企业只需编制物料采购计划。对部分需要国家计划分配物料的企业，需先提出申请，经主管部门进行供需平衡并予批准之后，才能订货和采购。这类企业需编制物料申请量。

企业年度物料供应计划需通过编制季度、月份物料供应作业计划，并进一步细化和具体化，以作为组织采购订货和向生产部门发料的依据。同时，在物料供应计划执行过程中，由于生产情况和市场供应情况的变化，原来计划的平衡状态常被打破，因此，也需要通过季度、月份作业计划及时调整和组织，以达到新的平衡。

企业在确定各种物料需用量和物料申请（采购）量之后，就可按物料的具体品种、规格编制物料平衡表。物料平衡表编好后，即可按物料类别汇总，编制物料供应计划。

五、物料的库存控制

企业为保障生产的连续进行，不但要经常采购物料，而且必须保留一定数量的库存物料作周转之用。库存是一种处于储备状态的，尚未被利用的社会资源。在它投入使用之前不仅是多余的，而且需要花费人力、物力对它进行维护和保管。

企业的流动资金大部分是被各种物料库存所占用。合理控制库存，降低库存，可以减少占用的流动资金，有效地加快资金周转速度。在制品的库存减少，可以促进企业管理水平的不断提高。

因此，应尽可能降低企业库存，综合考虑库存管理的目标。原材料的库存管理要满足三个目的：

第一，原材料成本下降。

第二，保证供应，防止缺货。

第三，减少流动资金的占用。

它们是相互制约的关系，应综合考虑各方面的因素，才能将库存控制在一定水平。

 小贴士

一家饺子馆的物流管理

三年前，胡小艾在南肖埠开了家饺子馆，如今生意还算火爆。胡经理说："别看现在生意还不错，开业这一段时间，让我头疼的就是每天怎么进货，很多利润被物流吃掉了。"

刚开始卖出 10 个烤饺，定价为 5 元钱，直接成本为饺子馅、饺子皮、佐料和燃料，每个饺子成本大约 2 角钱。虽然存在价差空间，可是胡经理的小店老赚不了钱，原因在于每天都有大量剩余原料，这些采购的原料不能隔天使用，算上人工、水电、房租等经营成本，饺子的成本都接近 4 角钱了。

胡经理很有感慨，如果一天卖出 1000 只饺子，同时多余 500 个饺子的原料，相当于亏损了 100 元左右，每个饺子的物流成本最高时有 1 角钱，加上前年年初粮食涨价，因此利润越来越薄。

关键在于控制数量，准确供货。其实做饺子的数量挺难掌握。做少了吧，有的时候人家来买没有，也等不及现做，眼看着要到手的钱飞走了；做多了吧，就要剩下。

后来胡经理又开了两家连锁店，原料供货就更需统筹安排了。饺子馅的原料要根据头天用量进行每日预测，然后根据原料清单进行采购。一日采购两次，下午会根据上午的消耗进行补货，晚上采购第二天的需求量。

胡经理做了三年的水饺生意，从最初每个饺子分摊大约 1 角钱的物流成本，到去年的 5 分钱，而今年成本就更低了。由于做饺子的时间长了，需求的种类和数量相对固定下来，每个饺子的物流成本得到有效控制，大约为 2 分钱，主要就是采购人工、运输车辆的支出。

(一) 物料库存的控制方法

物料的库存控制，是对物料库存量动态变化的掌握和调整，是实现物料计划和控制流动资产的重要环节。物料库存控制的方法主要有定期库存控制法、定量库存控制法和经济批量控制法等。

1. 定期库存控制法

定期库存控制法，是以固定时间盘点和订购周期为基础的一种库存量控制方法。其特点是订购日期确定，每次订购的数量不定。订购数量依据库存实际盘点临时决定，这叫定期不定量。

这种方法的优点是可以按规定的时间核查各种物料的库存量，然后把各种物料汇集起来统一地组织采购订货。这不仅有利于降低采购费用，而且能减少采购工作量。其缺点是储备量或保险储备量相对地要增加一些。

2. 定量库存控制法

定量库存控制法，是以固定订货点和订购批量为基础的一种库存控制方法。这种方法是订购时间不固定，而每次订购的数量固定不变。具体办法是预先规定一个订货点量，当实际库存量下降到订货点时，就按预先规定的订购数量提出订货或采购，所以又称订货点法。

这种控制方式使库存量形象化，控制方法比较简便，适用于价格便宜、用量小、占用资金少的物料。

3. 经济批量控制法

经济批量控制法，是从企业本身节约费用开支来确定物资经常储备的一种方法，是侧重从提高企业本身经济效益的角度出发，来综合分析物料订购和库存保管费用的一种科学方法。

经济批量法从物资有关的费用来分析，主要有订购费用和保管费用两大类。从节约保管费来说，应增加订购次数，而减少每次订购数量。从节约订购费来说，应减少订购次数，而增加每次订购量。这表明，订购与保管费是相互制约的，互为消长的。客观上存在这样一种订购数量，使得按这种数量订购所需的订购费与保管费的总和最小，这个订购数量就是经济订购批量。

(二) 库存物料的管理

物料按其价值高低依次排列，再以每个品种的库存资金占总库存资金的累计百分比为基础，将排好顺序的物料分为 A、B、C 三类。将品种数量少、价值高、占用资金多的物料，划为 A 类；将品种数量较少，价值中等的物料划为 B 类；将品种数量繁多，而价值较低的物料划为 C 类。

对 A、B、C 三类物料，应分别采用不同的控制方法。

A 类物料品种最少而占用资金最大，对物料储备必须严加控制，尽量缩短采购周期，增加采购次数，以利于加速资金周转速度，从而达到在保证生产正常进行的前提下，最大限度地节约或减少资金占用。

B 类物料的品种数和占用资金数次之，一般可适当控制。根据供应条件和采购力量等情况，适当延长采购周期或减少采购次数，适当增加储备天数。

C 类物料其品种繁多复杂，占用资金的比重很少，在资金使用上可适当放宽控制，采购周期可更长一些，储备天数可更多一些。这样，可以大大地降低这部分的采购和管理工作，而对企业整个资金的使用效果不会有太大的影响。

针对 A、B、C 三类商品实施不同的控制与管理策略。A 类商品最重要，是管理的重点；B 类商品次之；C 类商品再次之。对三类库存商品控制的具体要求如表 6-1 所示。

表 6-1　A、B、C 三类物料的控制

级别　　　项目	A 类库存	B 类库存	C 类库存
控制程度	严格	适当	一般
管理形式	重点	一般	简单
库存量确定	品种逐一核定 按最低量计算	综合核定 按最高量计算	综合核定 按最高量加保险计算
进出记录	详细	一般	简单
库存检查要求	密集	一般	较低
库存量	低	较大	大量

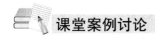 课堂案例讨论

是多存货还是少存货?

海姆和罗博两人都是农资消费合作社的经理，他们都有储存农资商品的仓库。但对订购量和库存量，他们却有完全不同的看法。

罗博："海姆，你们的农资供应工作进行得怎么样?"

海姆："还不错，我们仓库里的货都堆到房顶了。"

罗博："噢，请问，出了什么问题啦?"

海姆："出问题? 你这是什么意思? 我们的社员从来都是满意而归，我们的工作一帆风顺。"

罗博："可能是这样，但储存这么多货你得花多少钱?"

海姆："建筑仓库是要花钱，但我们销售农资商品给社员，盈利很大，我们从来没有因为无货供应而失去过一笔生意。"

罗博："我们也想使社员高兴，但他们不仅对自己购买哪些商品感兴趣，对合作社总的开支也很关心。你知道储存商品是很费钱的。"

海姆："你当然也知道，价格一直在涨，所以我们一有可能就尽量多进货，以避免提价。"

罗博："我们可不想把钱花在一大堆没卖出去的库存商品上，你知道存钱也是可以挣钱的。"

海姆："我也不喜欢借钱，但任何时候，我宁愿要货，不要钱。你从来不知道买不到货的难处，所以只要有货，我们就购进。"

罗博："你真要用的时候，我想东西不是发霉，就是被老鼠咬坏了。"

海姆："那是有点麻烦，但还是值得的。我们的社员喜欢看到仓库堆得满满的。对我们来说，那在账目和资产负债表上更能说明问题。"

罗博："可能是那样。但我喜欢能够随时买到额外的东西。如果仓库塞得满满的或资金都已占用的话，我就没法买了。"

海姆："如果按我们这样做，即使对某种商品的需求突然增加，因为已有存货，我们仍能应付过去。"

罗博："如果市场上出现了时兴的商品，你怎么办？"

海姆："我推断，很多人总是要等到最后才买，由于我们进货量大，即使损失一些，还是能有不少钱的。我敢肯定，我们的运输费比你们花得少。"

罗博："我认为多进几次货也花不了多少运费，在仓储上可以省不少麻烦。"

海姆："可能你是对的，但办公费用和收货怎么样呢？我们订货的次数少，数量大，那就省了不少管理费，出错的机会少，数字也准确。"

罗博："对偶然的差错，我没把握，但你们的仓库可是小偷的天堂。人家从一大堆货上拿走一两箱，也没人会注意到。"

海姆："我们的商品是保了险的。"

罗博："就算是吧。但我敢打赌，你们东西少了也不会知道。既然保险是按平均库存量算的，你们付的钱一定比我们多。"

资料来源：杜明汉 . 商贸实务训练 . 中国商业出版社

讨论题： 罗博和海姆谁的看法是对的？依据是什么？

第三节　企业生产物流的管理

物料一旦进入生产过程即成为在制品，按照产品生产工艺的顺序，经过各个生产环节、各道工序的加工，由半成品变为制成品。企业的物料消耗费占产品成本的很大比例。在我国，占到 70% 以上。生产阶段的物流管理是物流过程中非常关键的一环，控制物耗，充分发挥物料的效能，直接决定着企业经济效益的高低。

企业生产物流是指制造企业在生产过程中原材料、在制品、半成品、产成品等的物流活动，即从工厂的原材料购进入库起，直到工厂产品库的产品发送为止这一全过程的物流活动。

生产物流是制造产品的企业所特有的，它需要与生产流程同步。原材料及半成品等按照工艺流程在各个加工点之间不停地移动、流转，形成了生产物流。因此，生产物流合理化对工厂的生产秩序和生产成本有很大的影响。

过去企业注重的是生产加工过程，现在企业还关注生产流程如何安排，如何做物流更合理，生产活动环节如何有效衔接，如何缩短生产的物流时间等。

一、物料消耗定额的概念和作用

物料随着时间进程不断改变自己的形态和场所位置，物料处于加工、装配、储存、搬运和等待状态，由原材料、外购件的投入开始，终止于成品仓库，物流贯穿于生产的全过程。这实际上就是物料消耗的过程。

物料消耗定额是指在一定的生产技术组织条件下，生产单位产品或完成单位工作量所必须消耗的物料数量的标准。

科学合理的物料消耗定额对企业生产具有重要作用：

①是编制物料供应计划的基础。

②是物料供应部门核算生产用料、组织限额发料的依据。

③是合理和节约使用物料，核算产品成本的重要手段。

④是促进企业技术水平、生产管理水平、工人生产技能提高的重要条件。

⑤是考核员工工作质量的主要依据。

二、物料消耗定额的构成及制定

（一）物料消耗定额的构成

正确制定物料消耗定额，必须分析物料消耗的构成。物料消耗指车间为进行生产和维护生产设备、环境等所消耗的各种一般材料（不包括修理和劳动保护用材料）。物料消耗的构成是指从取得物料直到制成成品为止的整个过程中物料的消耗走向。以主要原材料为例，物料消耗的构成一般包括以下三部分内容。

①产品净重的物料消耗，是指图纸所要求的加工后零件净重。这部分属于材料的有效消耗，是物料消耗的主要部分。

②工艺性损耗，是指产品在加工或准备加工的过程中，由于工艺技术上的原因而不可避免地产生的原材料损耗，如机械加工过程中的铁屑，木材加工过程中的木屑、刨花等。

③非工艺性损耗，是指由于运输、保管、管理等工作的不善而造成的损耗。这种损耗属于人为造成的。

（二）物料消耗定额的制定

①产品小试后，由综合部技术中心提供数据，协助生产部制定物料的消耗定额。

②产品试生产后，计算同种物料各批单耗的均值，作为该物料的消耗定额（初定）。

③产品正式投产后，半年内，再制定实际平均先进水平的物料消耗定额。

科学、准确、规范的物料定额，是编制物料供应计划的基础，是企业物料组织、物料控制、物料核算的依据，也是企业绩效考核、评比奖励的主要参照数据。物料定额，为物料使用提供了数量的控制标准。有了这个标准，物料的发放有了依据，才可能从源头上杜绝物料的浪费。没有物料定额，一切物控工作都将无从谈起。

（三）物料消耗定额的制定方法

主要原料消耗定额包括工艺性消耗定额和材料供应定额两种。前者作为向车间、班组发料和考核的依据；后者是核算物料需要量和采购量的依据。

1. 常用的物料消耗定额制定方法

（1）技术分析法，是根据产品设计图纸和工艺要求，在工艺计算的基础上，充分考虑先进技术和先进经验制定定额的方法。它是根据产品的设计结构、技术要求、工艺流程、合理的下料方案来制定消耗定额的方法。技术分析法制定定额比较准确，但计算工作量大，主要适用于图样、工艺资料完整且批量较大的产品。

该方法主要是根据营运过程中物料消耗的实地定点的观察记录，通过对物料实际的消耗程度的测定，并且运用一定的技术分析方法对物料消耗量的确定，来制定企业物料消耗的定额度。这种方法比较科学、准确，但工作量大，技术性较强，适用于制定企业主要原材料的消耗定额。

（2）统计分析法，是根据以往生产中物资消耗的统计资料，经过分析研究，并考虑计划期内生产技术组织条件的变化等因素，来确定物资消耗定额的方法。

它是根据以往生产中物料消耗的统计资料，并考虑计划期内生产技术组织条件等各方面的变化因素，通过分析和比较，再吸取先进技术和经验制定定额的方法。

该方法比较简单，但需要有详细、可靠的统计资料。如对过去的耗用统计资料，产品图纸资料，生产工艺资料，仓库发料记录，物料控制标准的了解。

（3）经验判定法，是根据技术人员和生产工人的实际经验，并参考有关的技术文件和产品实物，以及生产技术组织条件等因素来制定定额的方法。

经验是工作实践中长期积累的智慧的结晶，也是对客观事物的内在规律的认识。这一方法通俗易行，简捷方便，工作量小。采用这种方法，要求物料管理人员具有较丰富的实践经验，同时具备一定数量的记录物料消耗的资料，包含对产品设计、工艺技术、作业过程的娴熟了解。由于是凭经验，主观因素较多，故它的准确性不够，一般在缺少技术资料和统计资料的情况下才采用。

 小贴士

经验管理的隐患

一个怀藏珍宝的商人路遇强盗，狂奔逃命，却被一道激流阻挡了前进的道路。

商人仰天长呼："天啊，天啊，你难道真的没有天理！当我这样无辜的人遇到危险的时候，你为什么不给我一条生路？"

一只青蛙听到了他的惨呼，跳出来安慰他："不要埋怨老天。它其实对你很慈悲。这条小溪嘛，看起来很可怕，其实很浅的。我们天天都在这里游泳嬉戏。当年，我还小的时候，妈妈就在这里教我跳水。所以，你勇敢地下去吧，没有事情。"商人将信将疑，迫于强盗的追赶，只好冒险下水。果然，这条听起来响声大得吓人、看起来让人心惊的水流其实很浅。商人最后只不过虚惊一场。他渡过河流，感谢了青蛙，继续前行。没错，强盗也被这条激流吓住了，青蛙没有把河流的秘密告诉他们。但是，他们通过另外一条道路又找到了商人，仍在身后穷追不舍。

途中，商人又遇到了另外一条河，这条河平静而安宁，缓缓地在大地上流淌。他自言自语说："那条河流看起来那么可怕，其实也不过如此；那么渡过这条河更应该是轻而易举的了。"他于是毫不迟疑地下了河。没想到，这条平静的河流却暗藏杀机。商人连呼救声都来不及出口便滑入流沙里，转眼被吞没得无影无踪。

资料来源：段珩．影响人一生的100个管理故事．光明日报出版社

（4）实际测定法，是在生产现场或实验室条件下，运用称量和测算等方式对物料的实际消耗量进行测定、分析、修正，确定定额的一种方法。它适用于测定那些外形复杂的零件或毛坯的重量，也适用于制定许多辅助材料的消耗定额。它结果客观，需要实际现场数据。

上述几种方法各有优缺点，在实际工作中应根据企业的具体情况和管理水平而定。有时，可以将几种方法结合起来运用。

技术分析法比较精准，但工作量大。经验判定法和统计分析法不够精准，但简便易行。在制定物料消耗定额时，还要考虑一线工人的意见，这样制定出来的定额才先进和合理。

常用的物料消耗定额制定方法的比较如表 6-2 所示。

表 6-2　常用的物料消耗定额制定方法的比较

项目	优点	缺点	适用范围
技术分析法	较科学、准确	工作量大，技术性较强	产品定型、产量较大时，主要原材料的消耗定额
统计分析法	较简单易行	需要有详细可靠的统计资料	成批轮番生产的消耗定额
经验判定法	方便，工作量小	准确性较差	单件、小批量资料不全时使用
实际测定法	结果客观	需采集实际现场数据	测定外形复杂的零件或毛坯的重量，及制定许多辅助材料的消耗定额

2. 辅助材料消耗定额的制定

辅助材料及其他物资消耗定额的制定应根据辅助材料的不同用途，采用以下几种方法。

①与主要原材料消耗呈正比例变化的辅助材料，可按主要原材料消耗量的一定比例计算确定其消耗定额。如炼钢时，一吨生铁需加多少熔剂。

②与产品产量成正比例变化的辅助材料，可按单位产品用量计算，如包装材料。

③与设备开动时间有关的辅助材料，可按设备开动时间或工作日计算确定，如润滑油等。

④与辅助材料本身使用期限有关的，可按规定的使用期限来确定，如劳保用品等。

某些难以直接换算的辅助材料，可根据统计资料或实际耗用情况来确定其消耗定额。燃料和动力由于使用面广，需要量大，消耗定额应按不同用途分别规定。运作工具的消耗定额，可用运作某种产品所需用某种工具的总工时与该种工具的使用期限的比值来确定，也可根据统计资料来确定。

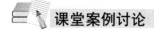

课堂案例讨论

百年老店碰撞供应链

北京吴裕泰茶叶公司是具有悠久历史的老字号茶叶集团，以生产、加工、供应各个门店零售茶叶为主，兼营茶社，地域涉及北京市内主要地区及门头沟、通州等远郊区县。公司拥有一个外库、一个内库、28 家连锁店（其中包括 13 家直营店、15 家加盟店），员工约 150 人，经营品种 300 余种，年销售额 5800 万元，其中位于王府井、北新桥的三家直营店的销售额占公司总销售额的 60％以上，单店销售额达 30 多万元。在企业通过 ISO9002 认证后，为了满足企业日益增大的规模及连锁经营的特点，为了加强企业在市场中的竞争能力，提高经济效益，全面实现计算机管理，达到信息共享、统一管理，显得尤为重要。

企业状况

在本次信息化建设中，主要涉及公司管理层、培训部、行政人事部、财务部、营运部、采购部、配送部等七个大部门，还涉及门店。每个部门主要负责的业务内容如下。

……

采购部、营运部主要负责的工作有原料茶的采购，原料茶及成品茶的质量检验，茶叶的拼配，原料茶及成品茶的定价，结算共五个业务，还要负责管理直营店和加盟店。

配送部主要负责的工作包括执行业务部门的加工拼配，对各个门店进行产品配送，实物的库存管理，包括采购入库、销售出库、其他出入库及盘点业务、存货的核算四种业务。

……

各个门店负责实际产品的销售。

通过互相选择，吴裕泰茶叶公司委托联想公司为吴裕泰信息化提供解决方案。经过调研，联想了解到吴裕泰公司在管理方面大部分采用的是手工方式，一些业务流程中存在漏洞。因此，针对实际情况，联想为吴裕泰公司设计了符合它自身的管理流程和信息系统。

采购管理

采购管理是指与采购行为直接相关的一些活动的管理，主要包括以下功能子模块。

（1）请购检验：是采购之前的一个环节，由茶叶公司开出请购单，供应商把自己的样品茶叶送到公司检验。茶叶公司收到供应商的茶叶样品后录入请购单中，由业务部门进行质检。如果产品合格，录入到分包商调查表，不合格不予录入。送检茶叶的剩余部分作为赠品入库。

（2）采购订单：签批业务部门根据分包商调查表确定茶叶供应商，采购数量根据公司实际业务需求制定，填写采购订单。然后，采购订单交给经理签批。经理可以否决订单的任何一条采购信息，并且可以根据实际需求修改采购数量。

（3）收货质检：采购订单发送以后，供应商把货品送到配送中心。配送中心根据实际收货数量开出收货单，配送中心在收货中抽小样送到业务部门进行检验。业务部门对小样进行检验后，在收货单据中填写检验结果，批示处理结果。

（4）减斤降级：这是在收货质检以后，业务部门批示的两种处理方式。减斤处理是对实际收货数量减去相应比例数量后修改收货单入库，降级处理是把茶叶的等级做相应的降低后修改收货单再作入库。

（5）退货：对于检验完全不合格的茶叶，开出退货单，修改收货单。

（6）实收入库：根据实际情况收货入库。

销售管理

销售管理指和公司销售业务相关的一些模块的管理。

（1）总部销售：包括内部销售和批发流程。内部销售，指总部与直营店以及和加盟店之间发生的内部销售活动，流程与细节同库存管理中的调拨流程。批发流程，指总部对客户的批发销售，具体流程与细节同门店销售流程。

（2）商品调价：由业务部门开出调价申请单，在申请单中包括商品、数量、日期、原因等详细说明，然后由经理审核与签批。如果调价申请批准，则修改系统中的商品综合信息表中的相关信息；如果不被批准，保持原来单价不变。

（3）门店销售：由门店制定销售订单，根据客户的要求开出发票（或者不需要）。再由门店开发货单传至配送中心，配送中心开出库单，商品出库。

（4）销售退货：此销售退货指门店与总公司之间的销售退货，由门店开出退货申请，然后由相关主管人员对退货单进行审核。如果审核否定的话，单据取消，但会留底。如果审核通过的话，门店开出库单，在配送中心开出收货单，再检验入库。

库存管理

库存管理指与库存相关的一系列公司运作流程。

（1）调拨：总店的调拨填写A类调拨单，需要对门店的库存查看后填写。门店的调拨用B类调拨单，需要经过总部签批以后才可进行。总部查看门店库存以后，开出调拨单，门店出库，配送中心收货检验入库。如果门店调拨，调拨单由配送中心审核，根据配送中心相应的库存状况，修改门店的调拨单，内部销售出库。

（2）采购入库：根据收货检验的情况进行入库。

（3）销售出库：根据调拨通知单或调拨申请单生成，由配送中心使用进行出库。

（4）一般进出入库流程：主要处理例如赠送出入库等业务，或用于盘点后对实际库存的修正。

（5）盘点：配送中心和门店通过系统自动生成盘点单，对实物进行盘点，录入系统。盘点结果不管合格与否，都需递交总经理签批。如果正确的话，盘点结束；如果发生偏差，经过总经理批准，把多出或缺少的部门做其他出入库处理。

人力资源

......

实施效果

通过使用信息管理系统，北京吴裕泰公司有了很大变化。各单位之间的信息透明度增强，实现了跨部门的信息流通与管理；实现了采购、销售、库存、调拨、配送、拼单等信息化管理；理顺流程，实现了精细化管理；加强监督，利于领导的管理与控制；实现了人力资源的管理。

资料来源：节选 www.jctrans.com. 2013-12-24

讨论题：
1. 分析北京吴裕泰全面实现计算机管理中，物流管理所占比例。
2. 结合此案例，谈谈物流管理的重要性。

第四节　企业销售物流的管理

企业销售物流是企业为保证本身的经营效益，不断配合销售活动，将产品所有权转给用户的物流活动。企业销售物流通过包装、送货、配送等一系列环节实现物质销售。在现代社会中，市场环境是一个买方市场，因此销售物流活动带有极强的服务性，以满足买方的要求，最终实现销售。销售往往以送达用户并经过售后服务才算终止。

企业销售物流是生产企业赖以生存和发展的条件，又是企业本身必须从事的重要活动，它是连接生产企业和消费者的桥梁。销售物流是包装、运输、储存等诸环节的统一。销售物流是企业物流的一部分，占据了企业销售总成本的20%。因此，销售物流的好坏直接关系到企业利润的高低。

一、企业销售物流的内涵

企业的产品只有经过销售才能实现其价值，从而创造利润，实现企业价值。企业销售物流是指企业为保证自身的经营利益，伴随销售活动将产品所有权转给用户的物流活动，是产品从生产地到客户的时间和空间的转移，是以实现企业销售利润为目的的。

对于生产企业来讲，一方面，物流是企业的第三个利润源，降低销售物流，使企业降低成本，依靠销售物流将产品不断运至消费者和客户，另一方面，通过降低销售过程中的物流成本，间接或直接增加企业利润。

销售物流是以实现销售为目的的，它的所有活动及环节都是为了实现销售利润，因此物流本身所实现的时间价值、空间价值及加工价值在销售过程中处于从属地位。

二、企业销售物流的组织

企业销售物流的空间范围很大，这便是销售物流的难度所在。销售物流是企业物流与社会物流的衔接点，与企业销售系统相配合，完成产成品的流通。生产的最终产品将通过销售环节进入市场，这个环节需要合理组织，形成销售物流。

企业销售物流的特点就是通过包装、送货和配送等一系列物流实现销售，这就需要研究送货方式、包装水平及运输路线，并采用诸如少批量、多批次、定时及定量配送等特殊的物流方式达到目的。

专业批发业务的物流作业具有大进大出和快进快出的特点，它强调的是批量采购、大量储存及大量运输的能力。大型分销商需要大型的仓储和运输设施。另外，分销商属于中间商，需要与上游和下游进行频繁的信息交换，需要具有良好的信息接口和高效的信息网络。

（一）包装

包装是指为在流通过程中保护产品，方便储运，促进销售，按一定技术方法而采用的容器、材料及辅助物的总体名称。

产品的包装通常分为销售包装和运输包装。销售包装是与产品直接接触的包装，是企业销售工作的辅助手段，许多企业都通过产品的销售包装来进行新产品推销或企业形象宣传。放在超市货架的商品所带的包装就是销售包装，如方便面的塑料袋包装。而产品的运输包装主要是在产品的运输过程中起到保护作用，避免运输、搬运活动造成产品毁损的现象。如 50 包方便面放在一个纸箱里，纸箱就属于运输包装。

企业可以选择在生产过程中对产品进行销售包装，而将产品的运输包装可以推迟到销售阶段，在决定运输方式以后再进行产品的运输包装。

包装可视为生产物流系统的终点，也是销售物流系统的起点。包装具有防护功能、仓储功能、运输功能、销售功能和使用功能，是物流系统中不可缺少的一个环节。

因此，在包装材料、包装形式上，除了要考虑物品的防护和销售外，还要考虑储存、运输等环节的方便。包装应标准化、轻薄化，并考虑包装器材的回收、利用等问题。

（二）成品储存

成品储存是指商品从生产领域进入消费领域之前在流通领域内的暂时停留。仓储在整个物流系统中具有重要的作用。仓储是社会物资生产的必要条件，通过仓储可以创造一定的物流功能价值。仓储也被看作是创造物流利润的重要源泉之一；仓储是物功能达到"利益均衡"的标志之一；仓储是直接影响物流系统质量和效益的重要环节。

对于按照订单进行生产的企业而言，产成品直接进入市场流通领域进行实际销售；对于按照产品的需求制订计划进行生产的企业，产成品进入流通前需经过在库储存阶段。

仓储包括仓储作业、物品养护和库存控制。应改善仓储作业，提高作业质量及作业生产率；仓储中应使用科学的物品养护方法；成品库存控制应以市场需求为导向。企业应合理控制成品存储量，并以此指导生产。

（三）销售渠道

销售渠道的结构如图 6-2 所示。其中。

（1）生产者—消费者，销售渠道最短。

（2）生产者—批发商—零售商—消费者，销售渠道最长。

（3）生产者—零售商或批发商—消费者，销售渠道介于以上两者之间。

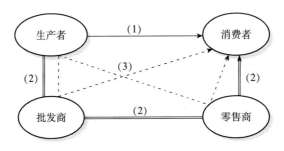

图 6-2　企业销售渠道结构图

影响销售渠道选择的因素有政策性因素、产品因素、市场因素和生产企业本身因素。生产企业需要对影响销售渠道选择的因素进行研究分析以后，结合本身的特点和要求，对各种销售渠道的销售量、费用开支、服务质量反复比较，找出最佳销售渠道。

销售物流的组织与产品类型有关，如钢材、木材等商品，一般选用第一种结构渠道和第三种结构渠道（生产者—批发商—消费者）；而诸如日用百货、小五金等商品的销售渠道，较多选用第二、三种结构渠道。

正确运用销售渠道，可使企业迅速、及时地将产品传送到用户手中，达到扩大商品销售、加速资金周转、降低流通费用的目的。

（四）产成品的发送

产品发送以供给方和需求方之间的运输活动为主，是企业销售物流的主要管理环节。根据产成品的批量、运送距离、地理条件决定运输方式。对于第一种销售渠道，运输形式有两种，一是销售者直接取货，二是生产者直接发货给消费者。对于第二、三种销售渠道，除采用上述两种形式外，配送是一种较先进的形式，可以推广。

由生产者直接发货时，应考虑发货批量大小问题，它将直接影响到物流成本费用，要使发货批量达到运输费用＋仓储费用最小的原则。同时，企业在进行产品发送过程中，还应重视产品在运输端点的搬运、装卸等活动，它是运输作业中不可缺少的重要组成部分，对运输产品的质量有直接影响。

（五）信息处理

企业销售物流中的信息处理主要是指产品销售过程中对客户订货单的处理。应完善销售系统和物流系统的信息网络，加强二者协作的深度和广度，并建立与社会物流沟通和联系的信息渠道。

现代信息技术的高速发展，为物流作业信息化奠定了基础。企业物流从 20 世纪 80 年代初开始大量引入条形码技术来改善物流效率，使用 EDI 进行企业间商务数据的传输。随着各种类型的电子扫描方式和传输技术的普及，物流作业几乎都融入了信息技术。到了 90 年代，企业已开始运用卫星通信技术进行物流作业信息的实时跟踪。美国联合速递公司使用条形码和扫描仪能每天 24 小时地跟踪和报告装运状况，顾客只需拨一个免费的电话号码，即可获得"地面跟踪"的增值服务。

企业应建立订货处理的计算机管理系统及顾客服务体系。订单处理过程是从客户发出订货请求开始，到客户收到所订货物为止的一个完整过程，它包括订单准备、订单传输、订单录入、订单履行、订单跟踪等。由于客户采用的订货方式不同，订单处理的环节也不同。

订货管理的过程涉及从最初的接受订货到交付、开票以及托收等有关管理顾客的方方面面。在当今顾客全球化的趋势下，没有信息处理技术的支持是不可想象的。信息技术是连接各项物流作业的纽带，通过它，各种物流作业被视作物流信息系统的一个组成部分。

三、企业销售物流合理化

传统的销售物流是以工厂为出发点，将产品送到消费者手中。而从现代营销理念来看，销售物流应先从市场着手，首先要考虑消费者对产品及服务水平的要求，还必须了解其竞争对手所提供的服务水平，然后提供更好的服务。

许多企业把销售物流的最终目标确定为以最短的时间、最少的成本把适当的商品送达客户手中。但在实际工作中很难达到目标，因为很难既最大限度地满足客户的需求，又最大限度地减少销售物流成本。例如，如果客户要求及时不定量地供货，销售企业就要准备充足的库存，这导致库存量高，库存费用增加，也使运输费用增加，使企业在销售过程中的物流成本增加。若要降低销售物流成本，必须选择低运费的运输方式和低库存，这导致送货间隔长，顾客的满意度会降低。

1. 销售物流的职能成本与系统成本的矛盾

为了实现销售活动，仓储、运输、包装等各职能部门所投入的成本称为职能成本。系统成本则是整个销售物流活动过程中各职能成本的总和。

若企业的物流系统已达到高效率库存，仓储和运输各部门经营良好，并且都能把各自成本降至低水平，然而各部门之间无法互相协调，那么总系统成本也不一定最低。这就是各职能部门的成本与系统总成本的矛盾。

在不少企业，将物流运营权分割到几个协调性差的部门，会使得控制权过于分散，还会使各职能部门产生冲突。例如，运输部门只求运费最低，宁愿选用运费少的运输方式大批量运输；库存部门尽可能保持低库存水平，减少进货次数；包装部门则希望使用便宜的包装材料，不考虑因此会造成整个系统的全局利益受损。

　　企业销售物流系统的各职能部门具有高度的相关性，企业应从整个物流系统的成本考虑来制定物流决策，而不能仅考虑降低个别职能部门的成本。

 小贴士

目标一致、利益一致，才能成功

　　一天，梭子鱼、虾和天鹅同时发现路上有一辆车，车上有许多好吃的东西。于是，就想把车子从大路上拖下来。三个家伙一起使出了吃奶的劲，但小车依然在原地没动。为什么会这样？原来他们三个使劲的方向不同，天鹅使劲往天上提，梭子鱼朝池塘拉，虾一步步向后拉。其主要原因就是他们的目标不一致。为了一个共同的目标，大家只有同心协力地去做，才能把事情做好。

　　　　　　　　　　　　　　　　　　　　　资料来源：王海民．十大管理哲理故事经典．海潮出版社

　　2. 制定系统方案，进行综合物流成本控制

　　(1) 直销方案的综合物流费用分析

　　把商品直接销售到消费者手中，这种方案因货物数量不大，且运输频率较高，会耗费较高的物流成本费用。但是这种直销一旦延误，很有可能会失去客户。如果失去销售机会所损失的成本大于物流成本，企业还是应采取直销方案。

　　(2) 中转运输方案的综合物流费用分析

　　如果企业将成品大批量运至销售地区仓库或中转仓库，再从那里根据订单送货给每一位客户的费用少于直接将货物送至客户，可采用经中转再送货的方案。增建或租赁中转仓库的标准一定是因增建或租赁仓库所节约的物流费用大于增建或租赁仓库所投入的成本。

　　(3) 配送方案的费用分析

　　配送是企业销售物流的重要环节。配送中心是企业为了更好地运行产品配送活动而建立的企业销售物流的运作结点。企业的配送就是将产品的包装、搬运、装卸、仓储、运输等相互独立又相互制约的销售物流环节组织在同一个物流运作系统中，通过这个系统合理地安排一系列销售物流作业活动，实现物流运作的效率化。

　　配送价格是到户价格，与出厂价相比，它增加了部分物流成本，故略高于出厂价。与市场价相比，增加了市场到客户这一段运输的成本，因而也略高于或等于市场价。但是客户充分考虑从商场到他们手中的各种成本，发现配送价格更优越。

　　对于生产厂家，仅以出厂价交出货物，不再考虑以后到客户的各物流环节的投入，省去了大量的人力物力。配送方案可以使企业、配送中心、客户三方面分享规模化物流所节约的成本，因此，配送中心的代理送货将逐渐成为一种合理资源配置的方案。

　　3. 企业销售物流合理化的形式

　　销售物流合理化应该做到在适当的交货期，准时向顾客发送商品；对于顾客的订单，应避免商品缺货或者脱销；合理设置仓库和配送中心，保持合理的商品库存；使运输、装卸、保管和包装等操作简便、省力；维持合理的物流费用；使从订单到发货的情报流动畅通无阻；将销售额等订货信息及时提供给采购、生产和销售部门。

销售物流合理化有大量化、计划化、商物分离化、差别化、标准化等多种形式，下面分别简单介绍。

（1）大量化

这是通过增加运输量，实现规模经济，以便有效降低运输成本。通过延长备货时间来提高配送装载效率。

（2）计划化

通过管理好客户订货量，使发货均衡化，实行计划运输和计划配送，如按路线配送、按时间表配送、混装发货、返程配载等各种措施的合理使用。

（3）商物分离化

商物分离化指订单活动与配送活动分离，把自备载货汽车运输与委托运输，乃至共同运输联系在一起。利用委托运输，可以压缩固定费用开支，提高运输效率，从而节约运输费用。商流、物流分离把批发商和零售商从大量的物流活动中解放出来，把这部分力量集中到销售活动上，使企业的整个流通渠道通畅，物流效率提高，成本降低。

（4）差别化

根据商品周转速度的快慢和销售对象规模的大小，周转较快的商品分散保管，周转较慢的商品尽量集中保管，以压缩流通阶段的库存，有效利用库存面积。

还可依据销售对象决定物流方法，如供货量大的客户从工厂直接送货，供货量分散的配送中心供货；对于供货量大的客户，每天送货，对于供货量小的集中配送等，灵活掌握配送次数。无论采取何种形式，在使用时，都应考虑到节约物流费用与提高服务水平。

（5）标准化

标准化指以国际标准为销售物流的作业基础。同时，以销售批量规定订单的最低数量，成套或整包装出售，会明显提高配送和库存管理效率。

企业生产中对废旧物料进行回收利用的工作是利国利民的大事，它不仅可以减少生产过程中的资源消耗，弥补自然资源的不足，而且可以降低成本，提高经济效益。

社会对物流管理日益重视，人们的环境保护意识不断增强，政府部门对企业环保的要求也不断提高。绿色物流的概念逐步被人们所认识，而作为与绿色物流密切相关的企业回收及废弃物流的管理逐渐成为社会经济生活中的一个重要问题，受到了社会各界的关注。

 课堂案例讨论

索尼全球物流的增减之法

索尼集团公司的物流理念是：必须从战略高度去审视和经营物流，每时每刻都不能忽视物流。

索尼集团全球物流公司通过不断革新物流经营模式，根据全球市场需求而不是根据索尼工厂的生产计划，彻底重振全球物流网络渠道，千方百计紧缩存货，率先在美国物流市场积极推广，大胆开创和增设智能型多功能配送渠道，成绩卓著。

索尼集团公司拥有和经营目前分布于全世界的 75 家工厂和 200 多个全球性的销售网络。据国际物流专家估计，仅仅在电子产品方面，迄今索尼集团公司每年的全球集装箱货运量已经超过 16 万标准箱，是世界上规模比较大的生产厂商和发货人之一。为了充分发挥跨国经营的杠杆作用，扩大其在国际市场上的竞争能力，目前该集团物流公司正在与承运人及其代理展开全球性商谈，以便进一步改善物流供应链，提高索尼集团公司的经济效益。

索尼集团总公司要求索尼集团公司系统内的各家索尼集团公司必须切实做到：竭尽全力缩短从产品出厂到客户手中的过程和所用的时间，特别是要缩短跨国转运、多式联运和不同类型运输方式之间货物逗留的时间，保证"零逗留时间，零距离，零附加费用，零风险"物流服务全面到位，大力加强索尼集团公司和物流链服务供应方之间的合作关系，始终保持电子数字信息交换联系的畅通，最终确保索尼物流增收节支。

索尼公司认为，仓储成本过高对于物流十分不利，索尼物流在美国年均产生仓储费用就高达 2000 万美元，还没有包括昂贵的内陆公路和铁路运输费用、集装箱货物被盗窃所产生的货损货差赔偿费用、集装箱货物运输保险费用。减少物流仓储，必然会减少物流成本，加快供应链运转速度和确保物流的安全操作。

在 2001—2003 年，索尼物流公司在美国的仓储场所被削减一半以上，供应链存货量也被减少一半，从原来的 15 天存货储备改为 6 天半存货。其中包括把索尼物流公司设立在美国西海岸原来众多的仓库撤销，通过所谓交叉式站台集散服务面提高快速货递频率，从一个月仅仅送货一次改为一周几次的供应链模式，把仓储业务全部集中到在美国西海岸的洛杉矶港附近卡森专门建立的一座物流中心。该中心内的集装箱装卸设备非常先进，以此为中心，以点带面，用快件速递方式把集装箱货物向美国腹地发运。大约 3 天，从美国西海岸港口卸下的集装箱货物就可以抵达美国东海岸。

任何事物都是一分为二的，索尼物流公司把其在美国西海岸几乎全部物流业务集中在洛杉矶附近的卡森物流中心确实有一定的风险，但是索尼公司认为这些风险在目前的经营管理技术条件下是可以克服的，其最大的优势是减少管理层面，把原来错综复杂的物流业务集中到一个中心，不仅避免了不必要的财力、物力、人力等资源浪费，进一步减少物流基础设施的投资总额，而且提高了物流的效率和效益。迄今索尼公司在美国经营的物流配送所发生的成本是世界上最低廉的。

由于实施多国拼箱的方法，索尼公司把半箱货物的集装箱从某一个产地发往新加坡或者高雄，在那里把另外一种什么产品补充装入箱子，变成满箱货物的集装箱，然后继续运输，直至北美或者欧洲某目的港。这种物流方法的最大好处，首先是避免了等候时间，同时大幅度减少通关时间。

目前，索尼集团公司又在世界各地组织"递送牛奶式"服务，进一步改善索尼公司在全球，特别是在亚洲地区的索尼产品运输质量。索尼物流分支公司围着供应方转，代表零部件供应商随时提供索尼工厂所需要的备件订单。牛奶递送式服务是一种日本人特有的快递服务，高效、快捷、库存量合理，特别受到要求数量不多，产品规格特别的客户的欢迎。

索尼新加坡公司在船舶或者航空货机开航前 7 天准备货物托运手续，由于采用若干出口优先规划，海运缩短到 4 天，空运缩短到 1 天。索尼物流公司所采用的零配件采购经营方式是独一无二的，即通过第三方经营人控制和实施索尼物流公司的供应链管理业务，所有的物流费用也是通过第三方经营人收取的。

一反常态，由外及里的索尼物流经营管理模式在最大限度内提高物流服务销售量，同时大幅度减少索尼公司物流资源的浪费。例如，索尼物流公司在美国各地总共拥有 9 家零配件采购基地，其员工总数不过 300 人；同时，索尼物流公司在美国各地拥有 106 家成品配送中心，其员工总数仅仅 700 人。职工队伍人数少，却以少胜多，创造出令人瞩目的物流业绩。目前索尼美国公司在索尼中国公司的密切配合和支持下，在美国经营的零配件和成品物流年均收益达到 27.6 亿美元。

资料来源：节选 www.jctrans.com. 2013-12-24

讨论题：

1. 分析索尼的物流增减法是指什么。
2. 指出索尼的物流管理的高效是哪些环节的贡献。

本 章 小 结

1. 物流利用现代信息技术和设备，将物品从供应地移向接收地。物流活动包括：用户服务、需求预测、订单处理、配送、存货控制、运输、仓库管理、工厂和仓库的布局与选址、搬运装卸、采购、包装、情报信息。从物流的含义和活动内容说明物流管理的重要性和复杂性。

2. 物流从不同的角度分为很多种类，如宏观物流与微观物流、国际物流和区域物流、社会物流和企业物流等。本章着重介绍企业物流。

3. 企业物流是从企业角度研究与之有关的物流活动，是具体的、微观的物流活动的典型领域。它由企业供应物流、企业生产物流、企业销售物流、企业回收物流、企业废弃物物流几部分组成。

4. 从企业产品制造过程来看，首先，企业要进行供应物流管理，包括采购管理、供应管理、库存管理、仓储管理等环节。企业供应物流不仅要保证供应的目标，而且要以最低成本、最少消耗、最大保证组织供应物流活动。

其次，企业要进行生产物流的管理，它主要是对物料消耗定额的构成及制定进行科学的管理。生产物流是制造产品的企业所特有的，它需要与生产流程同步。原材料及半成品等按照工艺流程在各个加工点之间不停地移动、流转，形成了生产物流。因此，生产物流合理化对工厂的生产秩序和生产成本有很大的影响。

最后，企业要对销售物流进行管理，主要是对企业销售物流合理化的管理。企业销售物流是生产企业赖以生存和发展的条件，又是企业本身必须从事的重要活动，它是连接生产企业和消费者的桥梁。销售物流的好坏直接关系到企业利润的高低。

思考与练习

一、填空题

1. 物流是指利用现代信息技术和设备，将物品从_____向_____的实体流动过程。

2. 场所价值又称地点价值或空间价值，是物质资料从供给者到需求者之间有一段_____，供给者和需求者之间往往处于不同的场所，因改变物质资料的不同场所而创造的价值。

3. 定量库存控制法，是以_____和_____为基础的一种库存控制方法。

二、选择题

1. 常用的物料消耗定额制定方法是（ ）。

A. 技术分析法　　　　B. 统计分析法　　　　C. 经验判定法　　　　D. 实际测定法

2. 物流的时间价值是指（　　　）。

A. 缩短时间创造价值

B. 弥补时间差创造价值

C. 延长时间差创造价值

3. 销售物流合理化的形式有（　　　）。

A. 大量化　　　　　　B. 计划化　　　　　　C. 标准化　　　　　　D. 差别化

三、判断题

1. 物流是发展企业的重要支撑力量，但与企业的质量无关。　　　　　　　　（　　）

2. 物料储备定额是企业编制物料供应计划和组织采购订货的重要依据。　　（　　）

3. 生产者—零售商或批发商—消费者，销售渠道最长。　　　　　　　　　　（　　）

四、名词解释

1. 物流管理

2. 成品储存

3. 企业销售物流

五、简答题

1. 销售物流的组织包括哪几个方面？

2. 简述配送方案的费用分析。

工作导向标

杨阳的管库工作

杨阳物流管理专业毕业半年后，在一家企业做库管员。他的日常工作如下所述：

1. 生产领料

他严格根据车间开出的领料单发货，并要求领料人员签字。领料单一式三联：存根联、仓库联和物管联。

2. 货物出库

货物出库时他必须做到未经审单不备货、未经复核不出库；在发货时，要核实凭证、核对账卡、核对实物；对单据和实物要进行品名、规格、包装、件数、重量5个方面的检查。

货物出库具体流程如下：

第一步，验单。他审核货物出库凭证，审核货物提货单或调配单内容，特别注意是否有被涂改过的痕迹。

第二步，登账。对审核无误的出库货物，他需按凭证所列项目进行登记，核销存储量，并在发货凭证上标注发货货物存放的货区、库房、货位编号及发货后的结余数等；同时，转开货物出库单，连同货主开制的商品提货单一并交仓库保管员查对配货。

第三步，配货。他对出库凭证进行复核，在确认无误后，按所列项目和标注配货。配货时应按"先进先出"、"易坏先出"、"已坏不出"的原则进行。

第四步，包装。在货物出库时，他需要对货物进行拼装、加固或换装。

思考题：请调查一家工厂，写出该工厂的仓库保管员的日常工作职责。

经 典 案 例

沃尔玛的配送方式

沃尔玛公司共有六种形式的配送中心：一种是"干货"配送中心，主要用于生鲜食品以外的日用商品进货、分装、储存和配送，该公司目前这种形式的配送中心数量最多。第二种是食品配送中心，包括不易变质的饮料等食品，以及易变质的生鲜食品等，需要有专门的冷藏仓储和运输设施，直接送货到店。第三种是山姆会员店配送中心，这种业态批零结合，有三分之一的会员是小零售商，配送商品的内容和方式同其他业态不同，使用独立的配送中心。由于这种商店 1983 年才开始建立，数量不多，有些商店使用第三方配送中心的服务。考虑到第三方配送中心的服务费用较高，沃尔玛公司已决定在合同期满后，用自行建立的山姆会员店配送中心取代。第四种是服装配送中心，不直接送货到店，而是分送到其他配送中心。第五种是进口商品配送中心，为整个公司服务，主要作用是大量进口以降低进价，再根据要货情况送往其他配送中心。第六种是退货配送中心，接收店铺因各种原因退回的商品，其中一部分退给供应商，一部分送往折扣商店，一部分就地处理，其收益主要来自出售包装箱的收入和供应商支付的手续费。

从案例中，我们可以看出，沃尔玛的配送中心有六种，每种配送中心都是为适应它不同的商品或连锁店的需要而成立的。对于不同商品和连锁店严格区分配送方式，实行标准化管理，不仅大大提高了配送效率，还节约了采购成本，降低了管理和物流成本。这与我们提倡的连锁经营三种原理之一——物流体系管理标准原理不谋而合。

资料来源：http://www.56885.net

第七章　现代企业质量管理

> 质量是一种以最经济的手段，制造出市场上最有用的产品。一旦改进了产品质量，生产率就会自动提高。
>
> ——质量管理大师威廉·爱德华兹·戴明

【引导语】

汽车的质量涉及其全部，如发动机、底座、车身和电气设备等。忽略一个小环节、小部件，汽车的品质就大打折扣，汽车的质量管理就是如何使外形美观、色彩纯正、坐椅舒适、功能完善、功率强大等。汽车质量的好坏直接影响其销售。企业质量管理包括产品及产品服务，就是如何通过质量目标、质量控制、质量改进等六个环节的把握和控制来实现产品及其服务的优质。产品质量是企业的生命，可见企业质量管理的重要性。

【学习要点】

1. 了解质量及质量管理的概念。
2. 掌握 ISO9000 族质量管理体系标准、质量认证的作用及意义。
3. 认识全面质量管理的过程。
4. 把握质量管理中常用的统计方法等基本内容。

 引导案例

"德国制造"由劣到强

125 年前，"德国制造"的标牌是英国人故意贬低德国商品的主意，没想到造就了百年后掷地有声的质量品牌。

从"厚颜无耻"到"光荣之源"

"厚颜无耻"，这是 125 年前英国人给德国制造的产品扣上的帽子。1871 年德国实现统一后，当时世界市场几乎被列强瓜分完毕，在夹缝中求生的德国人不得不"不择手段"，仿造英、法、美等国的产品，并廉价销售，冲击市场。偷窃设计、复制产品、伪造制造厂商，德国产品因此被扣上那顶不光彩的帽子。1887 年 8 月 23 日，英国议会通过了侮辱性的商标法条款，规定所有从德国进口的产品都须注明"Made in Germany"，以此将劣质的德国货与优质的英国产品区分开来。

1887 年 8 月 23 日于是成了"德国制造"的诞生日。从 125 年前的那个日子后，德国人争气地让自己销售到世界各国的产品比当地货的口碑还要好。100 多年来，德国源源不断从中获益。任何一件"德国制造"产品"都像一块热气腾腾的蛋糕"，受到各国的欢迎。

《南德意志报》称，"德国制造"125年的历史就像一个童话。它也是德国在"二战"后崛起的密码，欧债危机中仍"一枝独秀"的答案"我们至少还在做东西"。

当美、英等西方国家纷纷把制造业向中国等发展中国家外包，自己转向来钱更容易的金融业时，德国仍将主要精力放在制造业产品质量与技术水平的提高上。正是这种制造业立国的发展战略，不仅让德国保持了较高的就业率，促进了德国科技创新能力的不断提高，也使得德国具备了抵御金融危机冲击的坚实产业基础。英国《每日电讯报》曾报道，当年英国首相布莱尔曾向德国总理默克尔询问德国经济成功的秘诀，默克尔回答说："我们至少还在做东西，布莱尔先生。"

除了对制造业的坚持外，"德国制造"长盛不衰还在于"质量"和"创新"。事实上，早在1876年美国费城世博会上德国产品被视为廉价的劣质品时，德国学者就开始呼吁工业界清醒过来，占领全球市场靠的不是廉价产品，而是质量。

德国大众公司一名工程师说："质量是设计、制造出来的，不是检验出来的。如果能关注每一个细节，就可以实现零缺陷的目标。"这样的"质量"意识甚至体现在德国家庭中。在德国，许多家庭主妇煮鸡蛋要用量具精确量出水的容量，下面条同样要用天平称面条的分量。美国《新闻周刊》曾在题为"众厂之厂"的文章中感叹："……'德国制造'之所以称霸世界，是因为德国人能把普通的金属敲打成震惊世界的科技奇迹。"

在欧盟企业研发投资排名中，前25位就有11家是德国公司。不少德国中小企业都有自己领先世界的技术。德国克拉斯集团是一家农业机械制造商。人们印象中这类机械傻大黑粗、没什么技术含量，但克拉斯集团生产的联合收割机由卫星和激光提供精确导航，实时的感应器可以测算每一平方米的产量，并且即时调整下个季节施用的种子和化肥量。尽管该收割机每台标价40万欧元，比其他国家的同类收割机价格高1/3，但从美国到澳大利亚的大农场主们仍趋之若鹜。德国伍尔特公司只生产螺丝、螺母，但产品的应用上至太空卫星下到儿童玩具，年销售额达到70多亿欧元。

资料来源：青木，纪双城等．环球时报．2012年8月31日

思考题：

1. 请分析"德国制造"由劣变强的秘诀是什么。
2. 德国企业在质量管理过程中最关注的问题是什么？
3. 此案例对中国企业有哪些启示？

第一节 质量及质量管理

美国著名的管理专家汤姆·彼得斯在其名著《乱中取胜——管理变革手册》中用"压倒一切的质量问题"、"长期被忽视的事实：质量等于利润"、"质量必须用客户的感觉来评价"等语句来描述对质量现状的诊断，并开出了他的处方：发动一场质量革命！

他说："一场质量革命意味着在吃饭、睡觉和休息时都念念不忘质量。"但是如果不是诚心诚意、全力以赴，即便口头上宣称"质量就是我们的一切"也无济于事；过不了一年半载，所谓"世界级质量"或"卓越绩效模式"就会演变成又一个例行公事式的"本年度计划"，变成一个徒有虚名的花架子。

他用几年的时间读遍了有关质量这个主题的文章，并仔细深入地研究了IBM、米利肯等公司的质量革命成果，总结出来世界级质量的特征。

①质量是从感情上的依恋开始的，没有"如果"、"那么"或"但是"可言。

②质量需要有一套思想体系或思想方法作为指导。

③质量是可以量化的。

④高质量应受到奖励。

⑤每个员工都应在技术上受到培训，以便评估质量。正如日本人所说：质量，始于培训，终于培训。

⑥质量革命是一场关注琐碎细节的战争。

⑦对于质量管理，人人都应发挥作用。尤其是供应商，销售商与客户同样必须是质量改进过程的一部分。

⑧质量上升会导致成本下降，改进质量是降低成本的关键所在。

⑨质量改进永无止境。每件产品或服务，每天都是相对地变好或变坏，但绝不会停滞不前。

一、质量概述

讨论质量问题，必须对质量的实体——产品有清晰的认识和把握，所以首先我们探讨产品的含义、分类等概念，才能更好地了解质量和质量管理的实质。

（一）产品

1. 产品的含义

产品是指能够提供给市场，被人们使用和消费，并能满足人们某种需求的任何东西。

ISO 9000：2000《质量管理体系基础和术语》中将产品定义为"一组将输入转化为输出的相互关联或相互作用的活动，即'过程'的结果"。在经济领域中，产品通常也可理解为组织制造的任何制品或制品的组合。在现代汉语词典当中，产品的解释为"生产出来的物品"。

产品的"整体概念"是人们向市场提供的能满足消费者或用户某种需求的任何有形物品和无形服务，包括有形的物品，无形的服务、组织、观念，或它们的组合。

2. 产品的层次

产品层次包括五个，即核心利益、形式产品、期望产品、延伸产品和潜在产品，如图7-1所示。

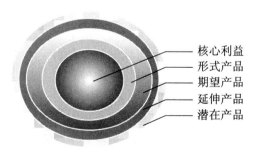

核心利益
形式产品
期望产品
延伸产品
潜在产品

图 7-1　产品层次示意图

核心利益即顾客真正购买的基本服务或利益。以产品——灯为例，可照明、装饰家居。形式产品即产品的基本形式，包括品质、式样、特征、商标及包装，如灯的外形，中式或欧式。期望产品即购买者在购买产品时期望得到的与产品密切相关的一整套属性和条件，如希望灯能节能、营造气氛。延伸产品即包括增加的服务和利益，如希望送货上门、免费安装。潜在产品即现有产品包括所有附加产品在内的、可能发展成为未来最终产品的潜在状态的产品，如可自动调节光亮、除味等。

五层次结构理论能完整地解释消费者选购和消费产品的全部心理过程，即如何从核心利益向潜在产品逐层扩展。

消费者选购和消费产品时，首先，必须有能够满足其自身需要的使用价值，即产品的核心利益；其次，才是寻求具备这些使用价值的实物形态，即形式产品；再次，在寻找和选购过程中，逐步形成了对该产品属性和功能的认知和心理要求，即期望产品。如果顾客对期望产品与实际的形式产品相比较，期望产品高于形式产品，消费者就会满意，反之会抱怨；此外，消费者在寻求和选购产品的过程中，还会发现产品还带有超出自身期望的附加利益，即延伸产品，消费者就会很高兴。最后，在购买并消费已选定产品时，还会发现具有购销双方未曾发现的效用和使用价值，即潜在产品，顾客此时就会惊喜。

 小贴士

受欢迎的"配对袜"

江苏某市有一家织袜厂生产的透明女长袜因做工精细、质量好，颇受顾客欢迎。一个偶然的机会，该厂厂长在商店听到一位女顾客说："透明袜太容易破了，一个夏天要穿破好几双，所以我买袜子都是成打买。"厂长听到这话，心里不由得一动：透明丝袜因为过于轻薄，所以容易破损，这不足为怪，但能不能想办法尽量地延长透明丝袜的使用寿命呢？解决好了这个问题，肯定会更受顾客欢迎。回到厂里后，厂长立即召集产品开发部、销售部有关人员开会，专门讨论这个问题。厂长从某些顾客成打买袜中受到启发，过去厂家售出的袜子都是成双的，能不能改成一双袜子配4只，规格一样，花色相同，破了一只再换上第3只，再破一只就换上第4只，这样就可避免一双袜子中如果破了其中一只整双就得扔掉。

"配对袜"一推出，首先受到本厂职工的欢迎，职工纷纷购买，投放市场一个多月，几万双"配对袜"一销而空。接下来，全国各地的客商都来订货，工厂开足马力生产也供不应求。

此案例看似销售策略问题，但实际是质量问题。该厂长是真正领悟了质量的内涵。厂长懂得产品有五个层次，每一层次都是消费者的需求递增。只有满足了消费者的需求，产品才能有市场。

资料来源：樊丽丽. 趣味管理案例集锦. 中国经济出版社

3. 产品分类

（1）服务

服务通常是无形的，是为满足顾客的需求，提供产品方和顾客之间在接触时的活动以及供方内部活动所产生的结果，并且是在供方和顾客接触上至少需要完成一项活动的结果，如医疗、运输、咨询、金融贸易、旅游、教育等。

服务的提供可涉及：为顾客提供的有形产品上所完成的活动，如维修的汽车、电器等；为顾客提供的无形产品上所完成的活动，如为准备税款申报书所需的文件、表格等；服务特性包括安全性、保密性、环境舒适性、信用、文明礼貌、等待时间等。

（2）软件

软件由信息组成，是通过支持媒体表达的信息所构成的一种智力创作，通常是无形产品，并可以方法、记录或程序的形式存在，如计算机程序、字典、信息记录等。

（3）硬件

硬件通常是有形产品，是不连续的具有特定形状的产品。如电视机、元器件、建筑物、机械零部件等，其量具有计数的特性，往往用计数特性描述。

（4）流程性材料

流程性材料通常是有形产品，是将原材料转化成某一特定状态的有形产品，其状态可能是流体、气体、粒状、带状。如润滑油、布匹，其量具有连续的特性，往往用计量特性描述。

一种产品可由两个或多个不同类别的产品构成，产品类别（服务、软件、硬件或流程性材料）的区分取决于其主导成分。例如，外供产品"汽车"是由硬件（如轮胎）、流程性材料（如燃料、冷却液）、软件（如发动机控制软件、驾驶员手册）和服务（如销售人员所做的操作说明）所组成的。

质量保证主要关注预期的产品。该定义说明，产品是广义的概念，既可以是交付给顾客的最终产品，也可以是生产过程中的半成品和外购件。质量管理关注的是预期的产品。非预期的产品是指在生产预期产品的过程中，伴随产生的废液、废气、废料等物质，有可能造成环境的污染，不属于质量管理的范畴，它属于环境管理体系的范畴。

（二）质量

1. 质量的内涵

质量的内容十分丰富，随着社会经济和科学技术的发展，也在不断充实、完善和深化。同样，人们对质量概念的认识也经历了一个不断发展和深化的历史过程。有代表性的概念有以下几种。

（1）朱兰的定义

美国著名的质量管理专家朱兰博士从顾客的角度出发，提出了产品质量就是产品的适用性。就是说，产品在使用时能成功地满足用户需要就符合了质量。用户对产品的基本要求就是适用，适用性恰如其分地表达了质量的内涵。

这一定义有两个含义，一是使用要求。人们使用产品，对产品质量提出一定的要求，而这些要求往往受到使用时间、使用地点、使用对象、社会环境和市场竞争等因素的影响。这些因素变化会使人们对同一产品提出不同的质量要求。因此，质量不是一个固定不变的概念，它是动态的、变化的、发展的；它随着时间、地点、使用对象的不同而不同，随着社会的发展、技术的进步而不断更新和丰富。

二是用户对产品的满足程度，反映在对产品的性能、经济特性、服务特性、环境特性和心理特性等方面。因此，质量是一个综合的概念。它并不要求技术特性越高越好，而是追求诸如性能、成本、数量、交货期、服务等因素的最佳组合，即所谓的最适当。

朱兰提出了一个质量螺旋模型。所谓质量螺旋，是一条螺旋式上升的曲线，该曲线把各质量职能按照逻辑顺序串联起来，用以表征产品质量形成的整个过程及其规律性，通常称之为"朱兰质量螺旋"。

朱兰质量螺旋反映了产品质量形成的客观规律，是质量管理的理论基础，对于现代质量管理的发展具有重大意义。

他认为产品的质量形成过程包括市场研究，产品开发、设计，制定产品规格、工艺，采购，仪器仪表及设备装置，生产，工序控制，产品检验、测试，销售及服务等共 13 个环节。各个环节之间相互依存，相互联系，相互促进。

产品质量形成的过程是一个不断上升，不断提高的过程。为了满足人们不断发展的需要，产品质量要不断改进，不断提高，如图 7-2 所示。

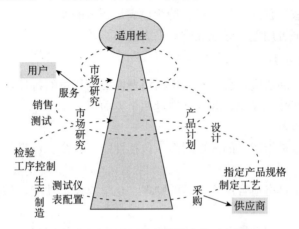

图 7-2 朱兰质量管理螺旋曲线示意图

（2）ISO8402"质量术语"定义

质量是反映实体满足明确或隐含需要能力的特性总和。

从定义可知，质量是一种客观事物具有某种能力的属性，客观事物只有具备了某种能力，才能满足人们的需要。需要分两个层次。第一层次是产品或服务必须满足规定或潜在的需要。它是动态的、变化的、发展的和相对的，它随时间、地点、使用对象和社会环境的变化而变化。它实质就是产品或服务的"适用性"。第二层次是在第一层次的前提下，质量是产品特征和特性的总和。因为需要必须转化成有指标的特征和特性，全部符合特征和特性要求的产品，就是满足用户需要的产品。因此，第二个层次实质上就是产品的符合性。

所以，企业除了要研究质量的"适用性"之外，还要研究"符合性"质量。

（3）ISO9000：2000"质量"定义

质量是一组固有特性满足要求的程度。

上述定义可以从以下几个方面来理解。

①它对质量的载体不做界定，说明质量可以存在于不同领域或任何事物中。对质量管理体系来说，质量的载体可以是产品，如硬件、流程性材料、软件和服务；也可以是过程和体系或它们的组合。也就是说，"质量"既可以是零部件、计算机软件或服务等产品的质量，也可以是某项活动或某个过程的工作质量，还可以是企业的信誉、体系的有效性。

②定义中的"特性"是指事物所特有的性质，是事物本来就有的，它是通过产品、过程或体系设计和开发后在实现过程中形成的属性。例如，物理方面的特性（如机械、电气等）、感官上的特性（如嗅觉、视觉等）、组织或行为特征（如诚实、正直）、时间特性

（如准时性、可靠性）等。

③"满足要求"是指应满足明示的、隐含的习惯性的或法律法规，或必须履行的需要和期望。只有全面满足这些要求，才能评定为好的质量或优秀的质量。

有些企业比较幸运，有非常明确的、发展比较稳定的顾客需求和期望，比如固定顾客的长期订单；有些企业面临的顾客需求和期望却是一直在改变的或是比较模糊的，比如服装商店每天面对的是不同的顾客，他们会带来眼花缭乱的并且不断变化的需求和期望。

④顾客对产品、体系或过程的质量要求是动态的、发展的和相对的，它将随着时间、地点、环境的变化而变化。所以，应定期对质量进行评审，按照变化的需要和期望，相应地改进产品、体系或过程的质量，确保持续地满足顾客的要求。

⑤"质量"一词可用差、好或优秀等来表示。

2. 产品质量的分类

产品质量是指产品适应社会生产和生活消费需要而具备的特性，它是产品使用价值的具体体现。它包括产品内在质量和外观质量两个方面。

（1）产品内在质量

产品的内在质量是指产品的内在属性，包括性能、寿命、可靠性、安全性、经济性五个方面。

产品性能指产品具有适合用户要求的物理、化学或技术性能，如强度、化学成分、纯度、功率、转速等。

产品寿命指产品在正常情况下的使用期限，如房屋的使用年限，电灯、电视机显像管的使用时数，闪光灯的闪光次数等。

产品可靠性指产品在规定的时间内和规定的条件下使用，不发生故障的特性，如电视机使用无故障，钟表的走时精确等。

产品安全性指产品在使用过程中对人身及环境的安全保障程度，如热水器的安全性，啤酒瓶的防爆性，电器产品的导电安全性等。

产品经济性指产品经济寿命周期内的总费用的多少，如空调器、冰箱等家电产品的耗电量，汽车每百公里的耗油量等。

（2）产品外观质量

产品的外观质量指产品的外部属性，包括产品的光洁度、造型、色泽、包装等，如自行车的造型、色彩、光洁度等。

产品的内在质量与外观质量特性比较，内在质量是主要的、基本的，只有在保证内在特性的前提下，外观质量才有意义。

3. 产品质量的特性

一般工业产品的质量特性大体分为以下 7 个方面：

①物质方面，如物理性能、化学成分等。

②操作运行方面，如操作是否方便，运转是否可靠、安全等。

③结构方面，如结构是否轻便，是否便于加工、维护保养和修理等。

④时间方面，如耐用性（使用寿命）、精度保持性、可靠性等。

⑤经济方面，如效率、制造成本、使用费用（油耗、电耗、煤耗）等。

⑥外观方面，如外形美观大方、包装质量优良等。

⑦心理、生理方面，如汽车座位的舒适程度，机器开动后的噪音大小等。

这些质量特性区分了不同产品的不同用途，满足了人们的不同需要。人们就是根据工业产品的这些特性满足社会和人们需要的程度，来衡量工业产品质量好坏优劣的。

对于工业产品的质量特性，有一些是可以直接定量的，如钢材的强度、化学成分、硬度、寿命等，它们反映的是这个工业产品的真正质量特性。但是，在大多数情况下，质量特性是难以定量的，如容易操作、轻便、舒适、美观大方等。这就要对产品进行综合的和个别的试验研究，确定某些技术参数，以间接反映产品的质量特性，国外称之为代用质量特性。

不论是直接定量的还是间接定量的质量特性，都应准确地反映社会和用户对产品质量特性的客观要求。把反映工业产品质量主要特性的技术经济参数明确规定下来，形成技术文件，这就是工业产品质量标准（或称技术标准）。

4. 产品质量标准

产品的质量表现为不同的特性，对这些特性的评价会因为人们掌握的尺度不同而有所差异。为了避免主观因素影响，在生产、检验以及评价产品质量时，需要有一个基本的依据、统一的尺度，这就是产品的质量标准。

产品的质量标准是根据产品生产的技术要求，将产品主要的内在质量和外观质量从数量上加以规定，即对一些主要的技术参数所作的统一规定。它是衡量产品质量高低的基本依据，也是企业生产产品的统一标准。

我国采用的产品质量标准有以下几种。

①国际标准，是指某些国际组织，如国际标准化组织（ISO）、国际电工委员会（IEC）等规定的质量标准，也可以是某些有较大影响力的公司规定的并被国际组织所承认的质量标准。积极采用国际标准或国外先进标准是我国当前的一项重要技术经济政策，但不能错误地把某些产品进口检验时取得的技术参数作为国际标准或国外先进标准，这些参数只是分析产品质量的参考资料。

②国家标准，是指在全国范围内统一使用的产品质量标准，主要针对某些重要产品而制定的。

③部颁标准（行业标准），是指在全国的某一行业内统一使用的产品质量标准。

④企业标准，是指企业自主制定，并经上级主管部门或标准局审批发布后使用的标准。一切正式批量生产的产品，凡是没有国家标准、部颁标准的，都必须制定企业标准。企业可以制定高于国家标准、部颁标准的产品质量标准，也可以直接采用国际标准、国外先进标准，但企业标准不得与国家标准、部颁标准相抵触。

把产品实际达到的质量水平与规定的质量标准进行比较，凡是符合或超过标准的产品称为合格品，不符合质量标准的称为不合格品。合格品中按其符合质量标准的程度不同，又分为一等品、二等品等。不合格品中包括次品和废品。

5. 质量定位

在开发、生产一个产品时，产品的质量控制在一个什么样的档次上，和产品定位有关，叫做质量定位。质量是产品的主要衡量标准，质量的好坏直接影响到企业的产品在市场上的竞争力。因此企业在研发、生产产品时，应该根据市场需求的实际状况确定产品的质量水平。在进行质量定位时，还应该考察质量的边际效益，即质量的边际投入和边际收益应相等。也就是花在质量提高上的最后一元钱要收到相同价值的收益。

一般的观点认为，产品质量越高越好，质量越高，价值就越高。但事实上，这种观点并不一定是正确的。质高的产品并不一定在市场上受欢迎，因为质高则价高。有许多消费者，他们希望购买质量稍次，但价格便宜的产品。日本电器质量高，但许多国人还是买中国电器，虽然国产电器质量低于日本电器，但价格便宜。

一方面，质量的衡量标准是很难量化的，即使通过某些质量标准，如 ISO 质量系列的认证，说明你的产品质量比其他企业的高，但在市场上，尤其消费者的认同并不一定与这些标准相符合，消费者对质量的认识往往有其个人的因素。

另一方面，市场上并不一定都需要高质量的产品。在许多区域市场，尤其是发展中国家市场，消费者往往更青睐于质量在一定档次上，但价格更便宜的产品。

 小贴士

此伞为何畅销？

台湾某企业通过调查发现，美国没有制伞工厂，也没有修伞工匠。这家企业同时发现，尽管美国人以车代步，但有时因交通不便，恰又遇上雨雪，走路时也需要雨伞，但美国人使用伞的频率比较低，所以对伞的质量等方面并无要求，用两三次就随便扔掉。这家企业根据这个特点，专门设计、生产一种适合美国雨伞市场要求的雨伞。他们尽量使用廉价材料，只要颜色、花样还可以就行，使生产成本降到最低。销往美国时，售价也很低，一把雨伞一般售两三美元，这种雨伞出来后，大受美国经销商的欢迎。投放美国市场后，证明的确非常符合美国人的消费特点。于是其他台湾制伞企业纷纷效仿，一时台湾劣质雨伞充斥美国市场，市场占有率达 60% 以上，年销售额达 2000 万美元以上。

作为企业的决策者，只有注重市场信息的积累，做好产品的质量定位，销售才有保障。

资料来源：樊丽丽．趣味管理案例集锦．中国经济出版社

6. 质量职能

质量职能是指产品质量产生、形成和实现过程中全部活动的总和。质量职能所包括的各项活动，既有在企业内各部门所进行的，也有在企业外部的供应商、顾客中所进行的。所有这些活动，都对产品质量起着或好或坏的影响。

质量职能不等同于质量职责，它们既有区别又有联系。质量职能是针对过程控制需要而提出来的质量活动属性与功能，是质量形成客观规律的反应，具有科学性和相对稳定性；质量职责则是为了实现质量职能，对部门、岗位与个人提出的具体质量工作分工，其任务通过责、权、利予以落实，因而具有人为的规定性。可以认为，质量职能是制定质量职责的依据，质量职责是落实质量职能的方式或手段。

根据质量职能概念，在产品质量产生、形成和实现过程中的各个环节，质量分布在企业的各个主要职能部门。质量管理所要解决的基本问题，就是要对分散在企业各部门的质量职能活动进行有效的计划、组织、协调、检查和监督，从而保证和提高产品质量。

质量职能包括以下几个环节：

①市场调查研究质量职能，就是进行市场调查，掌握用户需要；分析市场动态，掌握竞争形势；研究市场环境，进行市场预测。

②产品设计质量职能，就是把顾客的需要转化为材料、产品和过程的技术规范。

③采购质量职能，就是为产品质量提供一种"预警"的保证。

④生产制造质量职能，就是通过对生产过程中的操作者、机器设备、材料、方法、测量手段和环境等过程变量的控制，稳定而经济地生产出符合设计规定的质量标准的产品。

⑤检验的质量职能，是对产品质量的保证、报告、监督和预防。

⑥使用过程的质量职能，主要是积极开展售前和售后服务，收集使用现场的质量信息等。使用过程包括包装、运输、库存、销售、安装、使用以及售后服务等一系列活动。

正确认识质量职能的含义是认识并理解质量形成全过程及其规律性的必要前提。

二、质量管理

（一）质量管理的过程

质量与产品是合二为一的，产量再高，生产出一千个、一万个甚至一亿个产品，没有质量，一切都毫无意义。所以质量管理非常重要。

 小贴士

谁的幼崽最多？

在森林中，动物们围绕这样一个话题展开了强烈的争论：谁能在一胎中生的幼仔最多，谁就应该享受最高的荣誉，让所有的兽类都尊重它。但是意见不统一，争论激烈，难下定论。于是它们请来母狮子评理。这时有动物问狮子："你一胎能生几个呢？"母狮子微笑着回答："我每胎只生一个，但是每一个都是威猛无敌的狮子。"

百兽以数量作标准来衡量优劣高下，忽视了质量问题。当两者发生矛盾时，就应该遵循"宁缺毋滥"的原则。

在母狮子的眼中，"谁生得多，谁就光荣"的看法，显然是很可笑的。猪每胎能生十几个，数量肯定是有的，可是一个比一个不中用，一个比一个蠢，等于白白浪费，还不如仅仅生精致的一个。当然，数量多并不是什么坏事，只是要有一个前提，确保质量的情况下才会是多多益善。

在百兽之中，狮子是王，是动物界的一个品牌，百兽都敬重有加，它的一胎一个是建立在它的品质上的。质量是企业的生命线，只有企业产品质量过硬，才能叫得响，打得赢。

资料来源：王海民．十大管理哲理故事经典．海潮出版社

质量管理是指确定质量方针、目标和职责，并通过质量体系中的质量策划、质量控制、质量保证和质量改进来使其实现所有管理职能的全部活动。质量管理是以质量管理体系为载体，通过建立质量方针和质量目标，并为实施规定的质量目标进行质量策划，实施质量控制和质量保证，开展质量改进等活动予以实现的。企业在整个生产和经营过程中，需要对质量、计划、劳动、人事、设备、财务和环境等各个方面进行有序的管理。

质量管理是企业管理的重要组成部分，也是经营管理的核心内容，通常包括质量方

针、质量目标、质量策划、质量控制、质量保证和质量改进六个过程。质量改进后会有信息反馈，质量的方针随之调整。

1. 质量方针

质量方针是指由组织的最高管理者正式发布的该组织总的质量宗旨和质量方向。它体现组织在质量方面的追求，也反映产品的特点。

一家以建筑安装、房地产开发为主业，兼营建筑勘探、设计、装饰以及古建工程、设备安装、基础施工、市政和环保工程、建材生产、工业、商贸、饭店等为一体的多元化产业结构的大型建筑企业集团的质量方针是：用我们的智慧和信誉雕塑顾客满意的工程。

2. 质量策划

质量策划是质量管理的一部分，致力于制定质量目标并规定必要的运行过程和相关资源，以实现质量目标。编制质量计划是质量策划的一部分。质量策划的目的在于制定并采取措施实现质量目标，为此应规定必要的运行过程，包括产品的实现过程和产品的支持过程，以及运行这些进程涉及的相关资源。所以质量策划是一种活动，质量的结果最终形成文件，可以是质量计划等。

例如，某旅游公司开发出一条旅游线路，那么针对这条线路进行策划时，应包括其质量要求，需要哪些活动、资源、文件等。

3. 质量目标

质量目标是指企业在质量方面所追求的目的。质量目标可以包括产品质量目标和与产品有关的质量目标。这些与产品有关的质量目标包括产品的设计、材料的采购、设备管理、生产过程、安装、售后服务、人员管理等方面的目标。

例如电脑产品，它的屏幕清晰、容量大、键盘功能灵活齐全等就是产品的质量目标，而上门安装与调试、保养与维修、所提供的运行软件就是与产品有关的质量目标。

质量目标应与质量方针相一致。

4. 质量控制

质量控制是指为达到质量要求，对企业技术作业与相关活动所采取的控制。质量控制的方法包括检查、监控。比如，对生产过程进行质量检验，对过程的影响因素进行监控、分析、调整等。

质量控制贯穿于产品形成的全过程，对产品形成全过程的所有环节和阶段中有关质量的作业技术和活动都进行监督与控制。例如一家饺子食品厂，它的质量控制工作从所使用的原材料——猪、牛的喂养开始，到生产、加工、包装、运输等进行全过程的监督与控制。

5. 质量保证

质量保证是指为使用户确信某实体能满足质量要求，而在质量体系中实施并根据需要进行证实的全部有计划、有系统的活动。

质量保证分内部质量保证和外部质量保证。内部质量保证的目的是取得企业领导的信任。外部质量保证是在合同环境中，供方取信于需方的一种手段。实际上，质量保证的内容绝非单纯的保证质量，更重要的是要通过对那些影响质量的质量体系要素进行一系列有计划、有组织的评价活动，为取得企业领导和需方的信任而提出充分、可靠的证据。

当然，质量保证是以质量控制为基础的，没有质量控制，就谈不上质量保证。

6. 质量改进

质量改进为向本组织及其顾客提供增值效益，在整个组织范围内所采取的提高活动和过程的效果与效率的措施。质量改进是指消除系统性的问题，对现有的质量水平在控制的基础上加以提高，使质量达到一个新水平、新高度。

7. 质量管理体系

质量管理体系（Quality Management System，QMS）是企业内部建立的、为保证产品质量或质量目标所必需的、系统的质量活动。它根据企业特点选用若干体系要素加以组合，加强从设计研制到生产、检验、销售、使用全过程的质量管理活动，并使之制度化、标准化，成为企业内部质量工作的要求和活动程序。质量管理体系在现代企业管理中广泛采用，其最新版本的标准是 ISO9001：2008，是企业普遍采用的质量管理体系。

如图 7-3 所示，正方形表示企业的全部质量管理工作。开展质量管理，先应制定质量方针，同时进行质量策划、设计，并建立一个科学、有效的质量管理体系。要建立质量管理体系，应设置质量管理组织机构，明确其职责权限，然后开展质量控制和内部质量保证活动。

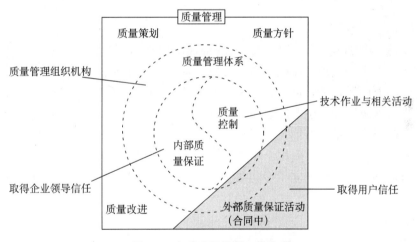

图 7-3 企业质量管理工作内容

二者之间用虚"S"形分开，说明这两种活动是很难明显区分开来的。阴影部分表示外部质量保证活动，它仅在合同上或法规中有质量保证要求时才发生。这种外部质量保证活动的开展，是为了取得用户的信任。阴影部分覆盖在方形上，形象地说明外部质量保证只能建立在企业内部质量管理基础上，也就是说，质量保证体系应建立在质量管理体系基础上。离开质量管理和质量控制，根本谈不上质量保证；离开质量管理体系，也就不可能建立质量保证体系。

通过质量控制和质量保证活动，发现质量工作中的薄弱环节和存在的问题，再采取针对性的质量改进措施，进入新一轮的质量管理 PDCA 循环，以不断获得质量管理的成效。

任何组织都需要管理。质量管理是在质量方面指挥和控制组织的协调活动，通常包括制定质量方针、目标以及质量策划、质量控制、质量保证和质量改进等活动。实现质量管理的方针目标，有效地开展各项质量管理活动，必须建立相应的管理体系，这个体系就叫质量管理体系。

（二）质量管理的发展阶段

质量管理的发展与人们的观念、现代社会科学技术的发展是密不可分的。由于人们的认识不断提高，现代技术、设备、方法为质量管理提供了物质保证，使质量管理从质量检验、统计质量控制发展到较为完善的全面质量管理阶段。

1. 质量检验阶段

20 世纪前，产品质量主要依靠操作者本人的技艺水平和经验来保证，属于"操作者的质量管理"。20 世纪初，以 F. W. 泰勒为代表的科学管理理论的产生，促使产品的质量检验从加工制造中分离出来，质量管理的职能由操作者转移给工长，是"工长的质量管理"。随着企业生产规模的扩大和产品复杂程度的提高，产品有了技术标准（技术条件），公差制度也日趋完善，各种检验工具和检验技术随之发展，大多数企业开始设置检验部门，有的直属于厂长领导，这时是"检验员的质量管理"。上述几种做法都属于事后检验的质量管理方式。

美国质量管理大师威廉·戴明博士认为："产品质量是生产出来的，不是检验出来的"。

2. 统计质量控制阶段

1924 年，美国数理统计学家 W. A. 休哈特提出控制和预防缺陷的概念。他运用数理统计的原理提出在生产过程中控制产品质量的"6σ"法，绘制出第一张控制图并建立了一套统计卡片。与此同时，美国贝尔研究所提出关于抽样检验的概念及其实施方案，成为运用数理统计理论解决质量问题的先驱，但当时并未被普遍接受。以数理统计理论为基础的统计质量控制的推广应用始自第二次世界大战。由于事后检验无法控制武器弹药的质量，美国国防部决定把数理统计法应用于质量管理，并由标准协会制定有关数理统计方法应用于质量管理方面的规划，还成立了专门委员会，于 1941—1942 年先后公布一批美国战时的质量管理标准。

 小贴士

6 西格玛

6 西格玛又称：六式码、六标准差、6σ、6Sigma，不能使用大写的 Σ。西格玛（Σ，σ）是希腊文的字母，在统计学中称为标准差，用来表示数据的分散程度。

其含义引申后指：一般企业的瑕疵率大约是 3~4 个西格玛，以 4 西格玛而言，相当于每一百万个机会里，有 6210 次误差。如果企业达到 6 西格玛，就几近完美地达成顾客要求，在一百万个机会里，只有 3.4 个瑕疵。

为达到 6 西格玛的质量性能，需要一组专门的质量改进方法和统计工具。将这些方法和工具教给一小群称为"6 西格玛黑带"的人，他们全职负责定义、测量、分析、改进和控制过程质量。"黑带"领导跨职能的员工团队（每个人称为"6 西格玛绿带"）来实现过程质量的突破。

6 西格玛精英团队确保质量改进项目的重点放在对公司长期的成长最有影响的流程上，还通过清除遇到的组织中的障碍来促进改进流程。

3. 全面质量管理阶段

20 世纪 50 年代以来，随着生产力的迅速发展，科学技术日新月异，人们对产品质量的要求从注重产品的一般性能发展为注重产品的耐用性、可靠性、安全性、维修性和经济性等。在生产技术和企业管理中要求运用系统的观点来研究质量问题。在管理理论上也有新的发展，突出重视人的因素，强调依靠企业全体人员的努力来保证质量。

此外，由于"保护消费者利益"运动的兴起，企业之间的市场竞争越来越激烈。在这种情况下，美国 A.V. 费根鲍姆于 20 世纪 60 年代初提出全面质量管理的概念。他提出，全面质量管理是"为了能够在最经济的水平上，考虑到充分满足顾客要求的条件下进行生产和提供服务，并把企业各部门在研制质量、维持质量和提高质量方面的活动构成一体的一种有效体系"。

中国自 1978 年开始推行全面质量管理，并取得了一定成效。

4. 后全面质量管理阶段

严格地讲，后全面质量管理阶段也属于全面质量管理阶段。从 20 世纪 80 年代开始，也就是全面质量管理从 TQC 发展到 TQM 的同时，产生了第一部管理的国际标准——ISO9000 族标准；90 年代又掀起了"6σ"管理高潮，并且在许多国家得到关注。前者将质量管理形成标准，努力使对质量管理活动的评判有一把国际统一的"尺"；后者将质量进一步量化到统计概念上，追求质量管理的完美无缺。

质量管理的发展与工业生产技术和管理科学的发展密切相关。现代质量对社会性、经济性和系统性三方面有了深刻的认识。

质量的社会性是指质量的好坏不仅从直接的用户，而且从整个社会的角度来评价，尤其关系到生产安全、环境污染、生态平衡等问题时更是如此。

质量经济性是指质量不仅从某些技术指标来考虑，还从制造成本、价格、使用价值和消耗等几方面来综合评价。在确定质量水平或目标时，不能脱离社会的条件和需要，不能单纯追求技术上的先进性，还应考虑使用上的经济合理性，使质量和价格达到合理的平衡。

质量系统性是指质量是一个受到设计、制造、使用等因素影响的复杂系统。例如，汽车是一个复杂的机械系统，又是涉及道路、司机、乘客、货物、交通制度等的使用系统。产品的质量应该达到多维评价的目标。费根鲍姆认为，质量系统是指具有确定质量标准的产品和为交付使用所必需的管理上和技术上的步骤的网络。

质量管理发展到全面质量管理，是质量管理工作的又一个大的进步。统计质量管理着重于应用统计方法控制生产过程质量，发挥预防性管理作用，从而保证产品质量。然而，产品质量的形成过程不仅与生产过程有关，还与其他许多过程、许多环节和因素相关联，这不是单纯依靠统计质量管理所能解决的。全面质量管理相对更加适应现代化大生产对质量管理整体性、综合性的客观要求，从过去限于局部性的管理进一步走向全面性、系统性的管理。

三、质量经济分析与质量成本

（一）质量经济性分析概述

1. 质量经济性分析含义

质量经济性分析是指通过产品的质量、成本、利润之间关系的分析，研究在不同经营条件下经济的质量，以求得企业和社会最佳经济效益的方法，常常被简称为"质量经济分析"。

质量经济性是消费者获得质量所耗费资源的价值量的度量。在质量相同的情况下，耗费资源的价值量越小，其经济性就越好，反之就越差。

质量经济性的概念有广义和狭义之分。

（1）广义的质量经济性

广义的质量经济性是指用户获得质量所耗费的全部费用，包括质量在形成过程中资源耗费的价值量和在使用过程中耗费的价值量。

（2）狭义的质量经济性

狭义的质量经济性是指质量在形成过程中所耗费的资源的价值量，主要是产品的设计成本和制造成本及应该分摊的期间费用。

因此，可以用单位产品成本和分摊的期间费用之和来反映企业某种产品的狭义的质量经济性，而用价值工程中的（单位产品）寿命周期成本来反映广义的质量经济性。

质量问题实际上是一个经济问题。质量就是指品质，汉字的"品質"一词为我们现在说文解字提供了佐证。質，上半部两个斤，意味着"斤斤计较"；下部"貝"，通解为"钱"。也就是说，质量对企业和顾客而言，都在"钱"即经济性上"斤斤计较"。

质量经济性应从利益和成本两方面考虑。就利益来说，对顾客而言，必须考虑减少费用，改进适用性，提高满意度和忠诚度；对企业而言，必须考虑安全性、购置费、运行费、保养费、等待损失和修理费以及可能的处置费用。就成本来讲，对顾客而言，必须考虑安全性、购置费、运行费、保养费、停机损失和修理费以及可能的处置费用；对企业而言，必须考虑由识别顾客需要和设计中的缺陷，包括不满意的产品返工、返修、更换、重新加工、生产损失、担保和现场修理等发生的费用，承担产品责任和索赔风险等。

2. 质量经济性分析的内容

质量的经济性不仅局限于质量成本，还应包括由于质量水平提高或降低带来的收益或损失，和由高质量或低质量带来的商誉无形资产的提高或降低。这些都应属于质量的经济性范畴。

总的来说，质量经济性大体可分为质量成本分析、质量损失分析、质量投资分析、基于过程质量参数最优化的质量经济性分析和寿命周期成本分析。这些理论主要是围绕质量成本、质量损失、质量效益以及产品实现各阶段质量参数的最优化，都是从经济角度考虑质量问题，以货币语言引起企业管理者对质量问题的重视，从而为质量决策提供更加有力的支持。

3. 质量经济性分析的作用

质量经济性分析以用户和社会需求的质量为出发点，从经济的角度分析质量问题，围绕产品的适用性和经济性，寻求质、本、利的最佳组合，以提高企业经济效益。其作用主要如下：

（1）促进企业生产更好地贴近市场与顾客

质量经济性分析可以促使企业更加贴近市场与顾客，使企业能更好地把握市场、顾客和社会的需求来组织生产，确定产品档次、价格和质量水平，提高经济效益。

（2）有利于企业保持质量与效益、质量与经济的相对平衡

质量经济性分析通过评价企业经营运作的各个环节质量、过程质量、总体结果质量和经济效果，促使企业正确处理质量与市场竞争、质量与效益、质量供给与需求、质量与生产成本等之间的关系，科学地选择质量水平和投入费用的最佳方案与决策。

（3）有利于企业资源的整合与利用

通过质量分析，扩大企业经济活动分析的范围，能促进企业充分利用各种资源，不断改善经营管理，提高企业管理水平，使企业以尽量少的投入，提供用户需要的适用性产品，从而提高企业产品的竞争能力。

总之，质量经济性分析追求的是以低的投入、低的成本获取满意的质量和尽可能大的利润。

（二）质量成本

质量成本是指企业为了保证和提高产品或服务质量而支出的一切费用，以及因未达到产品质量标准，不能满足用户和消费者需求而产生的一切损失。

质量成本是人们在企业质量管理的实践中逐步形成和发展起来的。20世纪50年代初，美国质量管理专家费根鲍姆把产品质量预防和鉴定活动的费用同产品不符合要求所造成的损失一起考虑，首次提出了质量成本的概念。

继费根鲍姆之后，朱兰等美国质量管理专家又相继提出"矿中黄金"和"水中冰山"等有关质量成本的理念。认为废品损失就像亟待开采的"金矿"，只要管理得当，降低废品费用，就如同从金矿中开采出黄金，指出了质量成本分析的重要性。今天，人们已经明白，良好的产品和服务质量与低成本并不相互矛盾。此后，很快在发达国家开始了质量成本管理活动。

质量成本是为确保和保证满意的质量而导致的费用，以及没有获得满意的质量而导致的有形的和无形的损失。某些损失，如信誉损失等，难以定量，但很重要。

质量成本由两部分构成，一是为达到产品既定的质量标准而支出的费用；二是由于质量低劣而造成的经济损失。前者称为质量控制成本，包括鉴定成本和预防成本；后者称为质量损失成本，包括内外部损失成本，如图7-4所示。

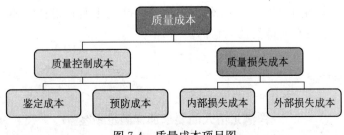

图7-4　质量成本项目图

1. 鉴定成本

鉴定成本是按照质量标准对产品质量进行测试、评定和检验所发生的各项费用，是在结果产生之后，为了评估结果是否满足要求进行测试活动而产生的成本，包括部门行政费、材料工序成品检验费、检测设备维修费和折旧费等。

2. 预防成本

预防成本是为减少质量损失和检验费用而发生的各种费用，是在结果产生之前为了达到质量要求而进行的一些活动的成本。它包括质量管理活动费和行政费、质量改进措施费、质量教育培训费、新产品评审费、质量情报费、工序控制费、产品评审费及技术成果推广费等。

3. 内部损失成本

内部损失成本是指产品出厂前的废次品损失、返修费用、停工损失和复检费等，主要包括废品损失费、返修损失费、产品降级损失费、停工损失费、事故分析处理费等。

4. 外部损失成本

外部损失成本是指产品出厂后，因未满足规定的质量标准而导致索赔、修理、更换及信誉损失所支付的费用，主要包括索赔费、退货损失费、维修费、诉讼费等。

外部损失成本是在产品出售后由于质量问题而造成的各种损失。企业生产的产品或提供的服务在到达消费者手中后才发现有质量问题，就会导致外部损失成本的增加。

一个消费者发现了一件不合格产品或一次不合格的服务，可能会给企业带来诸多影响。最明显的影响是企业可能会由此而丢失一部分市场份额，因为不利于企业的信息可能会从这个消费者口中传播开来。这个不满的消费者会将企业的产品或服务有质量问题的信息告诉他的朋友，这些朋友又可能会告诉其他更多的人。如果情况严重的话，也许传播媒体上会有不利于企业的报道出现。这对企业今后的影响是无法估计的。

在实际管理中，在诸多的质量成本项目中，只有显而易见的项目才被考虑。正如冰山浮出水面的只是其中一角。如浪费、报废、返工/返修、测试和检验成本（分析不合格原因）、顾客投诉、退货等，其总额约占总成本的 5%～10%，占销售额的 4%～5%。冰山下面的才是其中的大部分，约占营运成本的 15%～20%，包括加班过多、上门服务支出过多、文件延迟、对现状缺少跟踪、报价或结账错误、未正确完成销售订单、不必要的快递、人员流动过于频繁、顾客赔偿备用金（保险）等等。这些成本大多并未直接计入损益表或资产负债表。这些真正"隐藏"的成本称为劣质成本。

随着对劣质成本的知识不断提高，人们逐渐发现，质量相关的成本较财务报表所透露的数字高（约占销售额的 20%～40%）；质量成本不仅发生在产品实现过程，同样发生在支持过程；不仅产品制造或服务部门有，其他辅助部门也有；这些成本大多是可以避免的，但在一般企业里没有人负责消灭它们。

▨ 课堂案例讨论

像满足情人的要求那样满足顾客

一天，一位顾客接到了来自克罗格公司一家杂货公司的电话："您可以到我们公司来挑选您中意的商品了。"

那位顾客说："谢谢，我经常到贵公司去买东西，你们最近又有什么新的好东西吗？"

"非常感谢您对我们公司的关心。您的建议被公司采纳了，所以我们告诉您，您可以到我们公司来免费选购您提出合理化意见的商品……"

原来，克罗格公司在所有现金出纳机旁安装了顾客"投票箱"。顾客可以把自己对克罗格公司的意见和建议投入箱中，如需要哪种商品、哪种商品应如何改进、需要什么专项服务等等，并在每一张"票"上留下姓名和联系地址，一旦建议被采纳，可以终生免费在克罗格公司的商店里享受该种服务或购买该种商品，还可以获得公司赠与的优惠折扣消费卡，购买任何商品都享受减价优待。

"投票箱"深受顾客欢迎，提建议者络绎不绝。克罗格公司根据顾客的建议对症下药，使公司每一种新上市的商品一炮打响，公司的经营覆盖区域扩大到得克萨斯、明尼苏达和加利福尼亚，1952年的销售额突破10亿美元大关。

克罗格的总裁曾经对员工说："如果我们要生存得更好，就只有像满足情人的要求那样满足顾客。"

进入20世纪80年代以后，克罗格公司把发展方向转到"一次停车"型的超大超级商场上。这种商场的经营品种达到了包罗万象的程度，不仅从事零售业，还经营美容沙龙、金融服务、快餐店、加油站等，使顾客只需停车一次，就可以购齐全部商品、获得所需的各种服务。

商业零售业中一个很重要的理念就是"顾客就是上帝"。把"上帝"放在嘴边容易，放在心上难。克罗格公司做到了，因为顾客就是公司的情人。克罗格公司像满足情人的要求那样满足顾客，而且一百多年如一日，从不嫌麻烦。这样的公司想不财源滚滚来都难。

资料来源：中世. 让狗吐出骨头. 西苑出版社

讨论题：

1. 结合质量的定义，你认为克罗格公司的经营理念与之有哪些契合点？
2. 就此案例，请你谈谈对质量内涵的理解。

第二节 ISO9000族质量管理体系标准

一、ISO9000族标准的产生和发展

ISO9000族标准是国际标准化组织（ISO）质量管理和质量保证技术委员会（TC176）负责制定的一系列质量管理和质量保证标准。ISO是国际标准化组织（International Organization for Standardization）的简称，它成立于1947年2月23日，是世界上最大的非政府性国际标准化组织。ISO9000族标准是国际标准化组织于1987年制定，后经不断修改完善而成的系列标准。现已有90多个国家和地区将此标准等同转化为国家标准。该标准族可帮助组织实施并有效运行质量管理体系，是质量管理体系通用的要求或指南。它不受具体的行业或经济部门限制，广泛适用于各种类型和规模的组织，可在国内和国际贸易中促进相互理解。

ISO9000是由西方的品质保证活动发展起来的。"二战"期间，因战争扩大，武器需

求量急剧膨胀，美国军火商因当时的武器制造工厂规模、技术、人员的限制，无法满足战争的需求。美国国防部为此面临千方百计扩大武器生产量，又要保证质量的现实问题。当时的大多数企业由工头一人凭经验完成质量管理，指挥生产。管理的人数很有限，产量当然有限，与战争需求量相距很远。于是，国防部组织大型企业的技术人员编写技术标准文件，开设培训班，对来自其他相关机械工厂的员工（如五金、工具、铸造工厂）进行大量训练，使其能在很短的时间内学会识别工艺图及工艺规则，掌握武器制造所需关键技术，将"专用技术"迅速"复制"到其他机械工厂，从而奇迹般地有效解决了战争难题。

质量管理标准是对质量管理经验的高度总结。ISO 从 1979 年成立质量管理和质量保证技术文员会（简称 ISO/TC 176），负责质量管理和质量保证标准的制定。目前已发行的质量管理标准的版本包括 87 版、94 版、2000 版、2008 版，代号为 ISO9000。

质量管理标准的转化可以等同、等效采用，我国 1992 年等同转化了 ISO9000 质量管理系列标准。标准代号记作 GB/T 19000。

二、ISO9000 族标准质量管理原则

八项质量管理原则是 ISO/TC176 在总结质量管理实践经验，并吸纳了国际上最受尊敬的一批质量管理专家的意见，用高度概括、易于理解的语言所表达的质量管理的最基本、最通用的一般性规律，已成为质量管理的理论基础。它是组织的领导者有效地实施质量管理工作必须遵循的原则。

1. 以顾客为关注焦点

组织依赖于顾客，因此，组织应该理解顾客当前的和未来的需求，从而满足顾客要求并超越其期望。ISO9000 族标准鼓励在建立、实施质量管理体系及改进其有效性时采用过程方法，通过不断满足顾客的要求和期望，努力增强顾客的满意程度。坚持①客户永远是对的；②如果客户不对，则执行①。

2. 领导作用

领导者将本组织的宗旨、方向和内部环境统一起来，并创造使员工能够充分参与实现组织目标的环境。80％的质量问题与管理有关，20％与员工有关。

3. 全员参与

从总经理到基层员工的各级员工是组织生存和发展之本，只有使其充分参与，才能给组织带来最佳效益。

4. 过程方法

质量管理工作不仅需要有优秀的管理者和员工，还需要科学的过程方法。过程方法就是将与质量管理相关的活动和资源作为过程管理，以便更高效地取得预期结果。

5. 管理的系统方法

针对设定的目标，识别、理解并管理一个由相互关联的过程所组成的体系，有助于提高组织的有效性和效率。例如，现代化的城市交通管理，就是采用由制度、标识、设备、人员等组成的系统管理来实现的。

6. 持续改进

持续改进是企业对于质量管理的基本态度，也是企业的一个永恒发展的目标。持续改

进的目的是增强企业满足客户要求的能力。持续改进的方法包括：分析问题、确定问题原因、制定改进措施、实施和验证改进措施。它借助于 PDCA 循环。

7. 基于事实的决策方法

针对数据和信息的逻辑分析或判断是有效决策的基础，用数据和事实说话。数据来自社会定性或定量的记录、文字、数字、符号，数据分析则是在此基础上加以归纳并寻找规律和结论。

8. 互利的供方关系

通过互利的关系，增强组织及其供方创造价值的能力。企业与供方是一种双赢关系，两者之间相互依存、互利的关系可以给双方带来利益。

在现代企业管理中，为了提高效率和降低成本，企业有时会采取外包的方式。外包单位就成了企业的供方。例如，一些小型企业将人员招聘、培训外包给专业信息咨询公司，那么信息咨询公司有了业务，企业也提高了效率，降低了成本。

 课堂案例讨论

光明乳业总裁：中国生奶标准几乎是全世界最差的

2011 年 7 月 3 日消息，针对近期中国奶业标准引发公众争议一事，光明乳业总裁郭本恒今日对媒体采访做出回应，中国生奶标准几乎是全世界最差的。这是全国奶业企业首次回应奶业标准争议问题，并首次证实中国生奶标准几乎全球最差。

此前，广州市奶业协会理事长王丁棉指出，中国乳业新标准是全球最差的牛奶标准，主要体现在"细菌总数"和"蛋白质含量"两项指标。2010 年以前，我国生乳收购标准是每毫升细菌总数不超过 50 万个，蛋白质含量最低每百克含 2.95 克。而 2010 年新修订的标准，将每毫升细菌限量总数提高到 200 万个，蛋白质最低含量下调至 2.8 克。新标准中蛋白质含量远低于发达国家 3.0 克以上的标准；而菌落总数放宽 3 倍后，是美国、欧盟（10 万个）标准的 20 倍。这一标准堪称"世界最低，全球最差"。

郭本恒对此表示认同，同时指出，中国生奶标准还有很多不够格的地方。他说，除了每毫升细菌总数、蛋白质含量，国际奶业标准还要求检测生奶中的抗生素、亚硝酸盐含量等指标，"但国内对此甚至都不做要求"。

而这样的奶业标准会导致怎样的结果呢？郭本恒直言不讳，"用这样一个相对比较低的标准能不能生产出一个非常高级的产品呢？其实是做不到的。垃圾生产出来的就是垃圾"。

记者追问，如何解决这一问题。郭本恒解释说，消费者在企业面前，在行业知识方面其实是很弱势的，"包括我，我其实已经读到博士，如果我去买电器，我对电器的知识可能也是小学生"。在这样一个情况下，郭本恒建议围绕企业自律、社会诚信、政府监管、改变奶农饲养标准等方面做文章。

在郭本恒看来，企业自律、社会诚信、政府监管是一个长期建设的过程。现阶段，最重要的是改变奶农饲养标准。

追问郭本恒为何有这样的判断？他反问，在三聚氰胺事件爆发之前，光明乳业等上海乳企收生奶时，也没有针对三聚氰胺进行专项检测。为什么上海乳企没有三聚氰胺？

郭本恒说，就是因为上海有 6 万头牛，113 个牧场，每家养殖规模在 500 头到 600 头，都是规模化经营。因此，育种体系、营养配餐体系相当完备，"从源头上避免了三聚氰胺"。

郭本恒认为，国家奶业标准太低，不止是在伤害消费者，也是在害农民。"因为中国乳业加工水平在世界上是领先的，现在生奶不过关，伤害整个中国乳业的国际竞争力"。

"我感觉，我们国家方法有问题，一定要从源头抓，而不是抓流动环节，抓生产环节，只有把生产的源头抓起来，中国的食品工业绝对会保证它的安全。"郭本恒说。

资料来源：南方日报．http：//biz．cn．yahoo．com/ypen/20110704/449002．html．2011-07-04

讨论题：

1. 质量标准是固定不变的吗？
2. 中国的质量标准有哪些分类？
3. 结合此案例，谈谈中国质量标准存在哪些问题。

第三节　质量认证

"认证"一词的英文原意是一种出具证明文件的行动。86 版 ISO9000 系列标准中对"认证"的定义是："由可以充分信任的第三方证实某一经鉴定的产品或服务符合特定标准或规范性文件的活动。"

举例来说，对第一方（供方或卖方）提供的产品或服务，第二方（需方或买方）无法判定其品质是否合格，而由第三方来判定。第三方既要对第一方负责，又要对第二方负责，不偏不倚，出具的证明要能获得双方的信任，这样的活动就叫做"认证"。

也就是说，第三方的认证活动必须公开、公正、公平，才能有效。这就要求第三方必须有绝对的权力和威信，必须独立于第一方和第二方之外，必须与第一方和第二方没有经济上的利益关系，或者有同等的利害关系，或者有维护双方权益的义务和责任，才能获得双方的充分信任。

实行产品质量认证是保证产品质量，提高产品信誉，保护用户和消费者的利益，促进国际贸易和发展国际质量认证合作的有效手段。

一、质量认证的含义及类型

（一）质量认证的含义

质量认证也叫合格评定，是国际上通行的管理产品质量的有效方法，是由可以充分信任的第三方依据产品标准和相应技术要求，确认并通过颁发认证证书和认证标志来证明某一产品符合相应标准和相应技术要求的活动。

（二）质量认证的类型

如图 7-5 所示，质量认证分为产品质量认证和质量管理体系认证。产品质量认证的对象是特定产品，包括服务。认证的依据或者说获准认证的条件，是产品（服务）质量要符合指定的标准的要求。质量体系要满足指定质量保证标准要求，证明获准认证的方式是通过颁发产品认证证书和认证标志，其认证标志可用于获准认证的产品上。产品质量认证有两种：一种是安全性产品认证，它通过法律、行政法规或规章规定强制执行认证；另一种是合格认证，属自愿性认证，是否申请认证，由企业自行决定。

质量管理体系认证的对象是企业的质量体系，或者说是企业的质量保证能力。认证的根据或者说获准认证的条件，是企业的质量体系应符合申请的质量保证标准即 GB/T19001—ISO9001 和必要的补充要求。获准认证的证明方式是通过颁发具有认证标志的质量体系认证证书。但证书和标志都不能在产品上使用。质量管理体系认证都是自愿性的。不论是产品质量认证，还是质量体系认证，都是第三方从事的活动，确保认证的公正性。

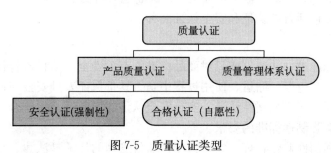

图 7-5 质量认证类型

二、产品质量认证

(一) 产品质量认证的含义

产品质量认证也称产品认证，国际上称合格认证。根据 1991 年实施的《中华人民共和国产品质量认证管理条例》，产品质量认证是依据产品标准和相应技术要求，经认证机构确认并通过颁发认证证书和认证标志来证明某一产品符合相应标准和相应技术要求的活动。

在认证制度产生之前，卖方（第一方）为了推销其产品，通常采用"产品合格声明"的方式来博取顾客（第二方）的信任。这种方式，在当时产品简单，不需要专门的检测手段就可以直观判别优劣的情况下是可行的。但是，随着科学技术的发展，产品品种日益增多，产品的结构和性能日趋复杂，仅凭买方的知识和经验很难判断产品是否符合要求；加之卖方的"产品合格声明"并不总是可信的，这种方式的信誉和作用逐渐下降。这种情况下，产品质量认证制度应运而生。

目前，世界各国的产品质量认证一般都依据国际标准进行，这些标准中的 60％是由 ISO 制定的，20％是由 IEC（国际电工委员会）制定的，其余的 20％由其他国际标准化组织制定。

ISO9000 不是指一个标准，而是一族标准的统称。ISO9000 族标准指由 ISO/TC176 制定的所有国际标准。TC176 即 ISO 中第 176 个技术委员会，专门负责制定质量管理和质量保证技术的标准。

IEC 是国际电工委员会（International Electro Technical Commission）的缩写。国际电工委员会（IEC）于 1906 年 10 月在伦敦正式成立，是世界上最早成立的国际电工标准化机构。它负责制定电气工程和电子工程领域中的国际标准化工作。

　　　　　　　　(a)　　　　　　　　　(b)

(二) 产品质量认证的种类

　　产品质量认证包括合格认证和安全认证两种。依据标准中的性能要求进行认证的叫做合格认证；依据标准中的安全要求进行认证叫做安全认证。前者是自愿的，后者是强制性的，如输美产品的 UL 认证、输欧产品的 CE 认证等均属安全认证。

　　产品质量认证包括合格认证和安全认证两种。

　　1. 安全认证

　　凡根据安全标准进行认证，或只对商品标准中有关安全的项目进行认证的，称为安全认证。它是对商品在生产、储运、使用过程中是否具备保证人身安全与避免环境遭受危害等基本性能的认证，属于强制性认证。实行安全认证的产品，必须符合《中华人民共和国标准化法》中有关强制性标准的要求。

　　在我国实行强制性监督管理。实行强制性监督管理的认证是法律、行政法规或联合规章规定强制执行的认证。凡属强制性认证范围的产品，企业必须取得认证资格，并在出厂合格的产品上或其包装上使用认证机构发给的特定认证标志；否则，不准生产、销售、进口或使用。因为这类产品涉及广大人民群众和用户的生命和财产的安全。

　　"CE" 标志是一种安全认证标志，被视为制造商打开并进入欧洲市场的护照。CE 代表欧洲统一（CONFORMITE EUROPEENNE）。凡是贴有 "CE" 标志的产品，就可在欧盟各成员国内销售，无须符合每个成员国的要求，从而实现了商品在欧盟成员国范围内的自由流通。

　　"3C" 认证是中国强制性产品认证制度，英文名称为 China Compulsory Certification，英文缩写是 CCC。

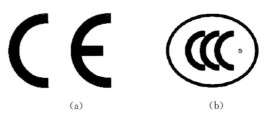

　　　　　　　　(a)　　　　　　　　　(b)

　　"3C" 认证从 2003 年 5 月 1 日（后来推迟至 8 月 1 日）起全面实施，原有的产品安全认证和进口安全质量许可制度同期废止。目前已公布的强制性产品认证制度有《强制性产品认证管理规定》、《强制性产品认证标志管理办法》、《第一批实施强制性产品认证的产品目录》和《实施强制性产品认证有关问题的通知》。第一批列入强制性认证目录的产品包括电线电缆、开关、低压电器、电动工具、家用电器、音/视频设备、信息设备、电信终端、机动车辆、医疗器械、安全防范设备等。

　　2. 合格认证

　　合格认证是依据商品标准的要求，对商品的全部性能进行的综合性质量认证，一般属于自愿性认证。实行合格认证的产品，必须符合《标准化法》规定的国家标准或者行业标准的要求。

自愿性认证包括质量体系认证和非安全性产品质量认证。这种自愿性体现在：企业自愿决策是否申请质量认证，企业自愿选择由国家认可的认证机构，不应有部门和地方的限制；企业自主选择认证的标准依据，即可在 GB/T19000—ISO9000 族标准的质量保证模式标准中进行选择，但是在具体选择时，企业和认证机构应就使用哪一个标准作为认证的基准达成一致意见。所选择的质量保证模式应是适宜的，并且不会误导供方的顾客。此外，在产品质量认证中，认证现场审核一般以 ISO9002 为依据，认证产品的产品标准应是达到国际水平的国家标准和行业标准。

(三) 产品质量认证的标志

认证证书是证明产品质量符合认证要求和许可产品使用认证标志的法定证明文件。认证委员会负责对符合认证要求的申请人颁发认证证书，并准许其使用认证标志。认证证书由国务院标准化行政主管部门组织印刷并统一规定编号。证书持有者可将标志标示在产品、产品品牌、包装物、产品使用说明书、合格证上。使用标志时，须在标志上方或下方标出认证委员会代码、证书编号、认证依据的标准编号。

认证标志是指产品经法定的认证机构按规定的认证程序认证合格，准许在该产品及其包装上使用的表明该产品的有关质量性能符合认证标准的标志。产品质量认证标志分为方圆标志、长城标志、PRC标志。此外，一些较有影响的国际机构和外国的认证机构按照自己的认证标准，也对向其申请认证并经认证合格的我国国内生产的产品颁发其认证标志。如国际羊毛局的纯羊毛认证标志，美国保险商实验室的 UL 认证标志等，都是在国际上有较大影响的认证标志。

国际羊毛局的纯羊毛认证标志

美国保险商实验室的 UL 认证标志

方圆标志分为合格认证标志和安全认证标志两种。方圆标志用于没有行业认证委员会的商品的合格认证或安全认证。获准合格认证的产品，使用合格认证标志；获准安全认证的产品，使用安全认证标志。

长城标志为电工产品专用安全认证标志，又称 CCEE 安全认证标志。中国电工产品认证委员会（CCEE）是国家技术监督局授权，代表中国参加国际电工委员会电工产品安全认证组织（IECEE）的唯一合法机构，代表国家组织对电工产品实施安全认证（长城标志认证）。

中国电工产品安全认证

PRC 标志为电子元器件专用合格认证标志。其颜色及其印制必须遵守国务院标准化行政主管部门，以及中国电子元器件质量认证委员会有关认证标志管理办法的规定。

按《中华人民共和国产品质量认证管理条例》规定，已经授予认证证书的产品不符合认证时采用的标准而使用认证标志出厂销售的、产品未经认证或者认证不合格而使用认证标志出厂销售的、转让认证标志的，由标准化行政主管部门责令停止销售，并处以罚款。

对于认证产品的质量严重下降或者生产该产品的企业的质量体系达不到认证时所具备的条件，给用户或者消费者造成损害的；经监督检查，发现获准认证的产品不合格，属生产企业责任的，由颁发认证证书的认证委员会撤销认证证书。经过认证的产品出厂销售，不符合认证要求时，生产企业应当负责包修、包换、包退；给用户或者消费者造成损害的生产企业应当依法承担赔偿责任。

三、质量管理体系认证

（一）质量管理体系认证的含义

质量管理体系认证，是指依据国际通用的质量和质量管理标准，经国家授权的独立认证机构对组织的质量体系进行审核，通过注册及颁发证书来证明组织的质量体系和质量保证能力符合要求。

ISO9001质量体系认证

质量体系认证通常以 ISO9000 族标准为依据，也就是经常提到的 ISO9000 质量体系认证。随着社会经济的发展，人们物质水平的提高，消费需求也不断变化。因此，质量管理体系也不断地完善。

国际标准化组织（ISO）对 9000 族系列标准进行有限修改后，于 1994 年正式颁布实施 ISO9000 族系列标准，即 94 版。在广泛征求意见的基础上，又启动了修订战略的第二阶段，即彻底修改。1999 年 11 月提出了 2000 版 ISO/DIS9000、ISO/DIS9001 和 ISO/DIS9004 国际标准草案。此草案经充分讨论并修改后，于 2000 年 12 月 15 日正式发布实施。相继经历了 94 版标准和 2000 版标准，ISO9001：2008 国际标准已于 2008 年 11 月 15 日正式发布，中国国家标准 GB/T19001—2008 已经发布并于 2009 年 3 月 1 日实施。ISO9001 质量管理体系标准正式发布三年期满后，94 版标准立即废止。

目前质量管理体系认证称 ISO9001。ISO9001：2008 标准根据世界上 170 个国家大约 100 万个通过 ISO9001 认证的组织的 8 年实践，更清晰、明确地表达 ISO9001：2000 的要求，并增强与 ISO14001：2004 的兼容性。

2008 版 ISO9001《质量管理体系认证要求》国际标准于 2008 年年底发布 GB/T 19001—2008《质量管理体系认证要求》。ISO9001：2008 标准发布 1 年后，所有经认可的认证机构所发放的认证证书均为 ISO9001：2008 认证证书。

（二）ISO9001：2008 认证的优点

质量管理体系认证无论对企业内部还是企业外部都有好处。内部可强化管理，提高人员素质和企业文化；外部可提升企业形象和市场份额。具体内容如下：

1. 可提高企业效益

负责 ISO9001 质量体系认证的认证机构都是经过国家认可的权威机构，对企业的品质体系的审核非常严格。企业内部按照经过严格审核的国际标准化的品质体系进行质量管理，及时解决在认证检查中发现的质量问题。可以加强国家对商品质量进行有效的监督和管理，真正达到法治化、科学化的要求，极大地提高工作效率和产品合格率，进而提高企业的经济效益。

2. 能增强客户信心，扩大市场份额，提高社会效益

当顾客得知供方按照国际标准实行管理，有了 ISO9001 质量体系认证证书，并且有认证机构的严格审核和定期监督后，就可以确信该企业能够稳定地提供合格产品或服务，从而放心地与企业订立供销合同，扩大了企业的市场占有率。

消费者购买商品时，可以从认证注册公告或商品及其包装上的认证标志中获得可靠的质量信息，经过比较和挑选，购买到满意的商品，既指导了消费，保护了消费者利益，又提高了社会效益。

3. 获得了国际贸易绿卡，规避了国际贸易壁垒

许多国家为了保护自身的利益，设置了种种贸易壁垒，包括关税壁垒和非关税壁垒。其中，非关税壁垒主要是技术壁垒，技术壁垒中又主要是产品质量认证和 ISO9001 质量体系认证的壁垒。特别是在世界贸易组织内，各成员国之间相互排除了关税壁垒，只能设置技术壁垒，所以，获得认证是消除贸易壁垒的主要途径。我国"入世"以后，失去了区分国内贸易和国际贸易的严格界限，所有贸易都有可能遭遇上述技术壁垒。

4. 能节省第二方审核的精力和费用

在现代贸易实践中，第二方审核早就成为惯例，又逐渐发现其存在很大的弊端：一个组织通常要为许多顾客供货，第二方审核无疑会给组织带来沉重的负担；另一方面，顾客需支付相当的费用，同时要考虑派出或雇佣人员的经验和水平问题，否则，花了费用也达不到预期的目的。唯有 ISO9001 认证可以排除这样的弊端。因为作为第一方申请了第三方的 ISO9001 认证并获得了认证证书后，众多第二方就没有必要再对第一方进行审核，这样，不管是对第一方还是对第二方，都可以节省很多精力和费用。还有，如果企业在获得了 ISO9001 认证之后，再申请 UL、CE 等产品品质认证，可以免除认证机构对企业的质量管理体系进行重复认证的开支。

5. 提高商品质量信誉和在国外市场的竞争力

国际贸易竞争的手段主要是价格竞争和品质竞争。由于低价销售的方法不仅使利润锐减，如果构成倾销，还会受到贸易制裁，所以，价格竞争的手段越来越不可取。20 世纪

70 年代以来，品质竞争已成为国际贸易竞争的主要手段，不少国家把提高进口商品的品质要求作为限入奖出的贸易保护主义的重要措施。实行 ISO9001 国际标准化的品质管理，可以稳定地提高商品质量，使企业在产品品质竞争中永远立于不败之地。

6. 有利于国际间的经济合作和技术交流

按照国际间经济合作和技术交流的惯例，合作双方必须在产品（包括服务）品质方面有共同的语言、统一的认识和共守的规范，方能进行合作与交流。ISO9001 质量管理体系认证正好提供了这样的信任，有利于双方迅速达成协议。

（三）认证标志的作用及制定

认证标志作为一种质量标志，其根本作用在于向产品购买者传递正确、可靠的质量信息。

强制性认证标志和国家统一的自愿性认证标志的制定和使用，由国家认监委依法规定，并予以公布。认证机构自行制定的认证标志的式样（包括使用的符号）、文字和名称，应当遵守以下规定。

①自行制定的认证标志不得与强制性认证标志，国家统一的自愿性认证标志或者已经国家认监委备案的认证机构自行制定的认证标志相同或者近似。

②自行制定的认证标志不得妨碍社会管理秩序。

③自行制定的认证标志不得将公众熟知的社会公共资源或者具有特定含义的认证名称的文字、符号、图案作为认证标志的组成部分（如使用表明安全、健康、环保、绿色、无污染等的文字、符号、图案）。

④自行制定的认证标志不得将容易误导公众或者造成社会歧视、有损社会道德风尚以及其他不良影响的文字、符号、图案作为认证标志的组成部分。

⑤自行制定的认证标志不得与其他法律、行政法规，或者国家制定的相关技术规范、标准的规定相违背。

（四）认证标志的使用要求

认证机构应当建立严格的认证标志管理制度，明确认证标志使用者的权利和义务，对获得认证的组织使用认证标志的情况实施有效跟踪调查，发现其认证的产品、服务、管理体系不符合认证要求的，应当及时做出暂停或者停止其使用认证标志的决定，并予以公布。

获得产品认证的组织应当在广告、产品介绍等宣传材料中正确使用产品认证标志，可以在通过认证的产品及其包装上标注产品认证标志，但不能使用在未被认证的产品上，也不得利用产品认证标志误导公众认为其服务、管理体系通过认证。

获得服务认证的组织应当在广告等有关宣传中正确使用服务认证标志，可以将服务认证标志悬挂在获得服务认证的区域内，但不得利用服务认证标志误导公众认为其产品、管理体系通过认证。

获得管理体系认证的组织应当在广告等有关宣传中正确使用管理体系认证标志，不得在产品上标注管理体系认证标志，只有在注明获证组织通过相关管理体系认证的情况下方可在产品的包装上标注管理体系认证标志。

(五) 认证标志与商标的区别

认证标志不是商标。商标是区别商品的特定标志，企业可以将商标使用在本企业出厂的产品上。不同企业生产同一产品时，各有不同的商标。如电冰箱，有雪花、容升、双鹿、白云、可耐、长岭等，它们同样是电冰箱，但商标各不相同，因为它们分别代表不同厂家的产品。不同的企业，商标就不一样。

认证标志则不分产品品种，也不分生产厂家，只要按认证管理办法的规定，符合有关标准的要求，经认证机构批准认证的产品，都使用同样（同类）的标志。如果雪花、容升、双鹿、白云、可耐、长岭都申请某认证机构的产品认证，只要符合了产品质量标准，就能获得相同的认证，使用相同的认证标志。

(六) 产品质量认证与质量体系认证的区别

1. 认证对象不同

产品质量认证的对象是批量生产的定型产品；质量体系认证的对象是企业的质量体系，确切地说，是"企业质量体系中影响持续按需方的要求提出产品或服务的能力和某些要素"，即质量保证体系。前者是对产品，包括有形产品和无形产品（如服务）进行认证；后者是对供方的质量体系进行认证，它与产品或服务没有直接关系，两者是独立的。

2. 证明的方式不同

产品质量认证的证明方式是产品认证证书及产品认证标志，证书和标志证明产品质量符合产品标准。质量体系认证的证明方式是质量体系认证证书和体系认证标志，证书和标志只证明该企业的质量体系符合某一质量保证标准，不证明该企业生产的任何产品都符合产品标准。

产品质量认证获准的表示方式是颁发"认证证书"和"认证标志"；质量体系认证获准的表示方式是认证机构对认证合格单位准予注册，并以质量体系认证企业名录形式公开发布。

3. 证明的使用范围不同

产品质量认证证书不能用于产品，标志可用于获准认证的产品上，质量体系认证证书和标志都不能在产品上使用。

4. 实施质量体系审核的依据不同

产品质量认证的依据是经过标准化机构正式发布，由认证机构认可的产品标准和有关技术规范，一般按 GB/T 19002—ISO9002 检查体系。

质量体系认证的依据是特定的质量体系标准，可以是 GB/T 19001—ISO9001、GB/T 19002—ISO9002、GB/T 19003—ISO9003 其中之一。如果企业具有产品设计/开发功能，同时又希望对外承揽设计任务，可申请 GB/T 19001—ISO9001 的体系认证；如果企业虽然具备设计/开发功能，但不对外承揽设计任务，或者没有设计功能，但产品的制造比较复杂，可申请 GB/T 19002—ISO9002 的体系认证；如果企业生产的产品十分简单，则申请 GB/T 19003—ISO9003 的体系认证。

5. 申请企业类型不同

要求申请产品质量认证的企业是生产特定的产品型企业；申请质量体系认证的企业可

以是生产、安装型企业，可以是设计/开发、制造、安装服务型企业，也可以是出厂检查和检验型企业。

　　总之，产品质量认证与质量体系认证有差别，但互相利用。企业只有清楚地认识两类认证的区别和相互关系，才能确定应该实施产品认证，还是应该实施质量体系认证。

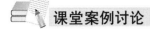 **课堂案例讨论**

<h2 style="text-align:center">沃尔玛丑闻的背后</h2>

　　外国超市巨头在中国到底怎么了？继家乐福之后，沃尔玛在华又迭爆丑闻。

　　自 2011 年 1 月以来，重庆沃尔玛超市多家分店被查出以低价普通冷鲜肉假冒高价"绿肉" 6 万余公斤。据重庆市工商局统计，沃尔玛在重庆屡次违法，2006 年以来因销售过期食品、不合格食品和虚假宣传等问题，先后 12 次受到工商部门处罚，仅今年 1 至 8 月就达 8 次。

　　2012 年 10 月 13 日，在湖南长沙，消费者又发现，沃尔玛等大型超市擅自改动产品的保质期，大量食品标签上存有明显的改动痕迹。

　　作为一家世界级的跨国企业，沃尔玛有自己独特的经营理念。但沃尔玛在中国屡次违法，却也凸显出该企业不容忽视的管理漏洞，并让我们反思，为什么沃尔玛敢于违背这些基本的商业准则。

　　自恃过高——最终自损声誉

　　重庆市工商局食品流通监管处处长左勇介绍，沃尔玛一系列事件暴露出企业内部管理制度形同虚设，以企业利益至上，而不是以消费者利益至上的思维。按照有关规定，食品到期 3 天前就应下架．但沃尔玛在板鸭到期后多日都未处理，甚至加工后再次销售。

　　沃尔玛这种粗放式的管理，其实表现在多个方面。

　　2009 年 4 月，沃尔玛在没有任何通知的前提下，突然在中国宣布"优化分流计划"，要求众多员工须与公司签订一份意向书，内容类似于选择题：一是平转且降薪到外地就职；二是本店降薪降职；三是协议解除劳动合同。

　　沃尔玛因经营问题调整员工可以理解，但也必须保证员工的基本利益。有中国律师就表示，沃尔玛的行为，其实是对员工利益的粗暴践踏。

　　几个月后，在江西某沃尔玛店，一女消费者因一张小票与沃尔玛员工产生纠纷，消费者被当场打死。业界纷纷质疑，沃尔玛怎会允许员工做出如此伤人事件，其内部管理体制何在？

　　在一些业内人士看来，沃尔玛自恃过高的心态，导致其并没有真正把中国员工和消费者放在与西方等同的位置之上，也就难免有违规甚至违法的冒险举动发生，最终损害消费者利益，也损害了沃尔玛的声誉。

　　牟利过急——违背基本商业准则

　　沃尔玛为什么这么做？最直接的原因就是牟利过急，甚至违背了基本的商业准则。

　　据了解，自 1996 年进入中国以来，沃尔玛至今仍未摆脱亏损的状况。这其中有水土不服的原因，也有一些业界认为沃尔玛没有"同流合污"的因素。后者当是对沃尔玛诚信经商的肯定，假以时日，辅以适当的调整措施，沃尔玛盈利当无悬念。

但沃尔玛似乎走了另一条道路。为扭亏为盈，沃尔玛美国总部要求中国区削减费用、增加营收，自上而下的压力传导，让一些门店开始"另辟蹊径"。为完成任务，短斤缺两，销售变质食品和假冒食品成为沃尔玛一些门店的潜规则。

7月，天津媒体连续爆出多家沃尔玛店销售分量不够的鱼类和生鲜，而其冰柜里储存的冷冻鱼保质期为几何，连其员工也回答不出来。同期，福建漳州沃尔玛遭到消费者投诉，货架上的鸡蛋已然发黑变质，却还在源源不断地卖出。

在重庆的绿色猪肉事件中，据沃尔玛店方有关人员的诸多供述，均表明该企业对业绩的追求远胜一切。沃尔玛重庆南滨分店的当事人供述说，这样做是为了使全店利润和销售量达到预算的90%，使全店员工可以得到季度奖。

垄断阴云——威胁商业良序发展

2011年1月26日，国家发改委公布家乐福、沃尔玛等部分超市低标价签、实施欺诈的典型案件。长春、上海、昆明等地多地家乐福以及个别沃尔玛因涉嫌价格欺诈，恶意坑害消费者，受到国家发改委严处。

相较于销售违规食品，价格欺诈所透露的信号更为微妙。在商业领域，早有大型超市"五公里死亡圈"、"死亡半径"之说。用以形容在大型超市阴影之下，本地零售商所面临的肃杀商业环境。据估算，一个1万平方米的大卖场，可以取代300个小店。在外资大卖场纷纷开业的背后，是死亡半径内一个个路边小店的关张。

在这个"死亡圈"中，最终不会有其他超市可供选择购物消费，消费者别无选择。假冒"绿色猪肉"曝光后，记者采访沃尔玛重庆冉家坝店时，问一名消费者"今后还会不会来这里"，他回答说"没办法，只能在这里买"。超大体量的沃尔玛等超市在方便和丰富了消费者选择的同时，也在客观上形成了垄断，并绑架了消费者。

网民张海英认为，我国目前的商业零售市场土壤，很适合一些商店野蛮发展。比如，沃尔玛依靠资金优势、采购优势、优惠政策等支撑，在很多区域市场都形成了垄断局面。一方面压榨供货商，收取高额进场费、通道费、节假日促销费等费用；另一方面玩"标签游戏"，销售假冒商品，可以说，既不怕供货商拒绝供货，又不怕消费者"用脚投票"。

资料来源：于一，郭立．环球．2011（21）

讨论题：

1. 中国的质量标准有哪些分类？
2. 结合此案例，谈谈中国质量标准存在哪些问题。
3. 请分析此案例有哪些方面的问题。

第四节 全面质量管理

企业在激烈的市场竞争中取得成功的因素很多，但是至关重要的因素首数产品的质量。可以说，质量是企业永恒的主题，是企业的第一生命。从20世纪60年代至今，全面质量管理作为一种新型有效的质量管理方法，在世界各国的大部分企业中通过结合各自的特点加以运用，已取得显著的效果，在现代企业管理中已经具有极其重要的地位。

一、全面质量管理的内涵和特点

（一）全面质量管理的内涵

全面质量管理这个名称，最先是 20 世纪 60 年代初由美国的著名专家费根鲍姆提出的。它是在传统的质量管理基础上，随着科学技术的发展和经营管理上的需要发展起来的现代化质量管理，现已成为一门系统性很强的学科。

全面质量管理（Total Quality Management，TQM）是一种由顾客的需要和期望驱动的管理哲学。TQM 是以质量为中心，建立在全员参与基础上的一种管理方法，其目的在于长期获得顾客满意，以及组织成员和社会的利益。

ISO8402 对 TQM 的定义是：一个组织以质量为中心，以全员参与为基础，目的在于通过让顾客满意和本组织所有成员及社会受益而达到长期成功的管理途径。

费根鲍姆对 TQM 的定义是："为了能够在最经济的水平上，并考虑到充分满足顾客要求的条件下进行市场研究、设计、制造和售后服务，把企业内各部门的研制质量、维持质量和提高质量的活动构成为一体的一种有效的体系"。

（二）全面质量管理的特点

全面质量管理是在经过质量检验管理阶段和统计质量管理阶段上发展起来的。全面质量管理与以往的质量管理相比，它的一个重要特点在于其全面性。

1. 全方位的质量管理

全面质量管理不仅对产品质量进行管理，还对工作质量、服务质量进行管理；不仅对产品性能进行管理，还对产品的可靠性、安全性、经济性、时间性和适应性进行管理；不仅对物进行管理，还对人进行管理。通过改进工作质量，不仅可以保障产品质量，而且可以节约消耗、降低成本、及时供货、服务周到，满足用户多方面的要求。

2. 全范围的质量管理

全面质量管理的管理范围是生产的全过程。产品质量是生产活动的成果，它有一个逐步产生和形成的过程，包括从市场调查开始，到产品设计、生产、销售，直到产品使用寿命结束为止的全过程。为了使用户得到满意的产品，并使产品能充分发挥其使用价值，不仅要对产品的形成过程进行质量管理，还要对形成以后的过程，乃至使用过程进行质量管理。因此，全面质量管理要求把不合格的产品消灭在它的形成过程中，做到防检结合，以防为主。

3. 全员参与的质量管理

由于全面质量管理是对全面质量和全过程进行的质量管理，所以全面质量管理不仅是质量管理部门或质量检验部门的事。它强调质量管理工作不局限于质量管理部门，要求企业所属各单位、各部门都要参与质量管理工作。不仅是设计、生产、供应、销售、服务过程中有关人员的事，而且是企业中各个部门所有人员的事，他们应共同对产品质量负责。从企业的最高管理者、工程技术人员、管理人员到每个工人，都要树立"质量管理，人人有责"的观念。

4. 采用质量管理方法的全面性

随着现代化大生产和科学技术的发展，生产规模的扩大和生产效率的提高，对产品的性能、精度和可靠性等方面的质量要求也大大提高，检验测试的工作量成倍增加。另外，影响产品质量的因素异常复杂，既有人的因素，也有物的因素；既有组织管理的因素，也有生产技术的因素；既有自然因素，也有社会因素；既有企业内部因素，也有企业外部因素。相应地，对质量管理提出了许多新的要求。

全面质量管理采用专业技术、管理技术、数理统计、运筹学和思想教育等各种方法和措施，来提高各部门的工作质量，找出产品质量存在问题的关键，控制设计和制造等过程的工作质量，达到提高工作质量的目的。

5. 经济效益的全面性

经济效益的全面性是指除保证本企业取得最大经济效益外，还应从用户和社会角度，从产品寿命循环全过程的角度综合考虑经济效益问题。也就是说，要以产品寿命周期经济效益最大为目标，使生产者、存储企业、销售企业、用户等均能取得最大效益。全面质量管理强调的是全社会参与的质量管理。这样的互利互惠可使质量管理没遗漏、更持久。

 小贴士

阿吉里斯的脚后跟

古希腊神话中有一位伟大的英雄阿吉里斯，他有着超乎普通人的神力和刀枪不入的身体，在激烈的特洛伊之战中无往不胜，取得了赫赫战功。但是，就在阿吉里斯攻占特洛伊城奋勇作战之际，站在对手一边的太阳神阿波罗却悄悄一箭射中了伟大的阿吉里斯，在一声悲凉的哀叹中，强大的阿吉里斯竟然倒下去了。

原来这支箭射中了阿吉里斯的脚后跟，这是他全身唯一的弱点，只有他的父母和天上的神才知道这个秘密。在他还是婴儿的时候，他的母亲、海洋女神特提斯，就曾捏着他的右脚后跟，把他浸在神奇的斯堤克斯河中，被河水浸过的身体变得刀枪不入，近乎于神。可那个被母亲捏着的脚后跟由于浸不到水，成了阿吉里斯全身唯一的弱点。母亲造成的这唯一弱点要了儿子的命！

由于局部细微的弱点而导致全局的崩溃，就是这则寓言所揭示的道理。质量管理同样如此，对产品进行"零缺陷"管理就是这则故事给我们的最大启示。

资料来源：谢文辉. 智慧管理. 民主与建设出版社

全面质量管理模式充分认识到细节的质量管理的重要性。

二、全面质量管理的内容及实施步骤

(一) 全面质量管理的内容

全面质量管理过程的全面性，决定了全面质量管理的内容应当包括设计过程、制造过程、辅助过程、使用过程等四个过程的质量管理。

1. 设计过程质量管理的内容

产品设计过程的质量管理是全面质量管理的首要环节。设计过程包括市场调研、试验研究、产品设计、工艺设计、新产品试制和鉴定等产品正式投入批量生产之前的全部技术准备过程。主要是通过市场调查研究，知晓用户要求、在企业的经营目标基础上，制定产品质量目标；组织有销售、使用、科研、设计、工艺、制度和质量管理等多部门参加的审查和验证，确定适合的设计方案；保证技术文件的质量；做好标准化的审查工作；督促遵守设计试制的工作程序等。

设计过程是以保证产品设计质量为目标的质量管理。产品质量满足使用要求的程度，主要取决于设计过程。"先天不足"必将导致"后患无穷"，不仅影响产品质量，而且影响投产后的生产秩序和经济效益。如果设计上有问题，一切工艺上和生产上的努力都将是徒劳无益的。因此，设计过程是全面质量管理的起点。

2. 制造过程质量管理的内容

制造过程是指对产品直接进行加工的过程。它是产品质量形成的基础，制造过程的质量管理是质量管理的中心环节。

它的基本任务是保证产品的制造质量，建立一个能够稳定生产合格品和优质品的生产系统。主要是进行组织质量检验工作；组织和促进文明生产；组织质量分析，掌握质量动态；组织工序的质量控制，建立管理环节等。经过鉴定，符合质量标准的新产品正式投产后，能不能保证达到质量标准，能否加工出优质产品，在很大程度上取决于生产制造过程的质量管理水平和生产车间的技术能力。

3. 辅助过程质量管理的内容

辅助过程是指为保证制造过程正常进行而提供各种物资技术条件的过程。它包括原材料、外购件等物资供应和工具制造、设备维修、运输服务等。所有这些都是为生产第一线服务的，为生产提供质量良好的物质技术条件。这些部门的工作质量会影响制造过程，以致出现许多的质量问题。因此，在质量保证体系中，辅助生产过程的质量管理占有相当重要的地位。

4. 使用过程质量管理的内容

使用过程是考验产品实际质量的过程。使用过程的质量管理既是质量管理的归宿，又是质量管理的出发点。因此，企业的质量工作必须从生产过程延伸到使用过程。这一过程质量管理的基本任务是提高服务质量（包括售前服务和售后服务），保证产品的实际使用效果，不断促使企业研究和改进产品质量。它主要的工作内容是要建立完整的服务体系，开展对用户的技术服务工作，做好产品质量信息的反馈分析工作，认真处理客户投诉。

（二）全面质量管理的实施步骤

①通过培训教育，使企业员工牢固树立"质量第一"和"顾客第一"的思想，制造良好的企业文化氛围，采取切实行动，改变企业文化和管理形态。

②制定企业人、事、物及环境的各种标准，这样才能在企业运作过程中衡量资源的有效性和高效性。

③推动全员参与，对全过程进行质量控制与管理。以人为本，充分调动各级人员的积极性，推动全员参与。只有全体员工充分参与，才能使他们的才干为企业带来收益，才能够真正实现对企业全过程进行质量控制与管理，并且确保企业在推行 TQM 过程中，采用系统化的方法进行管理。

④做好计量工作。计量工作包括测试、化验、分析、检测等，是保证计量的量值准确和统一，确保技术标准的贯彻执行的重要方法和手段。

⑤做好质量信息工作。企业应当根据自身的需要，建立相应的信息系统，并建立相应的数据库。

⑥建立质量责任制，设立专门质量管理机构。全面质量管理的推行要求企业员工自上而下地严格执行，从一把手开始，逐步向下实施。TQM 的推行必须要获得企业一把手的支持与领导，否则难以长期推行。

三、全面质量管理的工作程序

PDCA 循环又叫戴明环，是美国质量管理专家戴明博士提出的，它是全面质量管理应遵循的科学程序。全面质量管理活动的全部过程，就是质量计划的制订和组织实现的过程，这个过程就是按照 PDCA 循环，不停顿地周而复始地运转。

PDCA 管理循环是全面质量管理最基本的工作程序，即计划—执行—检查—处理（plan，do，check，action）。这是美国管理专家戴明发明的，因此也称为戴明循环。这四个阶段大体分为 8 个步骤，如图 7-6 和图 7-7 所示。

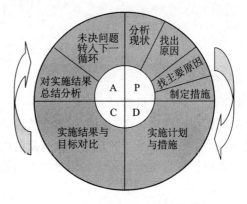

图 7-6　PDCA 循环四个阶段示意图　　　图 7-7　PDCA 循环八步骤示意图

（一）PDCA 循环的含义

PDCA 的含义如下：P（Plan）—计划；D（Do）—执行；C（Check）—检查；A（Act）—处理，对总结检查的结果进行处理；成功的经验加以肯定并适当推广、标准化；失败的教训加以总结；未解决的问题放到下一个 PDCA 循环里。

以上四个过程不是运行一次就结束，而是周而复始地进行。一个循环完了，解决一些问题，未解决的问题进入下一个循环，阶梯式上升。

PDCA 循环实际上是有效进行任何一项工作的合乎逻辑的工作程序。在质量管理中，有人称其为质量管理的基本方法。

（二）PDCA 循环的特点

实际运用中，PDCA 管理循环不停地运转，原有的质量问题解决了，又会出现新的质量问题；问题不断产生，又不断解决，如此循环不止，这就是管理循环不断前进的过程，也是全面质量管理工作必须坚持的科学方法。PDCA 管理循环运转时，一般具有以下三个特点。

1. 大环套小环，互相促进

各级质量管理都有一个 PDCA 循环，形成一个大环套小环，一环扣一环，互相制约，互为补充的有机整体，如图 7-8 所示。在 PDCA 循环中，一般来说，上一级的循环是下一级循环的依据，下一级的循环是上一级循环的落实和具体化。通过大小 PDCA 管理循环的不停转动，就把企业各个环节、各项工作有机地组织在统一的质量保证体系里，以实现总的质量目标。因此，PDCA 管理循环的转动，不是哪个人的力量，而是组织的力量，集体的力量，是整个企业全员推动的结果。

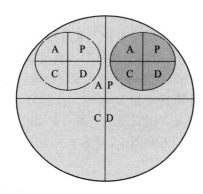

图 7-8　PDCA 循环的大循环套小循环示意图

2. 不断循环上升

PDCA 管理循环每转动一次就提高一步（见图 7-9）。PDCA 管理循环是螺旋式上升的，如同爬螺旋楼梯一样。PDCA 四个阶段周而复始地循环，每循环一次，转动一圈，就前进一步，上升到一个新的高度，就有新的内容和目标。这样循环往复，质量问题不断解决，工作质量、管理水平和产品质量就不断提高。

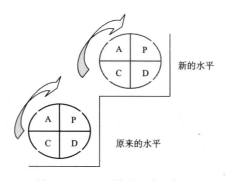

图 7-9　PDCA 循环上升示意图

3. 推动 PDCA 循环，关键在 A—处理阶段

A—处理阶段是总结经验、肯定成绩、纠正错误、以利再战的阶段。不把成绩肯定下来，不将行之有效的措施纳入标准、程序、制度之中，PDCA 循环就不能上升，不能前进，质量改进就达不到目的，同类问题也就将再次发生、反复出现。

PDCA 管理循环是综合性的循环。PDCA 管理循环的四个阶段是相对的，各阶段之间不是截然分开的，而是紧密衔接，连成一体的，甚至有时是边计划边执行，边执行边检查，边检查边总结，边总结边改进，交叉进行。质量管理工作就是在这样的循环往复中，在从实践到认识，再从认识到实践的两个飞跃中达到预定的目标，这个过程正是客观实际和主观认识逐步达到统一的发展过程，这是搞好全面质量管理和其他一切管理工作的必由之路。

可见，PDCA 管理循环的四个阶段是体现科学认识规律的一种管理手段和科学程序。按照这样的思维方法和工作步骤来进行质量管理，能把全面质量管理工作做得卓有成效，更好地达到预期目标。问题在于我们在实际工作中是不是认真地按照 PDCA 管理循环的科学程序来进行。PDCA 管理循环的运转，A 阶段十分关键，具有承上启下的作用，这是能否实现从实践到认识，再从认识到实践的两个飞跃的重要条件。要切实把 PDCA 管理循环转完一圈，做到善始善终，把成功的经验和失败的教训纳入标准（规程、制度）中去，就可以避免问题的再发生，质量管理水平也就可以不断提高。

（三）PDCA 循环的八大步骤

步骤一：分析现状，找出问题。

强调的是对现状的把握和发现问题的意识、能力。发现问题是解决问题的第一步，是分析问题的条件。

步骤二：分析产生问题的原因。

找准问题后，分析产生问题的原因至关重要，运用头脑风暴法等多种集思广益的科学方法，把导致问题产生的所有原因统统找出来。

步骤三：确认主要原因。

区分主因和次因是最有效解决问题的关键。

步骤四：拟定措施、制订计划。

5W1H，即为什么制定该措施（Why）？达到什么目标（What）？在何处执行（Where）？由谁负责完成（Who）？什么时间完成（When）？如何完成（How）？措施和计划是执行力的基础，尽可能使其具有可操作性。

步骤五：执行措施、执行计划。

高效的执行力是组织完成目标的重要一环。

步骤六：检查验证、评估效果。

步骤七：标准化，固定成绩。

标准化是维持企业治理现状不下滑，积累、沉淀经验的最好方法，也是企业治理水平不断提升的基础。可以这样说，标准化是企业治理系统的动力，没有标准化，企业就不会进步，甚至下滑。

步骤八：处理遗留问题。

所有问题不可能在一个 PDCA 循环中全部解决，遗留的问题会自动转进下一个 PDCA 循环，如此周而复始，螺旋上升。

全面质量管理活动的运转，离不开管理循环的转动。这就是说，改进与解决质量问题，赶超先进水平的各项工作，都要运用 PDCA 循环的科学程序。不论提高产品质量，还是减少不合格品，都要先提出目标，即质量提高到什么程度，不合格品率降低多少？要有个计划。这个计划不仅包括目标，而且包括实现这个目标需要采取的措施。计划制订之后，要按照计划来执行，看是否实现了预期效果，有没有达到预期的目标；通过检查找出问题和原因；最后就要进行处理，将经验和教训制定成标准，形成制度。

　　PDCA 循环作为全面质量管理体系运转的基本方法，其实是需要搜集大量数据资料，并综合运用各种管理技术和方法。

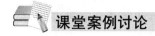 **课堂案例讨论**

面粉添加硼砂真相

　　2012 年 9 月 20 日，有媒体称，五得利集团因涉嫌在面粉中非法添加致癌物硼砂，被工商部门查封了问题产品，其位于河北的工厂也被勒令停工。短短几天，五得利集团，这家中国最大的面粉生产企业迅速被推向了舆论的风口浪尖。

　　凉皮被检测出有毒添加剂硼砂

　　来自五得利集团的信息显示，该公司是全国面粉行业唯一一家入选中国制造业 500 强榜单的企业，仅北京市场就占有四成的份额。正因为如此，五得利涉嫌添加硼砂的消息一出，北京、武汉、西安、南昌、沈阳等地纷纷查看自家"面袋子"。由于事发河北，4 年前的三聚氰胺事件阴影未消，加之五得利又是一家在全国市场占有率接近 10% 的大企业，更有面粉加工业内人士担心五得利会成为"第二个三鹿"。

　　8 月 28 日，沧州市运河区公安分局接到运河区工商分局移交的线索，在辖区内个体商贩销售的凉皮内，检测出国家明令禁止的有毒添加剂硼砂。硼砂是一种无色半透明晶体或白色结晶粉末，连续摄取会在体内蓄积，引起食欲减退、消化不良，成人服用 1~3 克剂量即会中毒。由于食品中加入硼砂具有防腐、增加弹性和改善口感等作用，因此面食、肉类中添加硼砂的行为屡禁不止。中国早在 1979 年就将硼酸和硼砂作为禁用的食品防腐剂。2008 年，卫生部将其列入可能违法添加的非食用物质名单后，更被执法部门列为严打的对象。

　　然而，被刑事拘留的个体商贩均称加工凉皮过程中未添加硼砂等物质，可能是制作凉皮的面粉存在问题。公安部门遂对其所用的面粉抽样送检，北京出入境检验检疫局检验检疫技术中心的检测报告显示检出硼砂。随之，沧州市运河区民警对提供面粉的五得利面粉经销商展开调查，对涉案面粉进行封存并抽样送检，经检验，取样的面粉硼砂含量为 4.33~4.66mg/kg。9 月 13 日，沧州市公安局将三份检测报告和相关情况移交给沧州市工商局，并建议该局根据工商部门的职责，对该市流通环节和生产地的五得利面粉，依法迅速采取相关措施，防止造成危害。

　　100 个批次面粉并未检出硼砂

　　9 月 14 日，河北省工商局接到了沧州工商局的报告，称五得利面粉中涉嫌检出硼砂，工商局立即采取了措施，在全省对流通环节同厂家、同品牌、同规格、同批次的五得利面粉暂停销售并下架封存。与此同时，组织安排流通环节 100 个批次面粉的应急抽检，并于当日将通报给了河北省质监部门。河北省质监局接到通报后，连夜开展对五得利集团雄县公司的现场督察，在现场核查的基础上，质监部门还对五得利集团及所属公司成品库存和市场销售面粉等产品进行了抽样送检，依据国家标准最后检出的结果是没有检出硼砂。

　　9 月 21 日下午，河北省工商局收到有关部门对五得利面粉调查核实的情况通告，包含涉嫌检出硼砂三个批次产品在内的 42 个批次面粉均未检出硼砂；同时，河北省工商局在流通环节抽检的 100 个批次面粉也没有检出硼砂。

9 月 26 日，河北省食品安全委员会办公室召开新闻发布会，通报五得利面粉被曝添加致癌物硼砂事件的最新调查进展。河北省食安办的新闻发言人在会上通报了相关的情况，河北省有关监管部门一致认定五得利集团在面粉生产过程中不存在非法添加硼砂的问题。

硼砂并不能改善面食的口感

那么此前，五得利公司被检测出来的微量硼砂含量又是怎么回事呢？中国农业科学院农产品加工研究所教授魏益民告诉记者，目前我们国家对小麦粉等食品中的硼或者硼砂的含量还没有明确的规定，国家对硼酸的最低检测限为每公斤 2.5 毫克，低于这个检测限的，视为未检出。目前实验室能够检测出来硼酸和硼元素的含量，但是仅仅依据实验室检测出来的数据，还很难判断是否是人为添加，因为所有的农产品都有可能含有来自于生产过程和土壤中由植物本身吸收的硼。

据质监部门介绍，判断企业是否人为添加硼砂，除了检测数据以外，企业是否被检查出了有添加剂的投料设备和硼砂也是必不可少的证据。另外，魏益民教授还介绍，从目前掌握的资料看，还没有研究结果表明硼砂能够改善面食的口感，也就是说，企业根本没有添加硼砂的动力。

资料来源：中国电视报与央视《东方时空》栏目联合报道. 2012 年 10 月 11 日

讨论题：

1. 从此案例可看出，质量问题不仅仅是企业的问题，那怎样才能避免发生此类事件的发生？

2. 结合此案例，谈谈中国全面质量管理实施的必要性。

第五节　质量管理中常用的统计方法

质量管理统计方法是根据数理统计原理对产品质量实行统计质量控制的科学的质量管理方法。质量管理活动中产生许多信息，应该通过对信息的分析，寻找、发现质量变异的规律，及时采取措施，确保质量不断提高。本节介绍几种常用的统计技术。

一、因果分析图法

因果分析图又称特性因素图，有时亦称树枝图或鱼刺图，如图 7-10 所示。它是日本东京大学教授石川馨提出的一种简单而有效的方法。在质量管理中主要用于整理和分析产生质量问题的因素及各因素与质量问题之间的因果关系。

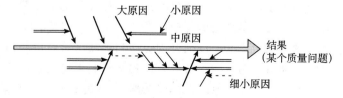

图 7-10　因果图

因果分析图由质量问题和影响因素两部分组成。图中主干箭头指向质量问题，主干枝上的大枝（箭头）表示影响因素的大分类，一般为操作者、设备、物料、方法、环境等因素；中枝（箭头）、小枝（箭头）、细枝（箭头）等表示诸因素的依次展开，构成系统展开图。因果分析图法是从产生的质量问题出发，由大类因素找起，一直展开到中因素、小因素，直至找到最终原因。然后针对根本原因，制定和采取有效的对策。它是一种系统分析方法。

常采用开"诸葛亮会"的办法，博采众长，集思广益，把群众的意见反映在一张图纸上，探讨一个问题的产生原因要从大到小、从粗到细、寻根究底，直到能具体采取措施为止。

它通过带箭头的线，将质量问题与原因之间关系表示出来，是分析影响产品质量（结果）的诸因素（原因）之间关系的一种工具。因果分析图的画法如下。

①明确画图对象，弄清什么是质量特性结果，并用同一条主干线指向结果。

②将影响质量的原因分类，先按大的方面分，然后由大原因到中原因、再到小原因依次细分，直到可以直接采取措施为原则，并用箭头表示到图上。

③对起决定作用的因素画粗线或作标记，使之醒目。

④记载必要的有关事项，包括标题，单位，参与者，制图人及年、月、日。

制作因果分析图时应注意，大原因应从人、设备、材料、方法（工艺）、环境等方面考虑，原因的细分应以能够采取措施为原则。大原因不一定是主要原因，主要原因可采用排列图法或其他方法确定。找出主要原因后，确定解决措施。措施实施后，可继续用排列图法检查效果。

 小贴士

农夫修笼
——要学会发现问题

一位农夫在笼子里养了几只兔子。

有一天，他发现有一只兔子从笼子里跑出来了。他和妻子一致认为兔子跑出来的原因是笼子的高度不够。

所以，他们决定将笼子由原来的二尺加高到三尺。但是第二天，他们发现兔子还是从笼子里跑了出来，所以他们决定将笼子加高到五尺。

第三天，令他们大为惊奇的是，兔子居然全跑到外面了。于是夫妻俩大为紧张，决定一不做二不休，索性将笼子加高到八尺。

一天马和几只兔子在闲聊："兔子，你们认为他俩会不会再继续加高你们的笼子？"

"这很难说，"兔子回答说，"如果这对夫妻再继续忘记关笼子门的话！"

寓言中的农夫和他的妻子，犯了一个致命的错误，那就是他们在解决问题时，没有抓住问题的关键。所以，尽管他们不断增加笼子的高度，兔子依旧跑到了笼子外面。

这样的错误在生产中也经常发生。我们时常会遇到产品急需解决的问题，但在解决问题时，却往往抓不住问题的核心与关键。所以，我们需要利用因果分析图。

资料来源：翟文明. 影响人一生的100个财富寓言. 光明日报出版社

二、排列图法

排列图法是意大利经济学家巴雷特在研究分配领域不平等和不平均现象时，发现了关键的少数因素和次要的多数因素之间存在着一种微妙的关系，并且用统计图表的形式来表示。人们把这种统计方法又称为巴雷特曲线图法。后来美国质量管理学家朱兰把巴氏原理应用于质量管理学中。这是一种找出影响产品质量主要问题的有效方法。

　　如图 7-11 所示，它由两个纵坐标、一个横坐标、多个直方形和一条曲线（折线）构成。左边纵轴表示频数（如件数、数额等）；右边纵轴表示累计频率（累计百分比）；横轴表示影响产品质量的各项因素，并按其影响大小，从左到右依次排列；直方形高度表示因素影响大小；曲线（折线）表示各项累计频率的连线。

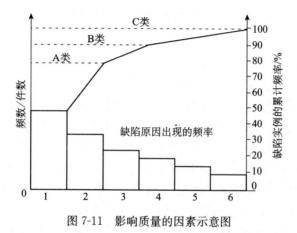

图 7-11　影响质量的因素示意图

　　通常按照累计百分数把影响质量的因素分为三类：0%～80% 的叫 A 类，为主要因素；80%～90% 的叫 B 类，为次要因素；90%～100% 的叫 C 类，为一般因素。抓住了主要因素，就可以集中力量加以解决，从而达到控制和提高产品质量的目的。

　　巴雷特图在项目管理中主要用来找出产生大多数问题的关键原因，用来解决大多数问题。巴雷特图的画法如下。

　　①将要处置的事，以状况（现象）或原因加以区别。

　　②左纵轴表示问题发生的次数（频次或金额），右纵轴表示问题累积百分率。

　　③决定搜集资料的期间，自何时至何时，作为巴雷特图资料的依据。

　　④按影响程度的大小（即出现频数多少）从左到右排列在横轴上。

　　⑤绘出上柱状图。

　　⑥连接累积曲线。

　　排列图法（重点管制法）提供了在没法面面俱到的状况下，去抓重要的事情和关键的事情。这些重要的事情不是靠直觉判断得来的，而是有资料依据地来加强表示。所以巴雷特法则又称为二八原理，即百分之八十的问题是百分之二十的原因造成的。

三、分层法

　　分层法又叫分类法。所谓分层，就是为了分清影响质量的原因所在和明确措施方向，把性质相同的数据分到一起，以便发现产生质量问题的原因。它的要点是将经常使工序受到相同影响的数据，按照种类、原因等差别分成几个层次，以便把错综复杂的因素分析清楚。

　　数据分层的标志可以按时间（如按不同日期、不同班次）分层、按操作者（如按新老工作人员，不同班次的工作人员，不同性别和不同工龄等）分层、按使用设备（如按不同的机床型号、工装夹具等）分层、按原材料（如按产地、成分、规格、制造厂、批号等）分层、按操作方法（如按不同的装卸、堆码、排列方法等）分层等。

将数据分层时，应根据分析目的，按照一定标志加以分类，将性质相同，在相同条件收集的数据归并在一起，同时应尽量使同一层的数据波动幅度较小，而层间相互差别较大。这是用分层法进行分层的关键。

分层的目的是把不同性质的问题分清楚，便于分析问题，找出原因。分类方法是多种多样的，没有什么硬性规定，这种方法经常同质量管理中的其他方法一起联合使用。

四、控制图法

控制图（亦称管理图）法是工序质量控制统计法的中心内容，是运用控制图来控制工序质量的图表方法。控制图不仅对判别质量的稳定性，评定工艺过程状态以及发现并消除工艺过程的失控现象起着重要作用，而且可以为质量评比提供依据。

控制图由两条坐标轴组成一个控制区域。控制区域以中心线控制线为基准，分为控制上限、控制下限。中心控制线、控制上限与控制下限分别用一条与 X 轴平行的直线表示。控制上限与下限分别位于中心控制线的上、下两端。

控制图的主要作用是看工序质量是否稳定。如果不稳定，应分析原因，采取措施，预防不合格品的发生。在控制区域标出生产工序质量的数值，分析生产工序的稳定状况，如图 7-12 所示。

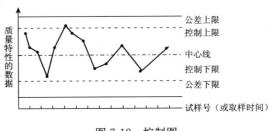

图 7-12　控制图

控制图的种类很多，一般按数据的性质分成计量控制图和计数控制图两大类。在正常情况下，统计量相应点应分布于中心线的附近，在上、下控制线之内，表明生产过程处于稳定状态。如果点落在上、下控制线之外，表明出现了非正常因素，生产过程处于非稳定状态，需要及时调查原因，采取调整措施，确保生产过程达到稳定状态。

五、直方图法

直方图又称质量分布图或柱状图。用直方图可以显示出质量变化的规律性，对于质量分布状况一目了然，便于判断其总体质量分布情况。它根据从生产过程中收集来的质量数据分布情况，画成以组距为底边、以频数为高度的一系列连接起来的直方型矩形图。通过观察图的形状，判断生产过程是否稳定，预测生产过程的质量。

制作直方图时，首先要随机抽取样品（一般为 100 个），测量后把结果填入数据表，并从中找出最大值和最小值，计算极差，也就是样本尺寸分布范围；然后将数据分组，确定组间距离，计算落入各组数据的频数；进而以频数为纵坐标，以组距为横坐标，画出一系列条状直方形，就构成了直方图。直方图的形状如图 7-13 所示。

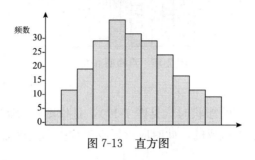

图 7-13 直方图

（一）看直方图分析原因

制作直方图目的是研究产品质量的分布状况，据此判断生产过程是否处在正常状态。直方图为质量管理的七大工具之一。因此，在画出直方图后，要进一步对它进行观察和分析。在正常生产条件下，如果所得到的直方图不是标准形状，或者虽是标准形状，但其分布范围不合理，就要分析其原因，采取相应的措施。

正常型直方图是指过程处于稳定的图形，它的形状是中间高、两边低，左右近似对称，如图 7-14 所示。近似是指直方图多少有点参差不齐，主要看整体形状。

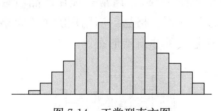

图 7-14 正常型直方图

异常型直方图种类比较多，所以如果是异常型直方图，还要进一步判断它属于哪类异常型，以便分析原因，加以处理。下面介绍几种比较常见的直方图。

1. 孤岛型直方图

在直方图旁边有孤立的小岛出现（见图 7-15），当这种情况出现时，过程中有异常原因。如原料发生变化，不熟练的新工人替人加班，测量有误等，都会造成孤岛型分布，应及时查明原因，采取措施。

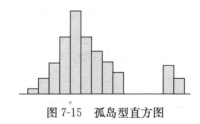

图 7-15 孤岛型直方图

2. 双峰型直方图

当直方图中出现了两个峰，是由观测值来自两个总体、两个分布的数据混合在一起造成的（见图 7-16）。例如，两种有一定差别的原料所生产的产品混合在一起，或者就是两种产品混在一起，此时应当加以分层。

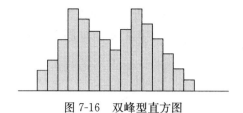

图 7-16　双峰型直方图

3. 折齿型直方图

当直方图出现凹凸不平的形状时（见图 7-17），是作图时数据分组太多，测量仪器误差过大或观测数据不准确等造成的，此时应重新收集数据和整理数据。

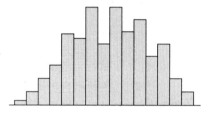

图 7-17　折齿型直方图

4. 陡壁型直方图

若直方图像高山的陡壁（见图 7-18），通常表现在产品质量较差时，为了符合标准的产品，需要进行全数检查，以剔除不合格品。当用剔除了不合格品的产品数据作频数直方图时容易产生这种陡壁型，这是一种非自然形态。

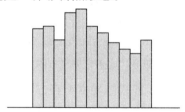

图 7-18　陡壁型直方图

5. 偏态型直方图

偏态型直方图是指图的顶峰有时偏向左侧，有时偏向右侧（见图 7-19）。由于某种原因使下限受到限制时，容易发生偏左型。例如，用标准值控制下限，摆差等形位公差，不纯成分接近于 0，疵点数接近于 0，或由于工作习惯，都会造成偏左型。由于某种原因使上限受到限制时，容易发生偏右型。例如，用标准尺控制上限，精度接近 100%，合格率也接近 100%，或由于工作习惯，都会造成偏右型。

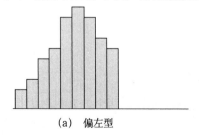
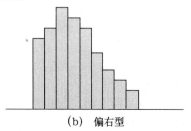

(a)　偏左型　　　　　　　　　　　(b)　偏右型

图 7-19　偏态型直方图

6. 平顶型直方图

平顶型直方图指直方图没有突出的顶峰，呈平顶型（见图 7-20）。形成这种情况一般有三种原因：①与双峰型类似，由于多个总体、多种分布混在一起。②由于生产过程中，某种缓慢的倾向在起作用，如工具的磨损、操作者的疲劳等。③质量指标在某个区间中均匀变化。

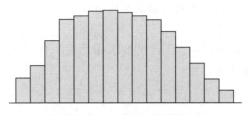

图 7-20　平顶型直方图

各种直方图可显示质量波动的状态；能较直观地传递有关过程质量状况的信息；通过研究质量波动状况，能掌握过程的状况，从而确定在什么地方集中力量进行改进。

（二）绘制直方图的方法

①集中和记录数据，求出其最大值和最小值。数据的数量应在 100 个以上。在数量不多的情况下，至少应在 50 个以上。我们把分成组的个数称为组数，每一个组的两个端点的差称为组距。

②将数据分成若干组，并做好记号。分组的数量在 5～12 之间较为适宜。

③计算组距的宽度。用最大值和最小值之差去除组数，求出组距的宽度。

④计算各组的界限位。各组的界限位可以从第一组开始依次计算，第一组的下界为最小值减去最小测定单位的一半，第一组的上界为其下界值加上组距；第二组的下界限位为第一组的上界限值，第二组的下界限值加上组距，就是第二组的上界限位，依此类推。

⑤统计各组数据出现频数，作频数分布表。

⑥作直方图。以组距为底长，以频数为高，作各组的矩形图。

制作直方图主要是判断一批已加工完毕的产品；验证工序的稳定性；为计算工序能力搜集有关数据。直方图将数据根据差异进行分类，使人们明察秋毫地掌握差异。

六、散布图法

散布图又称相关图，是判断两个变量之间是否存在相关关系的分布状态图形。散布图由分布在直角坐标系中的一系列点构成，这些点表示所分析变量的若干对数据。

散布图所反映出来的两个因素之间的关系一般为：强正相关，强负相关，弱正相关，弱负相关，不相关及非线性相关等。有了这样的散布图，就可以自觉地利用它来分析产品质量的相关因素，以便找出影响产品质量的原因，从而制定改进措施，控制产品质量。

散布图显示了两个变量间的关系和规律。通过该工具，项目经理可以研究两个变量间可能存在的潜在关系。将独立变量和非独立变量以圆点的方式绘制为图形，两个点越接近对角线，两者的关系越紧密。散布图是相关性分析的重要工具，只有进行了相关性分析，才能够进一步考虑有无回归拟合的可能，或者回归拟合的时候应该选择的相关变量信息。

七、调查表法

调查表又称检查表或统计分析表，是一种收集、整理数据和粗略分析质量原因的工具，是为了调查客观事物、产品和工作质量，或为了分层收集数据而设计的图表。它把产品可能出现的情况及其分类预先列成统计调查表，在检查产品时只需在相应分类中进行统计，并从调查表中进行粗略的整理和简单的原因分析，为下一步的统计分析与判断质量状况创造良好条件。

调查表的项目和形式要与产品、工序的要求相适应，对不同的目的，要求制定不同的调查表。常用的调查表有以下几种。

1. 缺陷位置调查表

缺陷位置调查表是指调查产品各部位的缺陷情况，可将其发生缺陷位置标记在调查图表中的产品示意图上，不同缺陷采用不同的符号或颜色标出。每当外伤、油漆脱落，脏污以及铸锻件表面发生缺陷时，将其发生位置标记在产品示意图或展开图上，并给出缺陷的种类和数量，或用不同符号及颜色标出。

2. 不良项目调查表

制作不良项目调查表是为了调查生产过程中发生的不良项目及其所占的比率。当发生不良项目时，在相应的栏里打上记号，到工作结束时，它们的情况便一目了然。调查表法往往要和分层法等联合使用。为了调查产品缺陷的种类及其所占的比重，可对不良项目分门别类地进行调查统计。

3. 不良原因调查表

为弄清不良产品发生的原因，以操作者、操作设备、操作方法、加工对象、时间等为标志进行分层调查统计，找出关键的影响因素。

4. 过程分布调查表

为掌握过程能力，对过程中加工对象的技术特征进行检测和记录，并进行调查数据的分布分析，掌握过程分布的特征。

在实际工作中，经常把调查表分析表和分层法结合起来使用，可以把可能影响质量的原因调查得更为清楚。

 课堂案例讨论

质量体现在细节上

产品的质量在很大程度上取决于生产者对于产品细节的精益求精。一个企业在消费者心目中的知名度、可信赖度，都建立在对产品品质满意度的基础上。细节处理得越细，产品品质就越高。

德国的企业对产品质量的要求非常严格，他们重视每一个细节的完美，不允许产品的任何一个细节存在缺陷。有时他们宁可牺牲产品，也不会放松对细节的精密追求。所以说，卓越的质量建立在严格检查的细节上。

奔驰汽车是高质量、高档次、高地位的象征，它不仅成为社会名流必备的道具，甚至许多国家都采用奔驰汽车作为外交用车的标准车辆，"奔驰"已成了名副其实的名牌。奔驰，有如此大的品牌号召力，真正的法宝是它高质量的保证。"质量是取胜的关键"，这是奔驰百年的承诺，也是闪闪发光的三角星的真正内涵。

奔驰汽车就是靠对细节检查不放松，生产出了高品质的产品。该公司的一位负责人说：实现高质量就要对产品的所有零件的细节进行检验。为了杜绝细微的质量问题，奔驰公司对于外厂加工的零部件，一箱里只要有一个不合格，就会把这箱零部件全部退回。按照传统的管理观念，存在一定的缺陷率是很正常的，可是这并不符合细节管理的精神。奔驰公司采取了"宁可错杀一千，也不放走一个"的细节管理模式，最大限度地杜绝了低质量产品的出厂。

质量的管理要落实在每一个实质性的行动上，彻底摆脱"求数量、求速度"的传统管理观念，把细节管理落实到各个部门，使各个部门职责清晰、有效地分工协作。

奔驰公司生产的引擎要经过 42 道关卡的检验，连油漆稍有划痕，都必须返工。即使是一颗小小的螺丝钉，在组装上车之前，也要经过检查，生产组装阶段都有专人检查，最后由专门技师对所有的细节综合考证，合格后才签字放行。而许多比较单纯的机械劳动，如焊接、安装发动机等则采用机器人，在一定程度上避免了一些制造细节出现的问题。

任何一个企业都不会忽视对产品的设计，这就需要进行大量的市场研究，掌握用户对产品质量要求的各种信息和细节，使产品开发设计过程保持系统的有效性。设计一旦确定了，细节就成为产品质量的决定因素。

奔驰汽车的设计是举世闻名的，但更让人们印象深刻的是，奔驰汽车把设计的各个细节落实在了其生产过程中，使每个细节都精致完美。许多公司在产品的设计过程中都十分精心，事无巨细，力求完美。但是，其他公司生产出的相似产品，质量就相差许多，这种差异的形成，就是由于对细节的放松造成的。

资料来源：吕国荣．小故事大管理．中国经济出版社

讨论题：

1. 质量控制最常用的分析方法有哪些？它们的作用是什么？

2. 奔驰质量管理体现在哪些细节上？质量控制最常用的分析方法对奔驰质量管理有何意义？

本 章 小 结

质量是企业的生命，没有了质量，企业也不复存在。

质量的定义有两层含义：

一是使用要求。人们使用产品，总会对产品质量提出一定的要求，而这些要求往往受到使用时间、使用地点、使用对象、社会环境和市场竞争等因素的影响，这些因素的变化，会使人们对同一产品提出不同的质量要求。因此，质量不是一个固定不变的概念，它是动态的、变化的、发展的；它随着时间、地点、使用对象的不同而不同，随着社会的发展、技术的进步而不断更新和丰富。

二是用户对产品的满足程度，反映在对产品的性能、经济特性、服务特性、环境特性和心理特性等方面。因此，质量是一个综合的概念。它并不要求技术特性越高越好，而是追求诸如性能、成本、数量、交货期、服务等因素的最佳组合，即所谓的最适当。

随着质量对世界经济活动的影响越来越显著，ISO 于 1987 年颁布了举世瞩目的 ISO9000 族质量管理和质量保证国际标准，很快被各国政府和企业采纳，推动了国际间贸易和合作的迅猛发展，并且使企业内部的质量管理工作更加规范、有效。许多著名的企业都建立起质量体系、质量手册，开展质量审核和质量改进活动，提高了顾客的满意度。

企业质量管理的目的在于通过让顾客满意和本企业全体成员及社会受益而使企业达到长期成功。为达到这一目的，企业的全体成员都必须参与质量管理活动，其中，企业的领导是关键。

生产过程，即技术准备过程、制造过程和辅助服务过程的质量控制，必须从人、机、料、法、环五大要素入手，建立并严格执行质量技术标准和管理标准。过程质量控制最常用的分析方法是分层法、调查表法、排列图法、控制图法、因果分析图法、直方图法和散布图法等。

思考与练习

一、填空题

1. 质量成本是指企业为了_____而支出的一切费用，以及因未达到产品质量标准，_____而产生的一切损失。

2. 认证标志是指产品经法定的认证机构按规定的_____认证合格，准许在该产品及其包装上使用的表明该产品的有关质量性能_____标准的标志。

3. 全面质量管理简称 TQM，是一种由顾客的_____驱动的管理哲学。

二、选择题

1. 产品层次包括（　　）。

A. 核心利益　　　B. 形式产品　　　C. 期望产品　　　D. 潜在产品

2. 产品内在质量包括（　　）。

A. 性能　　　　　B. 寿命　　　　　C. 可靠性

D. 安全性　　　　E. 经济性

3. 异常型直方图种类有（　　）。

A. 孤岛型　　　　B. 双峰型　　　　C. 陡壁型　　　　D. 偏态型

三、判断题

1. 因果分析图是一种复杂但有效的方法。　　　　　　　　　　　（　　）

2. 质量标准是一成不变的。　　　　　　　　　　　　　　　　　（　　）

3. 质量管理体系标准是通用的，适合于不同类型产品、不同类型企业。（　　）

四、名词解释

1. 质量管理

2. ISO9000 族

3. 全面质量管理

五、简答题

1. 简述 PDCA 循环的含义及特点。

2. 质量管理常用的统计方法有哪几种？各有什么作用？

3. 如何确保设计过程质量？

工作导向标

苏衍参与的 PDCA 循环的管理过程

　　苏衍在大学学的是经济管理，现在在一家二甲综合医院医疗质量科工作。他最近参与了医院进行电子病历的管理工作，在管理过程中，遵循的是 PDCA 循环原则，这样可以不断提高电子病历书写效率和便捷性，并保证病历质量，降低因电子病历书写引发的安全隐患，确保医疗安全与质量。

　　1. Plan——提高病历质量，减少存在的问题，先要制订计划。

　　苏衍他们首先对现有的相关法律、规范进行了认真学习和研究，如《病历书写规范（第四版）》等。对照这些法律规范，结合电子病历的特点，以及医疗质量科对电子病历中的常见问题和隐患以及临床医生的要求，制订了新的电子病历推广计划，搭建了电子病历的具体质控框架，明确质控重点。在引入 PDCA 循环理论进行管理后，3 个月进行一次小循环，半年进行一次大循环，计划通过两年的努力，也就是 4 次大循环后，医院能建立比较完善的电子病历质量控制管理系统，实现医疗质量持续改进。

　　2. Do——计划制定之后，按照计划来实施。

　　医院医务部的医疗质量科承担了全院医疗质量、电子病历、临床路径等方面的管理工作，信息科承担电子病历的技术支撑和方案测试等工作。临床科室负责制定各科病种模板，经过个人、科主任和医务部三级审核流程后投入使用。医疗质量科在开发使用以"电子病历"为质控主体进行医疗质量控制管理过程中，将质控环节分为"事前质控"、"过程质控"、"终末质控"三个连续质控过程，对全院各科室的患者从入院生成电子病历直至出院，进行全程实时质量检查控制。

　　3. Check——计划实施之后，按照计划进行检查，看是否实现了预期效果、达到预期目标。医院采取多种形式对电子病历的质量控制管理系统进行完善。

　　通过传统的运行病历和终末病历质量检查，对病历质量的共性问题进行评价、分析，发现病历中存在的一些共性缺陷，如病历书写不及时；医务人员漏签名；入院记录的现病史不全面、主诉不规范、个人史简单、既往史简单或前后矛盾；首次病程记录的特点冗长无重点；出院记录的诊治经过简单；过分依赖模板或复制粘贴功能，各级医师查房内容雷同，病历内在质量不高等，和医疗安全科合作，定期对医院的医疗不良事件和医疗纠纷案例进行讨论，着重分析不良事件产生原因和存在的缺陷，如核心制度中会诊制度、手术分级管理制度、三级医师查房制度等执行力不强；知情同意书不完善、存在不合理用药等。平时深入科室了解医护人员需求，不定期检查、发现质控薄弱环节。在医生工作站中加入"电子病历应用问题信息反馈平台"，通过平台，医生可以和医疗质量科进行充分的信息交流，医生在第一时间将发现的电子病历的不足和缺陷进行反馈，医疗质量科立即给予解答和处理，并做好相关记录，不断寻求新的质量控制环节。

　　4. Act——发现存在的问题后，进行针对性的改进。

　　医疗质量科在每次循环过程中都对检查、分析讨论结果进行汇总，并结合医院实际情况，研究电子病历中的各项控制元素，设置多项质控环节点：

　　（1）病历书写时限监控。电子病历系统对违反病历书写规定时限自动进行警示，并记录和统计。

（2）病历书写重点项目结构化控制。如首次记录必须包括诊断依据及诊断、主要鉴别诊断、诊疗计划，该部分内容省略，系统将不能保存；男性患者入院记录自动隐藏月经史、妇科体检内容等。对易出现复制错误的地方将复制功能锁定。

……

思考题：参考以上的 PDCA 循环管理过程，针对你的工作部门模拟实施 PDCA 循环管理，并写出整个过程。

经 典 案 例

质量是维护顾客忠诚度的最好保证

1993 年 8 月，荷兰海内肯啤酒公司回收了它已投放在澳大利亚、瑞士、英国、中国香港等 8 个国家和地区市场上的一种玻璃瓶装啤酒。原因是该公司在这种啤酒生产过程中检测出了混有玻璃碎渣的产品，于是怀疑已经投放到市场的这种啤酒可能是漏检的"危险品"。在回收这种啤酒的同时，该公司还大力进行宣传，请上述市场的消费者不要买它的啤酒。

海内肯公司是世界第二大啤酒公司，其产品长期以来雄踞国际市场，此番要回收已经投放到 8 个国家和地区的啤酒，可想而知，其经济损失是十分巨大的，而且也冒着极大的风险。有人说，此举没有必要，即使有残渣的啤酒漏检，其数量相对来说，也是微乎其微的。按通常的做法，对买到这种不合格啤酒的消费者（即使他饮用后受到伤害），给予适当的赔偿就可以了，没必要如此兴师动众，付出偌大的代价。

但海内肯啤酒是世界名牌啤酒，此番回收啤酒，并劝告人们别买海内肯啤酒，不仅使消费者从今往后对它绝对放心，而且赢得了顾客对其产品的绝对忠诚。等到回收完以后，新的海内肯啤酒重新在市场上出现时，消费者此时掏钱购买海内肯啤酒更是毫不犹豫。

海内肯啤酒公司这一冒着极大市场风险的举动，反映了一个企业对消费者高度负责的质量信念。通过这一事件，引发了消费者对海内肯啤酒的忠诚，使海内肯公司占领了更大的市场，获取了更大的经济利益。

资料来源：吕国荣．小故事大管理．中国经济出版社

思考题：通过此案例，你对质量与消费的关系有了怎样的认识？

第八章　现代企业财务管理

立信，乃会计之本。没有信用，也就没有会计。

——中国现代会计之父潘序伦

【引导语】

现代企业财务管理，就是对资金的管理。如果资金流由于管理不善而断流，就如同汽车的汽油干枯，电气线路短路而无法启动。资金断流将使企业各部门无法正常运行，甚至导致破产。

【学习要点】

1. 了解财务管理的基本概念及内容。
2. 了解财务管理中资金运动的内容。
3. 掌握股票的种类，以及企业债券的发行程序。
4. 了解筹资、投资的基本方法及意义。
5. 掌握流动资产管理、成本管理、销售收入管理的基本内容及方法。
6. 了解财务报表的种类及作用，并掌握财务报表分析方法。

 引导案例

比亚迪教训

比亚迪董事局主席兼总裁王传福正面临创立比亚迪16年来的又一段元艰难岁月。这次比以前更凶险：IT、传统汽车和新能源三大主业无一好过；两年间200亿元资本开支过度扩张，而现金流捉襟见肘；贷款负担不得不以"借新还旧"应对。自2011年6月间登陆A股市场以来，除了上市之初高涨，股价一路步步走低。H股价格早从最高位80多港元跌至14港元以下，逼近巴菲特2008年宣布入股时的水平。

王传福现在将2010年至2012年的三年划定为比亚迪的"调整期"，可谓"痛定思痛"。

短短数年间，比亚迪犹如坐过山车，大起大落。2009年，F3月销量3万台，奠定其在汽车行业的新贵地位。转入2010年，危机骤现，汽车销量大幅下滑，经销商退网，颓势延续到了2011年。

2011年上半年，比亚迪营业收入225亿元，比上年同期减少11％，盈利仅2.75亿元，同比下滑高达89％。财报中分类的三大主营业务——汽车、手机部件及组装以及二次充电电池业务的盈利能力均不足道。

多名了解比亚迪的受访人士指出，比亚迪的电池等传统业务利润率非常有限，"至多只能自己维持，已无法再养汽车"，而在 2003 年比亚迪进入汽车产业后一段时间，传统电子和消费电池业务正是支撑比亚迪在全新领域资本开支的主要来源。

在比亚迪常年的收入来源中，其中一大部分来自政府的补助。2008—2010 年，比亚迪非经常性损益高达四五亿元，主要包括政府补贴、部分税收优惠等。2011 年上半年，比亚迪盈利 2.75 亿元，而计入当期损益的政府补助高达 1.1 亿元。

"它的利润好看，其实是政府补助引起的。"一位长期研究比亚迪的财务分析人士指出，"如果没有这块，它的盈利能力其实非常有限。"

一名接近比亚迪管理层的知情人士指出，比亚迪的财务管理不佳。2010 年二季度，比亚迪营业收入环比下滑 8%，净利润下滑 58%，但直到当年第三季度，才警觉现金流问题严重。此时公司净利润仅为 1182 万元，同比下跌 99%。"如果比亚迪跟别的公司一样，每周都看现金流情况，就不至于这么被动。"

多位受访者透露，比亚迪的银行贷款已经是"借新还旧"。

一名长期研究比亚迪的财务分析人士指出，"以新债还旧债，一般企业都是情况非常严重了。"

比亚迪财经处总经理助理李黔告诉记者，其实，比亚迪信贷额度仍可循环使用，足以应付短期负债，资金周转不存在问题。另一方面，政府补贴将缓解部分压力。

不容乐观的财务状况，直接动摇了比亚迪当前以传统车反哺新能源业务的模式。

这次，比亚迪以动力和储能电池为基础的各项新能源业务，尚无成型的商业模式，相当长时间内必须高度依赖政府资源、财政补贴和政策扶持。

在全球范围内，欧洲、日本等国在减排压力并不大的情况下，政府对电动车发展并没有大力支持，厂商因此颇多观望。在技术和行业标准相对落后的国内，关于先发展传统燃油车减排，还是优先发展新能源车，发改委、工信部和行业参与者意见并不一致，各地方政策更加纷杂。

市场前景、政策环境等诸多因素难于把握，在商业上拖累了比亚迪。谁也看不清未来回报如何。长期研究比亚迪的财务人士指出，"如果我是投资者，我是不会去赌这个没把握的东西。"

资料来源：符燕艳，屈运栩，卢彦铮．新世纪周刊，2011（40）

思考题：比亚迪此次的危机除了资金的问题外，还有哪些其他问题？

从此案例，我们意识到，企业由于盲目地扩张经营规模，资金无法保障。此外，生产经营没有考虑外部环境，导致企业无法正常运营，甚至影响到企业的生死存亡。通过资金运动，怎样实现企业的财富价值最大化，是本章要探讨的问题。

经济的全球化使得外部环境对企业的影响日益加深；技术不断创新，利率变化，汇率波动，税法变更，通货膨胀等导致全球经济的不稳定。这众多外界环境的变化，都与企业的财务管理息息相关，使当今的财务管理在企业中变得更为重要和更具战略意义。

第一节　财务管理概述

一、财务管理的内涵

财务管理是指利用价值形式对企业生产经营过程进行的管理，是组织财务活动、处理财务关系的一项综合性管理工作。

企业财务是指企业生产经营过程中的财务活动和所体现的财务关系的总称，是企业经济活动的重要组成部分。现代企业的财务管理是对企业财务活动和财务关系的管理，是企业管理的一个重要组成部分。

企业财务一是研究资金运动，就是如何使企业资金配置科学合理、使用得当而有效；二是研究资金运动所反映的财务关系，就是如何合理制定财务制度和管理框架，妥善处理和协调各相关利益集团的经济关系。

1. 财务活动

财务活动是指企业资金的筹集、投放、使用、回收和分配等一系列行为中的资金运动。企业的财务活动主要是资金筹集、资金投放、资金使用和回收及资金分配等一系列活动。

2. 财务关系

在企业财务活动中，与企业各方面有着广泛的财务关系，主要包括以下几个方面：

①企业与投资者之间的财务关系。企业向企业投资人支付报酬所形成的经济关系。

②企业与债权人之间的财务关系。企业借入资金并按合同的规定向债权人支付利息和归还本金所形成的经济关系。

③企业与受资者之间的财务关系。企业以购买股票或直接投资的形式向其他企业投资所形成的经济关系。

④企业与债务人之间的财务关系。企业将其资金以购买债券、提供借款或商业信用等形式，出借给其他单位所形成的经济关系。

⑤企业与供货商、企业与客户之间的财务关系。企业购买供货商的商品或劳务，同时向客户销售商品或提供服务所形成的经济关系。

企业通过缴纳各种税款，还会与政府有经济关系。企业内部各单位之间在生产经营各环节中互相提供产品或劳务，也会形成经济关系。企业在向职工支付劳动报酬的过程中，也存在经济利益关系。

企业的财务活动反映企业的资金运动，而企业的财务关系反映企业与各方面的经济利益关系，从而体现企业财务的本质。

二、财务管理的目标与内容

(一) 财务管理的目标

财务管理目标是指企业进行财务管理活动要达到的目的，是评价企业财务活动是否合理的标准。明确财务管理的目标，是搞好财务工作的前提。财务管理的目标既受制于企业的总目标，又被企业财务管理本身的特点制约。

财务管理的目标，实际上就是企业价值的最大化（也称为股东财富的最大化）。

企业价值就是企业的市场价值，是企业所能创造的预计未来现金流量的现值。企业价值最大化是企业通过生产经营，在激烈的市场竞争中，不断开拓创新产品，优化业务服务，不断增加企业财富，使企业价值趋于最大化。

小贴士

不要活在过去的时间里太长

迪斯尼去世以后，迪斯尼公司的利润接连下降。这时，迈克尔当上了迪斯尼公司的董事长。当时，迪尼斯的状况很糟，资金非常匮乏。

现实的、迫切的资金短缺促使迈克尔审视迪斯尼庞大的旧影片储藏，其中有诸如《白雪公主》和《灰姑娘》等经典儿童片。但是他深知，迪斯尼规定：每隔 7 年才能在全国的电影院上映这些电影。他更知道，迪斯尼的管理层曾经拒绝将他们制成录像带出售。因为担心人们买了录像带之后，就可以在家里收看，而不会到电影院去看了。迈克尔不相信这些，他清楚地记得童年时把心爱的书读了一遍又一遍的情形。更重要的是，现在距离迪斯尼先生的时代已经过去几十年了，不应该再固守着过去的规则不放了。而且迪斯尼现在急需资金，如果不这么做，公司将继续陷入困境，甚至会更危险，而那些旧影片也只能是待在旧纸堆里，没有任何收益。如果没有收益，就没有价值，他必须要将这些东西变为金钱。

对迈克尔来说，在迪斯尼的旧纸堆里发现这些难得一见的电影，简直就像找到了一大块金子。他立刻下令在圣诞节将一两部这类影片制成盒带出售。结果，仅销售录像带这一项就为公司带来了数十亿美元的收入，当即缓解了资金压力。

迪斯尼公司缓了过来，他又开始快乐地运作了。

迈克尔的成功就在于他认识到了那些珍藏的录影带如果不能加以利用，在企业的财务上也只能是一项静态的资产，不会给企业带来收益。而他要做的就是要盘活这项资产，让它带来价值。所以，企业要善于运用自身的资源，使每一项资产都能够物有所值，谋取财务利益的最大化。

资料来源：中世.让狗吐出骨头.西苑出版社

（二）财务管理的内容

财务管理的内容体现在企业资金运动的整个过程，其核心是适时、适量、适度地筹集和运用资金，主要包括筹资管理、投资管理和收益分配管理。

①资金筹集：企业为了满足投资和资金营运的需要，筹集所需资金的行为。企业筹集资金时可用自有资金，通过发行企业股票来吸收资金；也可通过向银行借款、发行债券、应付账款等获得资金。

②资金投放：企业根据项目资金需要投出资金的行为。一方面对外投资，即投资购买其他公司的股票、债券，或与其他企业联营，或投资于外部项目；另一方面，内部使用资金，即购置固定资产、无形资产、流动资产等。

③资金营运：企业日常经营而引起的财务活动。企业在日常生产经营活动中，会发生一系列的资金收付。企业需采购材料或商品，在从事生产和销售的同时还要支付工资和其他营业费用。

④资金收入：企业按照产品的价格取得销售收入，实现产品的价值。这样不仅可以补偿产品成本，也可以实现企业的利润，企业自有资金数额随之增大。

⑤资金分配：企业通过投资和资金营运活动可以取得相应的收入，并实现资金的增值。企业取得的各种收入在补偿成本、缴纳税金后，还应依据有关法律对剩余收益进行分配。

资金分配是资金运动过程的终点，又是下一次资金运动的起点。

资金运动的5个环节互相关联，相互作用。一个环节管理不当，就会使企业资金出现问题，进而影响到企业的运营，如图8-1所示。

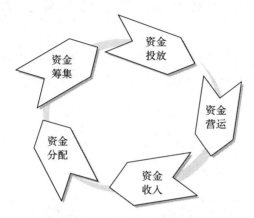

图8-1 企业资金运动示意图

怎样以最小的成本筹集资金？怎样使企业的投资收益最大化？怎样合理利用资金，最大限度地降低资金的耗费？怎样让资金收入提高？怎样使利润分配更加合理？怎样保证资金运动的连贯性和有序性，以求达到预期的理财目标，实现企业价值最大化？这就是企业财务管理的内容和实质。

三、财务管理的主要环节

财务管理环节是指组织财务活动、处理财务关系的各个业务工作阶段，如图8-2所示。各环节相互联系，形成周而复始的财务管理的循环过程，构成完整的财务管理工作体系。

1.财务预测

财务预测是指根据企业财务活动的历年资料，考虑现实的要求和条件，对企业未来的财务活动和财务成果做出科学的预计和测算。

财务预测是财务决策的基础，是编制财务计划的前提，是企业组织日常财务活动的必要条件。

2.财务决策

财务决策是指在财务预测的基础上，根据企业的财务目标，对备选方案进行科学的论证，权衡利弊，确定最佳方案的过程。

3.财务计划

财务计划是指运用科学的技术手段和数学方法，对目标进行综合平衡，制订主要计划指标，拟定增产节约措施，协调各项计划指标。

4. 财务控制

财务控制是指在生产经营活动过程中，以计划任务和各项定额为依据，对资金的收入、支出、占用、耗费进行日常的计算和审核，以实现计划指标，提高经济效益。

5. 财务分析

财务分析是指以核算资料为主要依据，对企业财务活动的过程和结果进行调查研究，评价计划完成情况，分析影响计划执行的因素，挖掘企业潜力，提出改进措施。

6. 财务检查

财务检查是指对企业财务活动的合法性、合理性和有效性所进行的检查，找出存在的漏洞和问题，并加以纠正的管理活动。

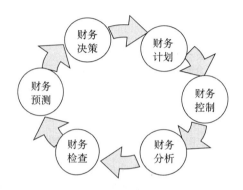

图 8-2　现代财务管理环节示意图

现代企业财务管理的主要环节有一定的流程性，须先进行财务预测，再根据预测做出最科学的决策，进而制订财务计划，按计划实施时充分考虑实施过程和成本的控制，并对此进行过程和结果的分析后提出建议以便改正，同时财务检查其过程和结果等各种计划中的指标完成质量。财务检查应贯穿整个财务管理的始终。

现代企业财务管理通过资金运动，利用资金、成本、收入等价值指标来组织企业价值的形成、实现和分配，并处理这种价值实现运动中的各种经济关系，从而尽可能准确地分析企业经营状况和经营成果。企业财务管理的内容主要包括筹资管理、投资管理、资产经营管理和财务分析四个部分。

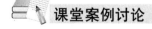 **课堂案例讨论**

出箭时还能把张开的弓放下

1993 年，全国房地产热浪从南方席卷而来，很快刮到了沈阳东宇集团的身上。年轻的东宇人也按捺不住激情，于是，东宇大厦在沈阳的黄金地段马路湾开工了。

与东宇大厦遥相呼应的对面，从一个知名的民营企业那里也传出了铿锵有力的建筑声。只是东宇大厦的声音把框架支撑到一定高度的时候，就停工了。

东宇员工眼看着人家的大厦在一层一层地拔高，心里很不是滋味。他们有一百个理由不愿看到满腔心血成为半截子工程。他们感到脸上无光，东宇人从来没干过这样的"活儿"。

但东宇集团的老总庄宇洋却丝毫不为所动。

因为庄宇洋知道，如果把钱投到大厦上，势必造成企业财务紧张，而企业辛辛苦苦挣来的钱，如果不能用在刀刃上，企业就无力在市场上披荆斩棘。东宇应将资金集中在科技产品的开发、生产和经营上。为此，他跟大家反复讲这样一个道理：如果我们非要把大厦建起来，凭我们的实力完全可以，但我们要考虑一个机会成本的问题。现在我们的撤退，是战略上的调整。可以说，撤退是暂时的，我们今天的停建是为了以后的续建。企业需要运营，我们必须保证我们的收益。

东宇把资金投到了高科技上，新产品的销售额达到人民币 3 个多亿，创造了零库存，产品供不应求。

两年以后，一袭银装的 26 层东宇大厦巍然耸立，东宇集团总部入驻。

庄宇洋在停建东宇大厦的过程中"一收一放"，正如一个出色的箭手所具备的素养：出箭果敢，更能在出箭时还能把张开的弓放下。

资料来源：中世 . 让狗吐出骨头 . 西苑出版社

讨论题：

1. 企业财务管理的目的是什么？
2. 企业投资的重点是什么？

第二节　资金筹集管理

现代企业筹集资金主要是向外部有关单位或个人以及从企业内部筹措生产经营所需资金的一项财务活动。企业资金是企业经营管理的前提条件，直接关系到企业的生存和发展。

 小贴士

死海的故事
——关注现金流

很久以前，有许多河流注入死海，所以死海的水位一直在不断地上涨。由于有活水流入，死海也显得生气勃勃。可是它感到十分恼火，因为它觉得自己的海水原本是甘甜可口的，就是由于这些河流的汇入，才使水里盐的浓度增加，所以它就对这些河流抱怨道："我的水本是甘甜可口的，是你们将我变得苦涩而不可饮用。"

河流知道它是有意来责难的，便说："那我们从此以后就再也不流到你这里来了，你也就不会变咸了。"

从此，以前流向死海的河流都改道了，死海的水非但没有因此而变得甘甜可口，反而更咸了。而且现在更为致命的是，由于没有河流的不断注入，死海的水位开始下降，这时它才明白那些看起来让他生气的河流给予了自己生命，可是为时已晚。

投资理财活动也是如此，我们要时刻关注自己的现金流，有了现金流的不断注入，财富才有不断增加的可能。

要记住，只有现金流才能消除我们损失金钱的恐惧，所以要尽可能地去投资于资产，以增加收益，而不是增加负债。财富积累的全部秘密就在于掌握好现金流的流向。

资料来源：翟文明．影响人一生的 100 个财富寓言．光明出版社

现代企业为扩大经营业务和健全内部管理，必须通过各种渠道筹措和利用各种资金。

一、筹资管理概述

1. 企业筹集资金的含义

企业筹集资金是指企业根据其生产经营、对外投资及调整资本结构等的需要，向外部有关单位或个人以及从企业内部筹措和集中生产经营所需资金的财务活动。

筹集资金是企业资金运动的起点，是决定资金运动规模和生产经营发展程度的重要环节。

2. 筹资的方式

企业根据其需要，可采取不同的筹资方式。不同形式获得的资本的属性和期限不同。目前我国企业的筹资方式主要有吸收直接投资、发行股票、利用留存收益、商业信用、发行债券、融资租赁、向银行借款的方式。前三种方式筹到的资金为所有者权益性资金，属永久性资金；后四种方式筹集到的资金为债务资金，到期必须偿还。

3. 筹资的渠道

企业筹集资金的来源与通道，反映了资金的来源与供应量。企业筹资管理的重要内容是针对客观存在的筹资渠道，选择合理的筹资方式进行筹资。

有效的筹资组合可以降低成本，提高效率。企业资金主要有国家财政资金、银行信贷资金、非银行金融机构资金、其他企业资金、民间资金、企业自留资金等。

筹资渠道与筹资方式有一定的对应关系，一定的筹资方式只适合某一特定的筹资渠道。具体的对应关系如图 8-3 所示。

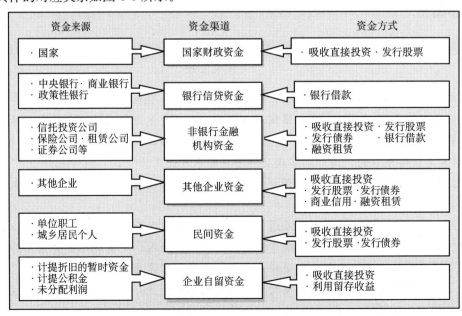

图 8-3　筹资渠道与筹资方式的对应关系图

随着我国金融市场向国外开放的程度越来越高，外国投资者以及我国港澳台地区投资者也进入我国内地金融市场形成外商资金。吸引外资成为我国经济建设的客观需要，应更好地引进国外的先进技术和管理经验，促进我国技术进步和产品水平的提高。

根据企业所筹集资金的渠道不同，分为权益资本筹资和债务资本筹集。权益资本筹资是指所有者提供的资金，也称为自有资金；债务资本筹集是指由债权人提供的资金，构成企业的负债。

二、权益资本筹集

权益资本筹资的方式，又称股权性投资，主要有吸收直接投资、发行股票和利用留存收益等形式。

（一）吸收直接投资

吸收直接投资是指非股份制企业以协议等形式吸收国家、其他企业、个人和外商等直接投入的资本，形成企业投入资本的一种筹资方式。它是非股份有限责任公司筹措资本金的基本形式。出资者都是企业的所有者，他们对企业拥有经营管理权，并按出资比例分享利润，承担损失。

1. 吸收直接投资种类

①国家直接投资，主要为国家财政拨款，形成企业的国有资本。

②其他企业、事业单位等法人的直接投资，形成企业的法人资本。

③本企业内部职工和城乡居民的直接投资，形成企业的个人资本。

④外国投资者和我国港澳台地区投资者的直接投资，形成企业的外商资本。

 小贴士

胡氏兄弟的互助会

1955 年，胡氏兄弟来到巴西圣保罗市，终于找到一份工作。有一回，胡大去阿雷格里旅行，在一间餐馆吃饭时发觉一种意大利肉鸡美味可口。他打听到，这是一种有名的肉食，当地人十分喜爱，胡大当时灵光一闪。他马上赶回圣保罗和弟弟商量养意大利肉鸡的事情。经过商量，兄弟俩觉得此事很有前途，可惜没有资金办鸡场。他们连续几天奔走求人，但没有人肯借。在走投无路之时，胡大突然想起了中国传统谋略中的"借术"，随即策划组织了一个互助会。互助会就是大家出资，按出资的多少分得利益。经他们俩坚持不懈地宣传，终于筹到 1 万美元，办起了一个养鸡场，取名为"阿维巴农场"。在他们辛勤劳动和精心管理下，农场迅速发展壮大，几年后就扩大为阿维巴公司。到 2001 年，他们已拥有 24 个养鸡场。同时，他们还建起孵化场、饲料厂、冻鸡加工厂等，使公司各项业务配套成龙。随着养鸡业的发展，胡氏兄弟的财富不断增多，农场年营业额也高达 2 亿美元。

资料来源：吕国荣 . 小故事大管理 . 中国经济出版社

筹资的方式多种多样。利用别人的钱，然后提供分红的方式。这种做法类似于今天的股票上市、职工参股等。

2. 吸收直接投资的出资方式

投资者投资时出资方式较灵活，主要有以下几种。

（1）现金投资。指用货币资金对企业投资，是直接投资中最重要的出资方式。企业有了货币资金，可以购买各种生产材料，支付各种费用，有很大的灵活性。我国《有限责任公司规范意见》规定，出资额不得少于企业法定注册资本最低限额的 50%。

（2）实物投资。指以房屋、建筑物、设备等固定资产和原材料、燃料、商品等流动资产所进行的投资。实物投资要适应企业生产、经营、科研开发等的需要；技术性能良好；作价公平、合理。

（3）无形资产投资。无形资产投资有专利权、商标权、商誉、非专利技术、土地使用权等形式。在吸收此项投资时，要进行周密的可行性研究，分析其先进性、效益性和技术更新的速度，并合理作价，以免吸收以后在短期内就发生明显的贬值。

3. 吸收直接投资的优缺点

吸收直接投资的优点是能增强企业信誉，能加速形成生产能力，能降低财务风险。

吸收直接投资的缺点有：资金成本较高，企业控制权被分散，产权交易受制约。

（二）发行股票

股票是指股份有限公司为筹措自有资本而发行的有价证券，是持股人拥有公司股份的凭证。它代表持股人在企业中拥有的所有权，持股人是企业的股东。它可按投入的资本额享有所有者的资产受益、企业重大决策和选择管理者的权利，同时以其所持股份为限对企业承担责任。股票筹资是股份有限公司筹措权益资本的基本方式。

1. 股票的种类

（1）股票按股东权利和义务不同，分为以下两类。

①普通股，是指公司发行的具有管理权而股利不固定的股票，是公司资本结构中的基本部分。

②优先股，是指较普通股有某些优先权利，同时有一定限制的股票。普通股的股东享有企业的经营管理权；企业增发新股时，普通股股东具有认购优先权。

优先股股东在股东大会上无表决权，但优先获得股利。企业破产清算时，首先考虑优先股股东。

（2）股票按投资主体的不同，分为以下四类。

①国家股，是指有权代表国家投资部门或机构以国有资产向公司投资形成的股份。国家股由国务院授权的部门或机构，或根据国务院的决定由地方人民政府授权的部门或机构持有，并委派股权代表。

②法人股，是指企业法人以其依法可支配的资产向公司投资形成的股份，或具有法人资格的事业单位和社会团体以国家允许用于经营的资产向公司投资形成的股份。

③个人股，是指社会居民或本公司职工以个人合法财产投入公司形成的股份。

④外资股，是指外国投资者和我国港澳台地区投资者以购买人民币特种股票形式向公司投资形成的股份。

（3）股票按发行对象和上市地点，分为以下三类。

①A 股，是指人民币普通股票，由我国境内的公司发行，供境内机构、组织和个人以人民币认购和交易。

②B 股，是指人民币特种股票，以人民币表明价值，以外币认购和进行交易，在境内（上海、深圳）证券交易所上市交易。

③H 股，是指注册地在内地，上市地在香港的外资股。

2. 股票发行程序

公司发行股票，分为设立发行原始股和增资发行新股两种。

（1）设立发行原始股的程序

①发起人认定公司的注册资本，并认缴股款。

②提出发行股票的申请。

③公告招股说明书，制作认股书，签订承销协议。

④招认股份，缴纳股款。

⑤召开创立大会，选举董事会、监事会，办理公司设立登记，交割股票。

（2）公司增资发行新股的程序

①做出发行新股的决议。

②提出发行新股的申请。

③公告招股说明书，制作认股书，签订承销协议。

④招认股份，缴纳股款，交割股票。

⑤改选董事、监事，办理变更登记。

3. 发行股票筹资的优点

① 发行股票筹集的是主权资金，可为债权人提供较大的损失保障，能提高公司的信誉。

②发行股票筹集的资金是永久性资金，没有固定的到期日，不用偿还。可长期使用，能充分保证公司生产经营的资金需求。

③筹资风险小，公司有盈余就分配股利，没有固定的利息负担。

4. 发行股票筹资的缺点

①普通股有发行等费用，资本成本较高。

② 普通股股东享有公司的决策投票权，容易分散控制。

另外，新股东分享公司未发行新股前积累的盈余，会降低普通股的净收益，可能引起股价下跌。

（三）利用留存收益

留存收益是指企业从历年实现的税后利润中提取或形成的留存于企业内部的积累。它主要包括盈余公积、未分配利润。这部分资金可以再投入到企业的再生产中去。因此，将其视为企业主权资金的一种来源。

利用留存收益筹资的好处是不必向外部单位办理各种手续，简便易行；属于企业内部筹资，无筹资费用；可增强企业信用；可获得税收利益；可提高抗风险能力。

利用留存收益筹资的不足是筹资的数量受到限制，可能影响公司今后的外部筹资。

三、债务资本筹集

债务资本是指企业向银行、其他金融机构、其他企业单位等吸收的资本。企业债务资本的筹资方式，又称债务性筹资。

债务资本的出资人是企业的债权人，对企业拥有债权，有权要求企业按期还本付息。筹集方式主要有向银行借款、发行企业债券、融资租赁、商业信用等。

（一）银行借款

银行借款是指企业根据借款合同向银行借入的需要还本付息的款项。利用银行的长期和短期借款是企业筹集资金的一种重要方式。

1. 银行借款的种类

①按借款担保的条件不同，分为信用借款、担保借款和票据贴现。

②按借款用途不同，分为基本建设借款、专项借款和流动资金借款。

③按提供贷款的机构不同，分为政策性银行贷款和商业银行贷款。

2. 银行借款的流程

企业向银行借款的流程如图 8-4 所示。企业办理长期借款和短期借款的程序基本相同，但时间上有一定的差别。

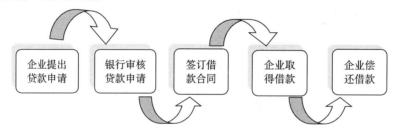

图 8-4　企业向银行借款流程

（1）企业提出贷款申请

第一次申请长期借款时，先写书面申请，经银行对企业初审同意后，再写正式的借款申请书。

（2）银行审核贷款申请

对于企业的借款申请，银行按有关政策和贷款条件审核企业申请的借款金额和用款计划。

（3）签订借款合同

借款合同分担保借款合同、抵押借款合同、信用借款合同等形式。借款合同通常一式三份至四份。

（4）企业取得借款

借款合同生效后，银行可在核定的贷款指标范围内，根据用款计划和实际需要，一次或分次将贷款转入企业的存款结算户，以便企业支用借款。

（5）企业偿还借款

企业按借款合同规定偿还本息。偿还借款的方式有：到期一次偿还、分期等额偿还、分期偿还等三种形式。

银行借款是企业常用的一种筹资方式，其优点是筹资速度快、筹资成本低、借款弹性好等，但银行借款有财务风险大、限制条件多、筹资数额有限等缺点。

小贴士

以借养借做成大生意

从一位穷苦的律师成为家财亿万的巨贾，阿克森就是靠借贷赚钱起家的。1963 年，28 岁的阿克森在纽约自己的律师事务所工作。面对众多的大富翁，阿克森不禁对自己清贫的处境感到失落。这种日子不能再过下去了，他决定要闯荡社会。有什么好办法呢？左思右想，他想到了借贷。

他到邻街的一家银行去，找到这家银行的借贷部经理。阿克森声称要借一笔钱，修缮律师事务所。在美国，律师有很高的社会地位。因此，他借到了 1 万美元。阿克森又进入了另一家银行，在那里存进了刚才拿到手的 1 万美元。

之后，阿克森又走了两家银行，重复了刚才的做法。这两笔共 2 万美元的借款利息用他的存款利息相抵，大体上也差不了多少。几个月后，阿克森就把存款取了出来，还了债。这样一出一进，阿克森便在 4 家银行建立了初步信誉。此后，阿克森在更多的银行玩弄这种短期借贷和提前还债的把戏，而且数额越来越大。不到一年光景，阿克森的银行信用已十分可靠了。凭着他的一纸欠条，就能一次借出 10 万美元。

不久以后，阿克森又借钱了，他用借来的钱买下了费城一家濒临倒闭的公司。20 世纪 60 年代的美国充满着大好的机会，只要你用心，赚钱是丝毫没有问题的。8 年以后，阿克森拥有的资产达 1.5 亿美元。

阿克森的"借"可以说完全是利用了无形资产——信用的力量。银行在发放贷款时，是非常注意对信用的考察的。阿克森就是利用了这一点，先累积自己的信用，取得银行的信任，然后贷出大笔的钱。所以，做生意、投资一定要注重自己的信用。拥有信用，就拥有了资本，甚至有时就可以"空手套白狼"。

资料来源：中世．让狗吐出骨头．西苑出版社

（二）发行企业债券

企业债券是指企业依照法定程序发行的、约定在一定期限内还本付息的有价证券，是持券人拥有企业债权的证书。持券人可按期取得固定利息，到期收回本金，但无权参与公司经营管理，也不参加分红。持券人对企业的经营盈亏不负责任。

1. 企业债券的种类

①按有无抵押担保，分为信用债券、抵押债券和担保债券。

②按债券是否记名，分成记名债券和无记名债券。

③企业债券按偿还期不同，分为长期债券和短期债券。

2. 企业债券发行程序

发行公司债券，必须符合《公司法》、《证券法》规定的有关条件。债券发行的基本程序如下。

①做出发行债券的决议。

②提出发行债券的申请。

③公告债券募集办法。

④委托证券机构发售。

⑤交付债券，收缴债券款，登记债券存根簿。

发行企业债券是企业筹措资金的重要方式，其优点有：资本成本低、具有财务杠杆的作用、保障企业控制权等；但发行债券有使企业的财务风险提高、资金使用的限制多、筹资额有限等缺点。

（三）融资租赁

1. 租赁的种类

租赁是指出租人以收取租金为条件，在契约或合同规定的期限内，将资产租让给承租人使用的一种交易行为。企业资产的租赁按其性质有经营租赁和融资租赁两种。

经营租赁是指由租赁公司向承租单位在短期内提供设备，并提供维修、保养、人员培训等的一种服务性业务。经营租赁可解决企业短期的、临时的资产需求问题。

融资租赁是指租赁公司按照承租企业的要求融资购买设备，并在契约或合同规定的较长期限内提供给承租企业使用的信用性业务。融资租赁是融资与融物相结合的，带有商品销售性质的借贷活动，是一种长期租赁形式，是企业筹集资金的一种新方式。

2. 融资租赁的特点

①满足双方需要，风险共担。租赁是为了满足承租人对资产的长期需要，租赁资产的报酬和风险由承租人承受。

②租赁的期限较长，会超过租赁资产寿命的一半。

③租金与租赁资产的价值接近。

④承租人通常负责租赁资产的折旧计提和日常维护。

⑤承租人可以在租赁期满后廉价购买租赁资产。

⑥租赁合同稳定，非经双方同意，中途不可撤销。

⑦一般是由承租人向出租人提出租赁申请，出租人按照承租人的要求引入资产，再交付承租人使用。

3. 融资租赁筹资的优缺点

融资租赁筹资的优点主要是筹资与设备购置同时进行，筹资速度快；设备淘汰风险小；财务风险小；税收负担轻。其缺点是资本成本较高。

（四）商业信用

商业信用是指商品交易中以延期付款或预收货款方式进行购销活动而形成的借贷关系，是企业之间的直接信用行为。

1. 商业信用的形式

企业之间商业信用的形式有以下几种。

（1）应付账款

应付账款是指赊销商品延期付款形成的一种典型的商业信用形式。应付账款有免费信用期，免费信用期内企业无须支付任何代价或费用。例如，不少建材经营者都是先收一部分定金，最后再向房地产商结工程款。不少房地产商卖了一部分房子才去付工程款。这样房地产商利用赊购商品的形式避免了产品对流动资金的占有。超过免费信用期需要支付一定的费用。

（2）商业汇票

商业汇票是指收款人或付款人签发，由承兑人承兑，并于到期日向收款人支付款项的票据。商业汇票是一种期票，是反映应付账款和应收账款的书面证明，分为商业承兑汇票和银行承兑汇票。它是一种短期融资方式。

（3）票据贴现

票据贴现是指持票人把未到期的商业票据转让给银行，贴付一定的利息以取得银行资金的一种借贷行为。银行在贴现商业票据时，所付的金额低于票面价值，其差额为贴现息。如果票据的金额为 100 元，贴现率为 5％，票据融资人只能获得 95 元。采用票据贴现的形式，企业一方面给予购买单位以临时资金融通；另一方面，在本身需用资金时，可及时得到资金，这有利于企业盘活资金，搞好经营业务。

（4）预收货款

预收货款是卖方先向买方收取货款，等到一定时间后再付货，相当于卖方向买方预借了一笔无息的资金。

购买单位愿意对紧俏商品采用这种形式。飞机、轮船等生产周期长、售价高的商品也采用这种形式先订货，以缓解资金占用过多的压力。

2. 利用商业信用筹资的优缺点

利用商业信用筹资的优点有：筹资方便，筹资成本较低，一般没有限制条件。其缺点是资金利用时间较短，不能用于长期项目，对企业长期稳定发展作用不大；如果取得现金折扣，则用款时间更短；放弃现金折扣，付出的资金成本较高。

筹资的方式是多种多样的。利用别人的钱，然后提供分红或支付利息的方式，如股票上市、职工参股等等。利用不同的筹资方式，使企业以较小的代价筹集资金，是企业持续发展的基础。

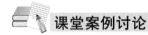 课堂案例讨论

深圳空厂

经济下行，苦苦支撑的中小企业老板感受到前所未有的压力。工厂的倒闭或外迁在广东产业转型升级的背景下悄然发生，厂房的空置率也在历史高点。

邢毅破产了，他极不甘心。他是深圳愿景光 LED 厂的老板，公司年产值曾经上亿元，在行业内颇有名气。但最后却因为几百万元的债务而破产。

2012 年 6 月 29 日上午，邢毅给生意伙伴们群发一条短信，自己因资金链断裂，借款无门，无法偿还供应商的 900 万元欠款，还有工人工资和银行贷款，只能破产。

短信最后一句是："我没有做资产转移，我本人一无所有，于 6 月 29 日上午 10：00 正式宣布破产。我已离开深圳准备外出一段时间，希望大家不要骚扰我的家人。"

宣布破产的短信发出几天后，邢毅租的厂房就被物业公司搬空，仅有一名保安守着那一栋毫无人气的厂房。这类空置情形并非孤例。

关于这次破产，邢毅认为，和他一样的人会多起来。"能撑过二季度的，三季度也很

难撑过去，很多人会静悄悄地死掉。"

深圳台商协会会长张周源说，市场经历一些起伏本是常事，但现在的低谷让很多制造企业无法支撑。劳动力成本提升、原材料上升、人民币汇率的变动，这些虽是老话题，但它们对制造企业利润的挤压却从未停止。

愿景光破产的伏笔在 2009 年埋下。

受金融危机冲击，传统产业中的制鞋、玩具、小电子都遭到了重创。LED 则被视为高新产业、朝阳产业，珠三角各城市的政府都推出一系列 LED 产业示范工程。

2009 年，广东 LED 产业实现产值 390 亿元。经过 3 年的迅猛增长，2011 年突破 1500 亿元。

但行业的"乱"也同步发展。LED 行业几乎无技术门槛，产品样式互相抄袭，价格战白热化。"很少有人在乎后期的维护，把 LED 灯卖出去，钱挣到就不管了。整个行业就是一场乱仗，都在比胆量。就像一口井，井水就这点，胆小的拿吸管吸，胆大的用抽水机抽。"邢毅说。

事实上，从成本而言，大陆对台商已经没有吸引力。"整个大陆人口结构改变以后，低廉的劳动力再也找不到了。"张周源说。

除此之外，中小企业的融资也一直困难。尽管各级政府都在说要切实改善中小企业融资环境，但真正要弄到钱并不容易。

2011 年，邢毅发现，由于行业激烈竞争，毛利率已经从几年前的 100％ 下降到不足15％。他想投入资金进行研发创新，以便和竞争对手区别开来。但到当年下半年，他的资金链快断了。"上半年，还有很多人和我说，可以借我几百万元。但是下半年之后，10 万元都借不到了。"

他不得以向杭州一家银行贷款，流动贷款 500 万元，银行承兑汇票 1000 万元。但贷款的条件苛刻，500 万元流动贷款获取的前提，要在银行内有 500 万元的存款。

邢毅说，这是他第一次向银行贷款，非但没让公司挺过去，反而加速了它的破产。由于每季度必须按银行要求还款 70 万元，并且加上大量的利息、手续费、好处费，最后这笔贷款实际到手的仅有 400 万元。

由于一时发不出工资，工人开始罢工，引发连锁反应，供货商也对邢毅失去信心，债主提前上门，银行的还贷压力像一个紧箍圈，牢牢把他套住。他最后只能透支信用卡，借高利贷，6 台豪车也全卖掉了。

而愿景光在 2012 年几乎没什么生意了，破产已不可避免。

资料来源：许伟明，张晓龙，黄渝双．经济观察报．2012 年 7 月 23 日

讨论题：邢毅破产的原因有劳动力成本、行业竞争激烈等，但最主要的原因是什么？

第三节　投资管理

现代企业在维持简单再生产和扩大再生产的前提下，把筹集到的资金投放到收益高、回收快、风险小的项目中去，从而不断地创造新产品，提高企业未来的投资收益。这对企业的生存和发展是十分必要的。现代企业只有通过一系列投资活动，才能扩大经营规模并增强企业自身的实力，不断地提高企业的价值。

一、企业投资概述

1. 企业投资的内涵

企业投资是指企业投入财力，以期望在未来获取收益的一种行为。企业应有效地利用所筹集到的资金，把它们充分投放到收益高、回收快、危险小的项目上去，使有限的资金发挥最大的作用。

因为投资目的的多样性、投放时机的选择性、投资回收的时限性和投资收益的不确定性等特点，所以，企业投资时应考虑收益、风险、环境和管理与经营控制能力等因素。

2. 企业投资的分类

为了加强投资管理，提高投资效益，务必分清投资的性质，对其进行科学的分类。

（1）直接投资与间接投资

直接投资是指企业把投资直接投放到生产经营性资产上，以获取直接经营性利润。在非金融类企业中，这类投资占总投资的比重较大。间接投资是指企业把资金投放于证券金融资产上，通过获取股息、债息，而使企业间接获得收益。

（2）长期投资与短期投资

长期投资是指回收时间超过一年的投资，主要用于厂房及办公设施、机器设备等固定资产的投资。由于长期投资中固定资产投资所占比重较大，所以有时长期投资又专指固定资产投资。

短期投资是指在一年内能够收回的投资，通常指企业的流动资产投资，如现金、应收账款、存货、短期有价证券等的投资。

（3）企业内部投资与外部投资

企业对内投资是指把资金投放到企业内部，购置生产经营用的投资。对外投资是指企业以现金、实物、无形资产等方式，或者以购买股票、债券等有价证券的方式向企业外部进行投资。

3. 企业投资决策程序

投资决策的编制与企业的一切经营管理活动相关，有以下五个基本步骤。

①提出投资领域和投资对象的建议。如扩大现有产品的生产规模；设备更新或技术改造，开发新产品；废品的控制和治理，以及劳动保护设施的投资等。

②评价投资方案的财务可行性。各种投资方案都必须考虑未来需求、未来成本、未来收益三个基本问题，这就需要企业在搜集过去和现在数据的基础上，着重对未来数据做出基本的估计，看是否具有可操作性，从而为拟订投资方案提供依据。

③拟订投资方案。按投资目标，制定实施计划。

④优选投资方案。投资方案拟订后需进行评价，选择出最优投资方案。这个过程也需要搜集和估计各种数据资料，并运用科学的评价方法。

⑤投资方案的执行和再评价。

二、流动资产投资管理

流动资产是指企业可以在一年或超过一年的一个营业周期内变现或者运用的资产，主要包括现金、应收账款和存货。它们占用流动资金的70%以上。流动资产在企业生产过程中不断地流转，是企业生产过程中不可缺少的一部分。

科学、合理地安排流动资产投资，可以降低企业财务风险，增加企业收益。流动资产的特点是流动性大、周转期短，价值随资金的周转循环而改变。它是一次性消耗和转移价值，一次性收回补偿，并随着资金的周转循环不断改变其价值。

1. 现金管理

现金是指在生产过程中暂时停留在货币形态的资金。它包括库存现金、银行存款、银行本票、银行汇票等。现金是流动性最强的流动资产，企业拥有一定数量的现金会降低企业的财务风险，增强企业资金的可流动性。

因此，企业必须合理确定现金持有量，使现金收支不但在数量上，而且在时间上相互衔接，以便在确保企业经营所需现金的同时，尽量减少闲置的现金量，提高资金收益率。

 小贴士

枯 鱼 之 肆
——注意现金周转顺畅

庄子家里穷，有一阵，实在是揭不开锅了，他就去向富人监河侯借一口袋粮食。监河侯说："行是行，但是你干嘛不等上一段时间呢？等到秋后我收了地租，就借给你300两黄金，你看行么？"庄子见监河侯不愿意马上借粮，有点生气，脸色都变了，但有求于人，不能发脾气，于是他给监河侯讲了个故事："我昨天来您这儿的时候，听到路上有个声音在呼唤我。我回头寻找，看见车轮碾过的轮印里积了一小滩水，里面有一条小鱼，在淤泥里挣扎。我问：'小鱼啊，你在这儿干什么呢？'小鱼说：'我是从东海来的，被困在这儿好几天了，眼看水就要干了，我性命不保呢。你能不能给我一升水？那样我就可以活命了。'我说：'一升水有什么好要的呢？你不如等我去游说吴国和越国的国王，请他们联手开凿一条运河，把长江的水引过来救你。你看可以吧？'小鱼生气地说：'现在我被困在这儿，只要有一升水或者一斗水就可以活命，现在像你这么说，等你去游说完了，还是到卖鱼干的铺子里去找我吧！'"

对于企业来讲，应保持一定的现金（一升水）。固定资产（开凿一条运河）再多，救不了急。可用资金就是赖以生存的水，如果得不到保证，就会直接导致企业的失败。

　　　　　　　　　　　　资料来源：许进，陈宇峰. 诸子寓言经营智慧. 中国纺织出版社

（1）现金的持有动机

①交易动机，是指企业为正常生产经营而保持一定的现金支付的需要，如购买原材料、支付工资、缴纳税款、偿付到期债务、派发现金股利等。

一般来说，企业为满足交易动机所持有的现金余额主要取决于企业销售水平。企业销售扩大，销售额增加，所需现金余额随之增加。

②预防动机，是指企业为应付紧急情况而需要保持现金的需要，如出现自然灾害、生产事故、主要客户未能及时付款等。

由于市场行情的瞬息万变和其他各种不定因素，企业通常难以对未来现金流入量与流出量做出准确的估计。一旦企业估计与实际情况偏离，必然对企业的正常经营极为不利。

因此，在正常业务活动现金需要量的基础上，追加一定数量的现金余额以应付未来现金流入和流出的随机波动，是企业在确定必要现金持有量时必须考虑的因素。

③投机动机，是指企业为了有利可图的购买机会和投资机会，获取较大的利益而准备的现金的需求，如利用证券市价跌落时购入有价证券，以期在价格反弹时卖出证券获利等。

投机动机只是企业确定现金余额时所需考虑的次要因素之一，其持有量的大小往往与企业在金融市场的投资机会及企业对待风险的态度有关。

企业除了以上动机持有现金外，也会因满足将来某一特定需求或为在银行维持补偿性余额等其他原因而持有现金。

（2）现金持有成本

①管理成本，是指企业因持有一定数量的现金而发生的管理费用，如管理人员工资及必要的安全措施费用。

②机会成本，是指企业因持有一定数量的现金而丧失的再投资收益。由于现金属于非盈利性资产，保留现金必然丧失再投资的机会及相应的投资收益。现金持有量越大，机会成本越高，反之就越小。

③转换成本，是指企业用现金购入有价证券以及转让有价证券换取现金时付出的交易费用，如委托买卖佣金、委托手续费、证券过户费、交割手续费等。

④短缺成本，是指在现金持有量不足而又无法及时通过有价证券变现加以补充而给企业造成的损失。现金的短缺成本随现金持有量的增加而下降，随现金持有量的减少而上升。

（3）现金日常管理

①现金回收管理，目的是尽快收回现金，加速现金的周转。为加速资金周转，提高现金使用效率，企业必须采取一些办法以加速现金回收。具体可采取邮政信箱法和银行业务集中法。

邮政信箱法是指在各主要城市租用专门的邮政信箱，并开立分行存款户，授权当地银行每日开启信箱，在取得客户支票后立即予以结算，并通过电汇形式将货款拨给企业所在地银行。

银行业务集中法是指一种通过建立多个收款中心来加速现金流转的方法。企业指定一个主要开户行为集中银行，并在收款额较集中的若干地区设立若干个收款中心，客户收到账单后直接汇款到当地收款中心，中心收款后立即存入当地银行，当地银行在进行票据交换后立即转给企业总部所在地银行。

这样减少了顾客付款的邮寄时间，缩短了企业收到顾客开来的支票与支票兑现时间，加速资金存入自己往来银行的时间。

②现金支出管理，就是决定如何使用现金，主要包括营业现金支出和其他现金支出。营业现金支出主要包括原材料采购支出、工资支出及其他支出。企业应建立采购与付款业务控制制度，并且根据风险与收益权衡原则，选用适当方法延期支付账款。延期支付账款的方法有以下三个。

第一，利用现金运用浮游量。现金浮游量是指企业账户上的存款余额与银行账户上显示的存款余额之间的差额。有时，公司账簿上的现金余额已为零或负数，而银行账簿上该公司的现金余额还有不少。这是因为有些支票公司虽已开出，但顾客还没有到银行兑现。

如果能正确预测浮游量并加以利用，可节约大量资金。

第二，推迟支付应付款。为了最大限度地利用现金，企业在不影响信誉的情况下，应尽可能推迟应付款的支付期。

第三，采用汇票结算方式付款。在使用支票付款时，只要受票人将支票送交银行，付款人就要无条件地付款。但汇票是受票人将汇票送交银行后，银行要将汇票送交付款人承兑，并由付款人将一笔相当于汇票金额的资金存入银行，银行才会付款给受票人，这样就有可能合法地延期付款。

企业应尽量使现金流入与流出发生的时间趋于一致，这样就可以使其所持有的交易性现金余额降到较低水平。

③闲置现金投资管理。

企业现金管理的目的首先是保证主营业务的现金需求，其次才是使这些现金获得最大的收益。这两个目的要求企业把闲置资金投入到流动性高、风险性低、交易期限短的金融工具中，以期获得较多的收入。企业合理确定目标现金持有量，以保证正常支付。当企业现金持有量高于目标持有量时，企业应迅速将暂时闲置的资金投放到短期投资中去，如短期的证券投资，以使企业不放弃任何收益的机会。

现金是企业流动性最强的资产，也是盈利性最差的资产。现金过多，会使企业的盈利水平下降；现金过少，又会影响生产经营。在现金持有量上存在着风险与报酬的权衡问题。

2. 应收账款管理

应收账款是企业因对外赊销产品、材料、供应劳务等而应向购货方或接受劳务单位收取的款项。它主要包括应收销售款、其他应收款、应收票据等。

（1）应收账款的功能

应收及预付款项是企业为客户垫支的款项，其主要功能是促进销售和减少存货。

（2）应收账款的成本

①机会成本，是指因资金投放在应收账款上而丧失的其他收入。

②管理成本，是指对应收账款进行日常管理而耗费的开支。它主要包括对客户的资信调查费用、收账费用等。

③坏账成本，是指应收账款无法收回而给企业带来的损失。

企业在销售中往往采取赊销方法，使对方提前获得商品、物资，或降低利息支出；同样在组织货源中，为了及时掌握货源，也会预付货款，获得市场优势。

但在强大市场竞争条件下，有一定风险，如成本费用过大，管理失控，特别是当应收账款长期被拖欠，形成大批坏账时，会对企业造成致命性的打击。

（3）商业信用的管理策略及防范措施

应收账款是他人欠本企业的钱，可以说是本企业给买方提供的商业信用。因此，主要是商业竞争引起的应收账款，这是一种商业信用。

商业信用管理政策即应收账款的管理政策，是企业为应收账款投资进行规划与控制而确立的基本原则与行为规范。在社会主义市场经济条件下，商业信用既对市场营销有一定作用，但也有一定的风险。因此，应加强管理，采取各种防范措施。

①重视信用调查，把控信用条件。企业对赊销对象进行信用调查，如登记客户的赊购金额、还款情况及资产负债情况调查，获得赊销对象的信用等级，作为掌握企业信用条件

的依据。

信用条件是企业接受客户信用订单时所提出的付款要求，主要包括信用期限、折扣期限及现金折扣等。

信用期限是企业允许客户从购货到支付货款的时间间隔。现金折扣是在规定的时间内客户提前偿付货款可按销售收入的一定比率享受的折扣。折扣期限是为客户规定的可享受现金折扣的付款时间。客户的信用符合赊销要求，还应考虑信用成本。成本增加大于收益增加的情况时，必须考虑减少赊销期限，或用现金折扣的方法。如果客户信用不符合赊销要求，可以采用抵押方式，客户用固定资产或其他财产作为抵押，以提高偿债能力。

②加强催收，监督应收账款回笼。合理的催收程序是信函通知、电话催收、派人面催，而后诉诸法律。财务管理人员应重视过期款项；催收责任应以经办业务人员为主，财会人员配合；掌握还款进度，组织催收，对于长期拖欠的客户，经再三催收无效，应向法院提出上诉，争取法律解决。

3. 存货管理

存货是企业在日常活动中持有以备出售的产成品或商品、处在生产过程中的在产品、在生产过程或提供劳务过程中耗用的材料和物料等。企业持有存货，具有防止停工待料、维持均衡生产、降低进货成本的功能。

（1）存货的分类

① 按照存货的经济内容，分为商品、产成品、自制半成品、在产品、材料、包装物、低值易耗品。

② 按照存货的存放地点，分为库存存货、在途存货、在制存货、寄存存货、委托外单位代销存货。

③按照存货的取得来源，分为外购的存货、自制的存货、委托加工的存货、投资者投入的存货、接受捐赠的存货、接受抵债取得的存货、非货币性交易换入的存货和盘盈的存货等。

（2）存货成本

进行存货管理的目的，就是要尽力控制存货水平、降低存货成本，在存货成本与存货效益之间权衡，达到两者的最佳结合。

①进货成本。进货成本包括存货进价、进货费用及采购税金。存货进价又称购置成本，是存货本身的价值，等于采购单价与采购数量的乘积。进货费用又称订货成本，是企业为组织进货而开支的费用。

②储存成本。储存成本是企业为持有存货而发生的费用，主要包括存货资金占用费或机会成本、仓储费用、保险费用、存货残损霉变损失等。

③缺货成本。缺货成本是因存货不足而给企业造成的停产损失、延误发货的信誉损失及丧失销售机会的损失等。

（3）存货日常管理

ABC管理法是一种很有效、很科学的存货重点管理法。按照一定的标准，将企业的存货划分为A、B、C三种类别，分别实行管理存货的方法。为了控制存货，事先测定好标准，把最重要的种类虽少但所占用的资金多的存货划为A类重点管理。对其采购、库存要进行认真的规划，对存货的收发要进行严格控制。把虽种类繁多但所占用的资金不多的存货划为 C 类，一般管理不必耗费太多的人力、物力、财力；把较重要、种类数量和占用资金介于 A 类和 C 类的存货划为 B 类，次重点管理。运用 ABC 管理法控制存货资金一般分如下几个步骤：

第一，计算每一种存货在一定时间内的资金占用额。

第二，计算每一种存货资金占用额占全部资金占用额的百分比，并按大小顺序排列，编成表格。

第三，根据事先测定好的标准，把最重要的存货划为 A 类，把一般存货划为 B 类，把不重要的存货划为 C 类，并画图表示出来。

第四，对 A 类存货进行重点规划和控制，对 B 类存货进行次重点管理，对 C 类存货只进行一般管理。

对于一个大型企业来说，常有成千上万种存货项目。在这些项目中，有的价格昂贵，有的不值几文；有的数量庞大，有的寥寥无几。如果不分主次，面面俱到，对每一种存货都进行周密的规划、严格的控制，而没有重点，就不能有效地控制主要存货资金。

三、长期资产投资管理

长期资产也称非流动资产，包括固定资产、无形资产、对外投资、其他资产等，固定资产、无形资产是其中的主体部分。

企业把资金投放到企业内部生产经营所需的长期资产上，称为内部长期投资。内部长期投资主要包括固定资产投资和无形资产投资。

 小贴士

龟 兔 赛 跑
——选择投资组合

森林里要举行一场龟兔赛跑，动物们的反响十分热烈，大多数动物赌兔子赢，认为兔子的奔跑素质不知要高出乌龟多少倍；也有赌乌龟赢的，认为乌龟有耐力。相比之下，还是赌兔子赢的多一些。比赛如期举行，场面极为热烈。

最先离开起点的当然是兔子，只见它箭步如飞，很快便把乌龟落下了一大截。这时，赌乌龟赢的动物们看到乌龟竟被落下这么远，有的就开始后悔了，甚至还有的改为支持兔子。

可是，它们哪想到，兔子跑了一阵子，心想既然已经把乌龟落出这么远了，就停下来休息一会吧，所以它就躺在一棵大树下休息，不一会儿，便做起梦来。

乌龟虽然行动缓慢，但它从未停下来，所以在兔子睡觉的时候，便慢慢地超过了兔子，率先完成了比赛，取得了冠军。结果，那些支持兔子的动物们大失所望。

寓言中的兔子被比作短期投资，风险高、收益快。而乌龟被比作长期投资，收益慢但风险小。它说的就是，企业如不能科学地进行投资组合，会带来风险。

因此企业进行投资时，既要关注那些能够带来持久收益的长期投资项目，又要注意可以在短期获利的品种，只有这样的投资组合，才是最佳的。

资料来源：翟文明 . 影响人一生的 100 个财富寓言 . 光明出版社

（一）固定资产投资管理

1. 固定资产的含义及特点

固定资产是指使用年限在1年以上，单位价值在规定的标准以上，并且在使用过程中保持原来物质形态的资产，如厂房、机器设备、运输设备等。

固定资产投资的特点有使用时间较长，但回收期较长；价值双重存在，变现能力较差；资金占用数量相对稳定；价值补偿和实物更新时间不一致；实物形态与价值形态可以分离。

2. 固定资产折旧管理

固定资产折旧是指固定资产在使用寿命内不断损耗，而转移到费用中去的那部分价值。损耗的这部分价值应当在固定资产的有效使用年限内进行分摊，形成折旧费用，计入各期成本。每项固定资产在使用寿命到年限时完全损耗掉，需要以新的固定资产来替换。计算固定资产折旧额采用的方法包括年限平均法、工作量法、加速折旧法、双倍余额递减法和年数总和法。

（1）年限平均法又称直线法，是指按照固定资产使用年限平均计算折旧额的一种方法。它根据固定资产的原始价值、清理费用和残余价值，按照其使用寿命年限平均计算，每期折旧额均等额。

年限平均法计算简便，易于理解。年限平均法把固定资产的全部损耗价值在其使用寿命年限内平均计提折旧。如计提企业的房屋、建筑物、机器设备等的折旧，可采用此方法。

（2）工作量法又称作业量法，是指以固定资产的工作量或工作时间计算折旧的一种方法，也是平均计算折旧的方法。它以固定资产折旧总额除以预计使用寿命期内可以完成的总行驶里程或总工作小时，求得单位里程或单位小时折旧额。如计提企业专业车队的客货运汽车、大型设备等的折旧，可采用此方法。

此方法每单位里程或每小时的折旧额是相同的。根据每单位折旧额，即可计算出各时期应计提的折旧额。

（3）加速折旧法，是指加速固定资产计提折旧的方法。

采用加速折旧法计提折旧，可以使固定资产在使用先期多提折旧，在使用后期少提折旧，整个折旧期间的折旧费用呈逐年递减趋势，从而使固定资产的原始成本能在有效使用期内早日摊入成本。

3. 固定资产项目投资管理

固定资产投资是指企业作为投资主体对某一固定资产项目所进行的投资。其投资项目和投资数额较大，施工期较长，投资回收期长。

要进行固定资产项目投资，首先必须核定固定资产的需用量。为此，应注意结合生产技术和生产组织的特点，重点核定生产设备需用量。

各类固定资产的需用量核定之后，可编制企业年度的固定资产需用量计划。计划中按固定资产类别以原价列示计划年度的固定资产总值。

4. 固定资产的日常管理

企业财务部门负责对固定资产的安全保管和有效利用进行全面监督，对固定资产管理负总责。财务部门组织固定资产的核算工作，按照计划计提折旧，监督固定资产更新改造和修理的正常运行。为了提高固定资产的使用效率，保护固定资产的安全完整，做好固定资产的日常管理工作要注意以下几个方面。

①实行固定资产的归口分级管理。

②健全固定资产核算记录。

③按财务制度规定计提固定资产折旧。

④合理安排固定资产的修理。

⑤科学地进行固定资产的更新。

⑥定期考核固定资产的使用效果。

财务人员要了解固定资产有无长期闲置、使用不当的情况；有无维护不当、保管不当的情况，要建议及时修复，保证设备完好，对存在的问题提出改进意见。

（二）无形资产投资管理

1. 无形资产的含义及特点

无形资产是指没有实物形态的资产。这些资产一般具有较大的经济价值，能为企业带来超值效益。其特点是不具有物质实体的非货币性资产；具有较大的经济价值，可以较长时间使用；提供的经济效益具有较大程度的不确定性；持有目的是使用，而不是对外出售。

2. 无形资产的条件及形式

无形资产应满足以下两个条件：一是与该无形资产有关的经济利益能流入企业；二是该无形资产的成本能够可靠地计量。无形资产的受益期长，购置无形资产的支出是资本性支出。无形资产按照取得时的实际成本计价。如购入的无形资产按购入价格计价；自己研发并经注册的无形资产按研发成本计价；其他单位投入或接受捐赠的无形资产，则应按市场评估价计价。

无形资产的形式包括专利权、非专利技术、商标权、著作权、土地使用权、特许权、商誉。

无形资产的作用一般都有一定的有效期限，其损耗是客观存在的，无形资产所具有的价值会在发挥作用过程中逐渐消失。无形资产成本就是入账价值，在无形资产受益期内以无形资产摊销的形式计入成本。

3. 无形资产投资管理

加强无形资产投资管理，必须根据无形资产的特点，按照保护财产安全与完整，充分发挥其潜能，不断提高经济效益的原则进行。企业要充分认识无形资产的价值，明确无形资产对企业成败的利害关系；重视和利用企业现有无形资产投资，开拓经营理财业务，不断创立和积累无形资产；保护和发展无形资产。

（三）证券投资管理

1. 证券投资的含义及目的

证券是指用以证明或设定权利所做成的书面凭证，它表明证券持有人或第三者有权取得该证券拥有的特定权益。证券投资是投资者将资金投资于股票、债券、基金等资产，从而获取收益的一种投资行为。

企业为了将来归还长期借款而建立偿债基金，为将来更新厂房、生产设备而设立的专款，将预留的款项投资于证券和被投资企业，既使资金保值，又能得到一定的收益。

2. 证券投资的特点

①流动性强。证券资产的流动性明显地高于实物资产，较实物容易变现。

②价格不稳定。证券的价值受政治、经济环境等各种因素的影响较大，所以价值不稳定、投资风险较大。

③交易成本低。证券交易过程快速、简捷，成本较低。

3. 证券投资的种类

证券投资具体分为股票投资、债券投资、基金投资、期货投资、期权投资、证券组合投资六类。

这里主要介绍股票投资、债券投资、基金投资三种。

（1）股票投资的内涵

股票是股份公司为了筹集自有资金而发行的代表所有权的有价证券。购买股票是企业投资的一种重要形式。

其目的主要有两种：一种是获利，即作为一般的证券投资，获取股利收入及股票买卖差价；另一种是控股，即利用购买某一企业的大量股票达到控制该企业的目的。股票投资相对于债券投资风险更大。

股票投资的特点主要表现在以下三个方面。

第一，从投资收益来看，股票投资收益不能事先确定，具有较强的波动性。

第二，从投资风险来看，债券投资按事先约定还本付息，收益较稳定，投资风险小，股票投资因股票分红收益的不肯定性和股票价格起伏不定，成为风险最大的有价证券。

第三，从投资权利来看，在各种投资方式中，股票投资者的权利最大，投资者作为股东有权参与企业的经营管理。

股票受很多因素的影响。因此，企业应首先对宏观经济进行分析，即通过对一国政治形势是否稳定、经济形势是否繁荣等的分析，判断宏观环境对证券市场和证券投资活动的影响。其次，需对所投资的行业的市场结构、行业经济周期、行业生命周期加以分析。再者，应对特定上市公司的行业选择、成长周期、内部组织管理、经营状况、财务状况及营业业绩等进行全面分析，以便较准确地预测该公司证券的价格及其变动趋势，为证券投资决策提供依据。

（2）债券投资的内涵

债券投资是指企业通过证券市场购买各种债券（如国库券、金融债券、公司债券及短期融资券等）进行的投资。

债券投资既可以在一级市场进行，也可以在二级市场进行；既可以短期投资，也可以长期投资。当企业现金余额太多时，便投资于债券，使现金余额降低；反之，当现金余额太少时，则出售原来投资的债券，收回现金，使现金余额提高。企业进行短期债券投资的目的主要是合理利用暂时闲置资金，调节现金余额，获得收益。进行长期债券投资的目的主要是获得稳定的收益。

债券投资有以下特点。

第一，从投资时间来看，不论长期还是短期债券投资，都有到期日，债券必须是按期还本。

第二，从投资种类来看，因发行主体身份不同，分为国家债券投资、金融债券投资、企业债券投资。

第三，从投资收益来看，债券投资收益具有较强的稳定性，通常在一级市场上投资的债券收益是事前预定的。

第四，从投资风险来看，债券保证还本付息，收益稳定，投资风险较小。

第五，从投资权利来看，在各种投资方式中，债券投资者的权利最小，无权参与被投资企业经营管理，只有按约定取得利息，到期收回本金的权利。

债券投资在获得未来投资收益的同时，也要承担一定的风险。因此，风险与报酬的分析是债券投资决策必须考虑的重要因素。债券投资要承担的风险主要有违约风险、利率风险、流动性风险、通货膨胀风险和汇率风险等。

（3）基金投资的内涵

基金投资是一种金融信托方式，是通过发行基金股份或受益凭证等有价证券，由众多不同的投资者出资汇集而成，交由专业投资机构经营运作，以规避投资风险，并谋取投资收益的证券投资工具。

基金投资的特点如下。

第一，可以为投资者提供更多的投资机会。

第二，投资只需支付少量的管理费用，就可获得专业化的管理服务。

第三，种类众多，投资者可以根据自己的偏好，选择不同类型的基金。

第四，流动性好，分散风险功能强。

基金投资根据组织形态分为契约型基金和公司型基金。

契约型基金又称为单位信托基金，是指把受益人（投资者）、管理人、托管人三者作为基金的当事人，由管理人与托管人通过签订信托契约的形式发行受益凭证而设立的一种基金。公司型基金是按照公司法，以公司形态组成的，以发行股份的方式募集的资金。

一般投资者购买该公司的股份就是认购基金，也就成为该公司的股东，凭其持有的基金份额依法享有投资收益。

基金投资根据变现方式分为封闭式基金和开放式基金。

封闭式基金是指基金的发起人在设立基金时，限定了基金单位的发行总额，筹集到这个总额后，基金即宣告成立，并进行封闭，在一定时期内不再接受新的投资。开放式基金是指基金发起人在设立基金时，基金单位的总数是不固定的，可视经营策略和发展需要追加发行。

投资者也可根据市场状况和各自的投资决策，或者要求发行机构按现期净资产值扣除手续费后赎回股份或受益凭证，或者再买入股份或受益凭证。

基金投资根据投资标的形式分为股票基金、债券基金、货币基金等。

股票基金是投资于股票的投资基金，其风险程度较个人投资股票市场要低得多，且具有较强的变现性和流动性。债券基金是投资管理公司为稳健型投资者设计的，投资于政府债券、市政公债、企业债券等各类债券品种的投资基金。债券基金一般情况下定期派息，其风险和收益较股票基金低。货币基金是由货币存款构成投资组合，协助投资者参与外汇市场投资，赚取较高利息的投资基金，其投资工具包括银行短期存款、国库券、政府公债、公司债券、银行承兑票据及商业票据等。这类基金的投资风险小，成本低，安全性和流动性较高，在整个基金市场上属于低风险的安全基金。

基金投资的最大优点是能够在不承担太大风险的情况下获得较高收益。原因在于投资基金具有专家理财优势，具有资金规模优势。但基金投资无法获得很高的投资收益，基金在大盘整体大幅度下跌的情况下，投资人可能承担较大风险。

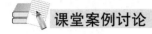 课堂案例讨论

中企赴美投资降 13.5%

中国企业赴美投资似乎走入"冰火两重天"。一边是不少企业在美国各界招商引资的鼓动下签订赴美投资大单，另一边是成功在美国投资的中国企业数量和规模并没有出现明显的增长。

上周末，美国商务部"选择美国"办公室主任史蒂芬·奥尔森在南京表示，中国已经成为对美直接投资增长最快的国家，2005—2010 年，中国对美直接投资年复合增长率达到了 53%，短期内美国吸引来自中国的 FDI（外国直接投资）翻一番的目标可以实现。

但美国荣鼎咨询最新发布的"中国投资监测"公开数据却显示：最近两年来，中国赴美投资并没有出现井喷的势头。2011 年，包括绿地投资、收购并购以及权益性投资在内，中国对美国的投资总额在 45 亿美元，较 2010 年下降了 13.5%；成交的案例 63 起，比 2010 年少了 1 起。

荣鼎的数据显示，自从 2009 年受到金融危机影响，中国赴美 FDI 规模从 2008 年开始经历了小高潮，从 11 亿美元直线增长到 52 亿美元，但 2011 年则止步在 45 亿美元。对 2012 年的预测也并不乐观。

美国还远不是最理想的投资地。达信保险顾问公司前高级副总裁成少森告诉记者，美国一直表示对中国企业的投资是非常开放且欢迎的，但实际上在中国对外投资的大部分案例中，美国作为目的地的比例不到一成。

他提供的数据显示，在中国整体对外投资中，最大的目的地在欧洲，占到整体投资额的 34%，第二是亚洲（27%），第三是北美地区（21%），其中投资加拿大的比重远远超过美国。

2011 年中国海外投资的 10 大案例中，中投以 31.87 亿美元投资法国燃气苏伊士集团（GDF SUEZ E&P）占据榜首，而这 10 大案例中唯一投资美国的案例排名第 9，是中国华能集团以 12.32 亿美元投资美国 InterGen N.V 公司。

自从 2005 年中海油收购美国石油企业优尼科以失败告终后，政策阻碍成为中国企业赴美的心理阴影。同样的情况还出现在华为和中兴通讯等电子通信类企业上，近来美国国会议员又一次针对这两家企业提出国家安全风险，使得这类企业对进入美国市场日趋谨慎。

"我来美国两年了，但是在我来之前，我对在这里如何开展业务知之甚少，这是任何一个中国企业来美国投资时都会碰到的问题。"海尔美国首席财务官李漫丹在亚洲金融协会"投资美国"会议上表示。

早年进入市场的华为、中兴通讯等企业，也意识到了这个问题。他们在华盛顿雇佣游说公司，试图建立并维系良好的公共关系。

美国长盛律师事务所律师修洁告诉记者，在她接触到的中国企业投资案中，不少对投资案的法律文书细节并不加以琢磨。"很多金额数百万、数千万美元的案子，拿过来的合同却

只有寥寥数页，对许多概念都没有明确的定义，对很多可能出现的问题没有预判，这样非常容易在收购完成之后出现各类意想不到的问题。"中国企业没有学习并采用欧美企业早年进入中国的方式，来开拓其海外市场，这些方式包括充分理解文化、语言和商业环境等。

中国企业往往不重视各类尽职调查，其实尽职调查牵涉到管理环境、劳工、供应商关系、环境保护、银行信贷、应收账款、税务、竞争者调查等许多方面，这些都会影响到投资以及投资后的运作是否成功。

资料来源：叶慧珏.21世纪经济报道.2012年6月27日

讨论题：

1. 中国企业投资美国企业属于何种投资形式？
2. 结合企业投资决策程序，指出中国企业在美国投资存在哪些问题。

第四节　损 益 管 理

一、成本核算管理

企业在生产过程中，生产各种产成品、自制材料、自制工具、自制设备以及供应非工业性劳务要发生各种耗费，这些耗费称为生产费用。为生产一定种类和数量的产品所发生的全部生产费用，称为产品成本。

（一）成本的种类

1. 按成本的经济用途不同，分为制造成本和非制造成本

制造成本包括直接材料、直接人工、制造费用，非制造成本包括销售费用、管理费用和财务费用。

该种分类的目的是确定产品成本和期间费用，产品成本中已销售部分转为销售成本并在利润表中表现，未销售部分转为存货成本在资产负债表中表现。

2. 按成本与特定产品的关系的不同，分为直接成本和间接成本

直接成本是直接计入某产品成本的成本项目，是可追溯成本。非直接成本是需要按照某种标准在几种产品之间分配的成本。

该种分类的目的是正确归集和分配费用，以便正确计算产品成本。

3. 按成本习性不同，分可为变动成本、固定成本和半变动成本

凡是与产品产量增减没有直接关系的成本费用称为固定成本。这种成本在各期的支出水平上比较稳定，如固定资产折旧、高管人员的工资等。凡是与产品产量有直接关系的费用称为变动成本，一般这种成本费用在各期支出水平同产品产量成正比例变化，如原材料费用、直接人工费用等。在企业的各种费用中，有的既属于固定性费用，也属于变动性费用，如固定资产维修费等，这些可视为半变动成本。

该种分类是管理会计短期经营管理的基础，对于成本预测、决策和分析，特别是对于控制和降低成本具有重要作用。

4. 按成本决策相关性不同，分为相关成本和无关成本

相关成本是与决策有关的未来成本，如专属成本、机会成本、重置成本等。无关成本则是与决策无关的已发生的成本，如沉没成本、联合成本等。

该种分类有利于正确决策的进行。

5. 按成本可控性不同，分为可控成本和不可控成本

可控成本是能由责任单位的行为所控制的成本，反之为不可控成本。

该分类对确定责任单位、明确责任单位的责任、评价责任单位的业绩有非常重要的作用。

在成本管理中，有成本核算、成本计划、成本控制、成本分析、成本评价等几方面内容。其中，成本核算是指按照国家的法规、制度和经营管理的要求，对生产经营过程中实际发生的各种劳动耗费进行计算，并进行相应的账务处理，提供真实、有用的成本信息。成本核算是企业经营管理最重要的组成部分。

(二) 成本计算方法

在产品成本计算中，有以下三种基本方法。

1. 品种法

品种法是指以产品品种为成本计算对象计算成本的一种方法。它适用于大量大批的单步骤生产和管理上不要求分步骤计算成本的生产，如流水线生产等。

2. 分批法

分批法是指按照产品批别计算产品成本的一种方法。它主要适用于单件小批类型的生产，如造船业、重型机器制造业等。

3. 分步法

分步法是指按照产品的生产步骤计算产品成本的一种方法。它主要适用于大量大批的多步骤生产，如冶金、纺织、造纸以及大量大批生产的机械制造等。分步法不按产品的批别计算产品成本，而按产品的生产步骤计算产品成本。

(三) 成本管理的内容

1. 成本规划

成本规划是指成本管理工作在总体上的把握，为具体的成本管理提供战略思路和总体要求。它是根据企业的竞争战略和所处的经济环境制定的，主要包括确定成本管理的重点、规划控制成本的战略途径、提出成本计算的精度要求和确定业绩评价的目的及标准。

2. 成本计算

成本计算是成本管理系统的信息基础，分为财务成本和管理成本的计算。

财务成本计算是为对外财务报告目的而计算的，计算原则是固定的，计算出的成本是历史成本。

管理成本计算是根据企业经营管理的需要而计算的，没有固定的计算原则，计算的成本可以是历史成本，也可以是现在和未来的成本。成本计算的核心是计算方法的选择，企业应根据各自生产方式的特点和管理要求等确定成本计算方法。

3. 成本控制

成本控制是利用成本计算提供的信息，采取经济、技术和组织等手段实现降低成本目

的的一系列活动。它是成本管理系统的核心部分。现代经济环境中，成本控制是全方位的控制，也是全体员工参与的控制，包括事前、事中和事后的成本控制。

 小贴士

煮鸡蛋的学问

有一家日本餐厅和一家中国餐厅都卖煮鸡蛋，两家餐厅的蛋都一样受欢迎，但日本餐厅赚的钱却比中国餐厅多，旁人大惑不解。专家对日本餐厅和中国餐厅煮蛋的过程进行比较，终于找到了答案。

日本餐厅的煮蛋方式是：用一个长、宽、高各 4 厘米的特制容器，放进鸡蛋，加水（估计只能加 50 毫升左右），盖盖子，打火，1 分钟左右水开，再过 3 分钟关火，利用余热煮三分钟。中国人的煮蛋方式是：打开液化气，放上锅，添进一瓢凉水（大约 250 毫升），放进鸡蛋，盖锅盖，3 分钟左右水开，再煮大约 10 分钟，关火。

专家计算的结果：前者起码能节约 4/5 的水、2/3 以上的煤气和将近一半的时间，所以日本餐厅在水和煤气上就比中国餐厅节省了 70% 的成本，并且日本餐厅利用节省的一半时间提供了更快捷的服务。

读完这个故事，不禁感叹：日本人真是太精明了！他们有一套先进的成本控制体系，使得他们在同样条件下得到更多的利润。所以，经营企业，一定要严格控制成本。

资料来源：中世 . 让狗吐出骨头 . 西苑出版社

4. 业绩评价

业绩评价是对成本控制效果的评估，目的在于改进原有的成本控制活动和激励、约束员工、团体的成本行为。

业绩评价的关键所在是评价指标的选择和评价结果与约束激励机制的衔接。评价指标可以是财务指标，也可以是非财务指标。评价结果与约束激励机制是否衔接，关系到成本管理的效果。

（四）企业成本管理的措施

1. 增强成本观念，实行全员成本管理

通过成本分析，评价管理人员的业绩，提高员工对成本管理的认识，增强成本观念。要及时、全面地向管理人员提供成本信息，借以提高员工对成本管理的认识，增强成本观念。

2. 加强成本管理和成本核算的基础工作

一是加强成本管理的基础工作：合理制定原材料、燃料、辅助材料等物资费用的定额；严格健全计量、检验和物资收发领退制度；健全产品、产量、品种、质量、原材料消耗、工时考勤和设备使用等原始记录；建立企业内部的结算价格体系，对内部各部门使用的材料、产品和相互提供的劳务等都按合理的计划价格结算。

二是加强成本核算的基础工作。如制定严格的成本开支范围和标准；正确划分各种费用界限；采用适当的成本计算方法等。

3. 完善成本管理组织的经济责任制

建立健全一个有经营、财会、供应、销售、生产、技术等部门负责人参加的成本管理小组；明确各项成本的经济责任，将责任落实到部门或个人，实行奖惩兑现。

4. 采用现代科学的成本管理方法和手段

利用计算机来进行成本管理。按照成本全程管理的要求，运用严格、细致的科学手段进行管理。

5. 加强战略成本观念

应密切关注整个市场和竞争对手的动向来发现问题，调整和改变自己的战略战术。从加强战略成本管理出发，企业在产品开发、设计阶段要加大科技含量投入，通过重组生产流程来避免不必要的生产环节，对产品全生命周期成本进行管理，实现成本的持续性降低，达到控制成本的目的。

6. 整合工作流程，减少不必要的环节

企业在分析自身的竞争优势、确定企业的目标和任务后，应合理组织生产要素，减少不必要的层次和环节，以保证必要环节运作的畅通和有效。

7. 确保成本信息的有效性

要改革财会人员管理体制，实行会计独立体制。要提高企业管理者和会计人员的职业道德素养，增强法制意识和道德自律意识，从而保证会计信息的真实性。

现代经济的发展，世界范围内的企业竞争，赋予了成本管理全新的含义。成本管理的目标不再由利润最大化的直接动因决定，而是定位在更高的战略层面上。从企业内部的成本管理，发展到供应链成本管理；从传统的成本管理，发展到精益成本管理。

精益成本管理思想的精髓就在于追求最小供应链成本。在供应链的各个环节中不断地消除不为客户增值的作业，杜绝浪费，从而达到降低供应链成本，提高供应链效率的目的，最大限度地满足客户特殊化、多样化的需求，使企业的竞争力不断增强。

二、营业收入管理

在市场经济条件下，企业是独立的商品生产者和经营者，为了在激烈的市场竞争中立于不败之地，必须增加营业收入，提高经济效益。

营业收入管理关系到企业的生存和发展，加强营业收入管理对企业具有重要的意义。

(一) 营业收入的构成

营业收入是指企业在生产经营过程中，对外销售商品或提供劳务所取得的各项收入。它由主营业务收入和其他业务收入构成。

一般来说，收入有广义和狭义之分。广义的收入是指所有经营和非经营活动的所得，通常包括四大类：一是与企业经营活动有关的收入，即营业收入，如销售商品收入；二是与企业经营活动没有直接关系的收入，即利得或营业外收入，如罚款收入；三是投资收入，如股利收入、投资分得的收入；四是补贴收入，如国家拨入的亏损补贴、增值税退还等。狭义的收入仅指与生产经营活动有关的营业收入。

1. 主营业务收入

主营业务收入是企业持续的、主要的经营活动所取得的收入。主营业务收入在企业收入中所占的比重较大，它对企业的经营效益有着举足轻重的影响。

2. 其他业务收入

其他业务收入是企业在主要经营活动以外从事其他业务活动而取得的收入，它在企业收入中所占的比重较小。

（二）营业收入的影响因素

在生产经营活动中，许多因素影响着营业收入的实现，通常在营业收入管理中主要应考虑以下几项影响因素。

1. 价格与销售量

营业收入实际上就是销售产品或劳务的数量与价格的乘积，因此这两个因素直接影响营业收入的实现。

如果价格定得过高，就会减少销售量，从而影响企业的营业收入；反之，如果价格定得过低，虽然可以增加销售量，但是使营业毛利下降，同样会影响到企业的收益。这就要求企业根据市场供求状况以及本企业产品的成本与质量，确定合理的价格。

2. 销售退回

销售退回是指在产品已经销售，营业收入已经实现后，由于购货方对收到货品的品种或质量不满意等原因而退货，企业向购货方退回货款。

销售退回是营业收入的抵减项目，应当冲减当期的营业收入。因此，在营业收入管理中，企业要尽力提高产品质量，认真做好发货工作，搞好售后服务工作，尽可能减少销售退回。

3. 销售折扣

销售折扣是企业根据客户的订货数量和付款时间而给予的折扣或给予客户的价格优惠。销售折扣虽然也冲减营业收入，但是与销售退回相比，销售折扣是企业的一种主动行为，它往往是为提高市场占有份额，增加营业收入。

4. 销售折让

销售折让是企业向客户交付商品后，因商品的品种、规格或质量等不符合合同的规定，经企业与客户协商，客户同意接受商品，而企业在价格上给予一定比例的减让。销售折让也应冲减当期的营业收入。

（三）营业收入的控制

营业收入的控制主要是对销售收入的控制。在销售收入的控制过程中，要加强各个环节的监督管理，以达到增加销售收入，节约销售费用的目的。

1. 丰富销售手段，扩大产品销售量

在保证产品质量的前提下，认真执行销售合同，丰富销售手段，可以扩大产品销售量，增加销售收入。

2. 提高服务质量，增加产品销售

质量是企业的生命，关系到企业生产经营的成败兴衰。服务质量包括产品售前、售中、售后的服务态度和服务水平。提高服务质量，可以使销售时避免退货，减少经济纠纷，增加企业的销售收入。

3. 及时办理结算，加快货款回笼

货款回收关系到企业资金周转速度。如果货款拖欠太多，就容易发生坏账损失，影响企业经营目标的实现。

4. 产品销售要做好信息反馈

企业产品生产和销售必须以市场为导向，根据市场需求变化来调整自己的经营活动。企业在销售产品过程中，要了解市场情况，搜集各种信息，根据市场需求变化来调整自己的经营活动。

在市场经济条件下，销售收入是企业补偿生产经营耗费的资金来源，是企业取得利润的重要保障。加强销售收入管理，增加销售收入，提高经济效益，才能使企业在市场竞争中立于不败之地。因此，加强销售收入管理对企业具有重要的意义。

三、利润及利润分配管理

（一）利润管理

利润是指企业在一定时期的生产经营活动中所取得的主要财务成果。取得利润是企业生存与发展的必要条件，也是评价一个企业生产经营状况的重要指标。企业的利润总额由销售利润（营业利润）、投资净收益和营业外收支净额组成，其计算公式为：

利润总额 ＝ 销售利润 ＋ 投资净收益 ＋ 营业外收支净额

销售利润是企业从事各种经营活动所取得的利润。投资净收益是企业对外投资所取得的投资收益扣除投资损失后的净额。营业外收支净额是营业外收入扣除营业外支出后的数额。如果计算企业的净利润，还应减去所得税，其计算公式为：

净利润 ＝ 利润总额 － 所得税

（二）利润分配管理

利润分配是财务管理的重要内容，有广义的利润分配和狭义的利润分配两种。广义的利润分配是对企业收入和利润进行分配的过程。狭义的利润分配则是对企业净利润的分配。

1. 利润分配的基本原则

利润分配是将企业实现的净利润，按照国家财务制度规定的分配形式和分配顺序，在国家、企业和投资者之间进行的分配。利润分配的过程与结果，关系到所有者的合法权益能否得到保护，企业能否长期、稳定发展。要搞好利润分配必须遵循以下原则：

第一，依法分配原则。

第二，兼顾各方面利益原则。

第三，分配与积累并重原则。

第四，投资与收益对等原则。

2. 利润分配办法

利润分配的顺序应依据《公司法》等有关法规的规定来进行。企业当年实现的净利润，一般应按下列内容、顺序和金额进行分配。

（1）提取法定盈余公积金。法定盈余公积金按照税后净利润的10％提取。法定盈余公积金已达注册资本的50％时，不再提取。提取的法定盈余公积金用于弥补以前年度亏损或转增资本金。但转增资本金后留存的法定盈余公积金不得低于注册资本的25％。

（2）提取法定公益金。根据《公司法》规定，法定公益金按税后利润的5％～10％提取。提取的公益金用于企业职工的集体福利设施。

（3）向投资人分配利润。企业以前年度未分配的利润，可以并入本年度分配。

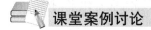 课堂案例讨论

成本分析，要追根究底

降低成本，是一个众人皆知的企业经营道理。台塑集团董事长王永庆运用自如，将其发挥得淋漓尽致，这成为他的发财之宝与看家本领。王永庆降低成本的本事，连世界级管理大师都为之惊叹，望尘莫及。他做生意坚信一个最简单的信念——物美价廉。从这个信念出发，王永庆孜孜不倦地追求效率，千方百计地降低成本，终能积少成多，积流成河，将一个小米行发展为一个塑胶王国。

不断地追求低成本，做到物美价廉，是王永庆的经营信念。他曾说过："经营管理，成本分析，要追根究底，分析到最后一点。我们台塑就靠这一点吃饭。"

有一次，他们开会讨论南亚做的一个塑胶椅子。报告的人把接合管多少钱、椅垫多少钱、尼龙布和贴纸多少钱、工资多少钱，都算得很清楚，合计550元。每个项目的花费在成本分析上统统列出来了。

但王永庆追问："椅垫用的PVC泡棉1公斤56元，品质和其他的比较起来怎么样？价格如何？有没有竞争的条件？"报告人答不出来。

王永庆再问："这PVC泡棉用什么做的？"

"用废料，1公斤40元。"

"那么大量做的话，废料来源有没有问题呢？"报告人又不知道。

"南亚卖给人裁剪组合，在裁剪后收回来的塑胶废料1公斤多少钱呢？"

"20元。"

"那么成本1公斤只能算20元，不能算40元。使塑胶发泡的发泡机用什么样的？什么技术？原料多少？工资多少？消耗能不能控制？能不能使工资合理化？生产效率能不能再提高？"结果报告人也不知道，他根本没有分析。

这么一大堆工作没有做，在王永庆看来，是绝对不行的。

王永庆一再强调，要谋求成本的有效降低，无论如何，必须分析在影响成本的各种因素中最本质的东西，也就是说，要做到单元成本的分析，只有这样彻底地将有关问题——列举出来检讨、改善，才能建立一个确实的标准成本。

王永庆就是这样从一点一滴做起，力争最大限度地节约成本，不多花一分钱，达到降低成本的理想目标，实现企业的合理化经营。

成本管理涉及企业管理的方方面面，企业提高效率从根本上来说，就是降低成本，台塑集团通过追根究底的成本分析，有效地降低了成本，提高了企业的竞争力。"追根究底"是王永庆经营企业成功的秘诀，给了管理者有益的启迪。

资料来源：吕国荣．小故事大管理．中国经济出版社

讨论题：结合成本管理的知识，谈谈企业成本控制带来的效益。

第五节　财务分析

财务分析是指以企业财务报告反映的财务指标为主要依据，对企业的财务状况和经营成果进行评价和剖析，为企业投资者、经营管理者、债权人和社会其他有关方面提供企业财务信息的一项财务管理活动。财务分析是财务管理的重要方法之一，它是对企业一定期间的财务活动的总结，为企业进行下一步的财务预测和财务决策提供依据。因此，财务分析在企业的财务管理活动中具有重要的作用。

通过财务分析，可以评价企业一定时期的财务状况，揭示企业生产经营活动中存在的问题，总结财务管理工作的经验；通过财务分析，可以为投资者、债权人和其他有关部门和人员提供系统、完整的财务分析资料，便于了解企业财务状况和经营成果，为他们做出经济决策提供依据；通过财务分析，可以检查企业内部各职能部门和单位完成财务计划指标的情况，考核各部门和单位的工作业绩，以便指出管理中存在的问题，吸取经验教训，提高管理水平。

一、财务报告

财务报告是指反映企业财务状况和经营成果的总结性书面文件。财务报告所提供的会计信息，是投资者、债权人、银行、供应商等了解企业单位的财务状况、经营成果和经济效益，把握投资风险和投资报酬的主要依据；是贷款或借款能否按期收回等情况的主要信息来源；是投资者进行投资决策、贷款者决定贷款去向、供应商决定销售策略的重要依据；也是国家经济管理部门制定宏观经济管理政策及经济决策的重要信息来源。

按照现行财务通则和会计准则的规定，财务报告包括资产负债表、利润表、现金流量表、所有者权益表及有关附注发，如图 8-5 所示。

利润表是"动态"的报表，反映的是时期数。资产负债表是"静态"的报表，反映的是时点数。现金流量表也是"动态"的报表，反映的是时期数，但它是按现金制编制的。

图 8-5　企业财务报告构成图

（一）资产负债表

1. 资产负债表的含义

资产负债表是指反映企业经过一定时期的经营后，期末所有资产、负债和所有者权益数额以及与初期的变化情况的报表。它是依照一定的分类标准和次序，把企业在一定日期的资产、负债和所有者权益项目按照规定的要求编制而成的。资产负债表呈左右结构，资产在左，负债和所有者权益在右，左右两边最后总计的数字金额必须是相等的。一般可用如下会计方程式表示：

资产＝负债＋所有者权益

2. 资产负债表的时间

资产负债表属于"静态的"财务报表，它所反映的是公司在某一时点上资产和负债存量的数据。按现行制度规定，企业编制的报表可分为月报、季报和年报。月报以每月月末为截止期，反映月末这一天公司拥有的资产、债务和资本。季报则反映季末这一天公司的财务情况。年报反映的是年末这一天企业的财务情况。

资产负债表所反映的是某月末或某年末公司资产负债的情况，并不反映企业在一个月或一年内资产负债的变动情况。如需了解变动情况，需要编制一张动态报表，将不同时期的资产负债表进行比较，从而对企业权益结构、所有者权益和偿债能力等情况进行动态分析。

在资产负债表中，资产方应分别将流动资产、长期投资、固定资产、无形资产及其他资产各类内所有项目的数据进行分类合计，然后计算资产总额。负债及所有者权益方也应分别将流动负债、长期负债和所有者权益各类内所有项目的数据进行分类合计，然后计算负债及所有者权益总额。

3. 资产负债表的格式

资产负债表如表 8-1 所示。

编制资产负债表的主要目的是评价企业的流动性、财务弹性以及财务结构。

流动性是资产转换成现金的能力。资产转换成现金的速度越快，表明其流动性越强。资产负债表左边的资产项目就是按流动性从强到弱排列的。它是企业偿债能力大小的象征。投资者也会根据企业的流动性来评价企业破产风险的大小。企业的流动性越大，破产的可能性就越小。

企业资产流动性示意图如图 8-6 所示。

财务弹性是指企业为适应未遇见的需要和机会，采取有效的措施改变企业现金流的流量和时间的能力。财务弹性强的企业不仅能从经营中获得大量的资金，可以较快筹集还债资金。发现新的获利更高的投资机会时，也能及时调整投资。企业的财务弹性越大，经营失败的风险就越小。

企业的资本结构是企业长期资金来源中，长期负债与所有者权益的构成比例。企业的资本结构不仅会影响其获利能力，而且决定着企业财务风险的大小。大量使用长期负债可充分获得财务杠杆效应，但财务风险随之加大；反之，若所有者权益过多，虽难以降低财务风险，但由于股权融资成本过高，会影响企业的收益，财务杠杆作用也不能充分发挥。因此，企业应根据自身的经营特点，选择合适的目标资本结构。

表 8-1 资 产 负 债 表

编制单位：××××   20×× 年 12 月 31 日   单位：元

资产	行次	年初数	期末数	负债及净资产	行次	年初数	期末数
现金	1			一、负债			
银行存款	2			借入款项	18		
应收票据	3			应付票据	19		
应收账款	4			应付账款	20		
预付账款	5			预收账款	21		
备用金	6			应付工资	22		
其他应收款	7			应付社会保障金	23		
库存材料	8			应缴预算款	24		
在产品成本	9			应缴财政专户款	25		
已完测绘项目	10			应税金	26		
经营产品	11			其他应付款	27		
待摊费用	12			预提费用	28		
固定资产	13			长期应付款	29		
无形资产	14						
对外投资	15			二、净资产			
待处理财产损溢	16			事业基金	30		
				其中：一般基金	31		
				投资基金	32		
				固定基金	33		
				专用基金	34		
				财政补助结存	35		
				专款结余	36		
				经营结余	37		
资产	17			负债及净资产	38		

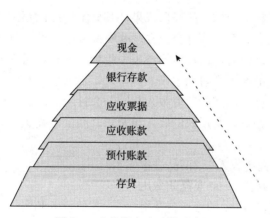

图 8-6 企业资产流动性示意图

 小贴士

醉酒的猴子

——资产和负债

有一天，一群猴子在树林中玩耍，看到一个猎人走进树林。这些猴子就躲在叶子浓密的树枝上，偷偷地看着。这时，猎人感觉到有点口渴，就从背囊中拿出水壶喝水。就在猎人要将水壶放回背囊的瞬间，一只猴子眼疾手快地抓住树枝荡了过来，抢走了猎人的水壶。这群猴子也像猎人那样轮流地喝水。

第二天，这群猴子在树林中玩耍时，又看到昨天的猎人挑了两桶水来到这片树林，坐在一棵大树底下，还盛了一碗水喝，然后离开了树林。这群猴子高兴坏了，你争我抢地喝起来。这时，昨天抢水壶的那只小猴子高声叫道："别喝了，这不是水！"其他猴子都哈哈大笑，嘲笑它说："不是水是什么？你看它不是和水一样吗，也是无色，透明的。"它们也不理会这只小猴子的话，不一会儿，两桶水就见底了。只见这群猴子一只只开始东倒西歪地倒在地上，原来桶里装的是酒。

这时，猎人拿着口袋来到树林中，除了那只小猴子外，其他的猴子都被猎人装走了。

寓言中将有益的水比作资产，将看似与水一样却会导致猴子们晕厥的酒比作负债。企业对资产和负债都可以利用。但负债利用之后是有成本的。就像猴子喝了水（资产）解了渴，而喝了酒（负债）就会晕厥（偿还利息等）。

资产和负债就像寓言中的水和酒一样，难以区分，所以，企业如果在投资理财时，错把负债当作资产购买，其结果自然就像寓言中的猴子一样，错把酒（负债）当作水（资产），最终由于醉酒而被猎人生擒活捉。这足以说明，如果错把负债当成资产的话，后果将是不堪设想的。

资料来源：翟文明 . 影响人一生的 100 个财富寓言 . 光明出版社

（二）利润表

1. 利润表的含义

利润表是反映公司在一定期间的经营成果及其分配情况的报表。利润表能反映某一时期内的经营成果。利润表有助于预计企业在现有资源基础上产生现金流量的能力和预计新增资源可能取得的收益。同时，通过对损益表中指标的分析，可以了解企业实现利润的构成、影响利润增减变动的原因和盈利水平。

利润表是通过同一会计期间的营业收入与同一会计期间的营业费用的相互配比，求出报告期的利润总额的。损益表所反映的收入与费用之间的平衡关系，可用下列四个关系式来表示：

销售毛利 ＝ 商品销售收入 － 商品进价成本
销售利润 ＝ 销售毛利 － 商业流通费用
营业利润 ＝ 销售利润 － 销售税金及附加 ＋ 其他业务利润
利润总额 ＝ 营业利润 ＋ 营业外收支净额

2. 利润表的格式

利润表的格式一般有两种：一种是单步式利润表，即将本期所有的收入和收益相加在一起，把本期的支出也相加在一起，然后两者相减，一次性计算出利润或亏损。收入大于支出为利润，收入小于支出为亏损。另一种是多步式利润表，即通过若干步才能计算出本期的损益，如前面所列的先计算毛利、销售利润、营业利润等指标，然后才能计算出利润（或亏损）总额。

利润表如表 8-2 所示。

表 8-2　利　润　表

编制单位：××××　　　　　20××年 1 月 1 日至 20××年 12 月 31 日　　　　　单位：元

项　　目	行次	本月数	本年累计数
一、主营业务收入			
减：主营业务成本			
主营业务税金与附加			
二、主营业务利润			
加：其他业务利润			
减：营业费用			
管理费用			
财务费用			
三、营业利润			
加：投资收益			
补贴收入			
营业外收入			
营业外支出			
四、利润总额			
减：所得税			
五、净利润			

　　利润表所提供的财务信息主要包括：营业收入总额、成本费用总额、投资净损益、营业外收支净额、所得税总额及税后净利总额等。根据这些信息，可以分析企业盈利能力大小，投资报酬率的高低，企业管理人员的经营管理水平，预测未来企业经营成果的变动趋势等。

（三）现金流量表

1. 现金流量表的定义

现金流量表是以现金等价物为基础编制的财务状况变动表。它为会计报表使用者提供企业一定会计期间内现金和现金等价物流入和流出的信息，使其了解和评价企业获取现金和现金等价物的能力，并据以预测企业未来的现金流量。

2. 现金流量表的格式

现金流量表见表 8-3。

现金流量表可以概括反映经营活动、投资活动和筹资活动对企业现金流入/流出的影响，对于评价企业的实现利润、财务状况及财务管理，可以提供比利润表更好的基础。

现金流量表提供了企业经营是否健康的证据。如果企业经营活动产生的现金流无法支付股利和保持股本的生产能力，就得用借款的方式满足这些需要，这就给投资者或管理者一个警告：企业从长期来看维持正常情况下的支出存在困难。

表 8-3 现金流量表

编制单位：××××　　　　　　　　　　年　　月　　　　　　　　　单位：元

项　　目	行次	本年累计金额	本月金额
一、经营活动产生的现金流量：			
销售产成品、商品，提供劳务收到的现金			
收到其他与经营活动有关的现金			
购买原材料、商品、接受劳务支付的现金			
支付的职工薪酬			
支付的税费			
支付其他与经营活动有关的现金			
经营活动产生的现金流量净额			
二、投资活动产生的现金流量：			
收回短期投资、长期债券投资和长期股权投资收到的现金			
取得投资收益收到的现金			
处置固定资产、无形资产和其他非流动资产收回的现金净额			
短期投资、长期债券投资和长期股权投资支付的现金			
购建固定资产、无形资产和其他非流动资产支付的现金			
投资活动产生的现金流量净额			
三、筹资活动产生的现金流量：			
取得借款收到的现金			
吸收投资者投资收到的现金			
偿还借款本金支付的现金			
偿还借款利息支付的现金			
分配利润支付的现金			
筹资活动产生的现金流量净额			
四、现金净增加额			
加：期初现金余额			
五、期末现金余额			

二、财务报表分析方法

利用财务报表及其相关资料，可以对企业的经营情况进行分析。经营分析的方法主要有比较分析法和比率分析法。

（一）比较分析法

比较分析法是指通过经济指标的对比，来确定指标间的差异，并进行差异分析的一种方法。比较分析法是将同一企业不同时期的财务状况或不同企业之间的财务状况进行比较，从而揭示企业财务状况存在的差异的分析方法。

1．按比较对象分类（和谁比）

①与本企业历史比，即与不同时期（2～10年）指标相比，称为趋势分析。

②与同类企业比，即与行业平均数或竞争对手比较，称为横向比较。

③与计划预算比，即实际执行结果与计划指标比较，称为差异分析。

2．按比较内容分类（比什么）

①比较会计要素的总量，如总资产、净资产、净利润等。

②比较结构百分比。把资产负债表、利润表、现金流量表转换成结构百分比报表。

③比较财务比率。

比较分析法可运用绝对数和相对数两种指标，前者反映差异的数量，后者反映差异的程度。

在实际运用时，由于参照数的不同，使比较分析法有多种表现形式。如本期实际数与计划数对比；本期实际数与前期（上年同期或历史先进水平）数对比；本企业实际数与同行业先进水平对比；不同决策方案的对比；相互关联的不同指标之间的对比等。

（二）比率分析法

比率分析法是指根据经济指标之间的关联性，通过计算各种比率，说明公司经营状况的一种分析方法。根据现行制度，常用的比率有如下四类。

1．偿债比率

偿债比率是用于分析公司企业对短期债务的清偿能力的比率，常用的有流动比率和速动比率。

2．权益比率

在资产负债表中，企业的权益分为债权人权益和所有者权益两大类：以总负债（短期负债和长期负债）表示公司的债权人权益；以净资产表示公司的所有者权益。

权益比率就是各类权益与企业的总资产之比，常用的权益比率有资产负债率和股东权益比率。

3．营运比率

营运比率是指企业分析和考察营运资金使用和控制情况的比率，常用的有存货周转率和应收账款周转率。

4．获利比率

获利比率是分析和评价企业获利能力的指标，常用的有资产报酬率、股东权益报酬率、销售净利率等。

总之，通过财务报表分析可以看出，企业的财务指标是在企业管理中最重要的分析内容。通过指标了解企业的投资规模、销售规模、资产管理、盈利能力、偿债能力等因素。这些因素构成一个完整的系统，系统内部因素之间相互作用。只有协调好内部各因素之间的关系，才能使得企业的利润得到提高，从而实现企业财富最大化的理财目标。

三、财务指标分析

财务指标分析简图如图8-7所示。

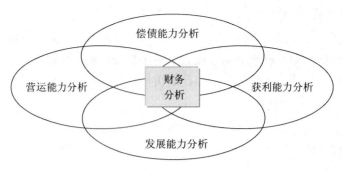

图 8-7　财务指标分析简图

（一）偿债能力分析

偿债能力是指企业偿还到期债务（包括本息）的能力。偿债能力指标包括短期偿债能力指标和长期偿债能力指标。

1. 短期偿债能力指标

短期偿债能力是指企业流动资产对流动负债及时足额偿还的保证程度，是衡量企业当期财务能力（尤其是流动资产变现能力）的重要标志。企业短期偿债能力的衡量指标主要有流动比率、速动比率、现金比率。

（1）流动比率

流动比率是企业的流动资产与流动负债的比率，用于衡量企业在某一时点偿付即将到期的债务的能力。

流动比率是衡量一个企业资产流动性的基本指标。一般情况下，流动比率越高，说明企业短期偿债能力越强。国际上通常认为，流动比率的下限为 100%。流动比率等于 200% 时较为适当。流动比率过低，表明企业可能难以按期偿还债务。

但也不能一概而论，不同行业对资产流动性有不同的需要。比如，电力行业的流动比率为 100% 时就可以运营；而制造行业的流动比率如果低于 200%，就将处于财务困境。而且，流动比率过高，表明企业流动资产占用较多，会影响资金的使用效率和企业的筹资成本，进而影响获利能力。

（2）速动比率

速动比率是企业的速动资产与流动负债的比率，用于衡量企业在某一时点运用随时可变现资产偿付到期负债的能力。

速动资产是流动资产中变现能力较强的那部分资产，一般包括货币资金、短期投资、应收票据、应收账款（净额）等。

一般情况下，速动比率越高，说明企业偿还流动负债的能力越强。国际上通常认为，速动比率等于 100% 时较为适当。速动比率小于 100%，表明企业面临很大的偿债风险；速动比率大于 100%，表明企业会因现金及应收账款占用过多而增加企业的机会成本。

但在不同的行业也有差异。例如，商业企业存货周转快，应付账款多，速动比率维持在 50% 的水平上才行。所以在用速动比率衡量企业的偿债能力时，必须依据它所在的行业及其他多方面因素进行综合判断。

（3）现金比率

现金比率是企业的货币资金和短期证券与流动负债的比率。它能够准确地反映企业的直接偿付能力。

当企业面临支付工资日或集中进货日需要大量现金时，这一比率更能显示其重要作用。一般认为，这个指标维持在 25％以上，企业就有了较充裕的直接偿付能力。

2. 长期偿债能力分析

长期偿债能力是企业偿还长期负债的能力。对于企业的所有者及长期债权人来说，他们不仅关心企业的短期偿债能力，更关心企业的长期财务状况。企业长期偿债能力的衡量指标主要有负债比率、产权比率等。

（1）负债比率

负债比率又称资产负债率，是企业的全部负债总额与全部资产总额的比率。用于分析企业借用他人资金进行经营活动的能力，并衡量企业的长期偿债能力。

一般情况下，资产负债率越小，说明企业长期偿债能力越强。国际上通常认为资产负债率等于 60％时较为适当。对债权人来说，资产负债率越低，对债权的保障程度越高，企业的长期偿债能力就越强；从企业所有者来说，该指标过小表明企业对财务杠杆利用不够。企业的经营决策者应当将偿债能力指标与获利能力指标结合起来分析。

（2）产权比率

产权比率也称资本负债率，是企业负债总额与所有者权益总额的比率，反映企业所有者权益对债权人权益的保障程度。

一般情况下，产权比率越低，说明企业长期偿债能力越强。产权比率与资产负债率对评价偿债能力的作用基本相同，但资产负债率侧重于分析债务偿付安全性的物质保障程度；而产权比率侧重于揭示财务结构的稳健程度，以及自有资金对偿债风险的承受能力。

（二）营运能力分析

营运能力是通过企业生产经营资金周转速度的有关指标所反映出来的企业资金利用的效率，表明企业管理人员经营管理运用资金的能力。营运能力的高低主要取决于资产与权益的周转速度，周转速度越快，资金使用效率越高，营运能力越强。

1. 存货周转率

存货周转率是指企业一定期间的销货成本与平均存货成本的比率，用于衡量企业的销售能力和存货周转速度以及企业购、产、销平衡情况。

存货周转率也可以用存货周转天数表示。存货周转天数是指存货周转一次所需要的天数。周转天数越少，速度越快，营运能力就越强。存货周转率表明企业存货的周转速度，反映了企业的销售能力、存货水平和经营绩效。

如果一家企业的存货周转率偏低，可能是由于存货过多、周转太慢、销售不畅等原因所致的，这往往会造成企业利润的下降。一般认为，存货周转率越高越好，因为越高，表明企业的产品试销对路、质量优良、价格合理、管理有效。

2. 应收账款周转率

应收账款周转率是企业的赊销净额与应收账款平均余额的比率，反映企业在一定期间内应收账款转变为现金的速度。

反映应收账款变现速度的另一个指标为应收账款周转天数。

应收账款周转天数＝计算期天数÷应收账款周转率

应收账款周转次数越多，周转天数越少，说明企业应收账款的变现速度越快和收账效率越高。

3. 营业周期

营业周期＝存货周转天数＋应收账款周转天数

营业周期是指从取得存货开始，到销售存货并收回现金所需要花费的时间。一般情况下，营业周期短，说明资金周转速度快；营业周期长，说明资金周转速度慢。

4. 营运资金周转率

营运资金周转率是企业在一定期间的销售净额与平均营运资金余额的比率。

一般情况下，营运资金周转率越高越好。营运资金周转率高，表明以相同的流动资产完成的周转额较多，流动资产利用效果较好。

5. 固定资产周转率

固定资产周转率是企业在一定期间的销售净额与平均固定资产净值的比率。

一般情况下，固定资产周转率越高越好。固定资产周转率高，表明企业固定资产利用充分，固定资产投资得当，固定资产结构合理，能够充分发挥效率。

6. 总资产周转率

全部资产周转率是企业在一定期间的销售净额与平均资产总额的比率。

对一个企业来说，全部资产周转次数越多，周转天数越少，表明企业全部资产的利用效率越高。

（三）获利能力分析

企业获利能力是指企业获取利润的能力，也称企业的资金或资本增值能力，通常表现为一定时期内企业收益数额的多少及其水平的高低。获利能力分析主要运用以下财务指标。

1. 资产净利润率

资产净利润率是指企业的净利润与资产平均总额的比率。资产净利润率越高，反映企业全部资产的获利能力越强。

2. 销售净利润率

销售净利润率是指企业净利润与销售收入净额的比率。该指标越高，说明企业从销售收入中获取利润的能力越强。

3. 资本收益率

资本收益率是指企业净利润与实收资本的比率。资本收益率越高，说明企业资本的获利能力越强。

4. 净资产收益率

净资产收益率是指企业净利润与所有者权益的比率，反映所有者对企业投资部分的获利能力，也叫净资产利润率。

（四）发展能力分析

企业的发展能力，也称企业的成长性，是企业通过自身的生产经营活动，不断扩大积累而形成的发展潜能。企业发展能力分析主要运用以下财务指标。

1. 营业增长率

营业增长率是企业本年营业收入增长额与上年营业收入总额的比率，反映营业收入的增减变动情况。营业增长率指标大于 0，表示营业收入比上期有所增长。该指标越大，营业收入的增长幅度越大，企业的前景越好。该指标小于 0，说明营业的收入减少，表示产品销售可能存在问题。

2. 资本积累率

资本积累率即股东权益增长率，是指企业本年所有者权益增长额同年初所有者权益的比率。资本积累率表示企业当年资本的积累能力，是评价企业发展潜力的重要指标。

3. 总资产增长率

总资产增长率是企业本年总资产增长额同年初资产总额的比率，反映企业本期资产规模的增长情况。总资产增长率越高，表明企业在一定时期内资产经营规模扩张的速度越快。但在分析时，需要关注资产规模扩张的质和量的关系，以及企业的后续发展能力，避免盲目扩张。

 课堂案例讨论

高速扩张背后的隐忧

3 个月被曝光了 5 起问题。最近 3 个月，光明乳业先后被曝光了 5 起产品质量和管理问题。（略）

"光明乳业首次定增净募资 13.9 亿元，公司产能扩张正式拉开序幕。"这是 2012 年 9 月下旬光明乳业在其网站上发布的消息。消息说，发行所募集资金将用于投资华东中央工厂的建设项目，并表示这标志着光明乳业自上市以来的第一次资本运作画上完美的句号。产能得到提升后，也将使得公司在乳制品行业的竞争力更加凸显。实际上，光明乳业在近些年中国乳制品的市场上一直没有停下快速发展的脚步。

2010 年 7 月，光明以巨额资金收购新西兰 Synlait 乳业 51% 的股权。2011 年，新西兰公司又增加超过 2 亿元的银行贷款。而在 2012 年上半年，光明又有新动作，和英国第二大谷物生产商维他麦公司签约，收购其 60% 的股份，收购价格为 12 亿英镑。光明食品集团表示，这次的并购是迄今为止中国食品企业最大的一宗海外并购。

收购、贷款、募集资金，还有很多能看得见的工程，根据其年报显示，企业仅罗列出来的在建工程就有 22 个。光明乳业的盘子越来越大，数据似乎也越来越漂亮。根据光明乳业 2012 年上半年的财报情况，光明乳业实现净利润 9667.57 万元，同比大增 31.89%。不过也有媒体注意到了另一组数据，那就是高速扩张所带来的高营业成本和高负债率。数据显示，光明乳业 2011 年乳制品的营业成本为 72.77 亿元，同比增加了 25.47%，公司资产负债率高达 61.56%，这一数字是其近 3 年来的最高水平。

资料来源：节选中国电视视《新闻 1＋1》栏目联合报道.2012 年 10 月 11 日

讨论题：试结合资产负债比率，分析光明乳业的前景是光明还是危机四伏。

本 章 小 结

　　现代企业的财务部的功能和一个大家庭的管家相似。家庭的管家是对全家的衣、食、住、行进行管理，企业财务是管理生产调配、技术开发、市场销售等。衣、食、住、行离不开资金的支持；企业的生产调配、技术开发、市场销售的开展更是以资金为基础，所以企业的财务管理以资金运动为中心内容。本章以资金的筹集、投放、耗费、收入和分配为框架，展开财务管理的理论问题及业务方法的阐述。

　　筹资管理是现代企业管理中的重要部分。资金是企业经营管理的前提条件，直接关系到企业的生存和发展。现代企业为扩大经营业务和健全内部管理，必须通过各种渠道筹措和利用各种资金。将筹集到的资金一是维持简单再生产和扩大再生产，二是将资金投放到收益高、回收快、风险小的项目。现代企业只有通过一系列投资活动，才能增强实力，不断地提高企业的价值。

　　在企业资产经营管理中，营运资金占有相当大的比重，而且周转期短，形态易变，所以是财务管理工作的一项重要工作。企业筹集资金以后，根据确定的投资项目，购买材料、利用固定资产，开始生产出产品，然后出售。经过一系列供产销之后，进行核算利润，之后把利润采用一定的方法进行分配。企业资金管理中有流动资产管理、成本管理、营业收入管理、利润及其分配管理等内容。

　　财务分析是以企业的财务报告等会计资料为基础，对企业的财务状况和经营成果进行分析和评价的一种方法。财务分析是财务管理的重要方法之一，它是对企业一定期间财务活动的总结，为企业进行下一步的财务预测和财务决策提供依据。

　　财务报告是反映企业财务状况和经营成果的总结性书面文件。财务报告中主要包括资产负债表、损益表、现金流量表。通过对以上报表利用专业方法进行科学分析，了解企业的经营状况和经营成果。

思 考 与 练 习

一、填空题

　　1. 权益资本筹资的方式，又称股权性投资，主要有_____、发行股票、_____。企业债务资本的筹资方式，又称债务性筹资，主要有_____、发行债券、_____、商业信用等。

　　2. 投资决策的分析方法有静态分析法和动态分析法。静态分析法有_____、_____，动态分析法有_____、_____、_____。

　　3. 资产负债表呈左右结构，资产在左，负债和所有者权益在右，左右两边最后的总计数字金额必须是相等的。

二、选择题

　　1. 股票分为国家股、法人股、个人股、外资股的依据是（　　）。

　　A. 股票的发行对象

B. 股票的投资对象

C. 股票的上市地点

D. 股东权利义务

2. 关于基金投资，表述正确的有(　　　)。

A. 基金不能为投资者提供较多的投资机会

B. 基金的流动性差，分散风险的能力不强

C. 基金投资一般可分为封闭式基金和开放式基金

D. 基金的种类不多

3. 企业原来的速动比率为 0.9∶1，月末又出售了一批存货，则速动比率将会(　　　)。

A. 提高　　　　　B. 下降　　　　　C. 保持不变　　　　　D. 可能提高也可能下降

三、判断题

1. 债券是股份有限公司为筹措自有资本而发行的有价证券，是持股人拥有公司股份的凭证。　　　　　　　　　　　　　　　　　　　　　　　　　　　　　　　　(　　　)

2. 对外投资具有三个目的：企业扩张的需要，偿还债务的需要，控制被投资企业的需要。　　　　　　　　　　　　　　　　　　　　　　　　　　　　　　　　　　(　　　)

3. 存货周转率是企业一定时期内的销售成本与存货平均余额之比。一般来说，该比率越高，说明资金的利用效率越高；反之，资金的利用效率越低。　　　　　　(　　　)

四、名词解释

1. 融资租赁

2. 债券投资

五、简答题

1. 某中小企业财务主管因急需为本企业筹集一笔少量资金，选择了银行借款中短期借款的筹资方式。试说明：

(1) 选择该筹资方式的理由。

(2) 利用该方式筹资的基本程序。

2. 如何利用企业投资决策的分析方法进行投资项目的可行性研究？

工作导向标

罗曼的出纳工作

罗曼会计专业毕业后，在一家叫润达的综合性超市做出纳已一年多。她作为出纳，日常的主要工作：一是负责现金收付工作；二是负责日常费用报销支付的工作；三是负责编制工资表以及发放工资；四是负责银行存款管理。

罗曼工作认真负责，在现金收付工作中严格按制度办。当出售消费卡时，她都当面点清金额，并注意票面的真伪；当需要支付货款时，她都按收货单仔细核对后再给送货商开出现金支票；每日收到的现金及时送到银行，绝不现金"坐支"，并每日记现金日记账和银行存款明细账，做好日常的现金盘存工作，做到账实相符；遇到大额现金的支付业务，她采用银行转账或汇兑方式来办理。

罗曼所在的超市有两层，其中二楼出租，罗曼每月都及时收取各摊位的租金。

日常费用报销支付很繁杂。但罗曼工作细致，从没出现差错。日常的办公费用等报

账，职工出差借款和报销时，无论金额多少，她都认真审核发票是否真实、审批手续是否齐全。职工出差回来报销差旅费时，她审核支付证明单，看支付证明单上的经办人是否已签字；支付证明单后的原始票据是否有涂改；正规发票是否与收据混贴；支付证明单上填写的项目是否超过3项等；大小写金额是否相符；报销内容是否属于合理范围内的报销；是否有证明人和总经理签名，最后经会计审核后她才给予报销。

每月罗曼还要编制工资表，按时发放工资。如有涨工资或人事变动等，她就根据变动单及时调整，做到准确无误发放。

出纳最重要的工作就是每月末与银行对账，编制银行存款余额调节表。罗曼有一次与银行对账时发现润达超市银行存款余额为200万元，而润达超市自己的银行存款明细账只有180万元。经过她认真仔细的查对发现，是银行将这20万元错记在另一家超市的银行存款上了，银行立即进行了更正。为此，罗曼还得到了经理的表扬和奖励。

思考题： 请参考上述内容及相关资料，写出其他企业出纳员的日常工作流程。

经 典 案 例

出逃外商赊账义乌

近几年来，外商在义乌骗货的新闻屡见不鲜。义乌频频出事，暴露了其传统的外贸赊账模式的漏洞。

如今，在义乌国际商贸城中，只要一提到"赊账"，总会让经营户有些忐忑不安。但是，外贸形势日益严峻，又不得不让很多经营户抱着"能接到订单总比接不到订单要好"的心理，铤而走险地跟赊账的外商打交道。

"在当前外贸形势不太乐观的情况下，我们希望能转变以往陈旧的赊账模式，找到一条新的适合我们生存发展的新型贸易方式。"一位多年的经营商户说。

赊账模式的恶性循环

在记者走访福田市场的两天里，不少经营户都表示现在生意很淡。

经营家属工艺品的杨小姐告诉记者："很大因素是因为现在中东局势不稳，而来这边采购商品的外商大多是阿拉伯、伊朗、叙利亚等国家的。"

淡季市场上，最让经营户们谈之色变的，就是外商的赊账。

杨小姐说不清义乌什么时候开始有了赊账模式，但她觉得这是一个很不好的恶性竞争导致的结果："福田市场有那么多个摊位，竞争非常激烈。客户来选购商品，一个商家表示能赊账一个星期，另一个商家提出能赊账一个月，那么客户肯定会选择赊账一个月的商家了。"

就在前一天，杨小姐家来了一个外商老客户，对方提出要按照以往的价格采购商品，而且赊账一个月。事实上，随着物价的飞涨，如今的货物已经远不止那个价格。但是。3天没有接到订单的她只能压缩自己的利润空间，无奈地接受。

赊账模式的风靡，意味着背后巨大的风险——经营户很有可能"货财两空"

杨小姐告诉记者，去年自己一个朋友被外商拖欠了100多万元的货款，白白蒙受损失。而在几天前，她自己也经历了一场意外：拖欠了一个多月货款的伊朗外商失去了联系。2012年6月19日，由于一直打不通对方电话，杨小姐循着订单上的地址来到对方公司所在的福田大厦。此时。这家门口连牌子都没有的"伊彬贸易公司"房门大开、人去楼空。

杨小姐进入房间后发现，这里的办公桌上已积了厚厚的一层灰尘。"对方欠了我们3万元的货款，事后我们才发现，这家公司根本没有在当地注册。现在做生意真的挺难，没有订单的时候愁订单，有了订单以后愁厂家能不能按时交货，发货了以后愁能不能按时拿到货款。"杨小姐的话语中充满了焦虑。

在4月27日至5月14日的半个多月时间里，义乌陆续有6家外商经营的外贸公司逃匿，涉及的国家包括巴勒斯坦、毛里塔尼亚、越南、阿富汗、叙利亚等，受害经营户上百人，涉案货物价值高达1600余万元。

一名义乌当地人向记者透露，由于义乌有很多城中村，所以不乏外商将外贸公司开到居民区的情况。他随手一指对面的居民楼："这里面很有可能就藏着外贸公司。"

记者在福田大厦B座一楼看到，墙壁上挂着大厦各个楼层的房号及所对应的公司名称：有的挂了牌子，有的没挂牌子，有的直接写着"阿富汗"、"乌克兰"。当地人士说："这些没有公司名字的，很有可能就是没有在当地注册过的。"对于这些没有注册过的公司，监管非常困难。

据义乌市公安局经侦大队的统计数据，2009年被控告卷款而逃的外贸公司（个人）共153家，涉及金额4亿元；2010年，有132家，涉及金额4500万元；2011年共有80家，涉及金额9700万元。

为什么外商会频频出逃？据了解，随着人民币的升值，外贸失去了以往的价格优势。有些可能是自己国家发生动乱或战争，当然也不排除有些人是利用义乌本地赊账模式的漏洞。

浙江红邦律师事务所律师马斌涵说，赊账模式让义乌市场的经营户承担着巨大的法律风险。

据他介绍，由于对方当事人的身份难以明确，一旦发生纠纷，经营户很难通过法律途径维护自己的合法权益，受限于国别、文字、语言、法律等因素的影响，要核实外国客商的身份也存在很大的难度。

另外，义乌的外国客商通常没有多少资金。也没有在中国购置产业，有些是没有办理任何工商登记手续的黑公司，有些虽然有注册但却是没有真正资产的皮包公司。在这样的情况下，经营户要想通过法律途径来进行索赔或者追偿，难度可想而知。

资料来源：祝优优. 法制周末. 2012年6月28日

思考题：

1. 义乌商人采取赊销在企业账目中属于什么项目？
2. 赊销怎样才能降低风险？

第九章　现代企业人力资源管理

把我们顶尖的20个人才挖走，那么我告诉你，微软会变成一家无足轻重的公司。

——比尔·盖茨

【引导语】

现代企业人力资源就如同一部汽车的驾驶员，只不过它不同于汽车的驾驶员是一个单个体，而是一个整体。它包括企业中上至董事长、总经理，下至普通的每个员工。只有充分发挥企业中每个员工的能动性，企业才能更好地发展。调动企业中每个员工的能动性，是现代企业人力资源管理的目标。

【学习要点】

1. 了解人力资源的基本含义与特征。
2. 熟知人力资源管理的概念。
3. 认识人力资源管理作用。
4. 理解工作分析、人力资源规划、招聘、培训、绩效及薪酬管理等相关的内容与任务。

 引导案例

为人才买公司

世界著名的福特汽车公司有个显著特点，就是非常器重人才。

一次，公司的一台马达发生故障，怎么也修不好，只好请一个名叫斯坦曼的人来修。这个人绕着马达看了一会儿，指着电机的一个地方说："这里的线圈多了16圈。"果然，去掉多余的16圈线后，电机马上运转正常。

这正好被公司董事长福特看到了，他便邀请斯坦曼到自己的公司来上班。谁知斯坦曼说自己现在的公司对他很好，他不能来。福特马上说："那么看来我只有把你那家公司买过来，这样你就可以来上班了。"

福特为了得到一个人才，竟不惜买下一个公司！他求才若渴的举动其实并不难理解。因为市场竞争归根到底就是人才的竞争——设备需要人操作，产品需要人开发，市场需要人开拓。人才意味着高效率、高效益，意味着企业的兴旺发达。没有人才，即使硬件再好，设备再先进，企业也难以支撑。

与之相反，一些企业对待人才的态度令人忧虑，它们往往只有遇到很大困难、火烧眉毛时才想到人才，平时则把人才晾到一边。在工作上，不积极创造条件，甚至故意刁难，使人才的才能无法得到充分的发挥。结果，让人才伤透了心，纷纷心不在焉，寻思跳槽，留下来的也是"做一天和尚撞一天钟"，混一天是一天。这不仅仅是人才个人的悲哀，更是企业的不幸，也是国家的不幸。

资料来源：陈书凯．小故事妙管理．中国纺织出版社

思考题：人力是资源吗？怎样才能发挥其作用？

中国古代有燕王筑黄金台求人才的事迹，现在福特为得一人买一个公司。之所以这样做，是因为他们都明白竞争的本质还是在于人才的争夺。"千军易得，一将难求"，好的人才是企业竞争的最有力武器，一个好的人才往往会带来一系列促进：技术上的，管理上的；等等，从而使自己的事业有更大的进展。

第一节　人力资源管理

当今科学技术飞速发展，企业间的竞争、国与国之间的角逐日益激烈，这种竞争的核心是科学技术与管理的竞争，归根结底是人才的竞争，而决定企业中人力资源水平的因素是人力资源管理。

一、人力资源管理的基本概念

（一）人力资源的含义

所谓人力资源，是与自然资源、物质资源或信息资源相对应的概念，有广义与狭义之分。广义的人力资源，是指以人的生命为载体的社会资源，凡是智力正常的人都是人力资源。

狭义的人力资源，是指智力和体力劳动能力的总称，也可以理解为创造社会物质文化财富的人。换句话说，人的各种能力是人力资源的重要因素，如果管理者能够开发和引导人的这种能力或称潜能，就会成为现实的劳动生产力，而劳动生产力的质量高低直接影响组织绩效的好坏，而提高组织绩效是管理者的首要目标。

（二）人力资源管理的含义

人力资源管理是指运用现代化的科学方法，对与一定物力相结合的人力进行合理的培训、组织和调配，使人力、物力经常保持最佳比例，同时对人的思想、心理和行为进行恰当的诱导、控制和协调，充分发挥人的主观能动性，使人尽其才，事得其人，人事相宜，以实现组织目标。

（三）人力资源管理工作的内容和任务

在人力资源管理活动中，吸引员工、留住员工、激励员工是人力资源管理的三大目标，人力资源管理的所有工作都是围绕着这三大目标展开的。一般而言，人力资源管理工作包括以下几个方面。

1. 制定人力资源规划

它是人力资源管理的首要工作，就是根据组织的发展战略和经营计划，评估组织的人力

资源现状及发展趋势，收集和分析人力资源供给与需求方面的信息和资料，预测人力资源供给和需求的发展趋势，制定人力资源招聘、调配、培训、开发及发展计划等政策和措施。

2. 人力资源费用核算工作

人力资源管理离不开人力资源成本的核算。人力资源管理部门应与财务等部门合作，建立人力资源会计体系，开展人力资源投入成本与产生效益的核算工作。

3. 工作分析和设计

它是人力资源管理的基础。对组织中的各个工作岗位进行分析，确定每一个工作岗位的具体要求，包括技术及种类、范围和熟练程度，学习、工作与生活经验，身体健康状况，工作的责任、权利与义务等方面的情况。

4. 人力资源的招聘与配置

招聘是指利用各种方法和手段，如受推荐、刊登广告、举办人才交流会、到职业介绍所登记等从组织内部或外部吸引应聘人员；并且经过资格审查，从应聘人员中初选出一定数量的候选人，再经过严格的考试，确定最后录用人选。

招聘后的员工经过岗前培训就可以安排到相应的岗位，这就是人力资源的配置。

5. 雇佣管理与劳资关系

员工一旦被组织聘用，就与组织形成了一种雇佣与被雇佣的关系，有必要就员工的工资、福利、工作条件和环境等事宜达成一定协议，签订劳动合同。在履行劳动合同的过程中，常常会出现分歧甚至是纠纷，这就需要人力资源管理部门进行沟通、协商与协调。

6. 员工的职业管理

人力资源管理者通过职业教育与在职培训、工作轮换等方法，对员工进行不断的培养。

7. 绩效考核

绩效考核有利于发现工作设计中的问题，便于管理者改进工作，可以使组织和员工了解员工的实际工作能力，考核结果是员工晋升、接受奖惩、发放工资、接受培训等人力资源管理的有效依据，它有利于调动员工的积极性和创造性，以及检查和改进人力资源管理工作。

通过绩效考核，组织可以了解员工的工作能力与成效，同时为合理、科学的薪酬与福利体系的设计提供了可能。

8. 薪酬与福利管理

薪酬与福利管理关系到企业中员工队伍的稳定与否。人力资源管理部门要从员工的资历、职级、岗位、表现和工作成绩等方面，为员工制定相应的、具有吸引力的工资报酬与福利标准和制度。

9. 建立员工信息管理系统

为了便于完成其他各项人力资源管理工作，人力资源管理部门有责任保管员工加入组织后的个人基本信息以及工作表现、工作成绩、工资报酬、职务升降、奖惩、接受培训和教育等方面的记录材料，为员工的职业发展与组织的晋升、选干、调工资、培训等工作提供基本信息。

二、人力资源管理的职能及基本原理

(一) 人力资源管理的职能

现代人力资源管理，是以组织中的人为对象的管理，在某种意义和程度上，它至少涉及以下五种基本职能。

1. 吸引与保持

吸引是指人力资源管理工作有为组织吸纳优秀人才的职能。保持是指员工具有一定的工作满意度，愿意留在组织中工作。

2. 开发

通过教育、培养、训练等手段，促进员工知识、技巧、能力和其他方面素质的提高，不断保持和增强员工在工作中的竞争地位的过程。

3. 评价

对员工的工作成果、劳动态度、技能水平以及其他方面，做出全面考核和鉴定；对组织气氛、管理状况及员工士气等进行调查、分析、评价。

4. 整合

使员工认同组织的目标与价值观，接受群体规范，使员工和睦相处，调节与化解矛盾与冲突。整合通常是通过组织文化与行为规范的建立而实现的。

5. 调控

通过评价员工绩效，如晋升、调动、奖惩、离退、解雇等手段实现对员工的动态管理。

五种职能相互关联、相互影响。这五种职能的实现都是以工作分析为基础的，因为工作分析是围绕着组织目标的实现展开的，它是对完成组织目标的各项任务的具体描述。图 9-1 反映了人力资源管理的五种职能与工作分析之间的关系。

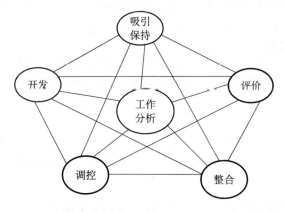

图 9-1　人力资源管理的五种职能及其与工作分析之间的关系

要有效地实现这些职能，还必须健全和完善以下各种基础工作，如合理的劳动分工与协作、各种适用的规章制度、劳动定额定员等各种劳动标准；畅通的信息沟通渠道和系统等。

（二）人力资源管理的基本原理

人力资源的基本原理是以适当的人力资源成本，使组织绩效最大化，主要体现在以下几个方面。

1. 同素异构原理

同素异构本来是指同样的具有化学成分的事物由结构上的差异而产生质的变化。在人力资源管理中，同素异构是指同样数量和素质的一群人，由于排列组合不同，产生的效应也不同；在生产过程中，同样人数和素质的劳动力，因组合方式不同，其劳动效率高低也不同。

同为碳原子构成的金刚石和石墨，仅仅因为排列的不同，就产生了特性截然相反的两种物质。同样，对人才的不合理运用，也会使人才的使用价值有天壤之别。企业若能确实将对的人放在对的位置上，其整体绩效一定超越其他未能让人才发挥能力的企业。想象一下，如果管理者让一个性格内向、认真负责的人做财务管理工作，活泼开朗的另一个人负责宣传工作，会有什么样的效果？如果将这两个人的工作调换一下，又会怎么样呢？

2. 能岗匹配原理

能岗匹配原理是指在人力资源管理活动中，根据人的才能，把人安排到相应的职位上，保证工作岗位的要求与人的实际能力相对应、相一致。

能岗适合度越高，说明能岗匹配越适当，位得其人，人适其位。这不但有效地发挥员工的潜能，会带来高效率，还可以提高员工的工作满意度，有利于组织留住优秀人才。

3. 互补增值、协调优化原理

互补增值、协调优化原理是指充分发挥每个员工的特长，采用协调与优化的方法，扬长避短，聚集团体的优势。

4. 动态优势原理

动态优势原理是指在动态中用好人、管好人，充分利用和开发人的潜能和聪明才智。社会一切事物和现象都是处在变动当中的，企业的员工也处在变动当中，员工要有上有下，有升有降，有进有出，不断调整，合理流动，才能充分发挥每个员工的潜力、优势和长处，使企业和个人都受益。

5. 奖惩强化原理

奖惩强化原理是指通过奖励和惩罚，使员工明辨是非，对员工的劳动行为实现有效激励。对员工要有奖有惩，赏罚分明，才能保证各项制度的贯彻实施，才能使每个员工自觉遵守劳动纪律，严守岗位，各司其职，各尽其力。如果干与不干、干好与干坏都一样，那就不利于鼓励先进、鞭策后进、带动中间，企业的各项工作也很难搞好。

6. 相互竞赛原理

相互竞赛原理是指采用比赛、竞争的手段，调动员工的积极性、主动性和创造性。在企业中，为了促进生产任务的完成，鼓励员工在生产数量、质量、技术操作等各方面相互比赛、相互竞争，使人才得到充分开发和利用。

随着经济、政治与文化的发展，人力资源管理的内涵、社会对人力资源管理的需要呈现不断变化和日趋复杂的趋势。如何面对不断的挑战，满足社会对人力资源管理的需求，是管理者必须重视并认真思考的问题。

三、工作分析与设计

工作分析是开展人力资源管理工作的基础。做好了工作分析，就为企业设计组织结构，制定人力资源规划，人员招聘，员工培训与发展，绩效管理，薪酬管理等工作提供了一个依据。

在日常工作中，如市场营销部经理的职责和权限是什么？这个职位与其他部门经理在权限上是怎样界定的？什么样的人才能担任这一工作？他们的工作绩效怎样评估？等等，这些问题要从本质上解决，就只能依靠科学的工作分析。

（一）工作分析的概述

1. 工作分析的含义

工作分析也称职位分析或岗位分析，它是确定完成各项工作所需的技能、责任和知识的系统过程。它需要对每项工作的内容进行清楚、准确的描述，对完成该工作的职责、权力、隶属关系、工作条件提出具体的要求，并形成职务说明书的过程。

2. 工作分析的作用

工作分析是人力资源管理的基础性工作，它在整个人力资源管理系统中占有非常重要的地位，发挥着非常重要的作用。工作分析在人力资源管理中的作用如图 9-2 所示。

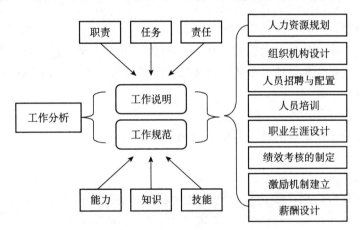

图 9-2　工作分析在人力资源管理中的作用

工作分析是现代人力资源管理所有职能的基础和前提。因此，全面地、深入地进行工作分析，形成高质量的工作说明书，可以使组织充分了解工作的具体特点和对员工的要求，为组织做出相关正确决策提供保证。具体地说，工作分析有以下 9 个方面的作用：

①确保组织机构设计的科学和合理。

②准确制定人力资源规划。

③有效核定人力资源成本，正确做出相关的管理决策。

④让组织及所有员工明确各自的工作职责和工作范围。

⑤组织有效招聘、选拔及合理配置人员。

⑥制定合理的员工培训、发展规划。

⑦制定考核标准及方案，科学开展绩效考核工作。

⑧设计出公平、合理的薪酬福利及奖励制度方案。

⑨为员工提供科学的职业生涯发展咨询。

 小贴士

究竟该谁干？

一名机床操作工把大量的液体洒在机床周围的地板上。车间主任让操作工把洒掉的液体清扫干净，操作工拒绝执行，理由是工作说明书里没有清扫的条文。车间主任便找来一名服务工来清扫。但服务工同样拒绝，理由也是工作说明书里没有包括这一类工作。车间主任威胁说要把他解雇，因为服务工是分配到车间来做杂务的临时工。服务工勉强同意，但是干完之后立即向公司投诉。

有关人员看了投诉后，审阅了机床操作工、服务工和勤杂工三类人员的工作说明书。机床操作工的工作说明书规定：操作工有责任保持机床的清洁，使之处于可操作状态，但并未提及清扫地板。服务工的工作说明书规定：服务工有责任以各种方式协助操作工，如领取原料和工具，随叫随到，即时服务，但也没有包括清扫工作。勤杂工的工作说明书中确实包含了各种形式的清扫，但是他的工作时间是从正常工作下班后开始。

资料来源：余凯成，程文文，陈维政编著. 人力资源管理. 大连理工大学出版社

3. 工作分析的程序

工作分析是一个全面的评价过程，由一系列活动组成，这个过程可以分为四个阶段：准备工作阶段、信息收集阶段、分析阶段和形成分析报告阶段。这四个阶段的关系十分密切，它们相互联系、相互影响。

（1）分析前的准备阶段

①确定所获取工作信息的使用目的；②成立工作分析小组；③建立良好的工作关系；④制定规范用语。

（2）计划和方案的设计阶段

①建立工作分析计划；②选择分析的目标职务；③选择信息来源；④选择信息收集方法。

（3）信息收集与分析阶段

这一阶段的任务是按照规定的程序和方法收集工作信息。信息收集的内容应根据前面已确定的工作分析的目的而定。一般来说，工作信息包括工作内容、工作职责、有关工作的知识、灵巧程度、经验和适应的年龄、所需教育程度、技能训练的要求、学习要求、与其他工作的联系、工作环境、作业对身体的影响、所需的心理品质、劳动强度等。

（4）分析结果的描述阶段

①整理工作分析信息；②编写工作分析报告。

（5）结果运用阶段

这一阶段的任务就是对工作分析的验证。只有通过实际的检验，才知道工作分析是否具有可行性和有效性，并且发现问题，从而不断地完善工作分析的运行程序。

（6）运行控制阶段

控制活动贯穿着工作分析的始终，是一个不断调整的过程，其目的是为了控制和纠正可能出现的各种偏差。

4．工作分析的方法

工作分析的方法是指工作分析过程中信息的收集方法。选择适当的工作分析方法，对信息的准确性与可靠性非常重要，选择什么方法取决于分析的对象、分析的内容、任务及目标。没有一种方法能提供非常完善的信息，在实践中，往往是将各种方法综合运用，包括工作实践法、观察法、面谈法、问卷调查法、关键事件法和工作日志法。

（二）工作说明书

工作说明书又称职务说明书或岗位说明书，它是对每一工作的性质、任务、责任、环境、处理方法及对工作人员的资格条件的要求所作的书面记录。

工作说明书由工作说明和工作规范两部分组成。工作说明是对有关工作职责、工作内容、工作条件以及工作环境等工作自身特性所进行的书面描述。工作规范描述了工作对人的知识、能力、品格、教育背景和工作经历等方面的要求。当然，工作说明和工作规范也可以分成两个文件来写。

工作说明书的编写并没有绝对固定的统一模式，需要根据具体的工作特点、目的和要求来选择。在实践中，通常有三种形式供选择：叙述式工作说明书、表格式工作说明书和复合式工作说明书，如表 9-1 所示。

表 9-1　工作说明书

编码		级别	工作名称	
工作内容				
一、职责总述：				
二、所受监督：				
三、所施监督：				
四、工作举例：				
五、任职条件：				
六、晋升：				
七、与其他工作关系：				
八、工作评价结果：				
九、工作时间：				
十、工作环境和条件：				
十一、其他事项：				

（三）工作设计

工作设计与工作分析两者联系紧密，相辅相成。工作分析的目的是确定某一项工作的任务及其性质，并从技能和经验的角度分析哪一些人能适合从事这一项工作；工作设计要求明确工作的内容和方法，确定从技术和组织上能够满足的工作与员工及社会和个人方面所要求的工作之间的关系。因此，工作设计必须考虑两个方面的要求，即组织和员工的要求。对工作要求、人员要求和个人能力的了解是工作设计的前提。此外，在工作设计时，岗位的难度要适当，循序渐进，这样，才能真正体现出能力与水平，发挥人的能动性和智慧。同时，相互间的依存关系使人才间相互协作，共渡难关。

1. 工作设计的含义

工作设计就是对工作完成的方式以及某种特定工作所要求完成的任务进行界定的过程。其目的是为了有效地达到组织目标，合理、有效地处理人与工作的关系，对于满足工作者个人需要有关的工作内容、工作职能和工作关系进行特别处理。

2. 工作设计的内容

（1）工作内容

工作内容包括两方面的内容：一是工作所包含的需要员工完成的特定任务、员工的义务和责任；二是工作要求的员工的行为。

 小贴士

会说话的小狗

有一户人家，全家人都非常懒惰。爸爸叫妈妈做家务，妈妈不想做就叫大姐做，大姐不想做就叫妹妹做，妹妹也不想做就叫小狗做。

有一天，家里来了一个客人，发现小狗在做家务。客人很惊讶，问小狗："你会做家务呀？"小狗就说："他们都不做，就叫我做！"客人更加惊讶："你会说话呀？"小狗说："嘘！小声点儿！让他们知道我会说话，又该叫我去接电话了！"

合格的管理者必须能将所管员工的本职范畴、责任及考核界定清楚。"能者多劳"的本质就是懒人对能人的剥削。

（2）工作职能

工作职能是指每件工作的基本要求与方法，包括工作责任、工作权限、信息沟通方式、工作方法以及协作配合等方面。

 小贴士

老鼠偷油

三只老鼠一同去偷油。它们决定叠罗汉，大家轮流喝。而当其中一只老鼠刚爬到另外两只的肩膀上，"胜利"在望之时，不知什么原因，油瓶倒了，引来了人，它们落荒而逃。

回到鼠窝，它们开了一个会，讨论失败原因。最上面的老鼠说："因为下面的老鼠抖了一下，所以我碰倒了油瓶。"中间的那只老鼠说："我感觉到下面的老鼠抽搐了一下，于是，我抖了一下。"而最下面的老鼠说："我好像听见猫叫，所以抽搐了一下。"原来如此，谁都没有责任。

资料来源：谢文辉. 智慧管理. 民主与建设出版社

在管理中，划清每个员工和每个小团队的责任界限是非常重要的。大家都有责任，就等于大家都没有责任。

（3）工作关系

工作关系是指个人在工作中发生的人与人之间的关系，包括在工作中与其他人相互联系及交往的范围、建立友谊的机会以及工作班组中的相互协作和配合等方面。

（4）工作结果

工作结果是指工作的绩效与效果的高低，包括标志工作的完成所要达到的具体标准（如产品的产量、质量和效益等），以及工作者的工作感受与反应（如满意感、出勤率、缺勤率和离职率等）。

（5）结果反馈

结果反馈包括两个方面：一是对工作本身的客观反馈；一是来自别人对工作结果的反馈，如同事、上级和下级对工作的评价。

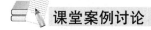 课堂案例讨论

猴子取食

美国加利福尼亚大学的学者做了这样一个实验：把 6 只猴子分别关在 3 间空房子里，每间两只，房子里分别放着一定数量的食物，但放的位置高度不一样。第一间房子的食物就放在地上，第二间房子的食物分别从易到难悬挂在不同高度的适当位置上，第三间房子的食物悬挂在房顶。数日后，他们发现第一间房子的猴子一死一伤，伤的缺了耳朵断了腿，奄奄一息。第三间房子的猴子也死了。只有第二间房子的猴子活得好好的。究其原因，第一间房子的两只猴子一进房间就看到了地上的食物，于是，为了争夺唾手可得的食物而大动干戈，结果一伤一死。第三间房子的猴子虽做了努力，但因食物太高，难度过大，够不着，被活活饿死了。只有第二间房子的两只猴子先是各自凭着自己的本能蹦跳取食。然后随着悬挂食物高度的增加，难度增大，两只猴子只有协作才能取得食物。于是，一只猴子托起另一只猴子跳起取食。这样，每天都能取得够吃的食物，从而很好地活了下来。

这个实验虽然做的是猴子取食，但它在一定程度上说明了人才与岗位的关系。岗位难度过低，人人能干，体现不出能力与水平，选拔不出人才，反倒成了内耗式的位子争斗甚至残杀，其结果无异于第一间房子里的两只猴子。岗位的难度太大，虽努力而不能及，甚至埋没了人才，犹如第三间房子里的两只猴子的命运。

资料来源：刘松主编 . 管理智慧 168. 机械工业出版社

讨论题：猴子取食实验对工作设计有些什么启示？

第二节　人力资源的招聘与甄选

一、人力资源规划概述

人力资源规划是人力资源管理的重要构成部分，也是组织战略规划的重要内容之一。处于整个人力资源管理活动的统筹阶段，它为整个人力资源管理活动制定目标、原则和方法。有效的人力资源规划工作不但使企业获得合理的人力资源，而且使企业的人力资源得

到有效的利用和开发。

(一) 人力资源规划的含义及作用

1. 人力资源规划的含义

人力资源规划是根据企业的发展规划,科学地预测、分析在环境变化中的人力资源供给和需求状况,对职务编制、人员配置、教育培训、人力资源管理政策、招聘和选择等内容进行职能性计划。

2. 人力资源规划的作用

"人无远虑,必有近忧",在现代管理中,人力资源计划越来越显示出其重要作用。具体表现在以下几个方面:

(1) 确保组织在生存发展过程中对人力资源的需求

企业需要不断地开发新产品,引进新技术,才能确保在竞争中立于不败之地。新产品的开发和新技术的引进引起企业机器设备与人员配置比例的变化,这需要企业对其所拥有的人力资源不断调整,以保证新产品和新技术条件下,工作对人的需要以及人对工作的适应性。

(2) 可以为组织的人事决策提供依据和指导

人力资源规划作为企业的战略决策,是企业制定各种具体人事决策的基础。人事决策对组织管理影响巨大,且持续时间长,调整困难。为了避免人事决策的失误,准确的信息是至关重要的。而人力资源规划能够为组织人事决策提供准确、及时的信息。如通过人力资源信息库,为招聘、晋升、调动等人事决策提供第一手资料。

例如,一个企业在未来某一段时间内缺乏某类有经验的员工,而这种经验的培训不可能在短期内实现,那么企业该如何处理这种情况呢?如果从外部招聘,需要很多费用,而且经过短时间的培训,走上岗位也未必能熟悉和胜任工作。如果本企业培养,需要提前培训。由此可见,企业通过人力资源规划,使得人员招聘计划、培训开发计划、薪酬计划和激励计划等人力资源管理具体计划能相互协调和配套。

(3) 有效控制人工成本的重要工具

人力资源规划还可以控制企业的人员结构、职务结构,避免企业发展过程中的人力资源浪费而造成的人工成本过高。企业人工成本中最大的支出项目是工资,而企业工资总额在很大程度上取决于组织中的人员分布状况。

如通过制定招聘计划,能够有效节约组织招聘成本,提高招聘效率。运用该工具,可以对组织未来的人力资源进行较准确的预测,从而估算出未来的人工成本,以便组织采取针对性措施来控制成本上升,提升利润空间。

(4) 有助于满足员工需求和调动员工的积极性

企业人力资源管理要求在实现企业目标的同时,实现员工个人目标,如企业为了实现效益最大化,要求员工在工作上付出更多的努力,那么企业也要从员工的待遇、员工的职业生涯发展规划方面给予更多的考虑。在人力资源规划的情况下,职工对自己在企业中的发展方向和努力方向是已知的,从而在工作中表现出积极性和创造性。

(二) 人力资源规划和组织规划的关系

组织的人力资源规划是组织整体计划的重要组成部分,而且人力资源规划要适应整个组织的整体计划。

1. 人力资源规划是组织整体规划的重要组成部分

组织的整体规划包括营销、生产、技术、人力资源、财务等部门计划，是在各职能计划的具体目标统一协调的基础上，对各项职能计划的综合平衡，不是各职能计划的简单集合。组织的其他职能计划与人力资源规划作为组织整体计划的有机组成部分，存在着相互影响、相互制约的紧密联系。

例如，新技术采用会使组织的劳动生产率大幅提高，如此一来，组织的人员配置状况需要随之调整，减少对普通人员的需求，增加对适应新技术的人员的需求。因此，人力资源部门必须制定人力资源规划，对人力资源的数量、质量、结构等方面进行长期、动态的管理。

2. 人力资源规划要适应组织规划

组织规划共分为三个层次：战略规划、经营计划和预算方案。组织的战略规划是确立目标和决定为实现目标所需要采取的行动的过程。它对组织具有长期影响。

要使人力资源规划发挥效力，就应该将它与以上三个层次的组织计划联系起来。相应的，人力资源规划也分为三个层次：人力资源战略规划、人力资源战术计划和行动方案。

人力资源规划实际上是组织规划的保证。因为通过对组织目标的变化和组织人力资源的现状分析，预测人力资源的供需，采取必要的人力资源政策，平衡人力资源的供给与需求，可以确保组织发展所需的人力资源在数量上和质量上的保障。

三个层次的组织规划与人力资源规划的关系如图 9-3 所示。

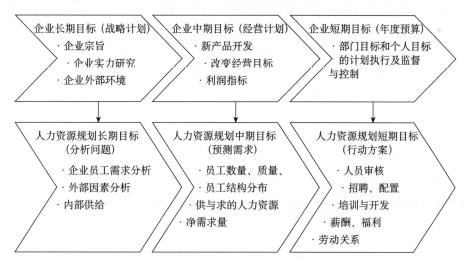

图 9-3　三个层次的组织规划与人力资源规划的关系

（三）人力资源规划的内容

人力资源规划包括总体规划与各项业务计划。业务计划是围绕总体规划而展开的，其最终结果是保证人力资源总体规划的实现。

1. 总体规划

人力资源总体规划，是指在规划期内人力资源管理的总目标、总政策、实施步骤和总预算的安排。

2. 业务计划

人力资源业务计划，是指总体规划的具体实施和人力资源管理具体业务的部署。人力资源业务计划包括职位编制计划、人员补充计划、人员配置计划、晋升计划、教育培训计划、薪酬计划、保险福利计划、劳动关系计划、退休计划等。

二、员工的招聘

现代组织都在想方设法并不惜代价地吸收和留住有竞争力的、有价值的人力资源——优秀人才，并将其配置到合适的岗位。拥有富于竞争力的人力资源，关系着一个组织兴衰存亡，人员招聘是"获取"这一人力资源的关键环节。

（一）员工招聘的概述

1. 员工招聘的含义

员工招聘是指组织根据人力资源规划和工作分析的数量和质量要求，将与组织发展目标和文化价值观以及业务需要相一致的，且具有一定素质和能力的应聘者吸引并选拔到组织空缺职位上的持续不断的过程。

2. 员工招聘的重要性

市场竞争归根到底是人才的竞争，企业经营战略发展的各个阶段必须要有合格的人才作支撑，而员工流动率的问题是当代企业面临的共性问题。有人员流动，就有人员招聘。

（1）员工招聘关系到企业的生存和发展

在激烈竞争的社会里，没有素质较高的员工队伍和科学合理的人事安排，企业很难有所发展，甚至将面临被淘汰的后果。一个企业只有招到合格的人员，把合适的人安排到合适的岗位上，并在工作中注重员工队伍的培训和发展，才能确保员工队伍的素质。

 小贴士

动 物 之 战

狮子与邻国开战。出征前，安排大象驮运军需用品，熊冲锋厮杀，狐狸出谋策划当参谋，猴子则充当间谍深入敌后。有动物建议说："驴子反应慢，野兔会动摇军心，让他们走。"

"不！不能这样办。"狮子说，"驴可做司号兵，它发出的号令一定会使敌人闻风丧胆；野兔奔跑迅捷，可以在战场上做联络员和通讯员，发挥至关重要的作用。"

后来在战争中，果然是每个动物都发挥出了最大的用处，取得了胜利。

资料来源：刘松．管理智慧168．机械工业出版社

找对人，才能做对事，人人都不相同。管理者应在普通之中发现每个人的优点和长处，然后让他们到最适合的岗位去做最适合他们的事情。

（2）员工招聘能够提高企业效益

成本是企业的生命，成本的大小将决定企业最后在市场上的竞争力。人力资源管理活

动的任务之一，就是控制人工成本。频繁的人员流动将给企业带来巨大的成本支出，包括人员获取成本、开发成本和离职成本等。

（3）员工招聘是企业人力资源管理的基础

员工招聘是企业人力资源工作的基础，如果这一工作做得好，将会为后续的培训等工作创造一个良好的条件。

（4）员工招聘有利于树立企业良好形象

员工招聘能够扩大企业知名度，树立企业的良好形象。组织招聘员工，要通过媒体进行大量的广告，进而扩大了组织知名度，让更多外界了解本组织。企业通过招聘工作的运作和招聘人员的素质向外界展现，不仅能招到组织急需的高素质人才，而且是对组织形象的极好宣传，有利于品牌价值的积累。例如，深圳华为公司通过经常性广告吸收了大量的人才，同时提高了企业的知名度。

3. 员工招聘原则

没有规矩，无以成方圆。由于员工招聘成功与否对企业生存和发展非常重要，为了人员招聘工作的顺利展开，应该遵循以下几个原则。

（1）遵纪守法与维护国家利益

在招聘过程中，企业应严格遵守《劳动法》及相关的劳动法规。坚持平等就业、互相选择、公平竞争，反对种族歧视、性别歧视、年龄歧视、信仰歧视，照顾弱势群体、少数民族和残疾人等特殊群体，以及先培训后就业的原则。

 小贴士

申请表中的项目

有的国家规定：种族、性别、年龄、肤色、宗教等不得列入申请表内。据悉，美国一些企业为避免种族歧视，性别歧视的嫌疑，不要求应聘者贴照片。

（2）职能匹配原则

招聘时，应坚持所招聘的人的知识、素质、能力与岗位的要求相匹配。俗语说"骏马能历险，犁田不如牛。"同时要"任人唯贤"，不"任人唯亲"；要"以事设岗"，而不"以人设位"；做到量才使用、人适其职、用其所长、人尽其才。

 小贴士

"只选对的，不选贵的"

招聘人员就如同一句广告语"只选对的，不选贵的"。20世纪60年代，美国某企业招聘门卫，要求高中学历（当时高中学历是较高的学历）。有高中学历的门卫不出1个月都纷纷离职，原因是他们不能满足于此岗位。这就说明最优秀的不是最适合的。

（3）效率优先原则

效率优先原则是指力争用尽可能少的招聘费用，录取到高素质、适应企业需要的人员。依据不同的招聘要求，灵活选用合适的招聘程序和选拔方法。如对高级管理人员的招聘选拔，运用多种测试手段进行鉴别，确保选出的人选符合高级管理职位的要求。但对普通岗位人员的招聘、选拔，就不必选用复杂的测评系统，可采用简单的面试或现场试用观察的方式。如打字人员的招聘、保安人员的选拔等，这样既可以保证任职人员的质量，也节约了招聘费用。

（4）平等竞争原则

组织招聘工作应对所有应聘者都一视同仁，不能因地域、户籍等因素限制平等竞争。靠"伯乐相马"，靠在"马厩"里"选马"，靠领导的直觉、印象来选人，往往带有很大的主观片面性。只有采用"赛马"的方法公平竞争，才能使人才脱颖而出，同时激励其他人员积极向上。

（5）内部优先的原则

当企业中的工作出现空缺时，应当首先考虑提拔或调动原有的内部职工。如果从企业内部招聘员工，内部员工会很快适应工作，既可以降低招聘成本，又可以调动员工的积极性；否则，如果只考虑从外部招聘员工，会引起很多不满的情绪。因企业内员工的升迁无望，往往会辞职，或在工作中宣泄不满，人为制造矛盾，产生不利的影响。但是只关注内部优先招聘，可能导致人际关系复杂化，经营思想保守，墨守成规的后果。所以，招聘工作要内部优先，同时对一些部门实行内外兼顾的原则。

（二）员工招聘的基本流程

在组织进行人员配置的过程中，通过一系列手段选拔出合格的求职者并录用，达到不断充实组织各个岗位的目的。员工招聘工作的基本程序如图9-4所示。

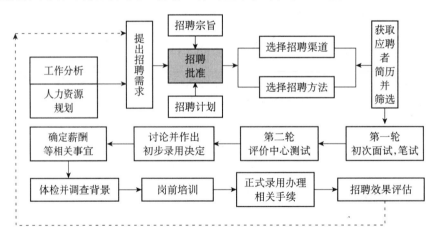

图9-4　招聘工作的基本流程

（三）员工招聘渠道的选择

人员招聘主要由招聘、甄选、录用、评估等一系列活动构成。其中，招聘是员工招聘的一个重要环节，其主要目的是吸引更多的人来应聘，使得企业有更大的人员选择余地，同时使应聘者更好地了解企业，减少因盲目加入企业而又不得不离职的可能性。

根据招聘方式的不同，将招聘渠道分为内部招聘和外部招聘两种，在实践中，选择外部招聘还是内部招聘，要综合考虑招募人员的性质、层次、类型，以及组织的规模、人才市场的供求情况及公司的战略规划、业务内容、招聘预算、人力资源稀缺程度等一系列因素后才能做决策。

1. 内部招聘

内部招聘是指吸引现在正在企业任职的员工，填补企业的空缺职位。它也是企业重要的招聘来源，特别是对于企业管理职位来说，它是最重要的来源。如在美国有抽样调查资料显示，90％的管理职位是由内部招聘来填补的。

2. 外部招聘

企业在内部招聘的选择范围有限，往往无法满足组织用人的需要，必须借助于外部的劳动力市场。广告可以通过各种媒介更大范围地传达企业需要人才的信息。通过广告招聘成功的关键是广告载体选择的针对性要强，在合理考虑费用的前提下，有的放矢地选择合适的媒体刊登广告。

三、人员甄选

(一) 人员甄选的含义

人员甄选是指综合利用心理学、管理学、社会学及测量学等学科的理论、方法和技术，对候选人的任职资格和对工作的胜任程度进行系统的、客观的测量和评价，从而做出录用决策。

甄选过程就是根据既定的标准对申请人进行评价和选择，它是招聘过程中的重要阶段，企业能否最终选择到合适的人选，很大程度取决于这一步的工作。甄选的方法主要是审阅求职简历、申请表，安排面试、心理测试及评估等。

(二) 人员甄选的内容

候选者的任职资格和对工作的胜任程度主要取决于他所掌握的与工作相关的知识、技能，个人的个性特点、行为特征和个人价值取向等因素。因此，人员甄选是对候选者的这几方面因素进行测量和评价。

1. 知识

知识是系统化的信息，分为百科知识和专业知识。百科知识又称广度或者综合知识，内容包括天文地理、自然知识、数理化、外语、体育、文艺等。百科知识考试的目的主要是考察求职者对基本知识全面了解的程度。

专业知识又称深度知识，内容主要是和应聘职位有直接关系的专业知识，以了解应聘者相关专业知识的程度和水平。

2. 能力

能力是引起个体绩效差异的持久性个人心理特征。如教师具有良好的语言表达能力，司机敏锐辨别方向的能力，是个体绩效差异的重要因素。

3. 个性

个性是指一个人比较稳定的心理活动的特点的综合。个性可以包括性格、兴趣、爱好、气质、价值观等。这些特征决定着特定的个人在各种不同情况下的行为表现。个性特点与工作绩效密切相关。例如，性格急躁的人不适合做需要耐心精细的工作，如会计；性格内向，不擅表达的人不适合做公关工作。个性特征常采用自陈式量表或投射测量方式来衡量。

4. 动力因素

动机是行为的内在原因，它由需求而产生，为行为提供能量，具有目标指向性。员工要取得良好的工作绩效，不仅取决于他的知识、能力水平，还取决于他做好这项工作的强烈欲望和动机，即是否有足够的动力促使员工努力工作。如餐厅招收女服务员，大多注重年轻美貌；其实，经过下岗过程的挫折和痛苦后待业的女工，工作欲望更强烈，更加珍惜工作机会，在工作中更有成绩和效率。所以，企业在招聘员工时有必要对应聘者的价值观等动力因素进行鉴别、测试。动力因素通常采用问卷测量的方法来获得。

（三）人员甄选的方法

员工甄选常采用个人申请表审查，笔试、面试、心理测试和评价中心等方法对应聘者的知识、能力、个性和动力因素进行评价，判断其是否胜任工作岗位。人力资源部门将符合要求的应聘者名单与资料移交给用人部门，由用人部门进行初步选择。初选工作的主要任务是从合格的应聘者中选出参加面试的人员。

1. 个人申请表审查

申请表和履历表是在招聘中被采用的最广泛的一种形式，也是企业人力资源部门在招聘工作中应该事前准备好的规范表格。通过应聘者的填写，企业可以了解个人基本信息、应聘者的背景材料、个人健康状况等信息。

2. 笔试

笔试主要用来测试应聘者的基本知识、专业知识、管理知识、综合分析能力和文字表达能力。现在有些企业也通过笔试来测试应聘者的性格和兴趣等。

3. 面试

面试是通过主考官与应聘者面对面的信息沟通，考察应聘者是否具备与职位相关的能力和个性品质的一种人员甄选技术。面试具有直观、深入、灵活、互动的特点，可以获取候选人的直接的第一手材料。

4. 心理测验

心理测验是通过观察人的少数具有代表性的行为，依据一定的原则或通过数量分析，对贯穿于人的行为活动中的能力、个性、动机等心理特征进行分析、推论的过程。

5. 评价中心技术

评价中心技术是由几种工作模拟方法组合而成的，利用现场测试或演练，由评估人员观察候选人的具体行为，并给予评分。评价中心技术是近几十年来在西方企业中流行的选拔和评估管理人员，尤其是中高层管理人中的一种人员素质测评体系。

评价中心形式如图 9-5 所示。

评价中心这种方法通常是根据工作岗位的特点、性质和要求，设计一种与岗位工作近似的情景，让应聘者置身其中处理和协调有关事务，由多个评价者观察被评价者在这种模拟工作情景中的行为表现，用来识别被评价者未来的工作潜能。因此，这种方法有时也被称为情景模拟的方法。评价中心所采用的情景性测验包括多种形式，主要有公文处理（文件筐测验）、无领导小组讨论、角色扮演、管理游戏、即兴演讲等。

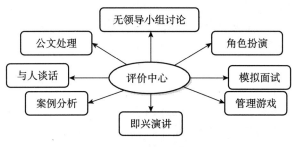

图 9-5　评价中心形式

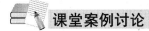　课堂案例讨论

索尼的内部跳槽

有一天晚上，索尼董事长盛田昭夫按照惯例走进职工餐厅与职工一起就餐、聊天。他多年来一直保持着这个习惯，以培养员工的合作意识和他们的良好关系。

这一天，盛田昭夫忽然发现一位年轻职工郁郁寡欢，满腹心事，闷头吃饭，谁也不理。于是，盛田昭夫就主动坐在这名员工对面，与他攀谈。几杯酒下肚之后，这个员工终于开口说："我毕业于东京大学，有一份待遇十分优厚的工作。进入索尼之前，对索尼公司崇拜得发狂。当时，我认为进入索尼，是我一生的最佳选择。但是现在才发现，我不是在为索尼工作，而是为课长干活。坦率地说，我这位课长是个无能之辈，更可悲的是，我所有的行动与建议都要由课长批准。我自己的一些小发明与改进，课长不仅不支持，不解释，还挖苦我癞蛤蟆想吃天鹅肉，有野心。对于我来说，这名课长就是索尼。我十分泄气，心灰意冷。这就是索尼？这就是我的索尼？我居然放弃了那份优厚的工作来这种地方！"

这番话令盛田昭夫十分震惊，他想，类似的问题在公司内部员工中恐怕不少，管理者应该关心他们的苦恼，了解他们的处境，不能堵塞他们的上进之路，于是产生了改革人事管理制度的想法。之后，索尼公司开始每周出版一次内部小报，刊登公司各部门的"求人广告"，员工可以自由而秘密地前去应聘，他们的上司无权阻止。另外，索尼原则上每隔两年就为员工调换一次工作，特别是对于那些精力旺盛、干劲十足的人才，不是让他们被动地等待工作，而是主动地给他们施展才能的机会。在索尼公司实行内部招聘制度以后，有能力的人才大多能找到自己较中意的岗位，而且人力资源部门可以发现那些"流出"人才的上司所存在的问题。

一个单位，如果真的要用人所长，就不要担心职员对岗位挑三拣四。只要他们能干好，就尽管让他们去争。争的人越多，相信也干得越好。对那些没有本事抢到自认为合适的岗位，又干不好的剩余员工，不妨让他待岗或下岗，或者干脆考虑外聘。

资料来源：樊丽丽．趣味管理案例集锦．中国经济出版社

讨论题：

1. 员工招聘渠道有哪些？
2. 分析索尼的内部跳槽的重要性表现在哪些方面。

第三节　员工培训与开发

一、员工培训的概述

　　培训是一个包括获取技能、观念、规则和态度，以提高员工绩效的学习过程。在现代企业的众多资源中，唯人力资源是能动的可开发再生的资源。通过培训，能够有效提高员工的知识、技能水平，更大程度地实现其自身价值，提高工作满意度，增强对企业的归属感和责任感。对企业来说，员工的培训和发展是企业的一种投资。有效的培训可以减少事故，降低成本，提高工作效率和经济效益，从而增强企业的市场竞争能力，使其在竞争中始终立于不败之地。

（一）员工培训的含义及特点

　　1. 员工培训的含义

　　员工的培训是指企业通过采用一定方式，有计划、系统地对全体人员进行培养和训练，使员工获得或改进与工作有关的知识、技能、态度、行为，增进其绩效，最终实现企业整体绩效提升的一种活动。

　　随着企业竞争的加剧，人力资本的重要性不断提高，培训作为人力资本的增值方式而备受企业青睐。

　　2. 员工培训的特点

　　员工培训的对象是在职人员，其性质属于继续教育的范畴，它具有鲜明的特征。

　　（1）广泛性

　　培训的广泛性，一方面是指组织内的全体人员，不论是决策层管理者，还是一般员工，都要接受培训；另一方面是指培训的内容和方法的广泛性，不仅涉及企业经营活动的一般管理知识，还有岗位所需的技能，甚至包括面向未来的新知识、先进经验等。

　　（2）针对性

　　员工的培训具有很强的针对性和层次感。针对不同的培训对象（员工个体差异）、不同的工作岗位需求，培训的内容和侧重点应有所不同，否则所做的培训可能是无效的。高层决策者重点应在经营意识、理念及战略等方面的培训；中层管理者主要是加强沟通能力，管理技能的培养；一般员工侧重于岗位操作知识及基本管理技能等的训练。

 小贴士

选　课

　　森林里的动物们开办了一所学校。开学第一天，来了许多动物，有小鸡、小鸭、小鸟，还有小兔、小山羊、小松鼠。学校为它们开设了 5 门课程：唱歌、跳舞、跑步、爬山和游泳。

　　当老师宣布今天上跑步课时，小兔子兴奋地一下从体育场地跑了一个来回，并自豪地说："我能做好我天生就喜欢做的事！"再看看其他小动物，有撅着嘴的，有耷拉着脸的。

第二天一大早，小兔子蹦蹦跳跳来到学校。老师宣布今天上游泳课，小鸭兴奋地一下跳进了水里。天生恐水的小兔子傻了眼，其他小动物更没了招。

小兔子根本不是学游泳的料，即使再刻苦，它也不会成为游泳能手；相反，如果训练得法，它也许会成为跑步冠军。

资料来源：刘松. 管理智慧168. 机械工业出版社

（3）培训形式和方法的灵活性、多样化

员工培训是一种多学科、多层次、多形式的教育训练活动。它的组织形式和实施方法应依需要来定，并根据实际情况及时调整。时间可长可短；形式既可职前教育，也可岗位培训；既可在职培训，也可脱产培训；既可定期培训，也可不定期地临时培训等；要根据受训者个体情况及岗位需求，灵活运用多种方法，包括讲座、视听技术、角色扮演、商业游戏及案例教学法等。

（4）协调性

员工培训是组织开展的有目的、有计划、有针对性、有步骤的系统管理行为。要想取得实效，它需要组织的各个部门的配合，培训的各环节、培训项目相协调。应根据企业发展的规模、速度和方向，合理确定受训者的人数与结构。最后，还要根据员工的岗位要求选择培训讲师，设计课程内容，选择培训方法等，所有这些都需要统筹安排。

（5）长期性和速成性

随着经济和科学技术日新月异，新情况、新问题层出不穷，人们必须不断接受新的知识，不断学习，这就意味着员工的培训将是长期的，不断的。员工学习的主要目的是为企业工作，许多培训是随经营的变化，为革新项目急需的知识和技能，为将攻关的课题，以及为强化企业内部管理急需的技能而设置的，所以，培训针对性较强，周期短，具有速成的特点。

（6）实践性

培训应根据员工的生理、心理以及一定工作经验等特点，注重实践教学方法。应针对工作实际，多采用启发式、讨论式、研究式以及案例式的教学，使员工培训有较好的效果。

（二）员工培训的意义及原则

就企业来说，市场的竞争是产品的竞争，产品的竞争归根到底是人才的竞争。社会在发展，知识在不断更新，企业要想处于不败之地，员工培训必是"终生教育"、"终生学习"。

据美国教育机构统计，企业对培训投入1美元，产出达3美元。一位管理专家曾经说："员工培训是企业风险最小、收益最大的战略性投资。"

小贴士

农夫的遗言

有个老农有两个儿子。一天，老农病倒了，他对儿子说："我怕是不行了。我必须把家交给你们俩中能干的来管。明天早上去砍柴，中午回来，谁砍的柴多，家就交给他。"

第二天早上，父亲拿出两把钝柴刀。哥哥拿起砍刀，二话没说就砍柴去了。弟弟拿起砍刀后就去磨刀。中午回来，哥哥砍了一捆半柴，双手都是伤口，衣服也撕破了，人也精疲力竭。弟弟砍了两捆柴还多，磨好的刀闪闪发光，人也神采奕奕。哥哥看到闪闪发光的砍刀，立时明白了。父亲说："你们两个都看到了吧，磨刀不误砍柴工。"

针对企业来说，磨刀就是培训。为此，开展全员培训被看作为获取竞争优势的工具。

1. 员工培训的意义

（1）提高职业技能与员工素质的重要手段

只有通过不断地进行各种形式的技术训练与职业培养，通过员工不断地学习，使其在知识、技能、工作态度、工作方法等方面得到增强，才能使其适应时代的要求。培训是给员工的一种福利，是一张长期饭票。

多学一些东西，就会多一条出路。不断地学习实在是管理者们获得竞争力的有力保证。企业能否持续发展，取决于管理者和员工的素质及能力。管理层对企业能否健康与长远地发展起着关键性的作用。而各级员工的素质及能力，更直接地影响着企业运作和发展的成效，因此，培训及拓展人才，已成为具备远见的现代企业不可或缺的共识和需求。

 小贴士

鼠与猫的较量

在一个漆黑的晚上，大老鼠带着小老鼠出外觅食，在一家厨房内，垃圾桶中有很多剩余的饭菜。正当一大群老鼠在垃圾桶里准备大吃一顿时，突然传来了一只大花猫的叫声。它们四处逃命，但大花猫穷追不舍，终于有两只小老鼠被大花猫捉到，正要吞噬它们之际，突然从垃圾桶后面传来一连串凶恶的狗吠声，令大花猫手足无措，狼狈逃命。

大花猫走后，只见大老鼠从垃圾桶后面走出来说："我早就对你们说，多学一种语言有利无害，这次我就是如此救了你们一命。"

资料来源：刘松. 管理智慧168. 机械工业出版社

（2）提高劳动生产率和工作效率的重要途径

有效的培训工作能够帮助员工提高知识和技能，改变其工作态度，明确工作职责、任务和目标，提高人际交往能力、沟通协调能力，增进他们对企业战略、经营目标、规章制度以及工作标准等的理解，从而有助于提高员工的工作质量和工作效率。

（3）实现员工职业生涯发展的必要措施

随着经济的发展，员工自身的发展需求日益强烈。他们不仅希望获得较高的报酬和待遇，更希望不断充实自己、完善自己，使自己的素质不断获得提升，充分发挥自己的潜力，实现自我价值。通过培训，可以给员工新的学识和技能，使之能够接受具有挑战性的工作与任务，实现自我成长和自我价值。

 小贴士

麦当劳的完备培训

麦当劳的管理人员95％要从员工做起。每年麦当劳北京公司要花1200万元用于培训员工。麦当劳在中国有 3 个培训中心，老师全都是公司有经验的营运人员。餐厅部经理以上人员要到汉堡大学学习，北京 50 家连锁店已有 100 多人在汉堡学习过。

培训就是要让员工得到尽快发展。麦当劳的人才体系像棵圣诞树，如果你能力足够大，就会让你升一层，成为一个分支，再上去又成一个分支，你永远有升迁的机会。

事实上，国内不少企业都非常重视把对员工的培训与发展同员工的个人发展及组织的发展有机地结合起来。例如，海尔集团不仅始终贯彻"以人为本"的人力资源管理思想，而且建立了一套有效的培训机制。该集团在培训机制中建立了个人职业生涯培训，上至集团高层领导，下至车间操作工人，集团均根据每个人的职业生涯为其制定个性化的培训计划，构建个性化的发展空间，提供充分的培训机会，并实行培训与上岗相结合的政策。

（4）为新员工打好工作基础的重要环节

新员工上岗培训是培训工作中的一个重要环节。因为新员工对企业完全陌生，企业通过员工培训，可以使员工逐步理解并且接受企业的文化，理解企业的经营战略意图，提高和增强员工对组织的认可和归属感。

通过员工培训，可以调整员工的价值观、信念、工作作风及习惯，使其行为有利于组织的运转，并使组织和员工融为一体，共同求得生存和发展。

2. 员工培训的原则

组织在实施培训活动时，应当遵循以下几项基本原则，这样才能保证并充分发挥培训的效果。

（1）激励原则

培训是一种重要的人力资本投资方式。它既可满足组织发展需要，也可使受训者个人受益。组织可把培训与员工个人的任职、晋升、奖惩、工资福利等结合在一起。当员工受训完毕达到预期效果后，可通过增加报酬或职务晋升来鼓励员工，让员工充分体会培训对自己的益处，进一步调动员工的积极性、主动性和创造性，最大限度地发挥自身潜能。

（2）服务企业战略和规划的原则

战略和规划作为组织的最高经营纲领，对企业各方面的工作都具有指导意义。实施培训，应从组织未来发展的出发，不能仅仅关注眼前的问题。只有立足长远的发展，才能保证培训工作的积极主动，同时为组织持续、稳定地发展提供人力资源。

（3）注重实效的原则

由于培训的目的在于使员工个人和企业的绩效提高，因此培训应当注重实效。培训要有明确的针对性，以组织发展需要和岗位要求为培训目标；培训的内容应当结合实际，为受训者提供实践操作的机会，从实际操作中提高能力，尤其是一些涉及工作技能的培训，要注重培训成果的转化，学以致用。

训练部属的能力，不能仅仅有按部就班的课堂培训，也不能让他们在实践中慢慢积累，而是应不拘一格，提高实践的难度和意外"事件"出现的频率，以提高员工的应变能力和解决问题的能力，加快人才成长的速度。

 小贴士

用贼训练员工的反扒能力

日本一百货公司因扒手太多，损失很大。增设监视人员、多装电视摄像机等，效果不甚理想。一位顾问说："这好办，把扒手们雇佣进来就行了。"

没过几天，店员中就出现了这样的对话：

"昨天我们在柜台上抓住了两个扒手，已经送到经理那儿去了。"

"哎呀！我们在柜台上也抓了一个呢。"这话一传开，所有的营业员都百倍地警惕起来，张着老鹰抓小鸡的眼睛严密监视，结果许多柜台都抓住了扒手。这时，受雇的盗窃头头找经理说："店员们监视越来越严，已经完全没法下手了。"

原来，那位顾问出的主意是：雇请盗窃集团来店里扒东西。并同他们约定：扒了东西要交回，交换条件是抓住了不送警察局，而且还给予一定的报酬。"雇佣扒手治扒手"，这种特别的训练方法使得全体店员练就了一双火眼金睛，个个成了抓贼高手，扒手也就给制住了。

（4）因材施教原则

组织内工作岗位众多，不同岗位的性质及要求有差异。而员工自身的知识水平、经验、能力等方面也存在明显的个体差异。培训的目的是要改善员工的工作业绩，因此，在培训时应当根据员工的实际水平及所处职位确定不同的培训内容，进行个性化的培训，这样的培训才更有针对性。

二、员工培训的种类及方法

（一）员工培训的种类

员工培训的类别多种多样。企业应该根据自身的发展状况、所处阶段的实际情况，选择合适的培训。按照不同的培训功能，可以将企业培训工作划分为不同的类型，如图9-6所示。

1. 按受训者岗位的不同分

①岗前培训。岗前培训是指上岗前为了适应工作的需要而进行的各种训练活动，目的是提高从业人员的素质，使之走上工作岗位后能适应工作岗位的需要，从而促进企业的发展。

②在岗培训。在岗培训是对现职职工进行的以提高本岗位工作能力为主的不脱产的培训活动。企业中的每个岗位都需要不断更新知识、提高技能（能力）。因此，对在职员工进行定期或不定期的培训是非常有必要的。它在内容上比岗前培训更深一层次，主要是更新知识、掌握新技能的培训和提高绩效的培训。它是岗前培训的继续和发展，应贯穿于员工管理的全过程。

2. 按受训者工作性质的不同分

①管理人员培训。②专业技术人员培训。③基层员工培训。

3. 按培训内容的不同分

①知识培训。②技能培训。③态度培训。

 小贴士

李嘉诚与一块金币

李嘉诚在一次回办公室的途中，发现一枚金属硬币滚到车子下面。他下了车在弯腰要

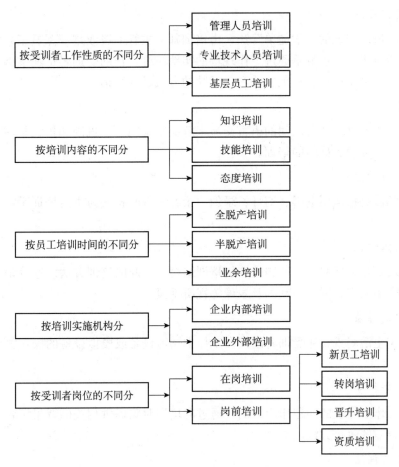

图 9-6　员工培训类型示意图

拣硬币时，一个门卫提前把那枚硬币拣了起来，并交给了他。李嘉诚拿过硬币，从口袋里拿出 100 元钞票奖励给这个门卫。人们很奇怪，只是帮他拣 1 元钱，他却给了 100 元，为什么？李嘉诚说，这一块港币，如不拣起来，它可能掉到水沟里，这个社会财富就会流失掉，那个门卫不仅知道珍惜财富，还懂得帮助别人，应该奖励。思想、态度决定行动。

4. 按员工培训时间的不同分

①全脱产培训。②半脱产培训。③业余培训。

5. 按培训实施机构的不同分

①企业内部培训。②企业外部培训。

（二）员工培训的方法

培训方法是指为了有效地实现培训目标而采用的手段和方法。作为一名培训者或培训管理者，在选择培训方法时必须与培训需求、培训课程、培训目标相适应。

1. 讲授法（课堂教学法）

讲授法是指通过培训者的语言表达，系统地向受训者传授知识的一种最普遍的员工培训方法。这是成本最低的培训方法之一。

2. 直接传授法

直接传授法即传统的"学徒弟"法，由培训师（主管上级或是资深员工）在现场给予受训人员示范及协助，也就是通过工作现场的实地演练，帮助受训者迅速掌握相关的工作技能。师傅通常采用口授、示范、练习、反馈的方式教导徒弟。

3. 研讨会

研讨会是指通过受训者之间的语言交流来解决疑难问题，巩固和扩大学习的知识，这种方法适用于人数较少群体的培训。

4. 视听教学法

视听教学法是指运用电影、幻灯、录像、录音等视听材料为主要培训手段进行训练的方法。

5. 多媒体培训

多媒体培训是指把视听培训和计算机培训结合在一起的培训方法。这种培训以计算机为基础，综合了文字、图表、动画及录像等视听手段。

6. 模拟训练法

模仿现实生活场景，让受训者用其在工作中学习设备或模拟设备的操作方法的一种培训方法。

7. 案例分析法

把实际工作中出现的问题作为案例，通过向培训对象提供相关的背景资料，让其进行分析并提出合适的解决方法。

8. 网络培训法

以多媒体和互联网技术为媒介，依靠单机、局域网或互联网提供的交互式环境进行员工培训。

三、员工职业生涯规划

（一）职业生涯规划的概念

职业生涯是一个人在其工作、生活中所经历的一系列职位、工作或职业，以及与之相关的价值观、工作态度、工作动机的变化过程的统称。

职业生涯规划是指组织或者个人把个人发展与组织发展相结合，对决定个人职业生涯的个人因素、组织因素和社会因素等进行分析，制定有关对个人一生中在事业发展上的战略设想与计划安排。职业生涯规划对于员工的个人发展与组织的发展都具有重要的意义，是人力资源开发的重要内容，与培训有着密切的关联。

（二）职业生涯规划的作用

1. 职业生涯规划对个人的作用

在职业生涯中，自我变革的重要手段就是职业生涯规划，它是每个员工充分开发自己的潜能，并自觉地进行自我管理的有效工具。只有善于对自己所从事的职业进行自我规划的人，才能有正确的前进方向及有效的行动措施，才能充分发挥自我管理的主动性，充分开发自身的潜能，保证在事业上取得更大的业绩。

具体地说，职业生涯规划对个人有以下一些作用：

①能帮助个人确定职业发展目标。

②规划能鞭策个人努力工作。

③规划有助于个人把握工作重点。

④规划能使个人认识和发挥潜能。

⑤规划能评估目前工作成绩。

2. 职业生涯规划对企业的作用

①规划能保证企业未来人才的需要。

②规划能使企业留住优秀人才。

③规划能使企业人力资源得到有效的开发。

 课堂案例讨论

东京迪士尼怎样培训清洁工

东京迪士尼乐园被誉为"亚洲第一游乐园"，年均游园人次甚至超过美国本土的迪士尼。美国迪士尼公司总裁罗伯特·伊格尔是这样分析的："在培训员工方面，他们比我们做得更出色！"

东京迪士尼是怎样培训员工的呢？以最简单的清洁工为例，他们的第一个要求就是为人要乐观、性格要开朗，决定聘用之后，又要他们进行三天的"特别培训"。

第一天上午培训的内容是扫地。他们有三种扫帚，一种是扒树叶的，一种是扫纸屑的，还有一种是掸灰尘的。这三种扫帚的形状都不一样，用法也不一样。怎样扫不会让树叶飘起来？怎样刮才能把地上的纸屑刮干净？怎样掸灰尘才不会飞起来？这三项是基本功，要用半天的时间学会，然后让每个清洁工都记牢一个规定：开门的时候不能扫，关门的时候不能扫，中午吃饭的时候不能扫，客人距离你只有15米的时候不能扫。

下午培训的内容是照相。全世界各种品牌的代表性数码相机，大大小小数十款全部摆在那里，都要学会为止。因为有很多时候，客人会让他们帮忙拍照，东京迪士尼要确保包括清洁工在内的任何一个员工都能够帮上他们。

第二天上午培训的内容是抱小孩和包尿片，有些带小孩的妈妈可能会叫清洁工帮忙。下午培训的是辨识方位。游客因为陌生，经常会向人问路，每一位清洁工都要把整个迪士尼的平面图刻进脑子里。

第三天是花一整天的时间培训沟通方式和多国语言。首先是与人沟通时的姿势，必须要礼貌和尊重。例如，和小孩子对话，必须要蹲下，这样双方的眼睛就保持在一个相等的高度上，不能让小孩子仰着头说话。至于学外语，要让人在大半天的时间里熟练掌握多国外语是不现实的，所以东京迪士尼只要求他们会讲一句话的多国外语版就行了，内容是"对不起，我并不能与你顺利沟通。我这就联系办公室，让能够和你交流沟通的人来到你身边"。

三天培训结束后，清洁工们才能被分配到相应的岗位开始工作。

东京迪士尼为什么要花这些力气去培训清洁工呢？因为他们认为，越是底层的员工，越是代表着迪士尼形象，也越能直接为顾客提供服务，而形象和服务是东京迪士尼的灵魂所在，就是说，他们把每一个底层员工都看成是自己这个团队的灵魂！

资料来源：锄诗．羊城晚报．2012 年 8 月 30 日

讨论题：

1. 东京迪士尼培训清洁工属于哪种员工培训？
2. 东京迪士尼怎样培训清洁工？采用了哪些培训方法？

第四节　绩效管理与薪酬管理

绩效管理作为人力资源管理的一个重要的、不可或缺的环节，在员工管理中起着承上启下的作用。因为，如果说工作分析、招聘、培训等环节是告诉员工应该干什么、怎么干，那么绩效管理是告诉员工他们干得怎么样、存在哪些问题、以后应如何改进。薪酬管理则是以绩效管理结果为依据对员工行为的反馈。因此，科学、有效的绩效管理体系直接涉及企业能否把员工的努力转化为企业不断提升的业绩表现。

在劳动关系中，薪酬始终是劳资双方争议的焦点，也是劳动纠纷的根源。对于员工来说，获得公平合理的报酬是加入组织的基本动力；对于资方来说，对员工支付的报酬是人力资源的主要成本，这种成本影响产品的价格，从而直接影响组织的竞争力。

一、绩效管理的内涵

谈到考核，只要在企业工作过的人几乎没有不知道的；但讲到"绩效"，可能有相当一部分人感到有些模糊。绩效的内涵到底是什么，恐怕每个人心里都有自己的看法。再进一步讲到"绩效管理"，恐怕很多人并不理解它的意义，否则不会有这么多企业的管理者会抵制绩效管理或应付了事了。因此，在具体讲述绩效管理之前，有必要澄清和明确几个与绩效管理有关的概念。

1. 绩效

绩效是个体或组织（团队、部门、企业）完成任务的效率和效能。效率强调结果，效能强调过程的有效性。绩效的含义如图 9-7 所示。

结果目标　　　过程目标(How)　　　绩效
(What)　　　态度、行为、能力

图 9-7　绩效的含义

尽管完整的绩效包含结果目标和过程目标，但在实际中，由于考核的对象、考核目的等不同，会使企业在考核时有所侧重，如对销售人员的考核可能会更多地侧重于结果目标的考核，对研发人员则更多地侧重于过程目标的考核，用于晋升的考核会更多地侧重于能力的考核，用于奖金发放的考核可能会更多地侧重于结果的考核。

2. 绩效考核

绩效考核是指考核主体对照工作目标或绩效标准，采用科学的考核方法，评定员工的工作任务完成情况、工作职责履行程度和员工的发展情况，并且将评定结果反馈给员工的过程。

3. 绩效管理

绩效管理是指为了达成组织的目标，通过持续开放的沟通过程，形成组织目标所预期的利益和产出，并推动团队和个人做出有利于目标达成的行为。因此，绩效管理是确保员工工作以及工作产出与组织目标保持一致的过程，是通过对人的管理，以提高个人和组织整体绩效的方法。在现实中，人们常常把绩效管理狭隘地理解为绩效考核，认为绩效管理就是要把员工的业绩分出三六九等来。

 小贴士

黑熊和棕熊

黑熊和棕熊喜食蜂蜜，都以养蜂为生。它们各有一个蜂箱，养着同样多的蜜蜂。有一天，它们决定比赛看谁的蜜蜂产的蜜多。

黑熊想，蜜的产量取决于蜜蜂每天对花的"访问量"。于是它买来了一套昂贵的测量蜜蜂访问量的绩效管理系统。在它看来，蜜蜂所接触的花的数量就是其工作量。每过完一个季度，黑熊就公布每只蜜蜂的工作量；同时，黑熊设立了奖项，奖励访问量最高的蜜蜂。但它从不告诉蜜蜂们，它是在与棕熊比赛，它只是让它的蜜蜂比赛访问量。

棕熊与黑熊想得不一样。它认为蜜蜂能产多少蜜，关键在于它们每天采回多少花蜜——花蜜越多，酿的蜂蜜也越多。于是它直截了当地告诉众蜜蜂：它在和黑熊比赛，看谁产的蜜多。它花了不多的钱买了一套绩效管理系统，测量每只蜜蜂每天采回花蜜的数量和整个蜂箱每天酿出蜂蜜的数量，并把测量结果张榜公布。它也设立了一套奖励制度，重奖当月采花蜜最多的蜜蜂。如果一个月的蜜蜂总产量高于上个月，那么所有蜜蜂都受到不同程度的奖励。

一年过去了，两只熊查看比赛结果，黑熊的蜂蜜不及棕熊的一半。黑熊的评估体系很精确，但它评估的绩效与最终的绩效并不直接相关。黑熊的蜜蜂为尽可能提高访问量，都不采太多的花蜜，因为采的花蜜越多，飞起来就越慢，每天的访问量就越少。另外，黑熊本来是为了让蜜蜂搜集更多的信息才让它们竞争，由于奖励范围太小，为搜集更多信息的竞争变成了相互封锁信息。蜜蜂之间竞争的压力太大，一只蜜蜂即使获得了很有价值的信息，比如某个地方有一片巨大的槐树林，它也不愿将此信息与其他蜜蜂分享。

棕熊的蜜蜂则不一样，因为它不限于奖励一只蜜蜂。为了采集到更多的花蜜，蜜蜂相互合作，嗅觉灵敏、飞得快的蜜蜂负责打探哪儿的花最多最好，然后回来告诉力气大的蜜蜂一齐到那儿去采集花蜜，剩下的蜜蜂负责储存采集回的花蜜，将其酿成蜂蜜。虽然采集花蜜多的能得到最多的奖励，但其他蜜蜂也能捞到部分好处，因此蜜蜂之间远没有到人人自危，相互拆台的地步。

资料来源：谢文辉. 智慧管理. 民主与建设出版社

绩效管理的最终目标是提高个人和组织的绩效，而提高的途径是通过协商与员工就目标以及达到目标的方式达成一致，并通过收集各种绩效信息，发现员工在工作过程中出现的各种问题，帮助员工解决这些问题，以提高绩效。

4. 绩效考核与绩效管理的区别

绩效管理与绩效考核（或称绩效考评、绩效评价、绩效评估）的概念，既有明显的区别，又存在十分密切的联系。表 9-2 列出了两者几个明显的区别。

表 9-2　绩效考核与绩效管理的区别

绩效考核	绩效管理
判断式：重在收集信息并做出绩效评判	计划式：重在绩效计划的制订和执行
评价表：对照绩效评价表做出判断	过程：包括计划、辅导、评价、反馈四个环节
寻找员工的错误，扣发工资、奖金	解决问题：寻找并解决问题，以改进绩效
有赢家输家	双赢：组织和个人共同提高
主要关注结果的考核	同时关注结果和行为
威胁性：我会考核你，干不好会扣工资、解雇你	推动性：我会帮助你找到问题，然后一起解决
关注过去绩效：你过去干得好不好	关注未来绩效：我们如何提高未来的绩效

二、如何确定绩效考核指标

（一）考核指标的来源

绩效管理的内容是通过考核指标来表现的。企业有效运行需要哪些支撑要素，然后运用合适的方法从这些支撑要素中提取考核指标就可以了。一般来说，企业有效运行需要战略的有效落实、流程的有效运转、职位职责的有效履行、存在问题的有效解决四个方面的支撑。

 小贴士

和尚撞钟的标准

有一个小和尚担任撞钟一职，半年下来，觉得无聊之极，"做一天和尚撞一天钟"而已。有一天，主持宣布调他到后院劈柴挑水，原因是他不能胜任撞钟一职。小和尚很不服气地问："我撞的钟难道不准时、不响亮？"老主持耐心地告诉他："你撞的钟虽然很准时、也很响亮，但钟声空泛、疲软，没有感召力。钟声是要唤醒沉迷的众生，因此，撞出的钟声不仅要洪亮，而且要圆润、浑厚、深沉、悠远。"

本故事中的主持犯了一个常识性管理错误，"做一天和尚撞一天钟"是由于主持没有提前公布工作标准造成的。如果小和尚进入寺院的当天就明白撞钟的标准和重要性，我想他也不会因怠工而被撤职。工作标准是员工的行为指南和考核依据。缺乏工作标准，往往导致员工的努力方向与公司整体发展方向不统一，造成大量的人力和物力资源浪费。

资料来源：王海民．十大管理哲理故事经典．海潮出版社

（二）如何提取考核指标

知道了考核指标的来源，接下来要思考的问题是如何从以上四个来源提取考核指标。

目前，实践中已经有很多成熟的提取考核指标的方法。

1. 从战略提取考核指标

（1）KPI法

KPI是关键业绩指标（Key Performance Index）的简称，就是首先确定企业的战略，并对战略进行分析，找出战略成功的关键因素；为了培养这些关键因素，企业需要关注哪些工作；然后，把这些定性描述的工作转化为具体的、定量的指标，分配到各部门和职位中去。因此，KPI法可以用于提取部门和个人的考核指标，如图9-8所示。

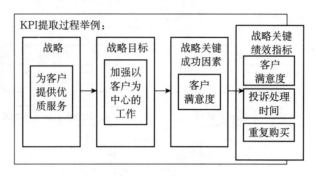

图 9-8　运用 KPI 从战略提取考核指标

KPI最后必须以在实践中能够计测的、准确定义的、定量指标的形式出现。

（2）目标分解树法

目标分解树法是另一种从战略角度提取考核指标的常用方法，与KPI法相比，它更常用于量化指标的提取。其基本逻辑是从企业的战略出发，将战略层层分解到部门、团队、职位中去，具体过程如图9-9所示。

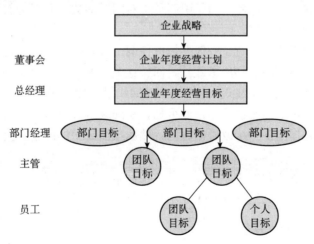

图 9-9　运用目标分解树法从战略提取考核指标

2. 从流程提取考核指标

战略提取考核指标是将企业战略纵向分解，提供的是一种纵向考核的思路。从流程提取考核指标则提供一种横向的考核思路。企业所有的任务都是由整个流程中的各个环节完成的，各环节不仅要做好本职的工作，而且要协调本环节与其他相关环节的任务协调和传递。

3. 从职位提取考核指标

从职位提取考核指标，不仅要包含员工完成岗位职责情况的考核指标，而且包含对员工态度、行为、能力进行考核的指标。这两方面的要求其实已经整合在人力资源管理最基础的职位说明书之中了，且分别对应着职位说明书中的工作描述和工作规范这两块内容，为基于职位的考核提供了指标来源。因此，可以通过阅读各岗位的工作说明书，从工作描述中提取岗位职责指标，从工作规范中提取与岗位职责对应的能力指标。具体思路如图9-10所示。

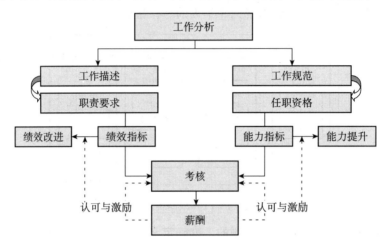

图 9-10　从职位提取考核指标

4. 从问题解决提取考核指标

任何企业在任何时候都会存在这样或那样的问题，这些问题如果不及时解决，久而之肯定会影响企业的运行。因此，为了引起员工对问题的关注并努力解决它，可以直接把问题解决作为考核的一项内容。

从问题解决提取考核指标时，一般要把握住两个基本问题：一个是明确"什么样的绩效是好绩效？怎样才能实现这样的绩效？"，回答这个问题实际上就是一个确立标准和提出要求的过程。另一个问题是关注现实和标准的差距，即"我们在哪些地方没做好，出现问题影响了绩效？下一步如何改进？"。由此可见，从问题解决提取考核指标实际上是确认目前存在的绩效问题并提出下一步改进的方向，然后把需要做的改进作为考核指标纳入下一轮的考核范围内。

需要指出的是，从问题解决角度提取考核指标是不具有持续性或者非例行的，只有企业出现不良绩效问题，而且这些问题企业本身能够解决时，才需要从问题提取考核指标。

(三) 常用的绩效考核方案

常见的考核方法有很多种。在现实中，由于考核指标体系中包含各类指标，对不同类型的考核指标，考核方法不同。如对定量指标，运用目标管理法；对于定性指标，可以运用关键事件法、行为锚定法等。下面分别介绍。

1. 交替排序法

交替排序法是一种较为常用的排序考核法。常用于对定性指标进行简单相对排序的考核。

2. 配对比较法

配对比较法是一种更为细致的通过排序来考核绩效水平的方法，主要用于人数较少的组织对定性指标进行简单相对排序的考核。

3. 关键事件法

这是一种通过员工的关键行为和行为结果（事件）来对其绩效水平进行考核的方法，主要用于行为、态度、能力等定性指标的考核。

4. 行为锚定法

行为锚定法与关键事件法一样，都是基于对被考核者的工作行为进行观察、考核，从而评定绩效水平的方法。

5. 目标管理法

这是一种以目标为导向的绩效考核方法，其内在的假设认为绩效的全部意义在于目标的实现和完成。

6. 强制分布法

这种方法主要适用于整体考核，是在考核之前就设定好绩效水平的分布比例，然后将员工的考核结果安排到分布结构里去。

7. 图尺度考核法

图尺度考核法是最简单和运用最普遍的绩效考核技术之一，一般采用图尺度表（工作绩效考核表）填写打分的形式进行。该方法主要用于能力、工作态度、行为等定性指标的考核。

三、薪酬管理

对于人力资源管理来说，如何客观、公正、公平地为做出贡献的员工提供合理的劳动报酬，发挥薪酬和福利的激励作用，调动员工的积极性，从而吸引人才、留住人才、用好人才，是组织生存与发展的关键。

（一）薪酬管理的内涵

1. 薪酬

从本质的意义上说，薪酬是对人力资源的成本与吸引和保持员工的需要之间进行权衡的结果，是对员工为企业提供劳动而支付的报酬。

广义的薪酬包括两方面，一是直接货币报酬，如工资、奖金、津贴等；二是以其他间接的货币形式支付给员工的奖励，包括福利、保险和带薪休假等。

（1）奖金

奖金是对员工超工作标准贡献的一种奖励，也是员工薪酬的一个重要组成部分。如超额奖、节约奖、全勤奖。

（2）津贴

津贴是根据岗位、绩效和相关政策的情况设定的报酬。如岗位津贴、地区津贴、外勤津贴、野外工作津贴。

（3）福利

福利是间接货币的报酬形式，是社会保障的内容之一。它的形式多样，如失业保险、工伤补偿、养老保险等。

狭义的薪酬主要指工资，企业中的工资包括基础工资、绩效工资与福利，薪酬示意如图 9-11 所示。基础工资包括基本工资与津贴，基本工资通常高于国家低保线。

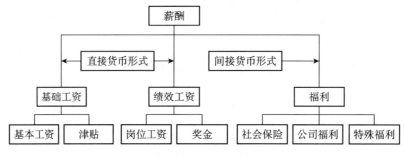

图 9-11　薪酬示意图

国家对于津贴与基本福利也有相关规定，企业能够掌握与控制的部分就是绩效工资。绩效工资与劳动者付出的劳动直接相关，是工资的主要收入部分。也可以说，工资的高低差别往往就体现在绩效工资上。绩效工资包括岗位工资与奖金，它体现了多劳多得的原则。

2. 薪酬管理

薪酬管理是组织在国家宏观控制分配政策容许范围内，根据其内部管理制度和相关规定，按照一定的分配原则和制定的各种激励措施对员工进行分配的过程。通常，薪酬管理包括薪酬策略和制度的制定与执行工作，包括确定薪酬的额定、建立薪酬体系与结构、薪酬的支付工作以及福利的管理等。

（二）影响薪酬政策和水平的主要因素

1. 政策法规

由于劳动者享有公民的权利，所以要求人力资源管理必须符合法律的要求，这一点也反应在薪酬管理工作。例如，1993 年 11 月 24 日《企业最低工资规定》中规定了最低工资的确定、付给、保障与监督；2004 年 3 月 1 日起施行的劳动和社会保障部令第 21 号，《最低工资规定》，最低工资标准计算方法，都是尊重合保护劳动者的具体体现。

2. 社会平均工资水平和平均增长率

随着经济的增长和人们生活水平的提高，员工的工资快速增长。社会平均工资的快速增长使各企业薪酬水平必须随行就市地增长，否则将难以跟上市场水平而处于落后状态，削弱企业对人才的吸引力，削弱企业的竞争优势。

3. 劳动力供求关系

同其他资源一样，人力资源也存在一个市场，也有价格，这个价格就是雇主支付给雇员的薪酬。当经济处于高速增长时期，市场对人才的需求增加，造成员工工资上升；相反，在经济处于低迷的时候，人员过剩，市场不再需要那么多的人，所以不仅员工的薪酬随之减少，还会使一部分人失业。

4. 劳动力价格的地区和行业区别

经济发展的差别往往会造成不同国家、地区、行业形成不同的劳动力价格。例如，从地区来看，厦门专业人才的价格要低于上海、广州、深圳等地，但要高于江西、湖南等地；从行业来看，近年来，电信行业的劳动力价格一直名列我国各行各业之前茅。

5. 劳动强度和危险性

一般说来，劳动强度和危险性越高，其工资与福利的水平越高。出租车司机平均月收入要高出同地区或城市职工平均月收入的一倍乃至数倍，但他们中的大多数人通常每天工作时间超过 8 小时，而且工作性质相对危险。所以，较高的工资收入水平是对那些愿意拼命工作和富有冒险精神的人所付出代价的补偿。

6. 高层管理者的态度和组织的支付能力

组织的支付能力是影响薪酬的重要因素，但是高层管理者的态度决定了薪酬设计的导向。例如，是实行计件制还是计时制，是按贡献付酬，还是按知识付酬都反映了组织文化，而组织文化反映了高层领导者的态度。

7. 员工的公平观

对组织发展的追求可能是决定工资率的最重要因素，工资率一方面取决于企业的发展情况，另一方面取决于是否能吸引与留住员工，那么，公平就显得格外重要。

这里提出两种类型的公平：外部公平和内部公平。外部公平就是同其他组织的工资水平相比，支付的工资必须是优厚的，否则就会发现难以吸引和留住雇员。内部公平是指同组织内其他人所得到的工资相比，应让每个员工认为自己的工资是公平的。

（三）薪酬设计

薪酬设计是人力资源管理的一项重要工作，薪酬的高低，决定着组织的人力资源薪酬的成本，还决定了员工的满意度。

通常薪酬设计包括以下几个步骤：工作评价、薪酬调研、工资分级和定薪、工资管理制度、奖金管理。

1. 工作评价

它是薪酬管理的基础工作，薪酬设计的原理是根据组织中岗位的价值分配不同额度的工资。

2. 薪酬调研

为了确定企业分配制度的可行性，企业还须对其他临近、工作性质相似，或人力资源相同企业对同样职务雇员支付薪酬的情况进行调查。

薪酬调研的目的是搜集行业薪酬水平的详细资料，为本企业制定工资表提供参考，以确保企业在市场上的竞争力。

3. 工资分级和定薪

（1）影响工资等级数目的因素

工资等级数目是指划分多少个等级的工资标准。等级数目的确定与下列因素有关：劳动复杂程度、劳动熟练程度和工资级差。

（2）工资等级线的确定

工资等级线是指在工资等级表规定的等级数目种，各职务、岗位或工种的起点等级和最高等级线之间的跨度线。工资等级线是反映某项工作内部劳动差别程度的标志。

（3）工资级差的确定

工资级差是指工资等级中相邻两级工资标准之间，高等级工资标准与低等级工资标准的相差数额。它表明，不同等级的劳动，由于其劳动复杂程度和熟练程度不同，有不同的劳动报酬。

4. 工资管理制度

工资定薪的方法有很多种，这里主要介绍现在比较普遍采用的几种分配制度。

（1）绩效工资制度

绩效工资制度的前身是计件工资，但它不是简单意义上的工资与产品数量挂钩的工资形式，而是建立在科学的工资标准和管理程序基础上的工资体系。

绩效工资制度的基本特征是将雇员的薪酬收入与个人业绩挂钩。业绩是一个综合的概念，比产品的数量和质量内涵更为宽泛，它不仅包括产品数量和质量，还包括雇员对企业的其他贡献。

 小贴士

绩效与工资

根据美国 1991 年《财富》杂志对 500 家公司的排名，35％的企业实行了以绩效为基础的工资制度，而在 10 年以前，仅有 7％的企业实行这种办法。

（2）计件工资制

计件工资是直接以一定质量的产品数量和计件单位计算员工劳动报酬的一种工资形式，是计时工资的一种转化形式，只是在工资表现形式和计算方法上有所不同。

（3）职务工资制

职务工资制是指首先对职务本身的价值做出客观的评估，然后根据这种评估的结果赋予担任这一职务的从业人员与其职务价值相当的工资的一种工资制度。

（4）年薪制

年薪又称年工资收入，是指以企业会计年度为时间单位计发的工资收入，主要用于公司经理、企业高级职员的收入发放，成为经营者年薪制。

5. 奖金管理

奖金是一种补充性薪酬形式，它是对雇员超额劳动或者增收节支的一种报酬形式。劳动者在创造了超过正常劳动定额以外的劳动成果之后，企业以物质的形式给予补偿。其中，以货币形式给予的补偿就是奖金。

 小贴士

霍尼韦尔公司奖励制度

美国霍尼韦尔公司为提高全球 5000 名员工的士气，制定了一系列奖励制度。例如，行政总监 Machael Bondignore（迈克）每年都亲自给员工颁发几个主席成就奖，员工可互相提名，奖金 100 美元。另外，公司每年设有最佳经理奖（奖金为 3000 美元）、最佳销售员奖（免费度假旅游）和最佳技术服务员奖（奖金 1000 美元）。

四、福利管理

员工的福利是薪酬管理的另一项内容，与薪酬共同构成了一个组织公平的，有竞争力的薪酬体系。随着我国经济的发展与劳动力市场的成熟，福利在吸引人才、留住人才方面扮演着越来越重要的角色。

福利的种类与形式繁多，主要包括集体福利、个人福利。

（一）集体福利

集体福利是企业举办或者通过社会服务机构举办的、供雇员集体享用的福利性设施和服务，是主要的雇员福利形式，包括住宅、集体生活设施和服务以及享受休假及旅游待遇。

（二）个人福利

雇员个人福利主要是指由雇员福利基金开支的，以货币形式直接支付给雇员的个人的福利补贴，是雇员福利的非主要形式，主要包括以下几种。

①两地分居的雇员享受探亲假期、工资补贴和旅费补贴待遇。

②上下班交通费补贴。

③冬季宿舍取暖补贴。

④生活困难补助。

⑤生活消费品价格补贴、婚丧假和年休假工资。

雇员个人福利从法律意义上讲，只具有任意性规范的性质，意为这些规定如果在集体合同、内部劳动规则和劳动合同中被规定，就具有约束力，否则没有法律效力，主要由雇员和企业决定。

 课堂案例讨论

绩效考核伤了小李的心

在公司的 2009 年度员工绩效考核工作中，小李的绩效被评为 A（考核分五级，A：杰出；B：良好；C：正常；D：需改进；E：淘汰）。小李很高兴，毕竟自己的工作得到了领导的认同和肯定。

绩效考核是由各部门经理对员工 2009 年工作绩效、任职状况、工作态度等方面的全面评价，结果会影响员工职位及薪级调整，比较重要。小李自认为很好地完成了本职工作：全年没有明显失误，尤其前一段时间，经常加班到晚上 9 点多，很多节假日不休息，表现还是对得起领导的评价。但是当他听到一个消息后，这种喜悦感就没有了，反而愤愤不平地给女友诉苦：

"下午生产部的一个同事告诉我，他们部门的小张考核也被评为 A，大家都觉得不公平。我听了很惊讶，第一感觉是不是搞错了。我并不是嫉妒他，而是觉得太不可思议了。这个小张每天都利用单位座机给女朋友打电话聊天，一天要打三四次电话，有时长达半个小时之久，公司规定用单位座机打私人电话每次不能超过3分钟。另外，他还经常上班玩游戏，其实在不忙的时候上上网看看新闻，公司是允许的，可要是玩游戏就不成了。你说就这样的员工没被评为 D 就算不错了，竟然能被评为 A，是不是有些不公平？还有，天天上网炒股的小刘，最后被评为 B，而有的人全年表现都不错，只是出现个小错误就被评为 D。我加班加点努力工作的考核是 A，他们天天打私人电话聊天，玩游戏的考核也是 A，考核制度岂不形同虚设？"

　　　　　　　　资料来源：孟怡昭．绩效考核伤了小李的心．中国营销传播网 http：//www.emkt.com.cn

　　讨论题：请从绩效考核指标的确定、标准和量化的角度，分析小李及公司分别存在哪些问题？

第五节　劳动合同管理

一、劳动合同概述

（一）劳动合同含义

劳动合同是劳动者和用人单位之间确立、变更和终止劳动权利和义务的协议。

在我国新《劳动合同法》的第十六条中规定："劳动合同由用人单位与劳动者协商一致，并经用人单位与劳动者在劳动合同文本上签字或者盖章生效。劳动合同文本由用人单位和劳动者各执一份。"劳动合同是确立劳动关系的凭证，是维护双方合法权益的法律保障。

根据劳动合同，劳动者加入组织从事某种工作，遵守国家法律与组织的劳动规则和制度，用人方按照劳动的数量和质量支付劳动报酬，依法提供劳动条件，保障劳动者依法享有劳动保护、社会保险等合法权利。

（二）劳动合同制度的意义

在劳动合同管理中离不开劳动合同制度，它在劳动合同的管理中起着至关重要的作用，其意义表现在以下几个方面。

①劳动合同制度是形成劳动关系的基本制度。

②劳动合同制度是企业人力资源管理的重要手段和工具。

③劳动合同制度是处理劳动争议的法律依据和基本手段。

④劳动合同制度是建立和维护劳动关系的协调机制。

（三）劳动合同的内容及原则

1．劳动合同的内容

劳动合同的内容，就是指双方当事人通过协商一致并达成的关于劳动权利和义务的具体规定。劳动合同的内容是通过具体条款体现的，可分为法定内容和商定内容，如图9-12所示。

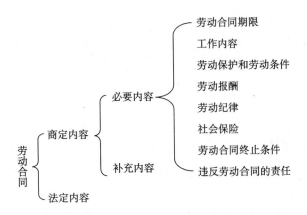

图 9-12　劳动合同的内容

如何管理试用期员工

张红在一家外资现任人力资源经理，她遇到了如下棘手的问题：公司通过猎头公司招聘一名财务经理王玲，共支付猎头费用 3 万元人民币，公司和王玲签订了 4 年的劳动合同，合同规定试用期为 6 个月，同时约定试用期后可增加 2000 元的工资。王玲因试用期表现优秀，2 个月后公司决定派王玲去国外培训，培训期为 2 个月，培训费用共计 10 万元人民币。

培训结束后，王玲继续为公司工作了 3 个月，却没有领到公司在合同中承诺的在试用期之后增加的 2000 元工资，又加上他刚刚得到国外大学的全额奖学金通知，王玲决定提出辞职申请。公司总经理听到此事后非常气愤，决定让王玲赔偿培训费和猎头费。但王玲决定不给公司任何的赔偿。

问：如果你是人力资源经理张红，您将如何处理？

资料来源：http：//www.btophr.com/caseforum/caseforum.asp? caseid＝39

（1）法定内容

法定内容是《劳动法》规定的劳动合同当事人必须遵照执行的规定。例如，法定的工作时间和休息休假时间、最低工资标准、劳动安全卫生标准、社会保险待遇等。

（2）商定内容

商定内容是双方当事人协商规定的劳动合同内容。商定内容又分为必要内容和补充内容。

①必要内容。

通常，商定内容包括：劳动合同期限；工作内容；劳动保护和劳动条件；劳动报酬；劳动纪律；社会保险；劳动合同终止的条件；以及违反劳动合同的责任。

②补充内容。

补充内容并非是劳动合同成立必须具备的内容，缺少它，劳动合同依然成立。用人单位与劳动者可以约定试用期、培训、保守秘密、补充保险和福利待遇等其他事项。例如，用人单位是否向劳动者提供住房、班车、托儿所、幼儿园和其他生活福利设施等。

2. 制定劳动合同的原则

①平等自愿原则。

②协商一致原则。

③合法性原则。

④互利互惠原则。

(四) 劳动合同的签订

劳动合同签订的过程包括：用人单位拟订劳动合同草案→劳动者与用人单位协商劳动合同内容 →签字盖章→ 鉴证。

用人单位拟定的劳动合同草案必须是建立在《合同法》基础上的，不得违反国家的相关政策。例如，法定条款应该包括劳动期限、工作内容、工种和岗位、工作地点和场所、劳动保护和劳动条件、劳动报酬、劳动纪律、劳动合同终止的条件、违约责任；约定条款应该包括试用期、培训、保守商业秘密、补充保险和福利待遇等。

在正式签订合同之前，劳动者有权利与用人单位就相关条款进行协商修改。需要注意的是，在双方签字盖章之后，劳动合同的签订还没有结束，需要对合同进行鉴证。

劳动合同鉴证是劳动行政主管部门根据劳动合同当事人的申请，依法审查、证明劳动合同的合法性、真实性、完备性和可行性的一项行政监督和服务措施。

二、劳动合同的变更、终止与解除

(一) 劳动合同的变更

由于社会环境、用人单位的经营与发展情况，可能导致劳动合同的变更。例如，A 企业由于经营不善可能被 B 企业兼并，而工人 C 与 A 企业签订的劳动合同还未到期，这时，A 企业就可以与员工 C 通过补充协议的形式将变化后双方的责、权、利加以说明。

用人单位与劳动者协商一致，可以变更劳动合同约定的内容。变更劳动合同，应当采取书面形式。变更后的劳动合同由用人单位与劳动者各执一份。

(二) 劳动合同的终止

劳动合同的终止是指终止劳动合同的法律效力。从狭义上讲，劳动合同的终止是指劳动合同的双方当事人按照合同所规定的权利和义务都已经完全履行，且任何一方当事人均未提出继续保持劳动关系的法律行为。广义的劳动合同终止包括劳动合同的解除。

劳动合同订立后，双方当事人不得随意终止劳动合同，只有在劳动法律、法规允许的情况下，当事人才可以终止劳动合同。

新《劳动合同法》规定有下列情形之一的，劳动合同终止：第一，劳动合同期满的；第二，劳动者开始依法享受基本养老保险待遇的；第三，劳动者死亡，或者被人民法院宣告死亡或者宣告失踪的；第四，用人单位被依法宣告破产的；第五，用人单位被吊销营业执照、责令关闭、撤销或者用人单位决定提前解散的；第六，法律、行政法规规定的其他情形。

（三）劳动合同的解除

严格地说，企业劳动合同的解除是劳动合同终止的一种形式。劳动合同的解除，是指劳动合同签订以后，尚未履行完毕之前，由于一定事由的出现，提前终止劳动合同的法律行为。

劳动合同的解除可分为两大类型：双方解除和单方解除。双方解除是指协商解除或协议解除，是指劳动合同双方当事人通过协商达成协议解除劳动合同，法律不加以限制。单方解除，即一方通过形式解除权而解除劳动合同，不以对方当事人是否同意为转移。

根据我国《劳动法》规定，劳动合同的单方解除又可分为用人单位解除劳动合同和劳动者解除劳动合同。通常，称用人单位单方解除劳动合同为辞退或解雇，劳动者解除劳动合同为辞职。

根据我国新《劳动合同法》规定，劳动者提前30日以书面形式通知用人单位，可以解除劳动合同。劳动者在试用期内提前3日通知用人单位，可以解除劳动合同。未依法为劳动者缴纳社会保险费的，劳动者可以解除劳动合同。

1. 用人单位单方解除合同

劳动者有下列情形之一的，用人单位可以解除劳动合同：

①在试用期间被证明不符合录用条件的。

②严重违反用人单位的规章制度的。

③严重失职，营私舞弊，给用人单位造成重大损害的。

④劳动者同时与其他用人单位建立劳动关系，对完成本单位的工作任务造成严重影响，或者经用人单位提出，拒不改正的。

⑤因《劳动合同法》第二十六条第一款第一项规定的情形致使劳动合同无效的。

⑥被依法追究刑事责任的。

2. 用人单位不得解除劳动合同的情况

劳动者有下列情形之一的，用人单位不得单方解除劳动合同：

①从事接触职业病危害作业的劳动者未进行离岗前职业健康检查，或者疑似职业病病人在诊断或者医学观察期间的。

②在本单位患职业病或者因工负伤并被确认丧失或者部分丧失劳动能力的。

③患病或者非因工负伤，在规定的医疗期内的。

④女职工在孕期、产期、哺乳期的。

 小贴士

生二胎可享受晚育待遇吗？

"听说你夫人又怀上了？""是的，我们可是合法生二胎啊！"这几天，小张见人眉飞色舞，特别强调他们夫妇都是独苗，生二胎是经过有关部门批准的。他们夫妇在同一单位工作，这当然不是秘密。

另外，他还有一件特别高兴的事，夫人的预产期是在今年9月。他看电视新闻里提到：产假已经增加到 98 天，而且 30 天晚育假和 98 天产假还不冲突。

他对夫人说："我们这次总算赶上了，30 天加 98 天，你总共可以享受 128 天的假期！"

"让我一个人在家陪着孩子，有什么意思？""怎么是你一个人呢，还有我呢！难道你忘了前年你生老大的时候，我就请过晚育护理假，公司人事小唐还说，这种假只有晚育女性的丈夫才能享受。当时你就算晚育，这次就更是晚育啦。"

说到这里，正好小唐前来贺喜，小张夫妇把请假的事说了，不料小唐却说："生二胎的女职工不能享受产假等待遇的。""可我们是合法生育二胎啊！"小张夫妇怀疑小唐说得不对。

合法生育二胎的夫妇可以享受产假、晚育假和晚育护理假等待遇吗？

【律师观点】

根据《女职工劳动保护特别规定》，2012 年 4 月 28 日以后生育的女职工享受 98 天产假，其中产前可以休假 15 天。难产的增加产假 15 天，生育多胞胎的，每多生育 1 个婴儿，增加产假 15 天。

另外，《上海市人口与计划生育条例》规定，已婚妇女生育第一个子女时，年满 24 周岁，符合计划生育规定，可请 30 天晚育假，其配偶享受晚育护理假 3 天。

至于能否享受晚育奖励，主要看夫妻中的女方是否符合下列四个条件：女方是第一次生孩子；女方的生育行为符合法律、法规的规定；生育时女方年龄达到 24 周岁；生育行为发生在 2004 年 4 月 15 日《上海市人口与计划生育条例》实施之后。上述条件必须同时符合，缺一不可。

由于小张夫人不是第一次生孩子，所以这次生育不属于晚育，不能享受 30 天晚育假，小张也就不能享受 3 天晚育护理假。但是小张夫妇并未违反计划生育规定，小张夫人的 98 天产假还是应当享受的。

资料来源：周斌．新民晚报．2012 年 7 月 15 日

⑤在本单位连续工作满十五年，且距法定退休年龄不足五年的。

⑥法律、行政法规规定的其他情形。

3. 劳动者单方解除劳动合同

用人单位有下列情形之一的，劳动者可以解除劳动合同：

①未按照劳动合同约定提供劳动保护或者劳动条件的。

②未及时足额支付劳动报酬的。

③未依法为劳动者缴纳社会保险费的。

④用人单位的规章制度违反法律、法规的规定，损害劳动者权益的。

⑤因《劳动合同法》第二十六条第一款规定的情形致使劳动合同无效的。

⑥法律、行政法规规定劳动者可以解除劳动合同的其他情形。

用人单位以暴力、威胁或者非法限制人身自由的手段强迫劳动者劳动的，或者用人单位违章指挥、强令冒险作业危及劳动者人身安全的，劳动者可以立即解除劳动合同，不需事先告知用人单位。

 小贴士

不服调动被解职，对吗？

柯先生在南京一家电子设备公司从事销售，这些年来他的业绩在公司里一直名列前

茅，可是去年单位的一纸调令让他感到无法理解。原来，单位声称要拓展外地业务，将柯先生调往河南担任销售负责人，并且每年给 300 万元的销售任务。

"一起被派到其他省的还有几个同事，我们的共同特点是年纪大了。"柯先生说，"我是南京人，小孩也快高考了，这时让我到外地去开拓，心理上难以接受。根据公司的实力，到一个新地方一年销售 300 万元，简直是不可能完成的任务。"由于对公司的通知不服，公司随即以不接受安排为由与他解除劳动合同。柯先生于是申请了劳动仲裁，最后上了法院。

资料来源：新劳动法案例—不服调动被解职对吗？. 徐州才好招聘网 09-09-22 . http：//z. caihao. com

三、违反合同的赔偿责任

违反劳动合同的责任，是指违反劳动合同约定所应承担的责任。新《劳动合同法》第七章的"法律责任"对用人单位和劳动者双方当事人违反劳动合同应承担的责任，作了详尽的规定。

四、劳动争议与处理

（一）劳动争议的含义及种类

1. 劳动争议的含义

劳动争议也叫劳动纠纷，它是指劳动关系的双方主体及其代表之间在实现劳动权利和履行劳动义务等方面所产生的争议或纠纷。

企业劳动争议的内容是多方面的。综合起来说，这些基本内容具体涵盖以下 10 个主要方面。

①有关工资、津贴和奖金等问题。

②有关集体合同的执行、解除和终止以及重新谈判等问题。

③有关个人劳动合同的执行、解除、变更和终止等问题。

④有关工人的录用、辞退、辞职和工作变动等问题。

⑤有关工会的成立、运作管理和代表权的承认等问题。

⑥有关工作安全和劳动卫生等问题。

⑦有关工作时间和休息、休假等问题。

⑧有关就业培训和职业训练等方面的问题。

⑨有关劳动保险、劳动福利以及女职工、未成年劳工特殊保护等方面的问题。

⑩有关社会宏观因素和企业外部环境等问题，如通货膨胀、失业、政治因素和税率等。

2. 劳动争议的种类

（1）去职纠纷

去职纠纷又称终止劳动关系的劳动争议，是指企业开除、除名、辞退职工或职工辞职、离职而发生的劳动争议。

（2）管理纠纷

管理纠纷常常涉及执行劳动法规的劳动争议，是指企业和职工之间因执行国家有关工资、保险、福利、培训、劳动保护规定而发生的争议。

（3）待遇纠纷

待遇纠纷是指因执行国家及单位自身的有关工资、保险、福利、养老金、医疗费、培训及劳动保护等规定发生的争议。

（4）劳动合同纠纷

劳动合同纠纷又称履行劳动合同的劳动争议，是指企业和职工之间因执行、变更、解除劳动合同而发生的争议。

（二）劳动争议的管理机构

新《劳动合同法》第七十七条规定："劳动者合法权益受到侵害的，有权要求有关部门依法处理，或者依法申请仲裁、提起诉讼。"也就是说，我国把劳动争议的处理程序分为调解、仲裁和诉讼三个阶段。

与此相应的机构是劳动争议调解委员会；依法设立的基层人民调解组织；在乡镇、街道设立的具有劳动争议调解职能的组织；人民法院。

（三）处理劳动争议的原则

一般的劳动争议发生后，我国的处理机制是这样的：当事人双方可以协商解决；不愿协商解决或者协商不成的，可以向本企业劳动争议调解委员会申请调解；调解不成的，可以向劳动争议仲裁委员会申请仲裁。当事人也可以直接向劳动争议仲裁委员会申请仲裁。对仲裁裁决不服的，除《劳动合同法》另有规定的外，可以向人民法院起诉。

根据《中华人民共和国劳动争议调解仲裁法》（以下简称《企业劳动争议调解仲裁法》）第三条规定："解决劳动争议，应当根据事实，遵循合法、公正、及时、着重调解的原则，依法保护当事人的合法权益。"

 小贴士

下班途中被非机动车撞伤不算工伤案件简述

2009年2月4日，某研究所职工王某骑自行车下班途中被电动车撞伤，向朝阳区劳动保障行政部门提出工伤认定申请，并提交了相关材料。其中，《事故认定书》中记录的交通方式为"两轮电动车"。"致使王某受伤的肇事车辆为两轮电动车，按非机动车管理"。劳动保障行政部门根据《工伤保险条例》第十四条第六项规定，于当年4月1日作出了"非工伤认定结论"，认定王某受伤不属于工伤。

王某对认定结论不服，向上一级政府法制机构申请行政复议。

案件评析

从此案中不难看出存在两个焦点问题：

1. 肇事车辆是机动车还是非机动车

《工伤保险条例》第十四条第六项规定："在上下班途中，受到机动车事故伤害的"，应当认定为工伤。

本案中，王某虽然是在下班途中发生了交通事故，但是将其撞伤的肇事车辆为"两轮电动车"，认定王某在下班途中被非机动车撞伤，不符合《工伤保险条例》的规定。

2. 工伤认定案件举证责任应当如何承担

在工伤认定调查阶段，王某对其自己的主张"认为肇事车辆是机动车"负举证责任。但在此案工伤认定调查过程中，王某并没有提交出该肇事车辆是机动车的证据。因此，劳动保障行政部门调取的交通部门出具的书面《答复》就成为认定王某是否属于工伤的关键证据。

资料来源：数字英才网．2011-03-26（http：//article.01hr.com）

（四）劳动争议的解决方法

1. 协商

协商是争议双方当事人在自愿、平等的基础上，自行协商解决争议。《劳动争议调解仲裁法》第四条规定："发生劳动争议，劳动者可以与用人单位协商，也可以请工会或者第三方共同与用人单位协商，达成和解协议。"

2. 调解

调解是指劳动争议当事人在本单位劳动争议调解的主持下，查明事实，分清是非，明确责任，用民主协商的方法解决争议。根据《劳动争议调解仲裁法》第五条规定："发生劳动争议，当事人不愿协商、协商不成或者达成和解协议后不履行的，可以向调解组织申请调解。"根据劳动法律法规的规定，调解必须遵循自愿原则。当事人有权不申请调解，或者在调解过程中拒绝调解，或者达成调解协议后反悔，有权选择仲裁与诉讼途径解决劳动争议。

《劳动争议调解仲裁法》第十条规定，发生劳动争议，当事人可以到下列调解组织申请调解：

①企业劳动争议调解委员会。

②依法设立的基层人民调解组织。

③在乡镇、街道设立的具有劳动争议调解职能的组织。

企业劳动争议调解委员会由职工代表和企业代表组成。职工代表由工会成员担任或者由全体职工推举产生，企业代表由企业负责人指定。企业劳动争议调解委员会主任由工会成员或者双方推举的人员担任。

3. 仲裁

劳动仲裁是指由劳动争议仲裁委员会对当事人申请仲裁的劳动争议居中公断与裁决。在我国，劳动仲裁是劳动争议当事人向人民法院提起诉讼的必经途径。

按照《劳动争议调解仲裁法》第二十七条规定："劳动争议申请仲裁的时效期间为一年。仲裁时效期间从当事人知道或者应当知道其权利被侵害之日起计算。"即提起劳动仲裁的一方应在劳动争议发生之日起一年内向劳动争议仲裁委员会提出书面申请。除非当事人是因不可抗力或有其他正当理由，否则越过法律规定的申请仲裁时效的，仲裁委员会不予受理。仲裁裁决一般应在收到仲裁申请的 60 日内作出。对仲裁裁决无异议的，当事人必须履行。《劳动争议调解仲裁法》第二十九条规定："劳动争议仲裁委员会收到仲裁申请之日起五日内，认为符合受理条件的，应当受理，并通知申请人；认为不符合受理条件的，应当书面通知申请人不予受理，并说明理由。对劳动争议仲裁委员会不予受理或者逾期未作出决定的，申请人可以就该劳动争议事项向人民法院提起诉讼。"对仲裁裁决无异议的，当事人必须履行。

4. 法律诉讼

当事人不服仲裁裁决的，自收到仲裁裁决书之日起 15 日内，可以向人民法院起诉。审判是法院依照司法程序对劳动争议进行审理并作出判决的诉讼活动。人民法院审理劳动争议实行两审终审制。当事人不服地方人民法院第一审判决的，可以在判决书送达之日起 15 日内向上一级人民法院提起上诉。到期不上诉的，一审判决生效。第二审人民法院作出的判决是终审判决、生效判决。

此外，根据《中华人民共和国民事诉讼法》关于审判监督程序的规定，当事人对已经发生法律效力的判决、裁定，认为在事实和适用法律上是错误的，可以向原审人民法院或者上一级人民法院申请再审，但不停止裁定的执行。

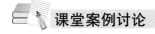 **课堂案例讨论**

古驰包里的辛酸泪

在外人看来，20 多岁的小何能在外企上班，令人羡慕，但小何却痛苦不堪。2011 年 9 月的一天，她和 4 名同事发表公开信，控诉古驰公司种种"虐工行为"。一个以生产华丽、高贵产品闻名全球的企业成了"血汗工厂"，事实真相如何？

小何的遭遇

古驰品牌是意大利人占西奥·古驰 1921 年创立的。第一家店开在意大利的佛罗伦萨，开始只是设计包和香水，后来又涉足时装、皮鞋、手表等产品。经过近百年的发展，古驰已经成为世界奢侈品巨头。在中国，古驰的门店遍及华北、华东、西北等八大地区几十个城市，数量多达 54 家。随着门店的增多，古驰公司的问题也不断出现，消费者对其"概不退货"、"态度傲慢"的指责不绝于耳。

小何工作的地方是深圳古驰旗舰店，她和同事在网上发表的《集体辞职的古驰员工致最高管理层的一封公开信》中称，古驰公司制定的 100 多项行为规定中，有限制员工的内容，这些条款无视她们的"正常生理需求"。比如，上班期间员工要喝水必须向上级申请，但店内人手永远不够，员工根本等不到喝水的机会。如果偷着喝将被记过；在休息室、更衣室不能吃自带食物，哪怕累了一天，吃一块饼干垫垫胃也不可以；上厕所必须得到主管许可，时间严格控制在 5 分钟以内，早上排队申请去厕所，到中午吃饭了都没去成，很多人因此尿血或患上膀胱炎；如店内货品被盗，不管是否当班，所有员工集体出资按照市场价赔偿；员工怀孕还得站着工作十几个小时，有时还要加夜班，很多孕妇因此小产……

一位离职员工对记者说："深圳这家店就是个'血汗工厂'。员工们迫于生计，敢怒不敢言"。她说，下班时，主管会一个个搜员工的包，查看有没有带走什么货品。"白天大家必须打起一百个精神，一边做店员，一边当保安，晚上反过来被当贼防。一旦丢失货品，所有人都要一起赔偿。"小何告诉记者，2009 年初到 2011 年 8 月，她所在的店一共发生 15 起商品丢失事件，丢了 16 件商品，涉及金额近 7 万元，全部都从所有员工工资中扣除，就连休假的员工也不能幸免。而事实上，古驰已为货品买了巨额保险，丢一件，保险公司赔一件。此外，员工也不能有一点"疏忽"，因为被记过两次，会形成一个口头警告；一年 4 个口头警告，就将被辞退。

探访中看真相

有知情人士透露，古驰深圳店因"虐待员工"被媒体曝光后，该店主管立即将消息上报给总部。一周后，公司运营部一位负责人给全国数家门店发出一封"紧急邮件"，主要内容就是"应对媒体和顾客暗访时的回答技巧"。该邮件对可能被问及的问题，包括待遇、福利等，都精心设计好了答案，并要求各门店负责人在早会上向员工宣讲。其中一句颇有代表性的话是："不好意思，这属于公司内部信息。我们不方便回答，请理解。"

"血汗工厂事件"曝光后，深圳市罗湖区劳动部门已经介入调查，但收效甚微。关键原因就是古驰深圳门店采取了一套复杂的劳动雇佣制度。门店的员工首先要和深圳南山区一家人力资源公司签约，然后被派往上海的古驰总部，再派遣回深圳这家门店工作。也就是说，古驰在深圳没有成立一家公司，连分支机构都没有。深圳的旗舰店其实相当于一个简单的柜台。当深圳的劳动部门进行劳务关系调查取证时，也变成了异地调查。

从目前的情形看，古驰借"劳务派遣制度"，很可能在法律上逃避更多的责任。一位奢侈品公司主管透露，大部分国外奢侈品企业目前与中国员工签订的都是"外包合同"，就是说，第三方服务公司往往才是员工们的真正雇主。

"血汗工厂"存在的理由

现实中的奢侈品"血汗工厂"不止古驰一家。这次古驰门店所暴露的问题出现在销售环节，而不在生产环节，"血汗工厂"的情况更令人瞠目。北京朝阳区新光天地商场旁，与古驰门店一街之隔的地方，是创办于 1856 年的老牌英国奢侈品品牌博柏利的门店。稍早前，博柏利位于中国南方的某代工工厂也因环境脏乱、工人工时过长被指为"血汗工厂"。这家代工工厂同时还生产法国公鸡、迪士尼等其他品牌。

在深圳、温州、东莞、杭州等地，一直有不少奢侈品牌的"血汗工厂"存在。这些地方围墙高耸，有的甚至围着尖利的铁丝网，出入有保安严格把守。里面工人的生活更是凄惨，他们不停加班，获得的只是相当于欧洲工人 1/20 的报酬。

这么多"血汗工厂"存在，理由很简单，无非是其背后的巨额利润。几年前，曾有媒体报道称，法国某著名品牌的方巾在欧洲价格为 680 欧元（约合 5900 元人民币），在中国的交货价格只有 50 元人民币。许多奢侈品企业在中国选择代工工厂，常常只以代工企业的生产成本为标准，谁的生产价格压得低，谁就容易获得订单。而工厂老板们为了获得利润，也跟着去压低工人薪酬以及减少工作环境的投入。据媒体报道，美国的古驰品牌在中国代工工厂已经超过了 500 家，每家代工工厂的利润仅为销售收入的 2％左右。大部分奢侈品代工工厂的利润不会超过 5％。

谁来保护我们的员工

据媒体预测，2012 年，中国将超越日本，成为全球第一大奢侈品消费国。而世界奢侈品协会提供的数据显示，人力成本仅占奢侈品价格的 6％，大大低于产品成本和品牌附加值。正因如此，大部分知名奢侈品企业忽视对员工的管理、培训，更忽视了员工的诉求，再加上中国消费者对奢侈品"炫富式"的消费，让某些品牌变得十分傲慢。而监管不到位、不得力，甚至工作起来不情愿，更是难以约束企业。除了监管部门，能替员工说话的就数工会了。然而，在中国，工会组织一般只存在于国有和部分大型私营企业，有些私企或外企根本就不设立工会。也正因如此，诸如"喝水要申请"、"丢失商品连坐赔偿"之类的刻薄规定才能登堂入室。

　　然而，尽管制度与管理上存在欠缺，"血汗工厂"这种违背劳动法规与道德伦理的"怪胎"终究要有人管。因为它带来的绝不仅仅是老板和员工的问题，更涉及千千万万普通劳动者的利益和尊严，消灭"血汗工厂"，是全社会的共同责任。

资料来源：袁旻，彭惠平，杨磊 . 环球人物 . 2011，（28）

讨论题：

1. 根据新《劳动法》古驰违反了哪些条例？
2. 古驰如果违反了《劳动法》条例，古驰的员工是否可申请赔偿？

本 章 小 结

　　1. 人力资源管理是指运用现代化的科学方法，对与一定物力相结合的人力进行合理的培训、组织和调配，使人力、物力经常保持最佳比例，同时对人的思想、心理和行为进行恰当的诱导、控制和协调，充分发挥人的主观能动性，使人尽其才，事得其人，人事相宜，以实现组织目标。

　　2. 工作分析是人力资源管理的基础。对组织中的各个工作岗位进行分析，确定每一个工作岗位的具体要求，包括技术及种类，范围和熟练程度，学习、工作与生活经验，身体健康状况，工作的责任、权利与义务等方面的情况。

　　3. 人力资源的招聘与配置是指利用各种方法和手段，如受推荐、刊登广告、举办人才交流会、到职业介绍所登记等从组织内部或外部吸引应聘人员；经过资格审查，从应聘人员中初选出一定数量的候选人，再经过严格的考试，确定最后录用人选。招聘后的员工经过岗前培训，就可以安排到相应的岗位，这就是人力资源的配置。

　　4. 雇佣管理与劳资关系是指员工一旦被组织聘用，就与组织形成了一种雇佣与被雇佣的关系，就有必要就员工的工资、福利、工作条件和环境等事宜达成一定协议，签订劳动合同。在履行劳动合同的过程中，常常会出现分歧甚至是纠纷，这就需要人力资源管理部门进行沟通、协商与协调。

　　5. 员工的职业管理是指人力资源管理者使用职前教育与在职培训、工作轮换等方法，对员工进行不断的培养。

　　6. 绩效考核有利于发现工作设计中的问题，便于管理者改进工作，可以使组织和员工了解员工的实际工作能力。考核结果是员工晋升、接受奖惩、发放工资、接受培训等人力资源管理的有效依据，它有利于调动员工的积极性和创造性以及检查和改进人力资源管理工作。

　　7. 薪酬与福利管理关系到企业中员工队伍的稳定与否。人力资源管理部门要从员工的资历、职级、岗位、表现和工作成绩等方面，为员工制定相应的、具有吸引力的工资报酬与福利标准和制度。

思 考 与 练 习

一、填空题

　　1. 工作分析也叫做＿＿＿＿＿＿或者＿＿＿＿＿＿，它是确定完成各项工作所需的技能、责任和知识的系统过程，它需要对每项工作的内容进行清楚、准确的描述，对完成该工作的职责、权力、隶属关系、工作条件提出具体的要求，并形成职务说明书的过程。

　　2. 员工招聘是指组织根据＿＿＿＿＿＿和＿＿＿＿＿＿的数量和质量要求，将与组织发展目标和文化价值观以及业务需要相一致的，且具有一定素质和能力的应聘者吸引并选拔到组织空缺职位上的持续不断的过程。

3. ＿＿＿＿＿＿＿＿＿是劳动者与用人单位确立劳动关系，明确双方权利义务的协议。

二、选择题

1. 员工招聘应该遵循的原则是（　　）。

A. 遵守国家的有关法律、政策和维护本国利益

B. 效率优先原则

C. 平等竞争原则

D. 内部优先的原则

2. 绩效考核指标的来源主要有（　　）。

A. 战略　　　B. 流程　　　C. 职位　　　D. 问题解决　　　E. 能力

3. 广义薪酬主要包括（　　）等。

A. 工资　　　B. 奖金　　　C. 津贴　　　D. 分红　　　E. 各种福利

三、判断题

1. 绩效考核和绩效管理是一回事。　　　　　　　　　　　　　（　　）

2. 能力是引起个体绩效差异的持久性个人心理特征。　　　　　（　　）

3. 员工在疾病治疗期内，用人方不得将其辞退。　　　　　　　（　　）

四、名词解释

1. 人力资源业务计划

2. 集体福利

五、简答题

1. 简述绩效考核与绩效管理的区别。

2. 个人福利包括哪几方面？

工作导向标

盛夏莉的人力资源管理员工作

盛夏莉学的是人力资源，由于实习时工作认真负责，毕业后留在了实习单位。这是一家中型企业，盛夏莉在人力资源部主要负责单位员工社保的办理。

每月 20 日之前，她需要到管辖她所在企业的社保中心为企业员工办理社保。办理社保前，她需要填写一系列的表格，主要是对"在职职工增减异动明细表"的调整。

她在规范的表格中，严格按身份证信息填写本单位员工的"姓名"、"性别"、"出生年月"、"个人账户（身份证号）"。

依据"新增"、"续保"、"本市转入"、"市外转入"，分别填写相关的表格或申请，再到社保管理部门办理手续。

思考题：请具体到某个公司，写出主要负责社保的工作人员的工作职责。

经 典 案 例

外企白领与雇主的"拉锯战"

李梅笑与世界品牌 500 强之一的思科公司劳资纠纷的"纠缠"从 2008 年持续到现在，

历时 3 年。曾经的外企白领李梅笑，诉讼期间没有任何正式工作，独自一人带着 10 岁的女儿生活。她自称"城市版秋菊"。

回溯到 2003 年．李梅笑进入思科公司的第三个年头，公司为了奖励她的优秀表现，颁给她"中国市场部最佳雇员"的荣誉。

但 2008 年 10 月，思科公司如此作评李梅笑："思科绝对不允许（李梅笑）这样的员工影响思科的正常运营……思科与李梅笑的劳动关系已彻底破裂，思科绝对不会允许这样的员工回到思科，我们已经无法与其共同工作。"

从"最佳雇员"到"绝不允许这样的员工回到思科"，李梅笑经历了怎样的悲欢离合？

职场冷板凳？

李梅笑是思科公司市场部一名职员。她声称，在公司的第八个年头，即 2007 年 7 月，她突然被经理通知要终止劳动关系。

李梅笑和思科签订的是无固定期限劳动合同，自己"在工作上兢兢业业，职业道德无可挑剔"。李梅笑坚持认为这是公司部门新领导上任后，意图更换自己"心腹"而使出来的伎俩。"部门的同事差不多被换掉 10 个，占整个市场部员工的一半"。

但思科公司并不同意这样的观点，其在 2008 年写给上海卢湾区人民法院的说明材料中称："2007 年下半年，思科中国市场部进行了彻底改组。在改组中，一部分岗位被取消，同时设立了一些新岗位，李梅笑所属岗位级别为 7 级，新岗位级别为 10 级。李梅笑所属岗位在改组后不存在，李梅笑不能胜任原来 7 级岗位，更无法胜任改组后的新岗位"。

李梅笑开始根据公司的规章制度逐级向上投诉，要求安排恢复本职工作。但她也表示自己很清楚，"这正是管理层的本意，希望我在绝望中选择离开，这样一切将归于平静"。

"是站起来维护自身的权益和尊严，还是阿 Q 精神地'此处不留爷，自有留爷处？'我选择了前者。"李梅笑继续给思科公司全球人力资源副总裁 Brian Schipper 写投诉邮件，再度提出流程问题，并再度申请公司进行职场冷暴力调查。

直到 2007 年 11 月 2 日，思科同意出资由第三方律师事务所英国欧华律师事务所对此进行独立调查，并最终同意口头汇报调查结果。李梅笑说，律师曾经告诉她一句话："报告对你有利"，其中包括"流程错误"，即事前并没有警告就直接进入终止流程。

然而 2008 年 5 月 7 日，思科还是向李梅笑发出解除雇佣关系函。双方由此进入劳动仲裁和司法程序。

2009 年 3 月 9 日，法院判决思科公司与李梅笑从 2008 年 5 月恢复劳动关系，驳回思科公司诉讼请求。

然而，这一切都是暂时的。

二度解约

2009 年 4 月 27 日，李梅笑按照思科的通知前去上班，思科公司安排李梅笑担任世博营销协调员的新岗位。

仅仅过了 8 天，思科又向李梅笑发出一纸通知，上面写道："公司对你发出的邮件存在顾虑，决定对此展开调查。从即日起，你不必到公司上班。公司调查完，会通知你何时上班就任新职位。"李梅笑只好打道回府，等候通知。

一个多月后，即 6 月 24 日，思科向李梅笑发出"关于解除劳动关系的通知"，通知认定李梅笑于 2006 年、2007 年，在未经允许的情况下，私自通过电子邮件多次将公司保密信息透露给第三方，严重违反了相关规章制度，"决定从即日起，立即与你解除劳动关系。"

双方再次对簿公堂。李梅笑对邮件的真实性来源提出质疑。"所谓涉嫌泄密的那些邮件都不是我发送的"，并且她指出，思科提供的硬盘在她离职时也并未封存。李梅笑要求对服务器上的邮件进行分析鉴定。

思科却拒绝提供自身服务器的相关信息。同时，应思科的要求，卢湾区仲裁委委托司法鉴定部门对硬盘上的邮件进行了鉴定，发现根本无法判断邮件是否伪造或篡改。

2011 年 3 月 18 日，上海市卢湾区人民法院最终判决李梅笑败诉，驳回李梅笑的所有诉讼请求。2011 年 4 月 11 日，李梅笑向上海市第一中级人民法院提起上诉，目前案件正在进一步审理之中。

谁耗得起？

对于自己所投入的时间、精力和机会成本，李梅笑表示："外企有经验丰富的律师团、有各种社会关系、有钱、有时间，外企耗得起。而作为员工，势单力孤，没经验、没法律知识，丢了工作就断了收入，面临生计压力，员工耗不起。"耗不起的李梅笑还是依旧行走在漫漫维权路上。

其实，李梅笑的经历在外企较为普遍，部门领导在新公司谋到好的职位，为了扩大自身势力，其带过的团队成员就会一一被带进新公司，从而导致部门大换血。这样的团队经常被人描述为"就像蝗虫群一样飞过去，所过之地，几乎寸草不留。"

有种类似调侃又似乎一针见血的说法：在外企工作的白领，看起来华丽优雅，轰轰烈烈，还以为自己真的成了这个大家庭的一分子，其实回过头来看，只不过是一地鸡毛。

资料来源：刘晓蓝 . 新民周刊 . 2011（34）

思考题：
1. 思科是否违反了新《劳动法》的条例？
2. 结合新《劳动法》和《劳动争议调解仲裁法》，谈谈你对此案例的看法。

参考文献

[1] 蔡瑞林. 现代企业管理基础与实务. 南京：东南大学出版社，2010

[2] 孙金霞. 现代企业经营管理——理论、事物、案例、实训. 北京：高等教育出版社，2010

[3] 徐沁. 现代企业管理——理论与应用. 北京：清华大学出版社，2010

[4] 全国经营师执业资格认证培训教材编审委员会. 企业经营管理实务（双证教材）. 北京：清华大学出版社，北京交通大学出版社，2007

[5] 刘芳. 企业管理. 合肥：合肥工业大学出版社，2010

[6] 王永芳，吕书梅. 企业管理实务. 大连：大连出版社，2011

[7] 刘炳南. 现代企业管理. 西安：西安交通大学出版社，2010

[8] 姚莉. 现代企业管理. 武汉：武汉大学出版社，2010

[9] 彭加平. 新编现代企业管理. 北京：北京理工大学出版社，2010

[10] 李家林，林岳儒. 生产管理流程设计与制度范本. 北京：化学工业出版社，2011

[11] 张霁明，康贤刚. 物流管理. 武汉：华中科技大学出版社，2011

[12] 刘晓军. 连锁企业物流管理实务. 北京：对外经济贸易大学出版社，2010

[13] 蓝海林. 企业战略管理. 北京：科学出版社，2011

[14] 孙磊. 质量管理实战全书. 北京：人民邮电出版社，2011

[15] 孙跃兰. ISO9000族质量管理标准理论与实务. 北京：机械工业出版社，2011

[16] 于燕. 市场营销. 北京：北京师范大学出版社，2011

[17] 刘菊. 市场营销实务. 上海：立信会计出版社，2011

[18] 杨勇，束军意. 市场营销：理论、案例与实训. 北京：中国人民大学出版社，2011

[19] 姚小风. 生产管理咨询工具箱. 北京：人民邮电出版社，2010

[20] 王宏江，陈振飞. 制度管理. 北京：中国水利水电出版社，2008

[21] 刘松. 管理智慧168. 北京：机械工业出版社，2005

[22] ［美］大卫·鲁南. 梁捷译. 伊索寓言与CEO. 上海：学林出版社，2006

[23] 王海民. 十大管理哲理故事经典. 北京：海潮出版社，2006

[24] 樊丽丽. 趣味管理案例集锦. 北京：中国经济出版社，2005

[25] 许进，陈宇峰. 诸子寓言经营智慧. 北京：中国纺织出版社，2006

[26] 谢文辉. 智慧管理. 北京：民主与建设出版社，2004

[27] 赵宁. 故事中的管理学. 北京：地震出版社，2005

[28] 段珩. 影响人一生的100个管理寓言. 北京：光明出版社，2005

[29] 陈书凯. 小故事妙管理. 北京：中国纺织出版社，2005

[30] 尤建新. 企业管理理论与实践. 北京：中国纺织出版社，2009

[31] 高海晨. 现代企业管理. 北京：北京师范大学出版社，2009

［32］王化成，李相国．财务管理学．北京：中国财政经济出版社，2006

［33］于富生，王俊生，黎文珠．成本会计学．北京：中国人民大学出版社，2005

［34］田钊利，企业财务管理．北京：中国人民大学出版社，2010

［35］陈捷，王丹．现代企业管理教程．北京：清华大学出版社，2008

［36］任建标．生产与运作管理（第二版）．北京：电子工业出版社，2011

［37］阮喜珍．生产与运作管理（第二版）．大连：东北财经大学出版社，2011

［38］何菲鹏．上十堂说故事的管理课．北京：中国华侨出版社，2010

［39］吕国荣．小故事大管理．北京：中国经济出版社，2010

［40］中世．让狗吐出骨头．北京：西苑出版社，2005

《现代企业管理理论与实务》读者意见反馈表

尊敬的读者：

感谢您购买本书。为了能为您提供更优秀的教材，请您抽出宝贵的时间，将您的意见以下表的方式（可从 http://edu.phei.com.cn 下载本调查表）及时告知我们，以改进我们的服务。对采用您的意见进行修订的教材，我们将在该书的前言中进行说明并赠送您样书。

姓名：＿＿＿＿＿＿＿＿＿＿＿　　电话：＿＿＿＿＿＿＿＿＿＿＿＿＿＿＿＿

职业：＿＿＿＿＿＿＿＿＿＿＿　　E-mail：＿＿＿＿＿＿＿＿＿＿＿＿＿＿＿

邮编：＿＿＿＿＿＿＿＿＿＿＿　　通信地址：＿＿＿＿＿＿＿＿＿＿＿＿＿＿

1. 您对本书的总体看法是：

□很满意　　　□比较满意　　　□尚可　　　□不太满意　　　□不满意

2. 您对本书的结构（章节）：　□满意　□不满意　　改进意见＿＿＿＿＿＿＿＿＿＿

＿＿＿＿＿＿＿＿＿＿＿＿＿＿＿＿＿＿＿＿＿＿＿＿＿＿＿＿＿＿＿＿＿＿＿＿＿

＿＿＿＿＿＿＿＿＿＿＿＿＿＿＿＿＿＿＿＿＿＿＿＿＿＿＿＿＿＿＿＿＿＿＿＿＿

3. 您对本书的例题：　　□满意　　□不满意　　改进意见＿＿＿＿＿＿＿＿＿＿＿

＿＿＿＿＿＿＿＿＿＿＿＿＿＿＿＿＿＿＿＿＿＿＿＿＿＿＿＿＿＿＿＿＿＿＿＿＿

＿＿＿＿＿＿＿＿＿＿＿＿＿＿＿＿＿＿＿＿＿＿＿＿＿＿＿＿＿＿＿＿＿＿＿＿＿

4. 您对本书的习题：　　□满意　　□不满意　　改进意见＿＿＿＿＿＿＿＿＿＿＿

＿＿＿＿＿＿＿＿＿＿＿＿＿＿＿＿＿＿＿＿＿＿＿＿＿＿＿＿＿＿＿＿＿＿＿＿＿

＿＿＿＿＿＿＿＿＿＿＿＿＿＿＿＿＿＿＿＿＿＿＿＿＿＿＿＿＿＿＿＿＿＿＿＿＿

5. 您对本书的实训：　　□满意　　□不满意　　改进意见＿＿＿＿＿＿＿＿＿＿＿

＿＿＿＿＿＿＿＿＿＿＿＿＿＿＿＿＿＿＿＿＿＿＿＿＿＿＿＿＿＿＿＿＿＿＿＿＿

＿＿＿＿＿＿＿＿＿＿＿＿＿＿＿＿＿＿＿＿＿＿＿＿＿＿＿＿＿＿＿＿＿＿＿＿＿

6. 您对本书其他的改进意见：

＿＿＿＿＿＿＿＿＿＿＿＿＿＿＿＿＿＿＿＿＿＿＿＿＿＿＿＿＿＿＿＿＿＿＿＿＿

＿＿＿＿＿＿＿＿＿＿＿＿＿＿＿＿＿＿＿＿＿＿＿＿＿＿＿＿＿＿＿＿＿＿＿＿＿

＿＿＿＿＿＿＿＿＿＿＿＿＿＿＿＿＿＿＿＿＿＿＿＿＿＿＿＿＿＿＿＿＿＿＿＿＿

7. 您感兴趣或希望增加的教材选题是：

＿＿＿＿＿＿＿＿＿＿＿＿＿＿＿＿＿＿＿＿＿＿＿＿＿＿＿＿＿＿＿＿＿＿＿＿＿

＿＿＿＿＿＿＿＿＿＿＿＿＿＿＿＿＿＿＿＿＿＿＿＿＿＿＿＿＿＿＿＿＿＿＿＿＿

＿＿＿＿＿＿＿＿＿＿＿＿＿＿＿＿＿＿＿＿＿＿＿＿＿＿＿＿＿＿＿＿＿＿＿＿＿

请寄：　100036　北京万寿路 173 信箱第一教材事业部　　王莹

电话：010-88254610　　　　E-mail:edupub@126.com